U0910676

丛书编委会

主　任：杨新科（天水师范学院院长）

副主任：王宗礼（西北师范大学继续教育学院院长）

柳春敏（西北师范大学继续教育学院副院长）

陈逸平（天水师范学院继续教育学院院长）

陈玉霞（兰州城市学院继续教育学院院长）

高新民（陇东学院继续教育学院院长）

藺海琨（河西学院继续教育学院院长）

崔　明（兰州大学出版社社长）

委　员：刘旭东　杨晓宏　任遂虎　武和平

王翠英　杨　玲　毛乃佳　李元旦

俞树煜　孙晓玲　宫玉梅　王卫军

王等等　李红霞　曹依民　陈红升

普通高等师范院校继续教育通识类教材丛书

JiaoYuXueLiLunYuShiJian

毛乃佳　王等等◎编著

教育学理论与实践

（第二版）

图书在版编目(CIP)数据

教育学理论与实践/毛乃佳,王等等编著. —2版. —兰州:兰州大学出版社,2008.12(2018.5重印)
ISBN 978-7-311-02708-7

Ⅰ.教… Ⅱ.①毛… ②王… Ⅲ.教育学—师范大学—教材 Ⅳ.G40

中国版本图书馆CIP数据核字(2008)第198074号

责任编辑 魏鸿彪 陈红升
封面设计 张稳移

书　　名 教育学理论与实践(第二版)
作　　者 毛乃佳 王等等 编著
出版发行 兰州大学出版社 (地址:兰州市天水南路222号 730000)
电　　话 0931-8912613(总编办公室) 0931-8617156(营销中心)
0931-8914298(读者服务部)
网　　址 http://press.lzu.edu.cn
电子信箱 press@lzu.edu.cn
印　　刷 兰州人民印刷厂
开　　本 880 mm×1230 mm 1/32
印　　张 12.625
字　　数 339千
版　　次 2009年1月第2版
印　　次 2018年5月第11次印刷
书　　号 ISBN 978-7-311-02708-7
定　　价 21.00元

(图书若有破损、缺页、掉页可随时与本社联系)

第 二 版 说 明

由兰州大学出版社与西北师范大学继续教育学院共同立项开发的“西北师范大学继续教育通识类教材丛书”共七本，已于2005年6月正式出版。

该套丛书自出版以来，经过西北师范大学继续教育学院及其联合办学单位两届约一万多学生的使用，得到了各方好评和认可。为了更好地发挥这套丛书的优势和功能，充分体现区域教学特色，我们本着开发和培育精品课程、出版精品教材，同时为甘肃各高校继续教育搭建一个良好的教学科研平台的原则，经与西北师范大学继续教育学院充分沟通，邀请了甘肃各普通高等师范院校继续教育学院共同对这套丛书进行了审定，这次审定得到了甘肃省教育厅有关部门的大力支持，在此基础上我们组织相关学科的专家和有关作者又对这套丛书进行了半年多的修订，现改为**“第二版——普通高等师范院校继续教育通识类教材丛书”**继续出版。

希望各参编院校与广大读者继续对这套丛书提出宝贵意见，以便我们改进工作，更好地为大家服务。

总 序

近年来,随着经济全球化的进程、知识经济的来临以及我国社会主义现代化事业的全面推进,我国的教育事业面临着新的挑战和新的发展机遇。社会主义现代化事业的全面发展,素质教育和终身教育理念的确立,基础教育的改革发展,要求高等教育与之相适应。继续教育是普通高校教育事业的重要组成部分,也是高等院校服务社会的重要途径,大力发展普通高校的继续教育事业,是时代和社会的必然要求。

成人学历教育是西北师大继续教育的主体。由于受经济社会发展程度的制约,我国的高等教育发展滞后,特别是西部欠发达地区,这一情形更为突出。因此,许多适龄人口在过去失去了接受高等教育的机会。发展成人学历继续教育,既是我国教育发展的现状决定的,也为广大没有接受高等教育的适龄人口提供了接受高等教育的机会。但综观我国的成人学历教育,我们就会看到,我国的成人学历教育还存在着与我国经济社会发展不相适应的问题。具体来说主要是:第一,成人学历教育的教学内容和教学方式,不能很好地体现时代发展和科学技术发展的新进展和新成就,未能充分反映我国教育改革特别是基础教育改革的新理念、新经验;第二,成人学历继续教育存在着简单地移植普通高等教育模式的情形,不能密切结合成人学生身心发展的特点,不适应成人学习者的学习需求和学习特点;第三,成人学历教育不能很好地体现各学历层次之间教学内容的衔接关系,未能形成本专科之间教学内容既相互联系又相互区别的要求,存在着不同学历层次之间教学内容重复和不相衔接的问题;第四,过分重视知识的传授,忽视了实践环节的培养,忽视了成人的自主参与,不能很好地整合和提升成人学习者的工作经验等等。这些问题的存在,严重制约了成人学历教育教学质量的提高,也影响了成人学历教育的社会声誉。因此,大力改革成人学历教育,是经济社会发展的要求,也是成人学历教育自身良性发展的要求。

鉴于我们对成人学历教育中存在的上述问题的分析,西北师大着手进行了新一轮成人学历教育改革。学校适时召开了继续教育工作会议,认真研究了继续教育的现状和面临的挑战,制定了继续教育发展的指导思想和发展规划,决定实施“继续教育五年教改工程”。“继续教育五年教改工程”的指导思想是:以“教育要面向现代化、面向世界、面向未来”和“三个代表”重要思想为指导,全面贯彻和落实科学发展观,坚持中国特色社会主义的办学方向,适应经济社会发展和基础教育改革发展的要求,结合成人特点,以教育教学观念的转变和素质教育理念的确立为先导,在保持知识传承的同时,改造传统专业,拓宽专业口径,更新课程设置,优化课程结构,改革教学内容和教学方式方法,强化实践环节和创新能力的培养,加强教学管理,全面推进素质教育,提高人才培养的质量,更好地为基础教育改革发展和经济社会发展服务。从这一指导思想出发,学校对成人学历教育进行了一系列改革,取得了较好的成效。

课程体系改革和课程建设是西北师大“继续教育五年教改工程”的核心内容。围绕着“形成一个体现时代要求的、符合成人特点的、突出教师教育特色的继续教育课程体系”这一核心,在全面分析成人学历教育的特点和问题的基础上,本着“厚基础、宽口径、强能力、重实践”的原则,我们对原有的课程体系进行了改革。按照通识类课程、专业核心类课程、职业技能类课程各占一定比例的课程模块结构,初步构建了一个既能保证专业培养基本规格,又能体现成人学习者身心发展的特点,可以灵活组合的、有弹性的课程体系。在改革课程体系的同时,大力加强了课程建设,改革了课程内容和课程实施方式。

教材建设是课程建设的重要载体,也是课程建设成果的体现。

本次由兰州大学出版社出版的“西北师范大学继续教育通识类教材丛书”，就是我校继续教育“通识类课程”建设的一个重要成果。通识类课程建设的理念，拓宽了传统的“公共课”的课程设置思维，体现了如下特点：一是本着“厚基础、宽口径”的原则，增加了通识类课程门类，加大了该类课程在整个课程体系中的权重。通识类课程门数由原来的三门公共课增加到了七门，并且增设了人文、教育等课程；二是突出教师教育的特色。教师教育也是西北师大的办学特色和办学优势，在职中小学教师是西北师大成人学历教育的学生主体，在全国成人学历教育的学生数量中也占有相当大的比重。为了更好地适应成人学习者的要求，引导和帮助他们提升和整合教学经验，我们增加了“心理学的理论与实践”、“教育学的理论和实践”、“现代教育技术”等教育类课程；三是进一步更新了课程内容。各门课程的编写均力图反映学科发展和教育实践发展的前沿知识，体现时代性要求；四是努力体现成人学习者的学习特点和学习要求，增强适应性。成人学习者大多是业余学习，具有较强的自学能力和理解能力，自学是其主要的学习方式。因此，本教材在编写中突出了重点、难点，增加了自学指导内容，设计了多种练习题，供学生自学之用；五是突出了实践能力和创新能力的培养。教材编写努力体现理论结合实际的原则，在每门课程的编写中都加大了实践能力和创新能力培养的力度，还根据学员的要求，增加了如论文撰写、课件制作指导等课程。相信本系列教材的出版，将对促进成人学历教育的教学改革，全面提高成人学历教育的教学质量起到积极的推动作用。

西北师大是一所百年老校，其成人学历继续教育有着悠久的历史。早在 1941 年 4 月，当时的国民政府教育部就在学校设立了“国立西北师院附设中心国民学校教员函授辅导区”，开始进行成人学历教育。中华人民共和国建立以后，分别于 1956 年和 1958 年经教育部批准，设立了西北师院函授部和业余大学。改革开放以来，西北师大的成人学历教育进入了一个新的发展时期，办学规模有了很大的扩展，办学层次和办学形式也日益多样，管理水平不断提高，人才培养的质量显著提高,特别是近几年以来,学校高度重视继续教育事业的发展,制定和实施了"五年教改工程",继续教育进一步走上了规范化、科学化发展的道路。本系列教材就是五年教改工程的成果之一。它的出版,不仅会进一步促进西北师大继续教育事业的发展,而且也会对其他院校继续教育的改革与发展发挥借鉴作用。

本系列教材是集体智慧的成果。参加本系列教材编写的作者,都是西北师大相关领域的资深教师,对继续教育有着丰富的经验。一些教材已经进行了试用和修改,反映了学科和教育研究的新进展。兰州大学出版社的领导和本系列教材的责任编辑,为本教材的出版也付出了辛勤的劳动。在本书出版之际,我代表本教材编委会特向作者和兰州大学出版社的领导、责编表示感谢,也向所有关心和支持本教材编写、出版的领导和同志们表示感谢。

西北师范大学副校长　杨新科教授*

2005年6月

---

* 杨新科,原西北师范大学副校长,现任天水师范学院院长。

前　言

20世纪80年代以来，伴随着社会发展对教育教学要求的提高，确认教师职业的专业性、推进教师专业化进程，一直是世界各国政府及教育界所关注的问题。2001年6月，我国中小学开始了新一轮基础教育课程改革试验，新课改需要新教师。鉴于上述原因，对我省在职教师进行学历提升教育，培训以适应社会发展的需要和教师专业化需要的新型教师，是我省教育发展的当务之急。西北师范大学继续教育学院结合基础教育课程改革、教师专业化的时代背景和教师教育体制改革的趋势，组织有关专家学者及研究人员编写了“西北师范大学继续教育通识类教材丛书”，《教育学理论与实践》系这套教材的组成部分之一。

在该教材编写过程中，我们立足于甘肃省政治、经济、文化、教育发展的实际情况，力图为一线在职广大教师提供一种视角新颖、结构合理、实用性强、可操作的阅读材料。在教材体系上，鉴于广大教师已有一定的教育理论基础及实践行为，我们主要介绍教育学理论的重要内容，突出当代教育的新理念、新思想。在教材内容上，充分反映时代特点及最新研究成果，并辅之以开阔视野的小专栏或可操作的教育教学案例，使教材具有实用性，以飨读者学习要求。

《教育学理论与实践》一书由西北师范大学教育学院毛乃佳副教授、王等等讲师等人撰写。全书共六章，第一章“教育概述”由王等等讲师撰写，第二章“教师专业化的理论与实践”由毛乃佳副教授撰写，第三章“课程与教学”由王等等讲师撰写，第四章“学校德育的理论与实践”由毛乃佳副教授撰写，第五章“班主任与班级管理”由毛乃佳副教授撰写，第六章“教师的教育研究”由王等等讲师撰写。

每章的写作体例如下：【内容摘要】以简短、精练的语言总结出该章主要观点,旨在让读者对本章内容有一概括性了解。【学习目标】旨在说明本章学习所要达到的基本目标。【正文】关注一线教师的理论需求,结合广大教师的实践经验,在保证内容科学性的基础上,力求理论结合实践、指导实践并运用于实践。另外,在编写过程中,我们也注意吸收国内外一些最新的研究成果以体现教材的时代性。除文字形式外,还引证一些相关的案例、图表等,以增加教材的可读性。【主要结论与启示】旨在概括出本章的精华,强化学生对重点内容的掌握,学会学以致用,并能够开启思路,深入思索教育实践中的教育现象和问题,给出自己的答案。【学习评价】旨在帮助一线教师消化理解本章的主要内容,明确不同教学目标的教学要求,确定重点。【参考文献】列出了与有关章节相关的有影响的中外图书及文章,以满足学习者拓宽学习视野、深入思考与研究的愿望。

在本教材的编写过程中,我们得到了西北师范大学教育学院副院长刘旭东教授、西北师范大学继续教育学院副院长李元旦先生的大力支持和帮助,兰州大学出版社也为本书的出版花费了大量的心血,在此我们表示诚挚的感谢。另外,我们借鉴、参考并引用了国内外大量教育理论研究成果,在此谨对这些成果的著作权人及作者们表示我们最诚挚的感谢和敬意。由于时间紧迫,特别是限于编写者的水平,在完成了编写任务后,甚觉有许多的遗憾与不足,且教材出现错误和疏漏也在所难免,敬请专家学者、同行和广大一线教师批评、指正。

目　录

第一章 教育概述

【内容简介】

本章是关于教育基本理论问题的宏观探讨,对从整体上认识教育具有重要的意义。本章主要探讨了以下几方面的问题:一是教育的概念、组成要素及相互关系;二是教育功能的内涵、类型以及教育的个体发展功能与社会发展功能的具体表现;三是教育目的的内涵、层次结构及功能、我国教育目的的精神实质、理论基础及全面发展教育的内容;四是学校教育制度的概念、制约因素、学校教育制度的发展趋势以及我国现行的学校教育制度及改革。

【学习目标】

1.识记学校教育、教育者、受教育者、教育影响、教育功能、教育目的、学校教育制度、义务教育的含义。

2.理解教育构成要素之间的关系、教育目的的结构层次及功能、学校教育制度改革与发展的趋势。

3.能根据自己的理解举例说明教育对人和社会的发展的正向功能与负向功能的表现,并分析负向功能出现的原因。

4.结合建国以来我国教育目的的变化,正确表述新时期的教育目的及精神实质以及全面发展教育的主要内容。

5.能运用学校教育制度的有关知识来分析我国现行学校教育制度的改革与发展问题。

随着社会的发展及人类的进步,教育在一个国家、一个民族、一个家庭中的地位日益重要。我们放眼全球,可以发现一个基本的事实:世界上没有一个国家不重视教育的,也没有一个国家不希望通过发展自己国家的教育从而实现强国的梦想的。当我们将视角浓缩到一个家庭时,也能得出同样的结论,目前中国的老百姓可以说几乎没有不重视自己的子女受教育问题的,据相关研究表明,子女受教育的费用高居普通老百姓家庭支出的第一位。随着教育受重视程度的提高,人们对教育的要求也在不断地提高,对我们从事教育工作的人的要求也在不断地提高。为了能够适应这种新的要求,作为教育实践工作者来说,必须要对我们所从事的事业有比较全面的了解。而要比较全面地了解我们自己所从事的事业,必须从了解认识教育入手。

第一节 教育的认识

教育是什么?教育由哪些基本的要素构成,它们相互之间是一种什么样的关系等,是我们认识了解教育必须要回答的根本性问题。

一、教育的概念

认识学习教育,我们首先面对的就是教育是什么的问题。在现实生活中,人们凭借个人的经验大概也能回答"教育是什么的问题",但是要从理论上来分析这个问题,却不是一件容易的事情。正如古罗马学者奥古斯丁在谈到时间是什么时所说的:如果不问"时间是什么",我大概还知道"时间"是什么;一旦问起"时间是什么",倒不知道"时间"是什么了。看来,给教育下一个科学、规范的定义并不是一件容易的事情。但是,犹如古人所说的"高山仰之,景行行之,虽不能之,心向往之"一样,人类最伟大之处就在于明知不可为而为之的那种精神,对教育的界定再困难也是我们必须去做的,因为这是我们分析认识教育的切入点。

(一)教育的日常用法

在日常生活中,人们一般是在三个不同的层面上来使用"教育"一词。第一个层面是作为一种过程的教育,如一个学生读了一本催人泪下的书或者看了一部感人至深的影视作品,书中或影视作品中的故事情节和他内心深处的某些观念发生了一定的联系,他可能会感慨自己受到了比较深刻的教育,这里所谈到的教育就是一种过程的教育。第二个层面是作为一种方法的教育,如某家的孩子考上了名牌大学,左邻右舍十分羡慕,可能会问主人,你是怎么教育孩子的,使他这么有出息,竟然考上了名牌大学,这里所谈到的教育是作为一种方法的教育。第三个层面是作为一种社会制度的教育,如日常生活中我们经常会听到或看到一些关于教育的口号,"百年大计,教育为本"、"振兴民族的希望在教育,振兴教育的希望在教师"、"教育是振兴地方经济的支柱"等,这里所谈到的教育主要是作为一种社会制度的教育。如同日常生活中人们对其他一些概念的用法一样,人们在日常生活中对教育的用法构成了教育的日常用法,但这还不足以使人们对教育有比较明晰和深入的认识。对于我们专门的教育事业以及专门从事教育事业的专业工作者来说,仅仅认识到这点还不够,有必要对教育概念再做更进一步的分析和认识。

(二)教育的词源分析

在现代英语世界中,教育是"education";在法语世界中,教育是"éducation";在德语世界中,教育是"erziehung",三者均起源于拉丁文"educare"。"educare"是个名词,它是从动词"educĕre"转换过来的。"educĕre"是由前缀"e"与词根"ducĕre"合成的。前缀"e"有"出"的意思,而词根"ducĕre"则为"引导",二者合起来就是"引出",意思就是采用一定的手段,把某种本来就潜藏于人身上的东西引导出来,从一种潜在的状态变为一种现实的状态。

在西方的教育教学活动中,往往更多强调的是学生的主体性的落实、学生个性的发展等,教师更多地起了一种引导者、帮助者、"平等中的首席"的角色,应该说这种认识和西方语境中"教育"的词源有一定的联系。

在中国文化背景中,一般认为"教育"概念最早见于《孟子·尽心上》。在《孟子·尽心上》中有这样一段话:"君子有三乐,而王天下者不与存焉。父母俱存,兄弟无故,一乐也;仰不愧于天,俯不怍于人,二乐也;得天下英才而教育之,三乐也。"我们知道,在中国的古汉语中往往都是单音节的字,尽管教、育两个字当时在一起组合成我们今天所说的教育,但这两个字在当时不见得就是一个有着确定含义的词。实际上,在20世纪之前,人们很少把这两个字合成一个词来使用。思想家和普通老百姓在论及教育问题时,大都使用的是“教”与“学”这两个字。而且,两者比较起来,又以“学”为多。中国古代的教育思想也是集中地体现在人们有关“学”的论述上,如《学记》、《大学》、《进学解》、《劝学篇》等。因此,我们这里把“教”与“学”的词源看成是中国文化背景下的“教育”词源。

“教”的甲骨文的常见写法是“”,金文的写法是“”。它左下方的“”表示一个孩子,是教的对象;左上方的“”表示占卜的活动,是教的内容。右下方的“”表示手,右上方的“”表示鞭子或棍子,是教的过程与手段。整个字合起来表示成人手拿着器械督促孩子的学习行为。“学”在甲骨文中的常见写法是“”,金文的写法是“”。“学”的左上方和右上方表示两只手,位于它们中间的“”表示占卜的活动。中间的“”表示房间,意即学习的地方。下部的“”表示孩子,即学习的主体。合起来的意思就是孩子在一所房子里学习有关的知识。因此,从词源上看,“学”与“教”是统一的,是从不同的角度来描述同一种事物,同一种活动。

在我们国家传统的教育教学活动中,一般强调的是教师的主导作用,许多人认为学习活动是一种艰苦的心智劳动,只有付出艰苦的劳动,才能有所回报。因而长此以往在教育教学活动中出现了教师苦教、学生苦学、教学效果还不满意的状况,这种现象应该说和汉语背景中教育的词源有一定的联系。

(三)教育的定义

在教育学界,由于人们认识的方式不同、介入的视角不同,因而对教育概念的认识就有了一定的差异性。每一种不同的教育概念均表达了概念界定者不同的教育解读方式。从根本上说，教育是人类一种培养人的基本的社会实践活动，也是人类社会一种特有的社会现象。

为什么说教育是人类一种培养人的基本的社会实践活动呢？要回答这个问题，必须从人的本质属性上来探讨。人作为社会的组成要素来说，不是一个单一性的存在物，而是一个复合性的存在物。人具有自然属性，也具有社会属性。人的自然属性表现为人的肉体性，而人的社会属性则更多地表现为一种文化性。人的自然属性与社会属性，或者说肉体性与文化性是紧密地结合在一起的。如果没有了社会属性，人和动物界的动物就没有任何的区别；如果没有了自然属性，人的社会属性则犹如一座没有地基的高楼大厦，没有存在的任何意义。人既然是自然属性和社会属性的复合体，那么在人的生存和发展过程中，必然既具有自然属性方面的需求，也具有社会属性方面的需求。人的自然属性方面的需求主要表现为基本的吃、穿、住、行等方面的生活需求，而人的社会属性方面的需求则主要表现为一种精神性的需求和文化性的需求。人的两种需求缺一不可，自然属性方面的需求靠人们的生产劳动来满足，而人的社会属性方面的需求则主要靠教育活动来满足。一个刚刚出生的生命个体，在他的身上更多地表现为一种自然属性，在日后的成长和发展过程中，通过教育活动，使外在的社会生产经验和社会生活经验内化为其自身的个体智慧和才能，发展其自身的智力和体力，形成一定的社会价值观念，成为一个社会意义上的人。只要有人类存在，那么人的社会属性的需求就从来不会停止，教育实现从人的自然属性向社会属性转化的这种运动也从来都不会停止。事实上，任何时代的教育，正是通过文化传承的活动，使其社会成员在获得社会身份的同时，也使他们能够进入不同的社会生产领域，作用于社会的不同层面，创造不同的社会财富，反过来更好地促使整个社会的发展。所以说，教育是和人的生存与发展共始终的现象，是人类一种基本的社会实践活动，是人类一种培养人的活动。

同时,教育还是人类社会一种特有的社会现象。也就是说,在人类之外的其他领域是不存在教育现象和教育活动的。在教育发展的历史上,曾经有人认为教育活动不仅存在于人类社会之中,在动物界也存在着一定的教育活动。持这种观点的代表人物是法国社会学家、哲学家利托尔诺与英国教育学家沛西·能。利托尔诺在《人类各种人种的教育演化》一书中认为,教育活动不仅存在于人类社会之中,而且存在于人类社会之外,甚至存在于动物界。不仅脊椎动物中存在教育,甚至在非脊椎动物中也存在教育。人类社会的教育是对动物界教育的继承、改善和发展。①沛西·能在1923年不列颠协会教育科学组大会上以《人民的教育》为题说:"教育从它的起源来说,是一个生物学的过程,不仅一切人类社会——不管这个社会如何原始——都有教育,甚至在高等动物中间,也有低级形式的教育。我所以把教育称之为生物学的过程,意思就是说,教育是与种族需要相适应的种族生活,是天生的而不是获得的表现形式。教育既无待周密的考虑使它产生,也无需科学予以指导,它是扎根于本能的不可避免的行为。"他又说:"生物的冲动是教育的主流。"这就是说,教育的产生完全来自动物的本能,是种族发展的本能需要。②

其实,动物界中存在的类似于人类教育活动的这种现象,从根本上说不是一种真正意义上的教育活动。它只不过是动物的一种本能活动而已,即使这种活动表现得再复杂,也只是一种程序化了的动作反射系列,它是动物种系在漫长的生物演化过程中形成起来的,在它们的染色体中定位作图,成为行为基因遗传下来,当动物发育到一定时期和在一定的环境条件下,便自然而然地表现了出来。

对于教育工作者来说,仅仅认识到教育是人类一种培养人的基

① 利托尔诺:《教育的源起》,《教育学文集·教育与教育学》,北京:人民教育出版社,1993,156~177。

② 沛西·能:《教育原理》,王承绪等译,北京:人民教育出版社,1992,8。

本的实践活动这一点还不够，有必要对教育概念做进一步的分析和说明。在教育理论研究中，人们一般将教育分为广义的教育和狭义的教育两种。从广义上说，凡是增进人们的知识和技能、影响人们的思想观念的活动，都具有教育的作用。狭义的教育主要指学校教育，是教育者根据一定社会的要求，有目的、有计划、有组织地对受教育者的身心施加影响，期望他们发生某种变化的活动。

作为一种培养人的社会实践活动来说，教育随人类社会的产生而产生，随人类社会的发展而发展。在不同的历史时期，教育表现的方式是不同的。在漫长的人类史前历史阶段，由于生产力水平低下，社会成员人人必须参与具体的生产劳动，所以当时的教育活动和具体的生产活动和生活活动是紧密结合在一起的，呈现出一种生产生活中有教育、教育中有生产生活的水乳相融的关系。在具体的生产生活过程中，当时氏族或部落中的一些长者或首领，为了本氏族或部落的生存与发展，通过口耳相传、师傅带徒弟的方式来完成人类文化的传承活动。所以，人类社会最初的教育主要表现为一种广泛意义上的教育，这种教育也是一种非正式的教育。

当人类社会进入史前历史阶段的后期，由于生产力水平的提高，社会产品的不断丰富，再加之人类在日常的生产生活过程中积累的生产生活经验的量无限丰富，非得经过有组织的教育活动才能够完成时，学校教育便应运而生了。学校教育是人类教育发展到一定历史阶段的产物，是一种比较高级的教育形态，它的产生标志着人类的教育活动从具体的生产生活过程中脱离开来，成为一种专门性的活动。对狭义教育即学校教育的认识，我们应该把握以下几点：

第一，学校教育是一种有目的、有计划、有组织的活动。人类实践活动最大的特点就是其目的性，这也是人类与动物界的最大区别之所在。正如马克思在《资本论》中曾举的一个比喻，他说："蜘蛛的活动与织工的活动相似，蜜蜂建筑蜂房的本领使人间的许多建筑师感到惭愧。但是，最蹩脚的建筑师从一开始就比最灵巧的蜜蜂高明的地方，是他在用蜂蜡建筑蜂房以前，已经在自己的头脑中把它建成了。"[①] 学校教育活动作为人类的一种实践活动来说,也是一种有目的的活动。也就是说,在人类学校教育活动进行之前,已经有一个先在的目的在制约着、规范着、引导着学校教育活动,学校教育活动进行的过程就是为了实现已经存在的教育目的的过程。正因为学校教育的目的性,进一步决定了它的计划性和组织性。表现为学校为了实现预定的目的,通过有组织、有计划的教育内容、教育方法、教育活动等,作用于接受教育的对象,促使他们成长与发展。

第二,学校教育活动是一种影响活动。作为一种影响活动,学校教育要完成以下的历史使命:(1)引导人热爱生命,在生命之爱中展开生活,并由此而积极地去生活,让生命的积极展现赋予生活以充实的意义。对生命的热爱,构成生活意义的永不枯竭的源泉。(2)引导人去寻找自我,理解生活,积极寻找生活的意义,并以生活意义照亮现实的生活世界。(3)引导人去努力建构自己的精神世界,拓宽人的精神生活空间,增强人的文化意识和文化涵养,从而有效地拓宽理解生活意义之"理解",为个人生活意义的充盈奠定坚实的精神基础。(4)引导人与环境作积极对话,建构人与世界的新型关系。同时,积极走向世界的广阔交流,拓宽生活与生活意义的空间,凭借关系的丰富与改善,践行充实而富有意义的人生。[②] 正因为这样,学校的教师应该以一种精心设计的教育意图、自己良好的师德修养等对接受学校教育的对象始终给以一种有形的或无形的精神影响。

第三,学校教育包含了一种人们对好的教育结果的期待和向往。即人们希望通过学校教育以后,能够使接受学校教育的对象发生一定的变化,这种变化应该是和一定的社会要求相一致的。在我们看来,教育最终的结果不是达到整齐划一的效果,不是修剪得整整齐齐

① 上海师范大学教育系:《马克思恩格斯论教育》,北京:人民教育出版社,1958,132。

② 刘铁芳:《生活意义的失落与当代教育的使命》,载《高等师范教育研究》,1997(2)。

的盆景园，而应该是一种充满生机和活力的大自然的景观。在这幅大自然的景观中，既有高大挺拔的乔木，也有郁郁葱葱的灌木和丛林。也就是说，学校教育活动应该帮助我们每一位学生找到适合自己成长与发展的道路，采取有效的措施，尽最大可能将每一位学生的潜能挖掘出来，并且发扬光大。

二、教育的构成要素

教育的构成要素是指构成教育活动的必不可少的、最基本的要素，但它并不是指教育活动中所涉及的所有的因素。教育活动是一个复杂而完整的系统，构成教育活动的基本要素有：教育者、受教育者和教育影响。

(一)教育者

简单地说，“教育者”就是从事教育活动的人。由于对教育概念的理解不同，那么教育者就会有不同的外延。如果从广义上来理解教育，那么任何人都可以扮演教育者的角色，因为任何人在日常生产和生活中总会有意无意地通过各种途径和活动对他人的态度、知识、技能和思想品德产生影响。在这个意义上，我们可以说父母是教育者，也可以说新闻记者是教育者，甚至可以说政治家也是教育者。如果将教育理解为学校教育，那么“教育者”主要就是指学校专门从事教书育人工作的专职“教师”。

在教育学中，我们认为一个真正的教育者必须有明确的教育目的，理解自己在实践活动中所肩负的历史使命。了解个体身心发展的规律以及社会发展所提出的客观要求，也就是说，他必须具有必要的能够实现促使个体发展及社会发展任务或使命的知识。一个对教育过程一无所知的人是没有资格自称为教育者的。所以，教育者意味着一种“资格”，而不是一种“实体”，是能够根据自己对于个体身心发展及社会发展状况或趋势的认识，来“引导”、“促进”、“规范”个体发展的人。从这个意义上说，父母尽管对于孩子的成长会产生种种影响，但是如果这种影响不是父母“有意”造成的，而是他们“无意”中形成的，那么父母就不能称为真正的教育者。作为“教育者”的父母与作为“抚养者”的父母之间,应该有着质的差别。同样,作为“教育者”的教师与作为“教书匠”的教师,彼此之间也有着很大的差别。因此,“教育者”这个概念,不仅是对从事教育职业的人的“总称”,更是对他们内在态度和外在行为的一种“规定”。对于这样的一个概念,人们不仅应该从“类”上来把握,而且还应该从“质”的方面来把握。①

(二)受教育者

受教育者也可称之为教育对象,受教育者可以划分为广义和狭义两种。广义的受教育者是泛指那些接受教育者传递和施加社会文化影响的人。根据这个观点来看,人在社会中生活,在和人交往的过程中,经常会自觉或不自觉地参与和置身于教育活动之中,扮演着或是“教育者”或是“受教育者”的角色。在人生道路上,活到老,学到老,任何他人,都可能是自己的老师。这就是说,人尽可以为师,而自己则会是任何他人的学生。同样,基于这种认识,我们说父母是子女的第一任老师。但在家庭生活中,有时子女也可以是父母的老师。甚至就是在专门的教育机构——学校里,也是如此。学校里的老师虽然具有教育者的身份,学生处于受教育者——学生的位置。但是在某种具体的情况下,学生也会是事实上的老师,而老师倒成为事实上的学生。这不是故作奇论,而是确实存在的情况和事实,尤其在学生知识、信息来源途径多元化的今天更是如此。这也就是所谓“教学相长”的根本原因所在。所以,从教育学的角度来看,在人类社会生活中,教育者和受教育者这两类人虽然普遍广泛存在,而其地位与作用却并不总是固定不变的。狭义的受教育者在现当代仍主要是指学校中的学生。作为一个当代的学生来说,也不是一味被动地接受学校教师的教导,而是应该努力做一个学会学习的学生,做一个学会利用各种信息的学生,做一个学会帮助教师的学生。

随着人们对教育活动认识的进一步深入,有学者指出用“学习

① 全国十二所重点师范大学:《教育学基础》,北京:教育科学出版社,2002,5~6。

者”来代替传统上所说的“受教育者”或“学生”的概念。理由如下:第一,“受教育者”这个概念毫无疑问地将教育对象看成是比较被动的存在,看成是纯粹“接受教育者教育”或“被教育者教育”的人。这也就意味着,“教育”是一种发生在教育对象身外,并由教育者施加于教育对象身心的某种事情。第二,“学生”这个概念尽管也有“学习者”的含义,但是它所指称的“学习者”主要是那些在身心两方面还没有成熟的人,这是由构成“学生”这个词中的“生”决定的。近半个世纪以来,随着终身教育时代的来临,教育的对象已经从青少年扩大到成人乃至所有的社会公民。①

(三)教育影响

从根本上说,教育活动是人和人之间的一种活动。但是教育领域仅仅有了人的因素,并不见得教育活动就构成了。教育活动中的教育者和受教育者,只有发生了一定的交往活动,才能构成教育活动。要发生一定的交往活动,必须要有一定的中介或桥梁。在教育活动中,对教育者和受教育者之间的交往起这种中介或桥梁作用的就是教育影响。教育影响即教育活动中教育者作用于受教育者的全部信息,既包括了信息的内容,也包括了信息选择、传递和反馈的形式,是形式与内容的统一。从内容上说,主要是教育内容、教育材料或教科书;从形式上说,主要是教育手段、教育方法、教育组织形式。教育内容、教育材料或教科书是教育活动的媒介,是教育者和受教育者互动的媒介,也是教育者借以实现教育意图、受教育者借以实现发展意图的媒介。这个媒介与社会生活中一般媒介的区别,在于它是根据一定的教育目的以及受教育者身心发展规律和需要从人类浩如烟海的文化宝库中精心选择、组织和呈现的,具有丰富的发展价值。教育工作的全部要旨就在于充分和有效地利用这个媒介来直接促使受教育者的最大发展,并间接满足整个社会的最大发展需要。教育

① 全国十二所重点师范大学:《教育学基础》,北京:教育科学出版社,2002,6。

手段、教育方法与教育的组织形式是围绕着一定的教育内容、教育材料或教科书设计的,因而是受教育内容、教育材料或教科书性质制约的,同时也反映了受教育者身心发展规律的要求,是把一定的教育内容、教育材料或教科书以合适的方式呈现给受教育者,并促使他们的有效学习与积极发展。正是这种教育内容与教育形式的统一所构成的教育影响,使得教育活动成为区别于其他社会活动的一种相对独立的社会实践活动。①

上述教育的三要素之间既相互独立,又相互规定,共同构成一个完整的实践活动系统。没有教育者,教育活动就不可能展开,受教育者也不可能得到有效指导;没有受教育者,教育活动就失去了对象,无的放矢;没有教育影响,教育活动就成了无米之炊、无源之水,再好的教育意图、再好的发展目标,也都无法实现。因此,教育是由上述三个基本要素构成的一种社会实践活动系统,是上述三个基本要素的有机结合。各个要素本身的变化,必然导致教育系统状况的改变。不同教育要素的变化及其组合,最终形成了多样的教育形态,担负起促使个体社会化和个体个性化的神圣职责。

第二节　教育功能

教育功能问题是教育学领域中的一个基本问题,它涉及到人们对教育这一培养人的社会活动的认识,涉及到教育在社会发展和人的发展中的地位、作用,涉及到教育与社会、人各方面的联系。深入地探讨教育的功能问题,进而比较全面地认识这一问题,可以提高人们对教育的认识程度,形成正确的教育功能观,从而促进社会和人的进一步协调发展。

---

① 全国十二所重点师范大学:《教育学基础》,北京:教育科学出版社,2002,6~7。

一、教育功能概述

功能是一个在多个学科中被广泛使用的概念。《辞海》对功能作了这样的解释:①事功与能力。②功效;作用。多指器官和机件而言。③在自然辩证法中同“结构”相对,组成一对范畴。结构指物质系统内各组成要素之间的相互联系、相互作用的方式。功能指物质系统所具有的作用、能力和功效等。

在我国的教育学研究中,关于功能的研究很多。有些学者认为,功能是某一事物在环境中所能发挥的作用和能力,是事物的客观属性,是不以人的意志为转移的。某一事物的功能是由这一事物的结构决定的,是其他事物所不能替代的。它与“职能”的概念有一定的区别,职能即职责与功能。职能意味着必须完成的任务,功能就是某一事物或活动对其他事物或活动的影响。职责的履行必然会产生某种性质的功能,而某种性质的功能不一定来源于职责的履行。职能更多的倾向于期待效应,功能一般倾向于实际效应。还有学者从哲学和科学的角度来探讨功能,认为功能指的是“一个事物系统所具备的对其他事物发生作用的能力或根本属性,它是物质存在的一个最重要的特性”。并且进一步认为:“功能是事物固有的,但必须在与其他事物的相互联系与相互作用中才能表现出来。”也有学者分析了与功能概念相联系的概念或命题后,对功能作了进一步的概括,认为“功能是事物或系统的一个基本属性,表现为事物或系统与其相互作用的能力,它体现了一个系统与外部环境之间的物质、能量和信息的输入与输出的变换关系”。由于研究的视角和出发点不同,学者们对功能的表述不尽相同。但我们也可以看出以上的论述也有一些共同的方面,即功能是某一事物或系统的一种属性,是事物或系统自身所具有的。而且,某一事物或系统的功能是在与其他事物的相互作用、相互联系中体现出来的。

在社会学视野中,“功能”一词的用法是从生物学的意义上转化而来的。国外社会学家一般认为,功能指客观结果,即“一种社会现象对于一个它所属的更为广大的体系来说所具有的被断定的客观结果”。美国社会学家默顿(R.K.Merton)曾列举了与功能相混用的术语,如用途(use)、效用(utility)、目的(purpose)、动机(motive)、意图(intention)、目标(aim)、后果(consequences)等,并且认为功能概念涉及的是观察者或研究者的角度,而并不必然涉及参与者的角度。因此他认为“功能是指可观察到的客观结果而不是对结果的主观愿望,正因为未能区分客观结果与主观意向,导致了功能分析的混淆,把(主观)动机与(客观)功能等同起来是不正确的”。我们同意默顿的这一观点,功能是可观察到的客观结果,它是客观的,涉及到观察者或研究者的角度,并不必然涉及到参与者的角度。因此,功能指“构成某一社会系统的因素对系统的维持与发展所产生的一切作用或影响”。

功能是构成某一社会系统的因素对系统的维持与发展所产生的一切作用或影响,那么,教育作为社会这个大系统的一个组成部分,它对社会的运行与发展所产生的一切作用或影响就是教育功能。因此,所谓教育功能就是作为社会组成部分的教育在社会的运行与发展过程中所产生的一切作用或影响。这种作用或影响是一种能实实在在观察到的客观结果,而不是人们的一种主观愿望。教育作为培养人的社会实践活动,它既是一个相对独立的系统,同时又是一个复杂的开放系统。作为一个相对独立的系统,教育是由教育者、受教育者、教育影响等要素构成的,这些要素的相互作用构成了教育活动的内部结构。教育内部结构的运行,是教育者以教育影响为中介,对受教育者的一种引导和影响的活动过程,这种引导和影响的最终结果是促进受教育者的成长和发展。因此教育功能从微观方面来说就是对受教育者的成长与发展所起的作用或影响。作为一个开放的系统,教育表现为社会的一个组成系统,与社会的政治、经济、文化、人口等各个系统之间发生一定的联系。通过各个社会组成系统高效、有序的运行,进而促进着社会的协调发展。因此教育功能从宏观方面来说就是教育对社会的发展所产生的作用或影响。

教育功能与教育价值、教育目的等有一定的区别,教育价值与教育目的从根本上来说是人们的一种价值判断，是人们在现实社会生活中对“好”教育的一种期待，它反映了人们对“教育应该干什么”的一种主观要求。而教育功能更多的是一种实际判断，是人们在现实生活中对教育“实际干了什么”的一种分析，也就是教育价值和教育目的在教育实际中所释放出来的实际效果。

教育功能作为教育在现实中对社会和个人所产生的作用和影响，不只是正向的，也有负向的。也就是说，教育既有正向的功能，也有负向的功能。教育负向功能是人们对教育现实问题深入反思的结果，是人们对教育功能问题认识的深化。它克服了以往人们在对教育功能问题上缺少前提性批判的不足，不再“把教育与社会之间的相谐状态视为考察教育功能的不言自明的前提”，同时“考虑到教育与社会之间可能出现的失谐乃至冲突状态。”① 教育负向功能最早是由美国的社会学家默顿在20世纪50年代末提出的。他认为“功能”是一个中性的概念，是指功能事项对功能承受单位作用产生的“可观察到的客观后果”。这种结果依其对社会协调所起的作用性质可分为“正向功能”和“负向功能”。正向功能有助于一个系统的适应或顺应，而负向功能则削弱系统的适应或顺应。在默顿看来，社会系统的运行中普遍存在着负向功能，这种普遍性既见之于一般状况，又见之于相对状况。所谓一般状况是指一个事项在具有某种正向功能的同时，通常也就存在着发生负向功能的可能性，所谓相对状况是指一个事项对某些个人或群体可能具有正向功能，而对另外一些个人或群体则可能会产生负向功能。② 其次，默顿还批判了传统功能主义者混淆了“主观动机”和“客观结果”之间的界限，提出了“显性功能”和“隐性功能”的概念。显性功能是有助于体系之适应或顺应的客观后果，这种后果为此体系之参与者所预期并认可。隐性功能与显性功

① 吴康宁：《教育的负向功能刍议》，载《教育研究》，1992(6)。

② 吴康宁著：《教育社会学》，北京：人民教育出版社，1998，383～384。

能相对应,这种结果既非预期的,亦未被认可。①

日本教育社会学家柴野昌山运用默顿的上述观点,分析了教育活动中的负向功能问题,他以默顿的"正向功能、负向功能"及"显性功能、隐性功能"这两对功能概念为基础,构建了学校教育功能理论的分析框架(如图 1-1 所示),将学校的教育功能分为四大类,即 A 显性正向功能、B 隐性正向功能、C 显性负向功能、D 隐性负向功能,从而在理论上表明了负向教育功能和正向教育功能同时存在于教育功能系统之中。

		主观意向	
		显性	隐性
客观结果	正向	A	B
	负向	C	D

图 1-1 学校教育功能分析框架

柴野昌山还通过具体的例子来说明这四类教育功能现象的存在。比如,在他看来,考试及成绩报告单作为教师评价学生学习效果、强化学生学习欲望的工具,具有显性正向功能,但若教师仅凭考试成绩来评价学生,便会导致学生产生书呆子型的偏向,此可谓隐性负向功能。又如,学校中的表扬制度及晨会之类的仪式活动,其本来目的只是帮助学生区分正误,但作为副产品,也可能会出现增强学生对学校的归属意识,促进群体整合等预料外的结果,这种结果便是隐性正向功能,至于显性负向功能,学校从一开始就竭力避免,但由于学生群体的反学校、反教师的亚文化而导致的各种不良行为或越轨行为则属于显性负向功能。

二、教育的个体发展功能

发展是指事物由小到大、由简到繁、由低级到高级、由旧质到新

① (美)罗伯特·金·默顿著:《论理论社会学》,何兴凡译,北京:华夏出版社,1990,139。

质的变化过程。个体的发展是指个体从出生到生命终结的整个过程中,其身心诸方面所发生的所有变化。所谓身体的发展是指有机体的自然形态和组织器官及其机能的发展、完善。所谓心理的发展是指人的心理过程和心理特征的发展,包括认知、情感、意志和各种高级社会性的发展。社会生活中的每一个个体,既是社会的人,又是个体的人,是社会性与个体性的双重统一体。所以,个体的发展就包括了社会化和个性化这两个既相互联系又相互独立的方向。教育就是通过其独特的方式和特定的内容,实现个体的社会化和个体的个性化,促使一个自然意义上的人成为一个社会意义上的人。因此,教育的个体发展功能主要表现为教育促进个体社会化的功能与促进个体个性化的功能。

(一)教育促进个体社会化的功能

一个刚刚出生的婴儿,还是一个纯粹自然意义上的人,在后天的成长发展过程中,随着机体的发展及功能的完善,通过习得社会文化,他才能逐渐地成为一个社会意义上的个体。个体从自然意义上的人成长为社会意义上的人的过程,是通过个体的社会化来完成的。个体的社会化是个体在社会生活的过程中,习得社会所需要的知识技能、价值观、行为规范等并将其内化,形成一定的行为方式和个性特征,以适应和改造社会、发展自身的过程。

个体社会化是个人发展过程中的一个必然的过程,因为第一,人与社会有着天然的联系,这种联系影响着人的成长与发展,一个人一出生就意味着他已经属于某种家庭关系、某一社会阶层、某一特定的时代,以及由这些因素共同组成的复杂的社会关系。为了生存与发展,个体必须学会适应社会,进而在适应的过程中改造社会、发展自我。第二,人有较长的依赖生活期,因而不得不社会化。从成熟的角度看,在所有动物中,人达到成熟水平所需要的时间最长。在这段时间里,个体先是全部后是部分地依赖他人生活,这样长的依赖期为个体获得知识技能、学会生活,也即接受社会化提供了充分的时间保证。第三,人要满足自身的需要也必须社会化。人的需要基本上可以分为两种,一种是为了维持生命和种族的延续而形成的基本需要,如饮食、自卫、繁衍后代等,另一种是为了提高物质生活和精神生活水平而形成的高级需要。显然,高级需要的满足必需借助社会化的过程。同时,个体的社会化也是一个持续终身的过程。个体从出生到死亡,为了适应角色的变换,必须不断地完成将不同角色所需要的各种知识、技能、规范内化的过程,也即不断地社会化。

家庭、学校、同伴群体、大众传媒、职业组织、社区等,均是影响个体社会化的主要因素。作为学校来说,它是青少年个体社会化的主要场所,学校对青少年个体的社会化是通过有目的、有计划、有组织的教育来完成的。教育在促进个体社会中的功能主要表现在以下几个方面。①

第一,促进个体思想的社会化。人的行为是一种有意识的行为,思想意识是支配人的行为的内在力量。意识虽然为个人所具有,但它不是个体思维的产物,而是社会的产物,个体意识必须反映并符合社会的规范和要求。所以,个体的思想意识本质上是社会价值规范在个体头脑中的反映。教育代表一定社会的要求,传播社会中的主流文化和价值观念,受这种文化和价值观念的影响,学生就易于形成与主流社会文化要求一致的思想意识,从而认可并自觉维持现存社会的种种关系。而且,由于教育所传播的文化价值观念的系统性和深刻性,还由于教育活动组织的计划性和严密性,教育形式的活泼性和多样性,就易于使学生接受这种价值观念体系,并形成完整的思想观念体系。

第二,教育促进个体行为的社会化。人的行为要符合所属群体或社会的要求,这个要求就是社会规范。教育通过社会规范的传递,使人们认识社会规范的意义和内容,认识到应该干什么,不应该干什么,从而规范人的行为,防止个体行为偏离社会的轨道。在日常生活

---

① 全国十二所重点师范大学:《教育学基础》,北京:教育科学出版社,2002,34~35。

中，教育还具有生活指导的功能。它授予人在社会生活中必需的知识技能，如处理人际关系的技能，帮助人们学会协调理想和现实之间的冲突，使人们首先学会生活、适应生活。

第三，教育培养个体的职业意识和角色。职业是社会化的集中体现。人生活在社会中，要以一定的职业为生，这就决定了为就业和生活做准备的教育，必须能够促进个体的职业化。对职业技术教育、高等教育和成人教育而言，培养人的职业角色意识、技能是其核心要求。基础教育作为一种全面的素质教育，也负有职业指导和职业定向的重要职责，要指导学生根据自己的兴趣、爱好和能力，结合国家的需要，确定自己的未来理想，帮助他们实现自己的职业理想。

（二）教育促进个体个性化的功能

人除了具有社会性外，还具有一定的个性。通常认为，个性就是个别差异，就是每个社会成员具有的区别于他人的心理特点，它决定一个人适应和改造环境的行为模式和思维方式。个性化就是个体在社会活动中形成独特性、自主性和创造性的过程，也是人类开发自身潜力、推动社会发展的过程。人的个性化与人的社会化具有相互对立又相互统一的关系。实现个体个性化的过程主要不是靠人类的自然进化而是靠不断进步的教育来完成。教育不仅要为个体适应社会做准备，而且还要为个体个性的发展开辟道路。因此教育还具有促进个体个性化的功能，这种促进作用主要表现为以下几个方面。①

第一，教育促进人的主体意识的形成和主体能力的发展。主体意识和主体能力是人的主体性的表现。主体意识是人作为认识和实践活动的主体的自觉意识，它包括主体的自我意识和对象意识；主体能力是主体认识、改造外部对象世界的能力。主体意识是主体性的观念表现，主体能力是主体性的外在表现。无论是主体意识的形成，还是主体能力的获得都要通过教育。因为人的生物体在自然界中是

---

① 全国十二所重点师范大学：《教育学基础》，北京：教育科学出版社，2002，35～36。

最无能的,人要成为认识和实践的主体,必须通过接受教育,获得相应的知识、能力,从而达到变革客观世界的目的。因此教育过程对个体而言,是一个提高自身素质,增强自我能力的过程。

第二,教育促进个体差异的充分发展,形成人的独特性。个体的独特性表现在人的个性心理上,诸如兴趣、爱好、理想、信念、世界观、能力、气质、性格等。人的遗传素质蕴涵着个体的差异性,如气质类型的差异、智能优势的差异等。个体由于后天的生活环境、教育影响的不同,即便是相同的遗传素质,也会形成不同的发展结果。教育作为有目的的活动,可以根据学生的不同心理发展特征,选择适合他的发展道路、设计适合他的教育。因此,教育能够尊重个体的差异,因材施教,帮助不同的学生充分开发其内在潜力,形成自己的优势区域和特长。

第三,教育开发人的创造性,促进个体价值的实现。创造性是人的个性的核心品质,是个体的自主性、独特性的综合体现。它是个体在创造活动中所表现出来的自主、独特、与众不同的心理倾向。创造活动是人生产新颖、独特、有社会价值的产品的活动。人们在创造活动中所表现出来的创造性不仅是个体独特的自我意识的体现,同时也符合社会价值的要求,具有社会性。因此,创造性是自我性和社会性的连接,它虽是个人才能的最高体现,但这种才能的发挥要受到社会的制约,要以对社会的贡献来衡量。

三、教育的社会发展功能

教育的社会发展功能是指教育对社会其他子系统所发生的作用和影响,包括社会的政治、经济、文化、人口等各个方面。客观地说,教育的社会发展功能是通过教育的个体发展功能的发挥而起作用的,是教育的个体发展功能的进一步的衍生,属于教育的派生功能。也就是说,教育通过对个体进行知识的传递、能力的发展、智慧的启迪、生命的润泽等方式,培养出社会所需要的人才。这些人才进入社会生活的不同领域并且作用于社会不同领域,进而产生促进社会发展、经济发展、文化发展、人口素质提高等社会作用,实现教育的社会发展功能。

从人类教育发展的历史来看,教育的各种社会发展功能也不是同步出现的。在不同的历史时期,由于人们对教育的认识不同,教育所承载的社会期待不同,因而教育所表现出的社会发展功能就有一定的差异性。在漫长的农业社会时期,无论是中国社会还是西方社会,对于教育功能的认识基本上局限于社会政治伦理及社会教化的范围,学校教育的主要任务是传授统治阶级的意识形态、价值观念,为社会统治阶级培养官吏。到了工业社会时期,随着资本主义机器大工业的建立和发展,科学技术在经济社会发展中的作用越来越重要,学校教育的主要任务是传授现代科学技术知识,为社会生产劳动力,因而教育产生劳动力、促进经济发展的功能日益突出。在当代社会,社会的现代化不仅包括物质文明建设,也包括精神文明建设。因此,教育在社会发展的过程中,其所起的作用也由单一的功能发展到综合的功能,全方位地发挥作用。

(一)教育的人口功能

所谓人口,是指生活在一定社会区域,具有一定数量和素质,形成一定结构的人的总体,人口是社会的一个基本构成要素。在社会生活中,人们必须进行物质资料的生产活动,从而维持人类的生存和发展。而生产活动必需一定数量的人口来承担。所以,在一定的生产力发展水平下,适当的人口是社会赖以存在和发展的基础。一个社会仅仅拥有一定数量的人口还不够,社会成员的能力、素质等发展状况,对社会的发展更具有重要的现实意义。所以,人口发展的数量、质量直接影响社会的发展。教育对于控制人口数量、提高人口质量、调整人口结构等都具有重要的作用。

第一,教育可以减少人口数量,控制人口的过度增长。控制人口增长的手段很多,发展教育是其中之一,而且是起长远作用的手段。通过接受教育,可以使人们更容易理解人口增长与经济和社会发展之间的相互制约关系,增强对社会发展的责任感,自觉地控制人口的增长。教育程度的提高,也可以使人们更倾向于用现代的、科学的眼光看待传统的多子多福的价值观念和社会风俗,更倾向于孩子能否健康成长,能否受到良好的教育等,即更加注重孩子将来发展的质量而不是一味地追求子女的数量。相关研究表明:全体国民受教育程度的高低与人口出生率的高低成反比关系,人口的平均受教育程度越高,人口出生率就越低。受教育水平较低的群体或个人倾向于不加节制特别是高数量的生育,而受教育水平较高的群体或个人倾向于有节制的比较合理的生育。

第二,教育可以改善人口质量,提高民族素质。人口质量是衡量人口各个方面综合发展水平的概念,它包括人口的身体素质、科学文化素质和思想道德素质等方面。影响人口质量的因素有很多,既包括来自上一代人的遗传素质,也包括他们所处的社会环境和生活水平。通过接受教育,不仅对改善社会环境和人们的生活观念有作用,而且更重要的是对提高人口质量发挥着决定性的作用。教育作为培养人的专门活动,对人的各方面素质的发展有直接的决定作用,教育活动的直接结果就是提高人口质量,从而提高全民族的素质。因此,教育是提高人口质量的根本途径。

第三,教育可以使人口结构合理化。人口结构包括人口的自然结构与社会结构,前者指人口的年龄、性别等方面的比例,后者指人口的阶级、文化、职业、地域、民族等方面的比例。人口结构的合理化就是指人口结构有利于社会生产和人口的自然平衡。教育程度的提高,可以改变人们传统的“重男轻女”的生育观念和家庭观念,保证男女性别比例的自然平衡,从而改变人口的性别结构。此外,人们通过接受不同层次、不同类别的教育,形成各自不同的知识、能力结构,从而进入不同的生产劳动领域,适应社会生产力和科学技术发展水平的不同要求,从而改变社会人口的文化结构和职业结构,实现不同区域的人口的合理性流动。

(二)教育的经济功能

在生产力水平相对低下的农业社会时期,社会经济的发展仅仅依靠劳动者的数量以及人们所拥有的劳动资料的多少。当代经济的发展,已经摆脱了传统的物质、资金增长的模式,而更多地依靠人力和知识资本的增长。正是在这一重心转移的过程中,教育在经济增长中的作用越来越重要,教育的经济功能也越来越凸现。教育的经济功能主要表现在以下几个方面。

第一,教育能把潜在的生产力转化为现实的生产力,实现劳动力的再生产。人是社会经济发展的主体,是生产力中最活跃、最重要的因素。当然这里所说的人是能够适应现代社会生产发展的需要,具有一定智力、生产知识、生产经验和劳动技能的人。劳动力的大小,不仅要以体力的大小来衡量,更重要的要用智力的高低来衡量。而智力的高低则取决于劳动者掌握的科学技术知识水平的程度。劳动者具有的科学知识越多,具备的科学技术水平越高,其在生产过程中发挥的作用将越大。当一个社会成员尚未具备任何科学知识、生产经验和劳动技能时,他还只是一个潜在的劳动力。要使人成为直接的生产力,必须用一定的生产知识、劳动经验和劳动技能加以武装。要使科学技术成为现实的生产力,就必须使之转化为生产工具,并为劳动者所掌握。教育的一个重要作用就是能够使上述两种可能的、潜在的生产力结合起来,即能够使科学知识与人结合起来,从而把人变成直接现实的生产力。相关研究表明,一个受过初等教育的工人可以使劳动生产率提高30%,受过完全中等教育的工人在技术创造上的积极性,比没有受过同等教育而工龄相同的工人要多4~5倍。教育正是通过提高劳动者的素质和劳动能力,将潜在的生产力转化为现实的生产力,从而推动整个社会经济的发展。

第二,教育可以生产新的科学技术,促进经济的发展。科学技术是人类社会整个历史发展过程的结晶,是人类不断积累、继承和创造的结果。在人类社会历史发展的过程中,科学技术要得以传播,尽管有许多途径,但教育是最基本、最有效的途径。教育对科学技术的传播是一种高效的和扩大的再生产,它通过有效的组织形式和方法来缩短再生产科学技术所必需的劳动时间,通过教师的传播使原来为少数人所掌握的科学技术为更多的人所掌握,扩大了传播的范围。

更重要的是通过教育培养了一大批科技人才,他们是生产新的科学技术的不竭动力。此外,科学技术是第一生产力,但其只是潜在的、可能的生产力。这种潜在的、可能的生产力要转化为直接的、现实的生产力,需要借助人的掌握,把科学技术渗透到物质生产过程中去。教育恰恰是科学技术转化为生产力的中间环节,是科技第一生产力由潜在性变为现实性的前提和条件。

(三)教育的政治功能

人类教育的发展总是和一定阶级、社会的政治利益有机地联系在一起的。无论是在古代社会还是现代社会,教育总是通过为一定社会、阶级培养其所需要的人才,从而为一定社会、阶级的政治服务,表现出比较明显的政治功能。教育的政治功能主要表现在以下几个方面:

第一,教育具有维系社会政治稳定的功能。从人类历史发展的角度看,任何国家、任何社会,其维护社会统治、维系政治稳定的基本途径无一不是通过加强教育来实现的。教育维系社会政治稳定的功能主要体现在两个方面。首先,教育为社会培养各种政治人才。政治人才是一个社会各个部门、各个领域的领导者与管理者,他们对于维护社会的稳定、推动社会的发展具有重要作用。无论是在古代社会,还是在现代社会,各级政治人才都需要通过教育培养。在现代社会里,政治人才不仅要有较高的政治素养与政治水平,同时更要有科学知识和专业技术水平,因而现代社会的教育为社会发展培养政治人才的功能在不断地增强。其次,教育培养具有一定政治素养的社会公民。这是教育维系社会政治稳定功能的另一表现。社会统治阶级总是要通过教育造就公民,使受教育者具备国家、政府或执政党所希望的政治理想与政治信念。教育正是通过向受教育者灌输国家、政党的意识与观念,通过传递人类道德文明的成果而起到“化民成俗”、维护社会稳定的作用。

第二,教育具有传播先进的思想、弘扬优良的道德进而促进社会政治变革的功能。在现代社会里,教育可以通过学校这一主阵地,通过师生的言论和行动，利用教材内容，向受教育者传播科学真理，弘扬优良道德，形成正确的舆论，同时帮助受教育者形成进步的政治观念，以促进社会的进步与革新。教育还能通过自己能动的主导作用弘扬社会政治、思想、道德领域中的正面因素，抑制腐朽落后的消极因素，从而为推进社会政治大发展服务。

第三，教育具有促进社会民主化进程的功能。民主问题是现代社会教育与政治关系的核心，通过教育活动可以促进政治的民主化进程。首先，教育传播科学，启迪人的民主观念。现代社会，教育通过传播科学真理，启迪人的思想意识，提高人的民主观念，成为社会变革的内在动力。其次，教育民主化本身就是政治民主化的重要组成部分。教育民主化是现代教育改革的目标，它表现为教育权力的平等和教育机会的均等。教育平等，作为一种实践活动，是政治民主化的重要表现，也是推进社会政治变革的重要力量。最后，民主的教育是政治民主化的加速器。民主的教育不仅可以提高国民的政治素质，推动他们参与政治的热情和能力，通过提高领导阶层的文化知识促进管理的科学化和民主化。更重要的是民主教育本身的实践影响着每个学生的心灵，使他们在民主教育中增强民主的意识，使民主在一代人的心中开花、结果。

（四）教育的文化功能

文化是一种亘古绵久的社会现象，也是人类的创造物。文化的发展与教育相伴而生、相随而长，在漫长的历史长河中，文化给教育以社会价值和存在意义，教育给文化以生存依据和生机活力。教育对于文化保存与发展的作用，构成了教育的文化功能。教育的文化功能主要体现在以下几个方面：

第一，教育对社会文化的保存、传递功能。文化是人类在后天的社会生活过程中习得的，所以它不可能通过遗传的方式延续，而只能通过传递的方式发展下去。正是从这个意义上说，教育是传递和保存社会文化的主要手段。教育对社会文化的保存、传递是通过两种方式来进行的，一是纵向的文化传承，即文化在时间上的延续。二是横向的文化传播,即文化在空间上的流动。自从教育活动从人类其他活动中分离出来,教育就成为一种专门的文化传递活动。在教育活动中,教育者将人类积累起来的文化,经过选择、整理,形成一定的教育内容,在与受教育者的共同活动中传递给受教育者,从而实现人类积累的文化代代相传,并且由少数人传向多数人,由一个地域传向另一个地域。

第二,教育对社会文化的选择功能。教育在文化传递的过程中,并不是不加选择地进行传递,而是具有比较明显的选择性。没有选择的文化传递,就不成其为教育,学校教育尤其是这样。一定社会的教育,总是按照社会统治阶级的要求以及学生身心发展的特点和需要选择出该社会中占主导地位的文化,形成系统化、科学化的教育内容,从而作用于受教育者。因而在传递文化的过程中对文化进行相应地选择也是教育的应有之意。教育选择文化不仅仅是促进文化的发展与变迁,更重要的是提高受教育者的文化选择能力,促进人的发展。

第三,教育对社会文化的创新功能。社会文化总是处于不断发展变化的过程之中,要发展就意味着要有创新,没有文化的创新就没有根本意义上的文化发展。而文化创新则需要通过教育来实现。一方面,教育对传统文化的传递总是着眼于古为今用、洋为中用,取其精华、去其糟粕,适应社会发展变化的需要,构建新的文化特质和体系,使文化得到不断地更新和发展。另一方面,现代社会的急剧变化,现代科技的迅猛发展,必然要求教育突破原有的文化模式,实现对文化的创造、拓展与更新。

第四,教育对社会文化的融合功能。一般来说,每个国家的文化都是多元的,不同的阶级有不同阶级特有的文化,不同的民族有不同的民族文化,不同的地域有不同地域特殊的文化。任何一个民族都需要继承属于本民族的优良的文化,同时也需要吸收外来民族的先进文化,进而促进本民族与其他民族文化的交流与融合。因此,教育还担负着实现不同文化相互融合的历史使命。当代教育对外交流的不断扩大,正有力地促进世界各民族、各国家、各地域之间文化的融合与交流,从而使当代社会文化的发展呈现出更加美好的前景。

第三节 教育目的

教育作为一种培养人的社会活动,是在一定的目的指引之下来实现的。培养什么样的人,怎样培养人,均要受到教育目的的制约和规范。教育活动的效果在很大程度上取决于教育工作者对教育目的的理解。正确认识和理解教育目的,是做好教育工作的前提条件。

一、教育目的概述

(一)教育目的的概念与层次结构

目的性和意识性是人类实践活动的一个根本特性,也是人类的实践活动与动物的本能活动的根本区别。可以说人类的一切实践活动都是在一定的目的指引下的一种有意识的活动。教育活动作为人类一种基本的社会实践活动,也必定具有一定的目的。从教育活动产生与运行的过程中,我们也可以寻觅到教育目的的踪迹。从教育活动的产生来说,是基于人类社会的生存与发展、人类社会在社会生产生活过程中积累、创造的经验、知识的传承而进行的一种有目的、有计划、有组织地培养人的活动。从教育活动运行的过程来看,一切教育内容、方式方法、手段的选择等,无一不是依据教育目的来进行的。因此,教育目的体现了人类实践活动的特性,任何社会对人的培养都是依据一定的教育目的来进行的。

教育目的指教育活动在人才培养上期望达到的预期结果,是对教育所要培养的人才质量和规格的总体要求。教育目的可以分为广义的教育目的和狭义的教育目的。从广义上来说,国家和社会教育机构、学生的家长和亲友、教师等,均对教育活动寄予一定的期望,即希望通过教育活动,使受教育者在身心诸多方面发生一定的变化,产生一定的结果,这些期望可以理解为广义的教育目的。狭义的教育目的特指一定的社会(国家或地区)为各级各类教育人才培养所确立的总体要求。狭义的教育目的是一切教育活动的方向和目标,也是一切教育活动的出发点和归宿。各级各类学校无论培养什么社会领域和什么层次的人才,都必须努力使其所培养的学生符合国家提出的总的教育目的。我们在这里主要探讨的是狭义的教育目的。

教育目的的层次结构可以从横向和纵向两个方面来分析。从横向结构方面来说,教育目的一般由两部分构成。一是就教育所要培养出的人的身心素质做出规定,即指明受教育者在知识、智力、品德、审美、体质诸方面的发展,以期受教育者形成某种个性品质。二是就教育所要培养出的人的社会价值做出规定,即指明这种人符合什么社会的需要或为什么阶级的利益服务。其中关于身心素质的规定是教育目的横向结构的核心部分。因为教育的专门职能在于培养人,教育目的必须从社会发展的客观需要出发,对受教育者身心发展的方向、内容和所要达到的水平做出切实规定,这样才能有效地指导教育活动,形成受教育者的合理的素质结构,提高受教育者自身的价值。只有在这个基础上,受教育者才能在社会实践中能动地创造社会价值。从纵向层次来看,教育目的可以划分为不同的层次结构。最高层次是国家的或教育家理想中的教育目的,下一个层次是各级各类学校的培养目标,最下层是学科教学目标。国家教育目的直接指导着各级各类学校的培养目标。各级各类学校的培养目标再指导学科教学目标。经过逐步具体化,国家教育目的就变成可在课堂教学中直接操作的具体要求,从而落实到教育实践中。反过来,学科教学目标指导教学的过程,本质上是接受教育实践检验的过程。经过检验,学科教育目标中合理的部分得到肯定,不合理的部分得到修改从而得以进一步完善。这为学校培养目标的制定或修改提供了依据。而学校培养目标的进一步合理化,是制定国家教育目的的基础。

(二)教育目的与教育方针、培养目标的关系

教育目的与教育方针既有联系又有区别。从二者的联系看,它们都是一定社会(国家或地区)各级各类教育在其性质和方向上不得

违背的根本指导原则,都对教育的社会属性和培养人才的规格要求具有明确的规定性。从二者的区别来看,一方面教育目的着重是对人才培养规格作出的规定,教育方针着重是对教育事业发展方向所提出的要求。教育目的反映的是一定社会对人才培养的总要求,规定教育培养人才的质量规格,教育方针是一定社会(国家或地区)确定的一定时期内教育发展的基本指导思想。另一方面教育目的有时是由社会团体或个人提出的,对教育实践可以不具约束力,而教育方针则是由政府或政党等提出的,对教育实践具有一定的强制性。

教育目的与培养目标有一定的区别。一方面,教育目的是一个社会(国家或地区)各级各类教育发展的总的指导思想,各级各类学校均需按照教育目的的要求来培养人。而培养目标则是在教育目的的指导下制定的某一级或某一类学校的人才培养的具体要求,是教育目的在各级各类学校的具体化。另一方面,培养目标的确定必须建立在教育目的的基础上,而教育目的又必须通过各级各类学校的培养目标而实现。没有各级各类学校培养目标的实现,则国家的教育目的就不可能实现。如果没有国家教育目的的指导,各级各类学校的培养目标就有可能发生一定的异化。

(三)教育目的的功能

教育目的既是教育活动的出发点和依据,又是教育活动的归宿。它犹如一个国家或地区教育发展的旗帜和方向,时时刻刻在指导着该国家或地区教育的总体发展。只有确立了教育目的,才能使一个国家或地区的教育活动减少盲目性,有组织、有计划、有系统地向着预定的方向前进。在教育实践活动中,教育目的发挥着重要的功能。

第一,教育目的对教育活动的导向功能。教育目的规定了教育活动的社会性质和培养的人才的质量和规格,实际上就是规定了教育活动的发展方向。它不仅包含有对整个教育活动努力方向的指向性和结果要求,而且还含有对具体教育活动的具体规定性。在教育实践活动中,依照教育目的的要求,可以使教育活动避免发展方向上的失误。任何社会,为满足自身发展的需要,总是首先确定相应的教育目的,从根本上引导教育发展的方向,以便从根本上确保教育的社会性质和人才培养的社会倾向性。

第二,教育目的对教育活动的调控功能。一定的教育目的,是一定社会根据自身或人的发展需要对教育活动进行调节、控制的一种手段。从宏观上说,教育目的对一个国家或地区的教育规划以及教育结构的确立与调整等都具有指导、协调的作用;从微观上说,教育目的对具体教育内容的安排、教育活动的形式以及教育手段、方法和技术的选择等都有支配、协调和控制、调节的作用。在日常的教育活动中,教育工作者在设计教育活动时,都会自觉地按照教育目的的要求行事,以克服教育活动的盲目性。当教育活动偏离教育目的所规定的方向时,教育工作者会自觉地反思和予以纠正。

第三,教育目的对教育活动的评价功能。教育活动从根本上说是一种追求效益的活动,这种效益就是教育活动培养的人的质量规格等。因此,在教育实践活动中,必然要对教育活动的运行状况进行一定的分析评价。这种分析评价的依据就是教育目的,所以教育目的不仅是教育活动应遵循的根本指导思想,而且也是检查评价教育活动的重要依据。通过教育目的的评价作用,不仅能够对教育活动的方向和质量等做出判断,而且还能够评价教育活动的得与失,从而采取一定的措施,对教育目的在教育实践活动中的变异情况做出一定的调整。

(四)确定教育目的的依据

从教育目的的提出或制定主体来说,它是由人提出和制定的,反映人的主观意志,因而教育目的具有一定的主观性。但是,教育目的并不是凭借人的主观臆断来做出的,必须以客观的存在作为依据,即必须依据社会发展的客观需要和受教育者身心发展的客观规律。

第一,教育目的的制定要依据社会发展的客观需要。教育从根本上说是为了人类的生存和发展而产生的,因而它必然要和一定社会的现实及其发展产生一定的联系。教育若要在现实生活中更好地服务于人类的社会生产和社会生活,必须依据社会发展的需要来制定教育目的。首先,在人类社会发展的过程中,随着社会生产方式的变革,必然会引起社会关系结构及其制度的变革,而这种变革必然会对教育提出新的更高的要求,要求教育培养能够适应新的社会关系结构及其制度的人,这一点在现代社会体现得更加突出。正如英格尔斯在谈到人的现代化问题时曾经指出的:"一言以蔽之,那些先进的制度要获得成功,取得预期的效果,必须依赖运用于它们的人民的现代人格、现代品质。无论哪个国家,只有她的人们从心理、态度和行为上,都能与各种形式的经济发展同步前进,相互配合,这个国家的现代化才真正能够得以实现。"① 其次,一个社会培养什么样的人,不仅要反映社会关系和政治制度的要求,而且也受生产力和科学技术发展水平及发展需要所制约。尤其在现代社会,生产力的发展及科学技术的飞速发展,已经成为制定教育目的不可忽视的重要因素。许多国家在这种背景下,重新选择确定教育目的,以培养适应现代社会发展要求的人才。

第二,教育目的的制定要依据学生身心发展的规律及发展的需要。教育目的直接指向的对象是受教育者,是希望引起受教育者的身心发生预期变化,使其成长为具有一定身心素养的人才。心理学的研究表明,人的身心发展具有阶段性和顺序性、稳定性和可变性、不平衡性和差异性等一系列特点。在制定教育目的的过程中,如果不考虑学生身心发展的规律性,就有可能导致实际的教育活动脱离学生身心发展的实际水平,难以有效地促进学生发展。只有遵循了学生身心发展的规律性,才能使依据教育目的展开的学校具体教育教学活动符合学生身心发展的特点和水平,具有针对性,而不至于过高或过低、过轻或过难等。另外,人的发展的需要也是确定教育目的不可或缺的重要因素。人的发展的需要包括物质的和精神的、现实的和未来的、生存的和发展的等不同层面。在制定教育目的的过程中,如果不考虑人的发展的需要,就不能唤起受教育者在教育活动中

① 英格尔斯:《人的现代化》,成都:四川人民出版社,1985,6。

的主动性和自觉性,就不能很好地培养造就具有积极主动精神和富有创造性的社会主体。只有正视人的主体性需要,满足人的主体性需要的教育目的,才更有利于人的价值的提升和人的本质力量的增强,才能对培养人的实际教育教学活动赋予根本的活动宗旨或活动追求。

二、我国的教育目的

(一)我国教育目的的历史演变

自1949年10月中华人民共和国成立以来,伴随着国家建设,教育事业获得了从未有过的空前发展,新中国的教育目的也随之经历了一个发展演变的过程。

1949年9月,《中国人民政治协商会议共同纲领》规定:"人民政府的文化教育工作,应以提高人民文化水平、培养国家建设人才,肃清封建的、买办的、法西斯主义的思想、发展为人民服务的思想为主要任务。"这是建国初期对全国教育工作有指导作用的教育宗旨,各级各类学校便据此来确定自己的培养目标。

1957年,我国在生产资料所有制的社会主义改造完成后,开始了以发展社会生产力、发展经济为重点的大规模建设时期。根据这一时期政治、经济、文化等方面发展的新要求,毛泽东主席在国务会议上指出:"我们的教育方针,应该使受教育者在德育、智育、体育几方面都得到发展,成为有社会主义觉悟的有文化的劳动者。"它在当时对我国教育事业的发展和人才培养起了非常有力的指导作用,对以后教育目的的影响很大。

1978年,我国的教育目的在人大会议通过的宪法中被表述为:"我国的教育方针是教育必须为无产阶级政治服务,教育必须同生产劳动相结合,使受教育者在德育、智育、体育几方面都得到发展,成为有社会主义觉悟的有文化的劳动者。"

1981年,《关于建国以来党的若干历史问题的决议》对教育目的有新的表述:"坚持德智体全面发展,又红又专、知识分子和工人农民相结合、脑力劳动和体力劳动相结合的教育方针。"在同年五届人大政府工作报告中指出教育目的是:“使受教育者在德育、智育、体育几方面都得到发展,成为有社会主义觉悟的有文化的劳动者和又红又专的人才。坚持脑力劳动和体力劳动相结合,知识分子和工人农民相结合。”

1982 年,《中华人民共和国宪法》中规定:“国家培养青年、少年、儿童在品德、智力、体质等方面全面发展。”

1985 年,《中共中央关于教育体制改革的决定》提出:“教育要为 90 年代至下世纪初中叶我国经济和社会发展培养新的能够坚持社会主义方向的各级各类人才。”明确指出:“所有这些人才都应该有理想、有道德、有纪律、有文化,热爱社会主义祖国和社会主义事业,具有为国家富强和人民富裕而艰苦奋斗的献身精神,都应该不断追求新知,具有实事求是、独立思考、勇于创造的科学精神。”

1986 年,《中华人民共和国义务教育法》规定:“义务教育必须贯彻国家的教育方针,努力提高教育质量,使儿童、少年在品德、智力、体质等方面全面发展,为提高全民族素质,培养有理想、有道德、有文化、有纪律的社会主义的建设人才奠定基础。”在这里,首次把提高全民族素质纳入教育目的。

1990 年,《中共中央关于制定国民经济和社会发展十年规划和“八五”计划的建议》把教育方针和教育目的明确表述为:“教育必须为社会主义现代化建设服务,必须与生产劳动相结合,培养德、智、体全面发展的建设者和接班人。”

1993 年,《中国教育改革和发展纲要》提出:“教育改革和发展的根本目的是提高民族素质,多出人才,出好人才,各级各类学校要认真贯彻‘教育为社会主义现代化建设服务,必须与生产劳动相结合,培养德、智、体等全面发展的建设者和接班人’的方针,努力使教育质量在 90 年代上一个新台阶。”

1995 年,《中华人民共和国教育法》规定:“教育必须为社会主义现代化建设服务,必须与生产劳动相结合,培养德、智、体等方面全面发展的社会主义事业的建设者和接班人。”

1999 年 6 月,《中共中央国务院关于深化教育改革全面推进素质教育的决定》把教育目的表述为:“以培养学生的创新精神和实践能力为重点,造就有理想、有道德、有文化、有纪律的德、智、体等方面全面发展的社会主义建设者和接班人。”

2001 年 6 月,《国务院关于基础教育改革与发展的决定》明确提出:“要高举邓小平理论伟大旗帜,以邓小平同志‘教育要面向现代化,面向世界,面向未来’和江泽民同志‘三个代表’的重要思想为指导,坚持教育必须为社会主义现代化建设服务,为人民服务,必须与生产劳动和社会实践相结合,培养德智体美等全面发展的社会主义事业的建设者和接班人。”

2002 年,中共十六大报告明确了全面建设小康社会的教育方针,即坚持教育为社会主义现代化建设服务,为人民服务,与生产劳动和社会实践相结合,培养德智体美全面发展的社会主义建设者和接班人。这一新的表述赋予教育方针新的时代内涵,成为指导全面建设小康社会教育工作的根本指导思想和行动纲领。

(二)我国教育目的的精神实质

第一,社会主义方向是我国教育目的的根本所在。教育作为培养人的社会活动,既源于社会需要也受社会制约。因此,教育无不带有各个时代社会的特点和要求,无不体现一定的社会性质。中华人民共和国成立以来,我国教育目的也充分体现了这一特点。它不同于以往历史上任何社会的教育目的,是为我国社会主义事业的建设和发展服务的。维护社会主义利益,为社会主义服务,一直是我国教育目的的根本所在。中华人民共和国成立以来,无论我国社会怎样发展变化,无论我国发展的各个时期工作重点有什么不同,我国教育目的所确定的为我国社会主义事业的建设和发展培养人才这一点始终没有变。正是由于我国教育目的所具有的这一特性,才从根本上保证了我国教育发展的社会主义方向,指引着教育为社会主义事业的全面发展进步培养造就各方面的人才。

第二,使受教育者德、智、体、美等方面全面发展是我国教育目的的总要求。在我国的教育目的中,明确地提出了我国的教育必须培养受教育者德智体美等方面全面发展,为我国教育培养的人才规格指明了基本的方向。一是明确了人才应有的基本素质,即德、智、体、美等方面,将其作为人才应有的基本素质。这几方面相互联系、相互作用,是人的生存和发展以及现代化建设中不可缺少的基本素质。二是明确了使受教育者各方面全面发展,即在注重基本素质(德、智、体、美)形成发展的同时,也要注重促进其他素质的形成和发展,而不仅仅局限在德、智、体、美四方面。这是促进人的个性丰富发展所必需的,有利于个人在物质生活领域和精神生活领域发挥展现创造性才能,更好实现自己的理想和价值,使人生存发展充满内在活力。

第三,注重提高全民族素质是我国教育目的的永恒追求。提高全民族的素质是我国当今社会发展赋予教育的根本宗旨,也是我国当代教育的重要使命。其原因在于:一方面由于科学技术(特别是科技)的发展对综合国力、社会经济结构和人民生活的巨大影响,使得科学技术成为经济发展、社会进步的关键,要加速科技进步并用科技进步来推动经济、社会发展,就取决于整个民族素质和能力的提高。只有这样才能使我们整个民族有能力加速科技进步,有能力将科技成果创造性地运用于经济建设和社会文明发展。另一方面,实现社会的现代化不仅仅只是经济的巨大发展,它也意味着包括思想、道德、文化、观念等在内的社会的全面进步。否则这个社会的发展不仅是片面的,而且经济本身也将受到各种因素的严重制约,变得步履艰难。而要促进包括思想、道德、文化、观念在内的社会的全面进步,也更需要整个民族素质的全面提高。因此,提高全民族素质,促进经济建设和社会发展,是我国教育目的的永恒追求之所在。

(三)我国教育目的的理论基础

实现人的全面发展是千百年来人类社会孜孜以求的美好理想,从古希腊起就已经有人在探讨这一问题。文艺复兴时代的启蒙思想家和以后的许多资产阶级哲学家都程度不同地提出了这个问题。特别是近代以来,全面发展成为人们关注的中心。马克思在吸取了前人思想的基础上,创建了人的全面发展学说,从而使人类千百年来这一理想成为一个完整的科学理论体系,成为马克思主义理论的一个组成部分。而马克思主义关于人的全面发展学说是我国教育目的的理论基础。

1.马克思主义人的全面发展学说的基本内容

马克思人的全面发展学说内容十分丰富,其基本的涵义是人的"体力和智力获得充分的自由的发展和运用",同时,人的才能、志趣和审美能力的多向度发展,以适应不同生产劳动和社会实践的需要。这诸方面的发展,在一个人的身上是充分、自由、和谐、统一的。这一学说的主要内容包括以下几个方面。

第一,人向什么方向发展,怎样发展,能发展到什么程度决定于社会条件。马克思、恩格斯运用唯物主义考察人的发展问题,指出:"这(指人的发展)不决定于意识,而决定于存在;不决定于思维,而决定于生活;这决定于个人生活的经验发展和表现,这两者又决定于社会关系。如果这个人的生活条件使他只能牺牲其他一切特性而单方面地发展某一种特性,如果生活条件只提供给他发展这一特性的材料和时间,那么这个人就不能超出单方面的、畸形的发展。任何道德说教在这里都不能有所帮助。并且这个受到特别培植的特性发展的方式如何,又是一方面决定于为他的发展所提供的材料,另一方面决定于其他特性受压抑的程度和性质。"①

第二,人的发展同分工有着密切的关系,受分工所制约。马克思和恩格斯考察了分工的发展史,以及各种不同分工对人的发展的影响。他们认为在人类历史上首先出现的是自然分工,即按年龄、性别和自然环境条件的不同组成的分工。这种分工最早出现在原始社会,在以后的各社会里和家庭中依然存在。它对人的发展并无实质性的影响。其次是社会分工,即社会成员分别从事不同类型的生产劳动。社会分工是生产力发展的需要,是社会文明进步的表现。但

① 《马克思恩格斯全集》(第三卷),北京:人民出版社,1972,330。

是早期的社会分工导致了城市与乡村、体力劳动与脑力劳动的分离，“使农村人口陷于数千年的愚昧状况，使城市居民受到各自的专门手艺的奴役。它破坏了农村居民的精神发展的基础和城市居民体力发展的基础”[①]，出现了人的片面发展。第三是工厂企业内部的分工，即企业内部的生产过程分为若干工序，分别由不同的工人和技术人员操作，这种分工对工人的个体发展是极为有害的，诚如马克思所说：“工场手工业把工人变成畸形物，它压抑工人的多种多样的生产志趣和生产才能，人为地培养工人片面的技能，成为局部劳动的自动工具”，[②] 使人的片面发展达到非常严重的程度。

第三，现代大工业促进人的全面发展。马克思认为：“现代工业从来不把某一生产过程的现存形式看成或当作最后的形式。因此，现代工业的技术基础是革命的，而所有以往的生产方式的技术基础本质上是保守的。现代工业通过机器、化学过程和其他方法，使工人的职能和劳动过程的社会结合不断地随着生产的技术基础发生变革。这样，他也同样不断地使社会内部的分工发生革命，不断地把大量资本和大批工人从一个生产部门投到另一个生产部门。因此大工业的本性决定了劳动的变换、职能的更动和工人的全面流动性。”[③] 大工业生产的这种本质，不仅从客观上提出了人的全面发展的必要性，而且为人的全面发展提供了可能性。由于大工业采用机器生产大大缩短了劳动时间，降低了劳动强度，提高了劳动生产率，这就为劳动者学习文化科学技术，发展爱好和特长提供了时间、精力和物质条件。由于科学技术被广泛地运用于生产过程和自动化程度不断提高，劳动者只要具备比较广博的知识技能和一般的生产原理就能够在不同的生产部门流动。

---

① 《马克思恩格斯全集》(第三卷)，北京：人民出版社，1972，330。

② 马克思：《资本论》(第1卷)，北京：人民出版社，1975，399。

③ 上海师大教育系：《马克思恩格斯论教育》，北京：人民教育出版社，1979，162～163。

第四,在未来的共产主义社会,人将全面发展。马克思主义认为,从资本主义向共产主义发展,是社会发展的规律。在未来的共产主义社会里,资本主义社会的弊病将得到克服,从而保证人的全面发展。恩格斯在回答"彻底废除私有制以后将产生什么"这一问题时说到:"由社会全体成员组成的共同联合体来共同而有计划地尽量地利用生产力,把生产发展到能够满足全体成员需要的规模,消灭牺牲一些人的利益来满足另一些人的需要的情况,彻底消灭阶级和阶级对立,通过消灭旧的分工,进行生产教育、变换工种,共同享受大家创造出来的福利,以及城乡的融合,使社会全体成员的才能得到全面的发展——这一切将是废除私有制的最主要的结果。"①

第五,个人的发展取决于其他一切人的发展。马克思、恩格斯考察人的发展问题主要是从社会发展的过程中研究人的群体的发展,不注重于单个人的发展问题。马克思说:"一个人的发展取决于和他直接或间接进行交往的其他一切人的发展;彼此发生关系的个人的世世代代是相互联系的,后代的肉体的存在是由他们的前代决定的,后代继承着前代积累起来的生产力和交往形式,这就决定了他们这一代的相互关系。总之,我们可以看到,发展不断地进行着,单个人的历史决不能脱离他以前的或同时代的个人的历史,而是由这种历史决定的。"②

第六,教育与生产劳动相结合是实现人的全面发展的根本途径和方法。生产劳动是人类社会实践的重要形式,对人的全面发展,包括创造力的发展起着重大的推动作用。教育是造就全面发展的人的强有力手段,对人的全面发展有着重要的促进作用。但是,单纯的生产劳动或单纯的教育对人的发展的作用都有局限性,惟有把二者结

---

① 上海师大教育系:《马克思恩格斯论教育》,北京:人民教育出版社,1979,72～73。

② 上海师大教育系:《马克思恩格斯论教育》,北京:人民教育出版社,1979,162～163。

合起来,才能造就全面发展的人。诚如马克思所说的:“从工厂制度中萌芽出来了未来教育的幼芽,未来教育对所有已满一定年龄的儿童来说,就是生产劳动同智育和体育相结合,它不仅是提高社会生产的一种方法,而且是造就全面发展的人的唯一方法”。[①]

2. 马克思主义人的全面发展学说对我国确立教育目的的意义

马克思主义关于人的全面发展学说确立了科学的人的发展观,指出了人的全面发展的历史必然,对我国的教育目的的确立具有重要的理论指导意义。

第一,马克思主义关于人的全面发展学说为我们科学地认识人的全面发展提供了新的方法论指导。关于人的全面发展问题,在马克思主义产生以前,许多西方学者均探讨过这一问题。但是他们的缺陷是:一是将人的全面发展仅仅局限在人的精神生活或文化生活领域,而忽视了在物质生活领域,特别是在生产劳动领域中人的能力的全面发展的问题。二是他们所谈的人的全面发展实质上涉及到极少数人,特别是极少数精神贵族的自我发展问题。三是他们讨论人的全面发展问题脱离开人生活的具体社会历史条件来抽象地谈人的全面发展,使人的全面发展失去了其应有的现实基础。马克思主义的产生,为考察和说明人的发展提供了新的科学的方法论。它要求在规定人的发展的时候,不能停留在思辨领域内,不能停留在抽象的人上,不能脱离具体的历史条件,而必须“从人们现有的社会联系,从那些使人们成为现在这种样子的周围生活条件来观察人们”。[②] 进而说明,人的发展“既和他们生产什么相一致,又和他们怎样生产相一致”,“个人是什么样的,这取决于他们进行生产的物质条件”。[③]用这种科学的人的发展观作指导,有助于我们深刻理解人的发展的社会必要性和社会制约性,在确立和实现教育目的中把人的发展和

① 马克思:《资本论》(第1卷),北京:人民出版社,1975,530。

② 《马克思恩格斯论教育》,北京:人民教育出版社,1979,26。

③ 《马克思恩格斯选集》(第3卷),北京:人民出版社,1972,83。

社会的发展有机地结合起来。

第二,马克思主义所指出的人的全面发展的历史必然性,为我国社会主义人才培养指明了方向。马克思主义全面发展学说在从社会生产的发展,特别是社会大工业生产发展对人的影响中,看到了"承认劳动的变换,从而承认工人尽可能多方面的发展是社会生产的普遍规律"。[①] 揭示了人的全面发展的历史必然性,有助于我国社会主义教育在人才培养中坚持全面发展的方向,避免人才培养过程中的短视行为,丰富培养人的素质,将我国教育目的的精神实质更好地内化在教育教学实践活动的方方面面,为社会培养全面发展的合格人才,更好地推动我国的现代化建设。

(四)我国全面发展教育的基本构成

我国教育目的的根本宗旨是要培养德、智、体、美、劳等方面全面发展的人,而全面发展的人需要全面发展教育去实现。全面发展教育是依据我国社会发展的要求和人的身心发展规律,为使受教育者多方面得到发展而实施的多种素质培养的教育活动的总称。全面发展教育是由德育、智育、体育、美育和劳动技术教育等方面构成的。

第一,德育。德育即培养人的思想道德的教育,是向学生传授一定社会思想准则、行为规范,并使其养成相应思想品德的教育活动,是思想教育、政治教育、道德教育、法制教育、健康心理品质教育等方面教育的总称。它的基本任务包括:培养学生良好的道德品质,使学生成为具有良好社会公德、文明行为习惯的遵纪守法的好公民;培养学生正确的政治方向,使学生形成正确的政治信念,具有为国家富强和人民富裕而努力奋斗的献身精神;培养学生正确的世界观、人生观,使他们形成科学辩证的思想方法,正确认识世界和人生,在社会生活中追求新知、解放思想、实事求是、勇于创造;培养学生良好、健康的心理品质,使学生能正确认识自己,讲究心理卫生,提高心理素质,形成完善人格;培养和发展学生良好的思想品德能力等。

---

① 《马克思恩格斯选集》(第3卷),北京:人民出版社,1972,534。

第二,智育。智育是指向学生传授系统科学知识和技能,培养和发展学生智力才能的教育活动。其基本任务包括:向学生系统传授科学文化基础知识,为学生各方面发展奠定良好的知识基础;培养训练学生,使其形成基本技能,培养和发展学生的智力才能,增强学生各方面能力;培养学生良好学习品质和热爱科学的精神。

第三,体育。体育是指向学生传授身体运动及其保健知识,增强他们体质,发展他们身体素质和运动能力的教育。体育的基本任务包括:指导学生身体锻炼,促进身体的正常发育和技能发展,增强学生体质,提高健康水平;使学生掌握身体运动锻炼的科学知识和基本技能,掌握运动锻炼的方法,增强身体运动能力;使学生掌握身体卫生保健知识,养成良好的身体卫生保健习惯;发展学生良好品德,养成学生文明习惯。

第四,美育。美育即培养学生正确的审美观点,发展他们感受美、鉴赏美和创造美的能力的教育。美育的基本任务是:培养学生正确的审美观点,使他们具有感受美、理解美以及鉴赏美的知识和能力;培养学生艺术活动的技能,发展他们体现美和创造美的能力;培养学生美好心灵和行为,使他们在生活中体现内在美和外在美的统一。

第五,劳动技术教育。劳动技术教育是指引导学生掌握劳动技术知识和技能,形成劳动观点和习惯的教育。它帮助学生把脑力劳动和体力劳动结合起来,促进他们的全面发展,为他们的就业和生活打下劳动技术知识、劳动技能和劳动态度的基础。

德育、智育、体育、美育和劳动技术教育作为全面发展教育的组成部分,它们之间既不能相互替代,又不能分割。说它们不能替代,是因为它们之间是相互区别的,每一方面都有其特定的内涵、特定的任务,每一方面的社会价值、教育价值、满足人发展需要的价值都是通过各自不同的作用体现出来的,任何一方面都具有不可替代的价值。说他们不能分割,是因为它们之间是相互联系、相互影响的。任何一方面都具有制约或促进其他方面的因素,任何一方面的发展又都离不开其他方面的配合。它们之间相辅相成,缺一不可,任何片面的做法,都有可能导致人的素质的发展出现偏差。所以,在实际的教育活动中,要把各方面有机地结合起来,使他们在全面发展中相互协调、相互促进,坚持"五育并重"的方针,避免忽视某一个部分或把每个部分孤立起来的错误做法。

第四节 学校教育制度

在现代社会,一个国家要有效地发展教育事业,培养所需要的各种人才,就必须设立起各级各类学校,建立能够充分发挥各级各类教育机构整体功能的学校教育制度。通过学校教育制度的指导、约束、规范及自身的不断改革与完善,使各级各类学校培养的人才在类型、数量和质量上全面满足社会的多方面需要,促进社会的稳定和发展。

一、学校教育制度概述

(一)学校教育制度的概念

学校教育制度简称学制,是指一个国家各级各类学校的系统,它规定各级各类学校的性质、任务、入学条件、修业年限以及它们之间的关系。

学校教育制度的形成是与现代学校的产生和发展紧密地联系在一起的。在漫长的人类史前历史阶段,人类的教育活动是和具体的生产生活交织在一起的,在当时没有专门的学校教育机构,更不可能有专门的学校教育制度。在农业社会时期,学校教育从具体的生产生活中分离开来,成为一个单独的领域。即使这样,当时的学校仍没有严格的大、中、小学之分。即使当时被叫做大学和小学的,如我国西周的大学和小学,欧洲中世纪的大学等,和今天的大学和小学相比,也存在较大的差别。近代以来,随着商品经济和资本主义的发展,逐渐产生了现代大学和现代中学,特别是随着为劳动人民子女设立的国民学校的产生和发展,逐步形成为公共教育制度,形成了大、中、小学的严格区分,出现了现代学校教育系统。

目前世界上现代的学校已经形成为一个错综复杂的学校教育网。按教育程度划分,有幼儿教育、初等教育、中等教育、高等教育机构;按教育类型划分,有普通教育、专业教育等教育机构;按受教育时间划分,有全日制、半日制、业余教育等机构;按主要教育手段和场所划分,有面授、函授、广播、电视等教育机构;按教育对象的年龄划分,有学龄期教育、成人教育机构;按主办单位划分,有国家办、地方办、企事业办和私人办的教育机构。学校教育的程度、类型、层次、结构的多样化,必然要求学校教育制度从宏观上对各级各类的学校教育进行统一的协调和安排。因此,学校教育制度是一个国家或地区各级各类学校教育健康有序高效发展的保证,对一个国家教育目的和各级各类学校培养目标的实现具有一定的推动作用。

(二)学校教育制度建立的依据

学校教育制度不是随意建立的,它的建立要受到社会各种相关条件的制约。具体来说,学校教育制度建立的基本依据主要体现在以下几个方面:

第一,学校教育制度的建立要依据社会生产力和科学技术发展的水平。社会生产力和科学技术的发展对确定学校教育制度起着十分重要的作用,社会生产力和科学技术的发展,既向学校提出新的要求,也为学校教育制度的推行提供物质基础。在农业社会时期,社会生产力和科学技术不甚发达,教育目的在于培养政治伦理人才,国家教育机构类型比较单一。到了工业社会,随着生产力和科学技术的发展,社会需要各种专门人才,于是学校类型日益增多。资本主义大工业的兴起,科学技术在生产中的普遍应用,既要求工人接受一定的学校教育、掌握相应的科学文化知识和技能,又要求有不同层次的各种专业技术人才,学校教育制度中便出现了义务教育制度的建立和职业技术教育的迅猛发展。在人类当下生活的后工业社会,学校类型进一步多样化,各种教育制度均处于不断地发展和完善之中,终身教育思想也被不断纳入到学校教育制度中,所有这些都是社会生产力和科学技术发展需要在学校教育制度上的体现。

第二,学校教育制度的建立要依据社会政治经济制度。学校教育制度在某种程度上可看作是一个国家政治制度的缩影,其制定、颁布与实施都是由国家权力机关进行的,是直接为社会政治经济的发展服务的。在奴隶社会和封建社会,奴隶主阶级和地主阶级设立的学校,都是根据奴隶主阶级、地主阶级的利益和要求设立的,其目的是为了把他们的子弟培养成为剥削阶级的继承者。封建社会,学校等级森严,封建统治集团内部成员按社会地位进入不同的学校。工业革命以后,特别是第二次世界大战以后,科技在社会生产中的作用日益重要。因而,对劳动者的科学文化水平提出了更高要求。当时的学校教育制度有了很大发展,比如年限延长、改革学校层次类型等,其实质是为了适应生产发展的规律。

第三,学校教育制度的建立要依据人口发展状况和青少年的心理发展特征。教育的对象是人,教育事业的投资、规模、发展规划的制定、教育结构的调整等,同人口问题都是分不开的。学校教育制度的建立、改革,同样要考虑人口状况。例如在一个人口众多的国家,其基础教育规模必然较大,国家教育机构不得不依据各级各类教育的受教育人数予以设置。此外,确定入学年龄、修业年限、各级各类学校的分段,都要考虑到儿童和青少年身心发展的特点。例如,目前大多数国家都把初等教育入学年龄规定为6~7岁,是因为儿童在6岁时大脑重量已达成人的90%,在生理和心理上已经基本具备接受正规学校教育的条件。

(三)现代学校教育制度的变革

第一,幼儿教育阶段。在当代,很多国家已把幼儿教育列入学制系统。这是现代学制的一个重要特点,是现代学制向终身教育制度发展的重要标志之一。近年来,发达国家幼儿教育有了迅速发展,有的国家(如法国)已达到了普及的水平,4~5岁儿童的入园率已近100%。与此相关,幼儿教育机构也发生了重要变化:一是幼儿教育的结束期有提前的趋势,提前到了6岁或5岁;二是加强小学和幼儿教育的衔接,有的把幼儿园的大班作为小学预备班(20世纪70~80年代的苏联),有的从5岁起把幼儿学校和而后的小学结合起来编班(法国),有的把5~7岁的幼儿学校当作义务教育的最初阶段(英国)。

第二,小学教育阶段。数十年来,发达国家的普及教育已达到了初中和高中,小学早已不是结业教育,而已成为普通文化科学基础教育的初级阶段。少年青春发育期的提前,对儿童和少年智力潜力的新认识,教学的科学水平的提高和小学教师水平的提高,这一切促使发达国家小学教育的结构有了一系列变化:一是小学已无初高级之分;二是小学入学年龄提前到6岁甚至5岁;三是小学年限缩短到5年(法国),4年(德国),甚至3年(20世纪70~80年代的苏联);四是小学和初中直接衔接,取消了升入初中的入学考试,如英国的"十一岁考试"和法国的"六年级入学考试"于20世纪60~70年代取消等等。

第三,初中教育阶段。由于义务教育早已延长到了初中阶段,而且很多国家义务教育的年限逐步延长,同时,初中阶段已成为科学基础教育的重要阶段,初中的科学基础教育对以后的职业教育和进一步的科学教育有重要作用,因而导致了初中阶段教育结构的下列变化:一是初中学制延长;二是把初中阶段看作普通教育的中间阶段,中间学校即由此而来;三是不把它看作中学的初级阶段,而是把它和小学联结起来,统一进行文化科学基础知识教育,取消小学和初中之间的考试,加强初中结束时的结业考试,把这整个阶段看作基础教育阶段,而后再进行分流,或进行进一步的文化科学知识教育,或进行职业教育。

第四,职业教育。职业教育既是古代学徒制教育向现代职业教育的发展,也是现代生产要求下职业教育从普通教育中的分化。在现代社会里,由于职业训练的基础——科学技术的水平越来越高,因而对职业教育的科学文化基础的要求也越来越高。现代职业教育最初是在小学阶段进行,后来依次发展到了初中、高中和初级学院阶段进行。职业教育在哪个阶段进行,完全依赖于现代生产所据以存在的科学技术基础的状况。在当代,发达国家的职业教育已有移向高中后的明显趋势:美国高中职业教育缩小而社区学院职业教育的比重却在增大;日本相当于短期大学的"专门学校"远远超过相当于高中程度的"专修学校";俄罗斯以相当于跨越高中及高中后的中等职业技术学校完全代替了相当于高中的普通职业技术学校。这是因为在当代职业教育日益建立在更高的科学技术基础之上,只有在高水平文化科学基础知识之上培养出来的人才更有适应性。从总体上看,职业教育在当代有两个突出特征:一是文化科学技术基础越来越高;二是职业教育的层次、类型的多样化。

第五,高等教育阶段。19 世纪和 20 世纪初的高等学校是文化和科学的金字塔,那时的大学和生产技术的联系还不十分紧密,主要进行 3～4 年的本科教育。其他层次或则没有,或则比例甚小。其后,特别是第二次世界大战以后,高等教育有了重大发展,和生产及技术的联系日益密切。现代社会、现代生产和现代科学技术向高等学校要求各级各类高级人才,于是推动了高等教育结构的变化:一是多层次,过去主要有本科一个层次,而现在则有多个层次:大专、本科、硕士、博士;二是多类型,现代高等学校的院校、科系、专业类型十分繁多。高等学校与社会、生产、科学技术、社会生活各个方面的联系越来越密切。

二、我国现行学校教育制度

(一)我国学校教育制度的演变历程

1. 中华人民共和国成立以前的学校教育制度

中国建立现代学校教育制度是从清末开始的。1840 年的鸦片战争,清王朝在西方列强的坚船利炮的袭击下全面溃败,逐渐沦为半殖民地半封建社会。帝国主义列强的疯狂侵略和国内资本主义势力的兴起,迫使清政府不得不对延续几千年的封建教育制度进行改革,采取了"废科举、兴学校"的措施,改革教育,制定现代学制。1902 年首次制定了近代学制,即壬寅学制。这是我国正式颁布的第一个现代学制。这个学制未及实施,到1904年又颁布了癸卯学制,这是中国实行近代学制的开始。这个学制的指导思想是“中学为体,西学为用”。这个学制以日本的学制为蓝图,并保留了封建科举制度的残余,其突出特点是学习年限长,总共二十五六年,如果7岁入学,中学毕业为21岁,读完通儒院为32岁。

第一次世界大战以后,当时留美派主持的全国教育联合会,以美国的学制为蓝本,又提出了改革学制的方案,于1922年又颁布了壬戌学制,即通称的“六三三制”。这个学制受美国实用主义教育的影响,强调适应社会进化的需要,发扬平民教育精神,谋求个性的发展,注重生活教育。在学校系统上,将全部学校教育分为3段5级:初等教育段为6年,分初小4年、高小2年2级;中等教育段6年,分初中3年、高中3年2级;高等教育段不分级,为4~6年。国民党统治时期,这个学制虽几经修改,但基本变动不大,一直沿用到解放初期。

2. 中华人民共和国成立后至文革期间的学校教育制度

1949年中华人民共和国成立后,中央人民政府于1951年10月1日颁布了《关于改革学制的决定》,明确规定了中华人民共和国的新学制。这是我国学制发展的一个新阶段。首先,这个学制吸收了老解放区的经验、1922年学制和苏联学制的合理因素,发扬了我国传统学制的优点,使各级各类学校互相衔接,保证了劳动人民子女受教育的平等权利。其次,职业教育在新学制中占有重要地位,体现了重视培养各种建设人才和为生产建设服务的方针。第三,重视工农干部的速成教育和工农群众的业余教育,坚持了面向工农和向工农开门的方向,初步表现了我国学制由学校教育机构系统向包括幼儿教育和成人教育在内的现代教育施教机构系统的发展,显示出终身教育的萌芽。

在社会主义改造完成以后,1958年9月中共中央国务院发布了《关于教育工作的指示》,明确指出:“现行的学制是需要积极地进行典型试验,并报告中央教育部。经过典型试验取得充分经验之后,应当规定全国通行的新学制。”随后,许多地区开展了学制改革的试验,如提早入学年龄,进行了6岁入学的试验。为了缩短年限,进行了中小学十年一贯制的试验。为了贯彻“两条腿走路”的方针,采取了多种形式办学,创办了农业中学、半工半读学校,进一步发展了业余学校。但是由于“左”的思想的影响,由于急躁冒进和盲目发展,不仅使学制改革的试验不可能在正常的教学秩序下进行,而且一大批新创办的各级各类学校,由于师资、设备跟不上,也难以维持。在中央的及时觉察下,1961年开始贯彻“巩固、充实、提高”的方针,特别是制定了大、中、小学工作条例,在肯定一些积极成果的同时,对当时各种“左”的表现作了纠正。

“文化大革命”提出了“教育要革命、学制要缩短”的口号,对我国的学制和教育事业造成了严重的破坏。第一,和当代中学学制延长的发展趋势相反,毫无根据地把中学学制大大缩短,把初高中都缩短到二年;第二,和当代中等教育结构多样化的发展趋势相反,对中专和技校大加砍杀,盲目发展普通高中,使普通教育和职业教育的比例失调;第三,和当代高等教育多层次和多类型的发展趋势相反,把高等教育缩短为三年和一个层次,把很多院校、科系、专业取消,使人才培养比例完全失调;第四,和当代成人教育、业余教育大发展以及发展终身教育的趋势相反,把这类教育形式完全取消,扼杀了职工提高文化科学水平和知识更新的机会等等。从而把中华人民共和国成立以来建立的具有某种终身教育因素的社会主义新学制糟蹋得满目疮痍,破坏得不成样子,这完全是一种倒退行为。

3. 改革开放以来的学校教育制度

改革开放以来,我国教育制度随着社会的发展而不断改革,其中最重要的就是与教育制度密切相关的学校教育制度的改革。

20世纪80年代初期,随着我国社会主义现代化建设事业的飞速发展,我国教育事业也逐步走上了快速发展的道路。但从总体上看,教育事业还不能适应社会主义现代化建设的需要,尤其是面对国内经济体制改革全面展开和世界范围新技术革命迅猛兴起的形势,我国教育体制的弊端就显得更加突出了。主要的问题是:基础教育薄弱,学校数量不足,质量不高。经济建设急需的大量的职业教育和技术教育未得到应有的发展。对高等教育统得过死,使学校缺乏活力,高等教育内部的科系之间、层次之间的比例失调。因此,1985 年《中共中央关于教育体制改革的决定》明确指出:“要从根本上改变这种状况,必须从教育体制入手,有系统地进行改革”。1985 年教育体制改革的主要内容包括以下几个方面:

第一,加强基础教育,有步骤地实施九年义务教育。为了解决我国落后的基础教育与建设富强、民主、文明的社会主义现代化国家之间的尖锐矛盾,必须实施关系民族素质提高和国家兴旺发达的九年制义务教育。根据实际情况,在城市、沿海和内地经济发达地区按质按量普及初级中学;在中等发达程度的镇和农村,首先按质按量普及小学,同时,准备条件普及初中阶段的普通教育或职业技术教育;在经济落后地区进行不同程度的普及基础教育的工作。第二,调整中等教育结构,大力发展职业技术教育。职业技术教育是我国教育事业发展最薄弱的环节,也是调整中等教育结构的关键。为此,需要大力发展职业技术教育,以中等职业技术教育为重点,发挥中等专业学校的骨干作用,同时还要积极发展高等职业技术院校,逐步建立起一个从初级到高级,行业配套,结构合理,又能与普通教育相互沟通的职业技术教育体系。

第三,改革高等教育招生与分配制度,扩大高等学校办学的自主权。改革高等学校统一招生,毕业生由国家包分配的一贯做法。在招生和分配上实行三种办法:一是国家计划招生,其分配实行在国家计划指导下,本人选报志愿、学校推荐、用人单位择优录用的制度;二是用人单位委托招生;三是学校可以在国家计划外招少数自费生。在扩大高等学校的自主权方面,主要的改进办法有:在执行国家的政策、法令、计划的前提下,高等学校有权在计划外接受委托培养学生和招收自费生;有权调整专业的服务方向,制定教育计划和教学大纲,编写和选用教材;有权接受委托或与外单位合作,进行科学研究和技术开发,建立教学、科研、生产联合体;有权提名任免副校长和其他各级干部;有权具体安排国家拨发的基建投资和经费;有权利用自筹资金,开展国际教育和学术交流等。在高等教育结构方面,要依据经济建设、社会发展和科技进步的需要进行相应的调整,改革专科与本科比例不合理的状况,加快专科的发展。

第四,对学校教育实行分级管理。基础教育管理权属地方,省、市、(地)县、乡分级管理的职责划分,由省、自治区、直辖市决定;中等职业技术教育主要由地方负责,中央各部门办的这类学校,地方也要予以协调和配合;高等教育实行中央、省(自治区、直辖市)、中心城市三级办学的体制,中央部门和地方办的高等学校,要优先满足主办部门和地方培养人才的需要,同时要发挥潜力,接受委托,为其他部门和单位培养学生,积极倡导部门、地方之间的联合办学。

为了指导20世纪末21世纪初我国教育的改革和发展,使教育更好地为社会主义现代化建设服务,中共中央国务院于1993年2月13日印发了《中国教育改革和发展纲要》,其中有关教育制度改革的内容主要有:

第一,确定了20世纪末教育发展的总目标:基本普及九年义务教育,基本扫除青壮年文盲;要全面贯彻党的教育方针,全面提高教育质量;要建设好一批重点学校和一批重点学科。简称“两基”、“两全”、“两重”。

第二,调整教育结构。基础教育是提高民族素质的奠基工程,必须大力加强;职业技术教育是现代化教育的重要组成部分,是工业化和生产社会化、现代化的重要支柱,要积极发展;高等教育担负着培养高级专门人才、发展科学技术文化和促进现代化建设的重大任务;成人教育是传统学校教育向终身教育发展的一种新型教育制度。另外,还要重视和扶持少数民族教育事业,重视和支持残疾人教育事业,积极发展广播电视教育。

第三,改革办学体制。改革政府包揽办学的传统格局,逐步建立以政府办学为主体、社会各界共同办学的体制。基础教育应以地方政府办学为主;高等教育要逐步形成以中央、省(自治区、直辖市)两级政府办学为主,社会各界参与办学的新格局;职业教育和民办教育主要依靠行业、企业、事业单位和社会各方面联合办学。

第四,改革高校的招生和毕业生就业制度。实行国家任务计划与调节性计划相结合,并逐步实行收费制度;改变“统招统分”和“包当干部”的就业制度,实行少数毕业生由国家安排就业,多数毕业生“自主择业”的制度。

第五,改革和完善投资体制。增加教育经费,逐步建立以国家财政拨款为主,以征收教育税费、收取学费、校办产业收入、社会捐资集资、设立教育基金等为辅的多渠道筹措教育经费的制度。要努力实现三个增长,即“中央和地方政府教育拨款的增长要高于财政经常性收入的增长,并按在校学生人数平均的教育费用逐步增长,切实保证教师工资和生均公用经费逐年有所增长”。

(二)我国现行学校教育制度的形态

经过一个世纪的发展,我国已建立了比较完整的学制,这个学制还在 1995 年颁布的《中华人民共和国教育法》里得到了确认。它包括以下几个层次的教育。

学前教育(幼儿园):根据一定的培养目标和幼儿的身心特点,对学前幼儿所进行的有计划、有组织的教育。它主要由幼儿园、托儿所、学前教育班等机构实施。

初等教育:主要指全日制小学教育,是使儿童打下文化知识基础和作好初步生活准备的教育,对于提高民族素质具有极为重要的意义。在我国,初等教育一般招收 6~7 岁儿童入学,学制为 5~6 年。

中等教育:指在初等教育基础上实施的中等普通教育和专业教育,包括:(1)全日制普通中学,修业年限为 6 年,初中 3 年,高中 3 年,担负着为高一级学校输送合格新生和培养劳动后备力量的任务。(2)中等专业学校,包括中等技术学校和中等专业学校,招初中或高中毕业生,修业 3~4 年,主要是培养中级专门技术人才。(3)各类职业中学和业余中学,招收初中毕业生,修业 3 年,主要任务是为国家培养劳动后备力量,为城市、农村培养各种急需人才。

高等教育:是正规学校教育的最高层次,是建立在中等教育基础之上的各种高等专业教育,以培养各种高级专门人才、发展科学技术文化和促进现代化建设为主要任务,包括全日制大学、专门学院、专科学校、研究生院和各种形式的业余大学。高等学校招收高中毕业生和同等学历者。专科学校修业为 2～3 年。大学和专门学院为 4～5 年,毕业考试合格者,授予学士学位。业余大学修业年限适当延长,学完规定课程经考核达到全日制高等学校同类专业水平者,承认学历,享受同等待遇。条件较好的大学、专门学院和科学研究机构设立研究生教育机构。硕士研究生修业年限为 2～3 年,招收获学士学位和同等学历者,完成学业授予硕士学位。博士研究生修业年限为 3 年,招收获硕士学位者和同等学历者,完成学业授予博士学位。在职研究生修业年限适当延长,完成学业者也可以获相应学位。

(三)我国现行学校教育制度的改革

根据我国新时期社会发展的要求以及目前我国教育发展与改革的实际情况,我国现行的学校教育制度还需要继续改革,以适应社会发展对教育的新要求。

1. 大力发展学前教育。大力发展学前教育是当前世界上十分关注的问题,国际上普遍认为儿童一生智力的发展,在很大程度上取决于早期教育,3～6 岁的幼儿是智力发展的关键时期。因此近年来,全世界学前教育发展迅速。发达国家学前教育有结束期提前、由高班到低班逐步普及和使学前教育与小学教育低年级联系与结合起来的趋势。近年来我国学前教育发展较快,也显露出上述趋势。但是从总体上来说,我国的学前教育基础薄弱、起步较晚、普及面较小,面临的问题和困难比较多,需要大力发展学前教育,尽量能够和国际接轨,提高幼儿的入园率,为其进一步接受正规的学校教育打下坚实的基础。

2. 切实普及义务教育。义务教育是依据法律规定,适龄儿童和青少年必须接受,家庭、学校和社会必须予以保证的国民教育。它对于人的发展、教育发展和社会发展都具有重大意义。《中华人民共和国义务教育法》规定我国的义务教育年限为9年。该法第五条规定："凡年满6周岁的儿童,不分性别、民族、种族,应当入学接受规定年限的义务教育。"第十五条规定:"地方各级人民政府必须创造条件,使适龄儿童、少年入学接受义务教育。除因疾病或者特殊情况,经当地人民政府批准的以外,适龄儿童、少年不入学接受义务教育的,由当地人民政府对他的父母或者其他监护人批评教育,并采取有效措施责令送子女或者被监护人入学。"第十二条规定:"实施义务教育所需事业费和基本建设费,由国务院和地方各级人民政府负责筹措,予以保证。"经过几十年的努力,我国的普及义务教育已经取得了举世瞩目的成就。据统计,2003年我国共有普通小学42.58万所,在校生1.17亿人,学龄儿童的入学率达到98.65%,其中女童入学率达到98.61%,小学生辍学率为0.34%,其中女童为0.36%。全国共有初中6.47万所,在校生6690.83万人,初中毛入学率达到92.7%,初中阶段辍学率为2.84%。全国基本普及九年制义务教育的县(市、区)累计达到2478个,占全国县(市、区)总数的86.7%。但是,我国普及义务教育的工作也存在不少问题:有关法规贯彻不力,法规体系不完备;教育投入总量不足,义务教育资金严重短缺;义务教育在不同地区的发展不平衡;义务教育阶段的学生(尤其是女生)辍学率相对较高;义务教育师资队伍质量不高、待遇较低、队伍不稳定等等。要切实普及义务教育,就必须认真解决这些现实问题。

3.继续调整中等教育结构。如果学生7岁入学,完成9年义务教育后,就已达到就业年龄。为了适应不同学生发展的需求和满足社会对各层次人才的需要,义务教育后的学制应该多样化,即应有普通高中、职业高中、中等专业学校和技工学校等不同类型的中等学校类型,从而能够给学生提供选择的机会,引导不同层次的学生进入不同的学校类型。另外,尽管我国目前普通高中发展已颇具规模,但还是不能完全满足广大学生接受普通高中教育的需求,因此应当扩大普通高中在中等教育阶段所占的比例,以满足我国近年来高等学校不断扩大招生的需要。而对没有考取高等学校的学生,则应给予或长或短的职业培训,以使他们能顺利地走向社会。中等教育的多样化和普通教育后的职业教育,保证了不继续升学的学生可以接受就业前的职业培训,这样就弥补了我国过去学制在这个方面的缺陷,从而使我国学制在这样一个重要环节上更加完善。

4.大力发展高等教育。传统上一般认为大学是高科学和高文化的金字塔,是只有少数人才能进入的场所。近几年来,由于高等学校和生产、科学技术、社会生活各方面的联系日益密切,高中的逐步普及使越来越多的人要求接受高等教育,于是大学走出了象牙塔,日益走向开放。我国高等教育在近年来的发展也出现了这种趋势。据统计,到2003年,我国高等教育在校学生达到1900万人,其中普通高校在校生达到1100多万人;成人高校在校生达到800万人左右;在校研究生数达到65万人。当然,高等教育开放的重要条件是新成立的和社会生产及社会生活密切联系的高等学校越来越多,特别是短期大学和社区学院,以及开放大学的出现。高等教育走向开放主要表现在三个方面:一是高等教育的多层次,如果说过去的大学主要是本科一个层次的话,那么现在则有大专、本科、硕士研究生和博士研究生多个层次;二是高等教育的多类型,如果过去的高等教育就是综合性大学少数科系的话,那么现在则是理、工、农、林、医、师、文法、财经、军事、管理等多种院校、科系和专业;三是高等教育向在职人员开放,为他们提供学习方便,主要表现是开办函授大学、夜大学、广播电视大学、网络大学等等,使在职人员有机会进修高等学校的课程和学位。

【主要结论】

1. 教育是人类社会特有的一种实践活动,也是一种培养人的活动,其承担着传承社会文化、传递社会生产经验和生活经验的历史使命。从广义上说,凡是增进人们的知识和技能、影响人们的思想观念的活动,都具有教育的作用。狭义的教育主要指学校教育,是教育者根据一定社会的要求,有目的、有计划、有组织地对受教育者的身心施加影响,期望他们发生某种变化的活动。构成教育的基本要素有教育者、受教育者和教育影响,它们三者相互独立、相互联系,共同构成人类教育实践活动的不同形态。

2. 教育功能是作为社会组成部分的教育在社会的运行与发展过程中所产生的一切作用或影响。这种作用或影响是一种能实实在在观察到的客观结果,它既可能是正向的、促进的,也可能是负向的、阻碍的、无效的。教育的正向功能主要表现为促进个体和社会的发展。其中,教育对个体发展的正向功能表现为教育促进个体的社会化和促进个体的个性化的功能。教育对社会发展的正向功能则表现为教育对社会各个子系统,即人口、政治、经济、文化等的促进作用。

3. 教育目的是教育活动在人才培养上期望达到的预期结果,是对教育所要培养的人才质量和规格的总体要求。在横向范围,教育目的对"为谁培养人"及"培养什么样的人"有内在的规定性,在纵向序列,教育目的还可以演化出学校培养目标和具体课程教学目标等。对实际的教育活动而言,教育目的具有定向、调控和评价功能。强调教育的社会主义性质,提高全民族素质,培养德、智、体、美等方面全面发展的、适应经济建设和社会全面发展进步的各级各类人才,是我国建国以来教育目的发展演化过程中所反映出来的基本精神实质。马克思主义关于人的全面发展学说为我国制定教育目的提供了重要的理论支持,是我国教育目的的理论基础。实现我国的教育目的,需要全面发展的教育去完成,并且要在教育实践活动中处理好德育、智育、体育、美育等方面的关系。

4. 学校教育制度简称学制,是指一个国家各级各类学校的系统,它规定各级各类学校的性质、任务、入学条件、修业年限以及它们之间的关系。学校教育制度的建立除了受到社会生产力、科学技术发展水平及社会政治经济制度的制约外,还受到受教育者身心发展规律以及一个国家、地区人口数量的制约。现代学校教育制度在形成后的近百年来,每个阶段都发生了重大变化。我国是从清朝末年开始建立现代学制的,经过一个世纪的发展,我国已建立了比较完整的学制,包括学前教育、初等教育、中等教育、高等教育等不同层次。

改革开放以来,我国的学制随着社会的发展而不断变革,取得了很大的成绩,今后还需要不断地对学制进行继续改革,以适应社会发展对教育提出的新的更高的要求。

【学习评价】

1. 名词解释:学校教育、教育者、受教育者、教育影响、教育功能、教育目的、全面发展教育、学校教育制度、义务教育。

2. 结合从事教育工作的经验,谈一谈对"教育"概念及教育三要素的认识。

3. 分析中小学的教育现状,列举对学生发展起负向功能的表现,找出原因和解决问题的对策。

4. 分析我国教育目的的精神实质,并结合马克思主义关于人的全面发展学说的基本思想分析如何认识和处理好各育的关系。

5. 现代学制的变革有哪些趋势?根据我国实际,参照现代学制变革的趋势,你认为我国的现行学制需要怎样进一步改革?

6. 联系当地实际分析我国普及九年义务教育中存在的问题及其对策。

【参考文献】

[1]全国十二所重点师范大学:《教育学基础》,北京,教育科学出版社,2002。

[2]黄济、王策三:《现代教育论》,北京,人民教育出版社,1996。

[3]王道俊、王汉澜:《教育学》(新编本),北京,人民教育出版社,1989。

[4]余文森:《新课程背景下的公共教育学教程》,北京,高等教育出版社,2004。

[5]胡德海:《教育学原理》,兰州,甘肃教育出版社,1998。

[6]袁振国:《当代教育学》,北京,教育科学出版社,1999。

[7]郑金洲:《教育通论》,上海,华东师范大学出版社,2000。

[8]成有信:《教育学原理》,广州,广东高等教育出版社,1999。

[9]吴康宁:《教育社会学》,北京,人民教育出版社,1998。

第二章　教师专业化的理论与实践

【内容简介】

本章主要阐述关于教师职业的由来及发展、工作性质与特点，明确教师应该承担或可能承担的职业角色、教师职业从业要求、享有的权力，探讨教师职业要求的道德内容，对教师掌握专业技能、形成良好的职业品质亦有论述。本文还对目前国内外关于教师专业化发展的相关理论、内容与途径做了基本介绍。旨在通过本章的学习，使广大教师树立科学的教育观、教师发展观。

【学习目标】

1. 了解教师职业产生的历史过程、工作性质及其工作特点。

2. 对教师应该承担或可能承担的职业角色有一定的心理准备。

3. 基本了解教师教育研究中的相关理论及其发展态势。

4. 掌握教师专业训练的相关内容与技能，从而更好胜任教师工作。

5. 明确教师的专业发展无论对教师个人还是教育教学均有重要意义。

第一节　教师职业概述

一、教师职业的产生与发展

什么是职业？教师工作是一种职业吗？我们首先需要了解关于职业的定义。职业的定义主要有以下几种：第一，指一个人在社会中所从事的作为主要生活来源的工作。① 第二,职业是需要大量知识、经过政府认可的行业(美国传统英语词典,1992)。第三,职业是一种建立在广博的知识和专业化训练基础之上的服务社会的行业。② 第四,职业是随着社会分工而出现的,并随着社会分工的稳定发展而构成人们赖以生存的不同工作方式。③

在上述对职业的定义中,可以推论,职业作为一种社会现象,是社会发展到一定历史阶段的产物。对于个人而言,它既是个人的谋生手段,也是作为社会人应当承担的社会角色和社会责任。在人类社会的发展过程中,社会的进步、科技的发展,教育层次与水平的提高,对人的质量要求越来越高,职业的水准随之加以提升。

教师职业亦是社会发展的产物,"是指人们终身或较长时期所从事的并以此为主要生活资料来源的教育、教学事务,而教师便是从事这样一种职业的人。"④

教师职业是人类最古老的职业之一。在中国,从200万年前开始,远古的人类就已经劳动、生息、繁衍在这广袤的土地上。中国早期马克思主义教育理论家杨贤江(1895～1931)曾指出:"自有人生,便有教育。"原始人群阶段,人类的教育刚产生,到氏族公社阶段,教育得到发展。由于教育还没有从生产和生活中分化出来,多数的教育活动是分散进行的,随时随地开展教育性活动。负责教育的是有生产生活经验的长者,一般在"庠"中进行(即敬老养老的地方),史书记载"有虞氏养国老于上庠,养庶老于下庠"。⑤ 这些最早的负责教育的长者或称之为国老,即有德有位者;或称之为庶老,即有德无位

① 中国社会科学院语言研究所词典编辑室:《现代汉语小词典》,上海:商务印书馆出版,1980,706。

② Lynda Fielstein & Patricia Phelps:《教师新概念》,王建平等译,北京:中国轻工业出版社,2002,220。

③ 《中国大百科全书·社会学》,中国大百科全书出版社,1991,475。

④ 金东海、蒋明之:《教育学》,兰州:甘肃人民出版社,2004,111。

⑤ 孙培青:《中国教育史》,上海:华东师范大学出版社,2000,6。

者。到了氏族公社末期，由于社会条件的变化，原始社会的教育不可避免地在向阶级社会的阶级性教育方向转变。中国奴隶制社会始于夏朝。“夏后氏养国老于东序，养庶老于西序；设东序为大学，设西序为小学。”。[①]“序”乃奴隶主贵族一切公共活动，如议政、祭祀、养老的场所，也是奴隶主贵族教育子弟的场所，王都所在地均有“序”，养老与育幼相结合。教育工作成为国家的首要事务，由国家行政管理机构中六卿政务官之一的司徒主管教化。不仅国都有学校，地方也有学校，“乡里有教，夏曰校。”随着社会的发展，西周时期分工有很大进展，但专业化还不是很细，由于“学术官守”和“学在官府”，教师还未成为单独的社会职业，皆由政府职官来担任，“官师合一”。“师”最初是军官的称号，由于贵族子弟要成为未来的统治者、军队的骨干，军事训练成为教学内容的主要方面，教官由师氏来担任，久而久之，“师”就转为教育者的称呼，所以“教师”的名称，实起源于军官，后来担任教育工作的职官也都称“师”。西周的教育机构与行政机关不分，“政教和一”，教育与政治紧密联系在一起。

春秋时代，社会政治、经济发生了重大变化，反映在教育上，为旧经济政治服务、受贵族垄断的“学在官府”的教育正在走向没落，而适应新经济政治需要的新教育组织形式开始兴起。“天子失官，学在四夷”。[②] 其结果是打破了“学在官府”的局面，“文化下移”，为私学的产生和发展提供了条件。而私学的兴起，发端于春秋中叶，繁荣于春秋末叶。如果说官学是官师合一，私学则官师分离，教师成为社会中一种独立的职业，以传授知识经验，培养人才作为自己谋生的途径。他们当中，既有辞官还乡专任教师，亦有名儒大师不愿出仕退而授徒，也有清贫文人迫于生计充任乡间塾师。

秦以后，在官学，实行吏师制度，并有等级名称。在私学，担任教师的人选较多。但无论官学还是私学，我国古代教师多以素养、学识

① 孙培青：《中国教育史》，上海：华东师范大学出版社，2000，12。

② 《左传·昭公十七年》。

及人格为本,强调"师者,人之模范也"。①"智如泉涌,行可以为仪表者,人之师也"。②

在我国教育史上,除官学与私学以外,还存在着另一种学校形式——书院。书院始于唐末、五代,宋、明时期发展优盛,直至清末。书院有私办,官办、私办官助等形式。书院主持人或名流大儒,或官府委派,通常称为"山长"或"洞主"。

鸦片战争以后,外国人纷纷在中国开办各类学校,国内早期的改良派和洋务派为吸取西方科学技术,或自己办学,或派人留学。不管是外国人在华办的学校,还是中国人自己办的学校,教师统称"教员"。由于科学技术的发展,人们越来越重视教师职业,重视教师素质的提高。随着19世纪末我国师范教育的兴起,我国的教师职业进入了新的发展时期。

在西方,教师职业发展情况较为复杂。简而言之,古希腊时期出现的"智者派"是最早的教师,以教授无知的人有知识而生存。在中世纪,僧院学校、教会学校多以僧侣、神父、牧师为师。

随着近代社会的发展和社会生产力的提高,教育的重要性日渐突出,对于从事这项工作的人员要求其认识逐渐宽泛和深化,不在仅仅局限于有德行者或传授知识,而是随着社会的发展变化要求越来越倾向于高标准和专业化。教师需要有专门机构,进行专门培养。伴随着师范教育理论与实践的产生、丰富与发展,教师职业逐渐成为一种专门的、科学的职业。

在当代,当终身教育在许多国家已经成为一种观念并付诸于行动时,师范教育、教师教育以及教师专业化发展与提高,在全球范围内引起重视势在必然。

二、教师职业的性质与特点

全面了解教师的概念,不仅对其职业的产生与发展追根溯源,还

---

① 杨雄:《法言·学行篇》。

② 《韩诗外传》。

要对其职业的性质、扮演的社会角色、承担的社会职责及与活动对象的关系等方面进行考查。

(一)教师职业的性质

从中国历史来看,对教师职业的性质或从应有的品质角度如"智如泉源,行可以为仪表者,人之师也"做出界定;或从教师功能及作用出发,认为"师者,所以传道、授业、解惑也。""废科举,兴学校"拉开了中国近代教育的序幕,使人们对教育、教师的价值所在发生了一系列变化。中华人民共和国建国以来,教师作为人民教育事业的主要承担者,被称为"人民教师",获得了与其他劳动者同样的主人翁地位。但是,鉴于我国生产力发展水平缓慢,对人的培养并未提出超越近代工业社会经济发展水平的新要求,故而对教育、教师也没有提出新的要求。改革开放以后,我国走上了经济发展的新时期,教育在发展经济、增强综合国力、提高民族凝聚力和国民素质、培养一代新人和现代社会发展所必须的各种人才的重要性被凸显出来。进入21世纪以来,中国教育正在发生着历史性的变革,提高质量将成为新世纪教师队伍建设的主旋律。为此,我们必须对教师的工作性质做一深入探析,以承担社会赋予我们的重任,以应对社会发展变化对我们要求。

1. 教师职业是一种专门性职业,教师是专业人员

长期以来,人们对教师职业的认识并不一致,其关键因素在于对其专业性有所怀疑。所谓专业,是指对社会的进步具有较大的贡献,地位较高,并具有不可替代的特点。一般来说,通行的标准是要求从业人员:"一是需要专门技术和特殊智力,在职前必须受过专门的教育;二是提供专门的社会服务,具有较高的职业道德和社会责任感;三是拥有专业自主权或控制权,如对从业人员聘用、解职的专业权利不受专业外因素控制,表现为专业工作者应获得本专业资格证书,专

业内部有不同的职称来标志专业水平差异等”。[1] 根据上述标准衡量,教师当属专门性职业,不仅对所教学科“专业”,更要把教师的“教育行为与教育活动”视为其专业表现的领域。社会学家埃利奥特(J. Elliott)等西方学者认为,教师与医生、律师、神甫职业被并称为“四个伟大的传统专业”。[2] 1966 年 10 月,联合国教科文组织和国际劳工组织在巴黎会议上通过的《关于教师地位之建议书》中提出:“教育工作应被视为专门职业,这种职业是一种要求教员具备经过严格而持续不断的研究才能获得并维持专业知识及专业技能的公共业务,它要求对所辖学生的教育和福利具有个人的及共同的责任感。”在国际劳工组织制定的《国际标准职业分类》中,教师被列入“专家、技术人员和有关工作者”这一类别。我国国家统计局和国家标准局在 1986 年 6 月 21 日发布的《中华人民共和国国家标准职业分类与代码》中,各级各类教师被列入“专业、技术人员”的类别中。2000 年,我国出版的第一部对职业进行分类的权威性文件《中华人民共和国职业分类大典》,首次将我国职业归并为八大类,教师属于“专业技术人员”一类。

1996 年第 45 届国际教育大会以“加强在变化着的世界中的教师的作用之教育”为主题,对如何在面向 21 世纪的教育变化过程中加强教师的作用达成国际共识,并通过表达各国制定并执行有效行动策略之决心的《大会宣言》以及与之相联系的《建议》,再次强调教师在社会变革中的作用。

我国 1993 年 10 月 31 日颁布、1994 年 1 月 1 日正式实施的《中华人民共和国教师法》第一章第三条对教师概念进行了全面、科学的界定:“教师是履行教育教学职责的专业人员”,并相继颁布了《教师

---

① 全国十二所重点师范大学:《教育学基础》,北京:教育科学出版社,2002,116。

② 赵康:《专业、专业属性及判断成熟专业的标准》,载《社会学研究》,2000(5)。

资格条例》(1995年12月)和《〈教师资格条例〉实施办法》(2000年9月),通过专门的教师资格认定来体现教师职业的专业性。

2. 教师是教育者,教师职业是以教书育人为职责的职业

"教育者"一词,是相对于受教育者来说的。在人类社会具有广义与狭义之说。广义的理解是:凡是对受教育者能施加影响,传授知识、传播社会文化信息的人均是教育者。从此意义出发,教师、父母、文化人、社会年长者乃至宗教团体中的说教者,都可以称之为教育者。狭义的理解是:确定以教书育人为专门职责的人。教书,即受教育者在教育者的指导下,学习掌握书本知识,认识客观世界;育人,则是使人发生良好的变化或发展,其本质是有计划的使具有各种潜能的人,成为真善美统一、和谐发展的人。能够堪当重任的人非教师莫属。因为作为专业人员的教师在学校这个专门培养人的场所进行着专门培养人的工作,以此作为区别于其它职业的根本特征。教师是教育者,在教育活动中具有主导的地位与作用。在人类文化的传输和习得过程中,教师向学生进行文化的传递和传播,通过学生的"接受"和"承续",完成人类文化的传承。

从个体发展角度而言,作为一个自然人向社会人的过度进程,一方面自身发生着变化,不仅有生物性的成熟,同时亦在接受人类经验并通过消化吸收逐渐从自然人发展成为社会人。没有教育者,个体将会缺失发展的引导者而延缓其社会化进程;另一方面,社会在其发展过程中,生产力、政治、经济随时在发生着变化,个体的存在方式也会随之发生变化,在不断的发展、变化过程中以适应社会历史发展变化的要求,对于年轻一代来说,教育者在此过过程中起着一定的引领作用。无论从个体成长角度或者从社会对年轻一代的要求来看,教师作为国家或社会的代言人,作为年轻一代的引领者,是教育活动的主体,这一点我们必须予以清醒的认识,只要有教育活动存在,这种主导作用必然存在。

(二)教师职业的特点

教师职业的特点是通过教师的职业角色来加以体现的。一个好

的教师必然是一个善于把握并扮演自己职业角色的教师。一般来说,教师在教育、教学中所扮演的角色是教师的多种社会属性和社会关系在教育、教学活动中的反映,是教师体现自身专业特性的时刻,是教师的一整套经过专业训练的行为规范表现和社会、国家、民众对教师角色的期待。

1. 组织者角色

在教育、教学活动中,我们会经常发现,一些教师能将课堂教学进行得有声有色,学生活而不乱,课程会沿着一系列活动和想法顺畅进行下去。而有些教师在处理课堂教学问题时却显得手忙脚乱,尤其在新一轮课程改革中,当需要师生互动、生生互动时,教室有时会变得毫无秩序,以至于无法保证教学的顺利进行。究其原因,在履行教师组织者角色时,组织能力欠缺。为此,我们必须把提高教师的组织能力作为良好履行教师职业角色的必要条件加以落实。那么,如何履行教师的组织者角色呢？首先,必须仔细阅读所任科目的课程标准,了解课程性质及各个学段的教学目标,了解和理解你的学生,计划并写出清晰的教学目标,这在很大程度上决定了你作为教学组织者成功与否。其次,我们需要考虑使用哪些教学策略来实现这些目标。在这一过程中,我们对自己应该有一个更好的了解,了解自己的教学风格,把握自己的长项,知道自己的弱项,并能根据学生、教学内容、教学环境与条件等做到充分考虑,以选择适合于自己的教学策略。

相关知识链接

新手组织者

最近我开始在一个乡村高中教书,我很喜欢这份工作和周围的环境。即使用世上所有的金钱来交换这份工作,我都不愿意。即使撇开教学中的无穷乐趣不谈,我也发现有的时候它的魅力让人无法抗拒。每一天,我都觉得自己就像一个开发新大陆的探险家,因为每一天都是一种新的经历。有时我会对自己在课堂上的行为充满自信,有时也会在夜里思考自己的做法是否得当。没有哪一种教师培训能够帮助我应付在课堂上遇到的所有问题。

有人说好的计划对教师和学生而言都是良好课堂经验的重要组成部分。上个月我尽力预先做好教学的计划,甚至在学年开始之前,就已经开始写计划了。但事实上,可以肯定,如果学年没有真正开始,直到8月底我可能还是处于计划中。然而,这只是一种希望,学生们还是来了,而且打乱了我的一切计划。虽然我力图按照计划来开展教学,但还是做不到。每天晚上都得重写第二天的教学计划。这让我觉得,无论做多少准备工作都不够,因为教学计划变动得太频繁,而且还出现了课堂管理的问题。我很难让学生集中于学习任务,或是想出争取时间的办法,指出接下来应该说什么和做什么。我相信那些资深教师所说的,渐渐就会变得容易,但是我希望能知道什么时候才能到那一天。

资料来源:[美] D.John McIntyre & Mary John O'Hair:《教师角色》,丁怡、马玲等译,北京,中国轻工业出版社,2002,31。

2. 知识的传授者

学校的产生,使教育与社会生产劳动分离,有了专门的场所和专职的教师,用于专门培养人。从那时起,传授知识便成为教师工作的主要内容。如何授受知识,古今中外许多教育家做过多种角度的探讨,这里不在一一赘述。怎样有效授受知识?首先,我们必须对知识的性质做一分析:陈述性知识,即“是什么”的知识,通常有效讲授完成教学任务的把握性较大;而程序性知识,即“为什么”的知识,通常需要我们准备多种教学策略,方能有效完成教学任务。不论有效讲授或提供多种教学策略,均有科学要求。关于这个角色的执行方式及相关讨论,论述颇多,教师们亦有自己的实践经验与教训,认真总结与反思,会有很多收获。

相关知识链接

有关教学的思考

教学策略非常重要。知道了自身作为一个教师的优势和不足、学生的需要、应该达到的教学目的和教室环境,我就能够为我的课堂选择适当的教学策略。在计划课程时需要考虑很多东西,但是我的学生从中受益匪浅。他们当中有触觉学习者,视觉学习者和听觉学习者。为了进行有效的教学,我必须设计能满足所有学生需要的教学。我还必须经常回顾过去,如果教学进行的不顺利,就需要一定的调整。

热情和动力是教室里必须具备的两个重要的因素,如果我表现地积极并且充满活力,那我的学生也会这样了。我在教室里尝试各种不同的方法和活动,学生们永远不知道接下来会是什么,这使得学习变得有趣和激动人心!

我在这里是为了这些学生,我希望在我的课堂上他们能够因为学习而兴奋、高兴!

资料来源:[美] D. John McIntyre & Mary John O'Hair:《教师角色》,丁怡、马玲等译,北京,中国轻工业出版社,2002,39。

3. 交流者角色

在以往谈到教师的角色作用时,论及与学生交流,“父母与朋友”角色更容易被人们所接受。仔细分析这一角色名称,似有一种“居高临下”之嫌。事实上,真正能够做到把学生视为志同道合的朋友,与学生一起分担痛苦与忧伤、欢乐与幸福,未免过于理想化。也有师生成为莫逆至交的情况,但与全部学生相比毕竟较少。在新一轮课程改革中,我们提倡要尊重学生的人格,师生关系是一种平等、理解、双向的人与人的关系,这种关系得以建立和表征的最基本形式和途径便是交往,即我们所说的交流者角色。教学有交流,管理有交流,和学生、家长、同事、上级领导及方方面面均有交流。毫无疑问,在所有的场合都能做到有效交流是比较困难的。为此,我们需要审视交流,分析交流者的角色,形成交流能力。这就是认识你自己和他人,分析交流过程,诊断交流障碍,采用灵活的交流风格,采取适当方式减少交流焦虑,使交流有效,而有效的交流是教师教育、教学成功的关键。

相关知识链接

与学生进行单独会面的有效技巧

1.热情地欢迎学生,表示出你对会面的兴趣。尽量使会面更加富有吸引力。

2.集中你的注意力,对学生进行积极的评价,以使学生在离开的时候能够感觉情况能变得更好,你也不会对他存有偏见。

3.在与学生交谈时,先问一些开放性问题,如"你是怎样或如何看待发生的问题?"

4.问学生是否需要你的帮助。

5.让学生寻找解决问题的方法。

6.要找到两方都认同的行动计划。

资料来源:[美]Lynda Fielstein & Patricia Phelps:《教师新概念——教师教育理论与实践》,王建平等译,北京,中国轻工业出版社,2002,184。

4.学生学习的促进者

教学的目的在于帮助每一个学生进行有效的学习,使之按自己的个性方向得到尽可能的发展。为此,教师必须明确自己的职责:"帮助学生检视和反思自我,明了自己想要学习什么和获得什么;帮助学生寻找、搜集和利用学习资源;帮助学生设计恰当的学习活动;帮助学生发现他们所学东西的个人意义;帮助学生营造和维持学习过程中积极的心理氛围;帮助学生对学习过程和结果进行评价,并促进评价的内在化。"[①] 在实际教学过程中,如何履行教师的上述职责,起始阶段我们认为首先应该强调教师应处于一种积极状态,消除职业倦怠,充满活力,以饱满的工作热情和精神状态进入教学境界。以往我们在教学起始阶段过多论述如何激发学生动机,试想教师如果缺乏工作热情,又如何激发学生的学习动机。即便教师有工作热情,想激发学生的学习动机,也并不一定就能如愿以偿。关于学习动机,心理学有颇多研究,我们可直接借鉴。一般情况下,要激发与提高学生的动机只是具备关于动机方面的知识是不够的,教师还需要发展实践技能。即在认识与了解学生个体的需要、影响学生动机的其他因素后,我们须提高学生作为学习者的自尊,鼓励他们标新立异,营造支持性的、积极的环境,学生的动机就能得到激发。更具体的操作是鼓励学生参与教学过程,在所有言行中向学生传递成功,及时表扬,让学生看见学习能改变和促进他们在社会中的现实生活并提高生活质量。

相关知识链接

激发动机的行为

去年我尝试了一种激发学生学习动机的行为。那正是我校的探家周,学生们通过卖脚趾上的流行饰物来筹钱。一组学习不良的学生努力想通过打造脚趾饰物来逃避代数课。作为一个数学老师,我很荣幸有机会来介绍数据的收集与分析。学生用心打造他们的饰物,我将每一时刻打造的饰物数量连接起来,用图表表示出结果,计算出平均数,研究导致相似情况出现的其他因素,并绘出结果。在方案结束时,学生对他们所学的数学感到十分惊奇,同时他们也惊奇地发现,数据收集与分析是每日使用的有价值的工具。

① 钟启泉:《基础教育课程改革纲要(试行)解读》,上海:华东师范大学出版社,2001,266。

资料来源:[美] D. John McIntyre & Mary John O'Hair:《教师角色》,丁怡、马玲等译,北京,中国轻工业出版社,2002,124。

5. 管理者角色

很多富有教育经验的教师相信,学生只有知道了在学习环境中可被接受的行为类型,学习行为才可以发生。也就是说,只有形成了班级常规并得以实施,学生的学习行为才能发生并得到保证。在此期间,教师需对教学要素及其关系进行系统的调控,建立各种教学常规,特别是课堂教学常规,形成一个班级管理平台,而这个班级管理平台有我们自己个人风格和个性色彩。否则,规则、程序和违反纪律可能会成为家常便饭。这一类现象在班主任因故不能进行班级正常管理临时换一位教师时会经常发生。老师们通常会说:你的班还是你来管吧。如何形成个人风格及特点,需要我们加以摸索和实践。但是,学期开始制订规则并以书面形式进行强调——关于班级中所期望的学生行为的规则和程序,以及不遵守规则和程序的后果必须在学年第一天予以正式宣布,这样会帮助我们加强对学生的管理,先入为主。如果相信每一个学生都会遵守教师教导过、解释过、示范过、强化过的规则和程序,这太过于理想化。因此,我们还需要制定一个计划,用来应对那些不愿或不遵守已有规则和程序的学生。当然,仅有规则和程序并不能保证一如所愿,尚需要教师一致性地、公平公正地实施规则,讲求工作方式的科学性。

6. 示范者角色

教育活动自古以来就具有鲜明的道德性,其本质是一种导善、劝善。社会发展到今天,教育的教化功能不仅没有因为人类正向知识社会过渡,科学技术和知识应用变得日益重要而有所削弱,相反,学校教育的育人功能得到了前所未有的彰显和认同。教师是从事教育、教学活动的人,他承担着国家与社会所赋予的重任,在教书育人的过程中,促进学生作为人完整地发展。因此,教师的价值体系及取向、言行举止、个性风貌、态度品质乃至穿衣装扮都会对学生产生种种影响。现阶段我国正处在社会转型时期,社会评价导向凸显的往往是教师的教学能力和指导应试的能力,加之社会不良风气的侵入,一时间教师的道德及示范者角色似乎不那么重要了。我们认为,这是一种短视的、功利主义现象。从历史的、长远的、发展的观点来看,教师的示范者角色将会与其职业角色共存。因此,从事教师职业的人必须对自己有严格的道德要求,教育心理学的研究业已揭示儿童的"向师性"及其教育学意义,年龄越小,向师性就越强,教师不但要言教,更要身教,身正为范,时刻塑造自己的形象,完善自己的人格。

作为教师,在教育、教学活动中扮演着多种角色,除以上主要角色外,还有学习者和学者、学生心灵的培育者、教学活动的设计者、替罪羊等。因为教师道德、学术水平各不相同,可能会有角色扮演过程中的技能、技巧问题,亦或有角色不清、角色紧张、角色失败问题,甚至极个别教师会出现不良角色影响。因而,我们要发挥积极角色影响,掌握角色扮演技巧,切实履行教师职责。

三、教师职业的从业标准及其权利与义务

(一)教师职业的从业标准

标准即衡量事物的准则。从业标准一般指某一职业对从业者的资格要求,包括教育程度、专业水准、工作能力、道德品质等。

在中国,教师职业的从业标准依据《中华人民共和国教师法》:

第三章第十条规定:国家实行教师资格制度。中国公民凡遵守宪法和法律,热爱教育事业,具有良好的思想品德,具备本法规定的学历或者经国家教师资格考试合格,有教育教学能力,经认定合格的,可以取得教师资格。第十三条规定:中小学教师资格由县级以上地方人民政府教育行政部门认定。中等专业学校、技工学校的教师资格由县级以上地方人民政府教育行政部门组织有关主管部门认定。取得教师资格的人员首次任教时,应当有试用期。第十一条规定了取得教师资格应当具备的相应学历。

(二)教师的权利与义务

《中华人民共和国教师法》第二章对教师的权利与义务做出了法律规定:

第七条　教师享有下列权利：

进行教育、教学活动，开展教育教学改革和实验；从事科学研究、学术交流、参加专业的学术团体，在学术活动中充分发表意见；指导学生的学习和发展，评定学生的品行和学业成绩；按时获取工资报酬，享受国家规定的福利待遇以及寒暑假期的带薪休假；对教育教学、管理工作和教育行政部门的工作提出意见和建议，通过教职工代表大会或者其他形式，参与学校的民主管理；参加进修或者其他方式的培训。

第八条　教师应当履行下列义务：

遵守宪法、法律和职业道德，为人师表；贯彻国家的教育方针，遵守规章制度，执行学校的教学计划，履行教师聘约，完成教育教学工作任务；对学生进行宪法所确定的基本原则的教育和爱国主义的教育、民族团结的教育，法制教育以及思想品德、文化、科学技术教育，组织带领学生开展有益的社会活动；关心、爱护全体学生，尊重学生人格，促进学生在品德、智力、体质等方面全面发展；制止有害于学生的行为或者其他侵犯学生合法权益的行为，批评和抵制有害于学生健康成长的现象；不断提高思想政治觉悟和教育教学业务水平。

四、教师职业道德要求

教师职业道德，简称师德，是从事教师职业的特殊道德要求。主要指教师在从事教育教学活动中形成的比较稳定的道德观念、行为规范和道德品质的总和，是调节教师与他人、教师与集体及社会相互关系的行为准则，是一定社会对教师行为的基本要求。

1984 年，教育部和全国教育工会联合颁发了《中小学教师职业道德标准(试行)》。根据教育事业的改革与发展及教师队伍各方面情况的变化，1991 年，国家教委和全国教育工会正式颁布了《中小学教师职业道德规范》。1997 年，在我国改革开放和社会主义现代化建设新形式的要求下，针对教师队伍建设中出现的新情况和新问题，国家教委和全国教育工会对《中小学教师职业道德规范(试行)》进行了修订，现仍在执行。它的主要内容是：(1)依法执教。学习和宣传马列主义、毛泽东思想和邓小平建设有中国特色社会主义理论,拥护党的基本路线,全面贯彻国家教育方针,自觉遵守《中华人民共和国教师法》等法律法规,在教育教学中同党和国家的教育方针保持一致,不得有违背党和国家方针、政策的言行。(2)爱岗敬业。热爱教育、热爱学校,尽职尽责、教书育人,注意培养学生具有良好的思想品德。认真备课上课,认真批改作业,不敷衍塞责,不传播有害学生身心健康的思想。(3)热爱学生。关心和爱护全体学生,尊重学生的人格,平等、公正对待学生。对学生严格要求,耐心教导,不讽刺、挖苦、歧视学生,不体罚和变相体罚学生,保护学生合法权益,促进学生全面、主动、健康发展。(4)严谨治学。树立优良学风,刻苦钻研业务,不断学习新知识,探索教育教学规律,改进教育教学方法,提高教育、教学和科研水平。(5)团结协作。谦虚谨慎,尊重他人,谦虚好学,团结互助,维护其他教师在学生中的威信。关心集体,维护学校荣誉,共创文明校风。(6)尊重家长。主动与学生家长联系,认真听取家长的意见和建议,取得支持与配合,积极向家长宣传科学的教育思想和方法,不训斥、指责学生家长。(7)廉洁从教。坚守高尚情操,发扬奉献精神,自觉抵制社会不良风气影响,不利用职责之便牟取私利。(8)为人师表。模范遵守社会公德,衣着整洁得体,语言规范健康,举止文明礼貌,严于律己,作风正派,以身作则,注意身教。

上述规范的基本内容反映了我国社会政治、经济对教师职业道德修养的基本要求,在新世纪这些规范仍然在发挥着作用。但是,我们可以明显地看出,教师职业道德规范条文表述较为原则,从政治上、思想上提出的要求较多,显得笼统、粗糙;职业特征把握不具体、不细致,可操作性不强;理想性、原则导向性内容较多,而具体规则较少。这使得教师在工作中遇到许多现实问题无法应对,缺乏约束力,直接影响到教师对职业道德的理解、掌握、执行和提升。

相关知识链接

美国教育协会道德规范

导言

尊重每个人的价值和尊严，教育者认识到追求真理、献身事业和民主原则本质的至关重要，这些目标必然包括：保护学与教的自由和保证所有人在教育上的机会均等。教育者有无限接近最高道德标准的责任。

教育者认识到教育过程中固有的重大责任，渴望得到同事、学生、家长和社区成员的尊重和信任，这激励他们去获得和保持可能的最高程度的道德行为。教育这一道德规范显示了所有教育者的志向，并为行为判断提供了标准。

由美国教育协会(NEA)或分支机构为违反《规范》任一条款制定的补救条款是被排除在外的，并且此类条款不能以任何形式被强制执行，除非是美国教育协会(NEA)及其分支机构特别指定的。

原则一：对学生应承担的义务

教育者努力帮助每一个学生认识到他作为有价值的、有效的社会成员的内在潜力，因此教师的工作在于激励精神、获取知识和理解力以及有思想的表达出有价值的目标。为了履行对学生的义务，教育者：

1. 不能无故限制学生在学习中的独立活动。

2. 不能无故否定学生的独到见解。

3. 不能故意压制和歪曲体现学生进步的相关事实。

4. 尽力保护学生在学习、健康和安全方面免受伤害。

5. 不能故意使学生处于尴尬境地和受到蔑视。

6. 不能基于种族、肤色、信条、性别、国籍、婚姻地位、政治或宗教信仰、家庭、社会或文化背景或性别倾向的不公平：

A. 将任何学生排除在任何活动之外；

B. 否定任何学生补助金;

C. 准许任何学生有任何特权。

7. 不能利用与学生的职业关系谋求个人利益。

8. 不能透露在职业过程中所获得的学生的个人信息,除非是基于必须的职业意图或法律的需要。

原则二:对职业应承担的义务

教育是被公众以信任和责任而授予的职业,它需要职业人员在服务过程中具备最高的思想典范。

教育的服务质量将直接影响到整个民族及其民众,基于这样的理念,教育者要竭其全力提高职业水准,形成这样的风气——鼓励英明的职业判断,以良好的氛围吸引值得信任的人从事教育事业,并协助阻止不合格的人进行教育实践。

为了履行职业义务,教育者:

1. 在申请教育职位时不能故意做出错误的陈述,不能制造与能力和资格有关的虚假材料。

2. 不能误传个人的职业资格和职业条件。

3. 不能协助任何在人格、教育或其他相关属性方面不合格的人成为专业教育人员。

4. 在候选人申请教育职位时,不能就他们的职业资格有意做出虚假陈述。

5. 不能帮助非教育者从事无水准的教授活动。

6. 不能透露在职业过程中获得的同事的个人信息,除非是基于必需的职业意图或法律的需要。

7. 不能有意用语言贬损或恶意中伤同事。

8. 不能接受任何可能削弱或影响职业决议或行动的赠物、礼物或恩惠。

国际教育组织关于教师职业道德的宣言

(序言)略

宣言

为了引导教师、其他教育工作者和他们的工会达到教师职业应有职业道德标准,国际教育组织宣言如下:

一、对职业的承诺:教育工作者应该

(A)为所有学生提供高水平的教育,以加强公众对教育工作者的信心,赢取他们对教师职业的尊敬。

(B)确保定期更新并增进专业知识。

(C)安排自身的终身学习计划,包括计划的内容、程序和时间,以表现教师的专业精神。

(D)声明并不隐瞒任何相关专业资格的资料。

(E)通过积极参与工会活动,达到良好的工作状态,以吸引高素质的人士加入教师职业。

(F)通过教育,全力支持并推进民主和人权。

二、对学生的承诺:教育工作者应该

(A)尊重所有儿童(特别是他们的学生)的权利,以确保他们受到联合国儿童权利公约(尤其是所有有关教育的条款)的保护。

(B)保护和提倡学生的人身安全和利益,确保他们不受到任何形式的欺负以及任何生理或心理的伤害。

(C)尽所有可能保护儿童不让他们受到性伤害。

(D)以应有的照顾,努力对待任何有关学生的安全和利益的事项,并同时保护学生的隐私。

(E)协助学生建立一套符合国际人权标准的价值观。

(F)与学生保持师生之间的专业关系。

(G)认识到每个学生的特殊性、特点和特殊的需求。

(H)让每个学生认同一个富有互助精神,却也有个人空间的社会。

(I)以公正与慈悲发挥教师的权威。

(J)确保师生之间的特殊关系,不受任何宗教或意识形态的影响和控制。

三、对教育界同事的承诺:教育工作者应该

(A)通过对彼此(尤其是对刚从事教师职业或在培训中的同事)的职业等级和观点的尊重,提高同事之间的交流和帮助。

(B)除非有严格的专业或法律原因,不可透露在就业中得到的关于同事的任何资料。

(C)协助同事完成由教师工会和雇主所同意的、同事相互审查的审查程序。

(D)保障同事的人身安全和利益,确保他们不受到任何形式的欺侮以及任何生理或心理的伤害和性侵犯。

(E)为了此声明的实践得到最佳效果,确保内容的落实和执行是国家级的工会组织内透彻讨论的结果。

四、对管理层的承诺;教育工作者应该

(A)熟悉他们的法律和行政的权利和职责,并且尊重集体合同中列出的条例和学生的权利。

(B)执行管理者合理的指示,并有权利通过清晰的、规定的程序对该指示提出质疑。

五、对家长的承诺:教育工作者应该

(A)认识到家长有权利通过双方(教育工作者和家长)同意的渠道对他们孩子安全和利益进行咨询。

(B)尊重父母的法定权利,但可为了儿童的最大利益从专业的角度向他们提出建议。

(C)做最大的努力让家长积极参与他们孩子的教育以及积极支持教育过程,避免孩子参与任何形式的不利于他们教育的工作。

六、对教师的承诺:社区和社会应该

(A)让教师感受到就业中得到公平的对待。

(B)认识到教师有保留隐私、照顾自身和在社区内正常生活的权利。

第二节 教师专业化的认识

教师职业是一种专门职业,教师是专业工作者,其概念与特征我们已在第一节里做过讨论。在确认教师职业的专业性、推进教师专业化进程中,各国政府和相关教育组织都在做着不懈的努力。例如,1955 年召开的世界教师专业组织会议率先研讨了教师专业问题,推动了教师专业组织的形成和发展。世界教育年鉴曾于 1963 年和 1980 年两度以教师和教师教育为主题进行讨论。1963 年世界教育年鉴主题是“教育与教师培养”;1980 年主题是“教师专业发展”,而 1996 年的主题为“加强在变化着的世界中的教师的作用之教育”。国际教育大会第 45 届会议,则就 21 世纪教育变化过程中加强教师的作用,与会的 153 个成员国、2 个副成员国、5 个非成员国以及 52 个联合国系统和政府组织及非政府组织的 899 位代表达成共识,建议从以下四方面实施教师在社会变革中的作用:“通过给予教师更多的自主权和责任提高教师的专业地位,在教师的专业实践中运用新的信息和通讯技术,通过鉴定个人素质和在职培训提高其专业性,保证教师参与教育变革以及与社会各界保持合作关系。”① 鉴于政府及社会各界人士对教师专业化的关注,进一步加深对教师专业化的认识,是教师提升个人专业素质的必要理论前提。

一、教师专业化的含义

专业、专业化、教师专业化,是相互关联的概念,了解专业与专业化的内涵,可以帮助我们更好地理解教师专业化的有关内容。

(一)专业与专业化的含义

专业是社会分工与职业发展到一定历史阶段,从众多职业中分

---

① 教育部师范教育司:《教师专业化的理论与实践》,北京:人民教育出版社,2003,23。

化出来而形成的一种特殊职业类型。"所谓专业,是指一群人在从事一种需要专门技术的职业,是一种需要特殊智力来培养和完成的职业,其目的在于提供专门性的服务。"① 从社会学角度而言,专业是指一群人经过专门教育或训练、具有较高深和独特的专门知识与技术、按照一定专业标准进行专门化的处理活动,从而解决人生和社会问题,促进社会进步并获得相应报酬待遇和社会地位的专门职业。相对于普通职业而言,专业具有一系列独特的标准,主要包括:形成一套专门知识和技能体系,规范职业伦理,实施专业教育和专业资格认证制度,享有专业自治,建立专业组织等等。

专业化,简而言之,就是职业专门化。其含义从动态角度而言,是指一个普通的职业群体在一定时期内,逐渐符合专业标准、成为专门职业并获得相应的专业地位的过程。人类社会职业群体自有分工以来就有"高低贵贱"之别,但是划分的基础比较模糊,不同的职业之间没有严格的技术上的划分,即使有也可能只是在工匠对技艺的长期琢磨的基础上形成的。那些在社会发展过程中渐渐从众多社会职业里分化出来,成为被社会认可的专业团体,是因为他们具有对社会不可或缺功能及社会赋予其职业群体的责任,更重要的是在从业前后需要投入较多的时间和精力及财力,而这要占据较多社会资源。按照"人力资本理论"的观点:"人力的投资,特别是教育的投资,是未来的薪金或未来的偿付的源泉,它体现在人的身上,属于人的一部分"。② 因而,专业团体的从业人员会在工资、工作条件、职业声望、社会地位、发展前途等方面成为职业群体中的优势团体,占据社会分层中的较上层。因此,专业化是提升职业群体社会地位的过程,是一个动态的过程。从静态角度而言,专业化则指一个职业的专门性质和发展状态处于什么情况和水平,指的是一个职业专门化的静态发

① 中国台湾师范教育学会:《教育专业》,台北:台北师大书苑有限公司,1992,9。

② 袁振国:《当代教育学》,北京:教育科学出版社,1999,381。

展的程度或结果。

从上述分析中,我们以为专业化从内容上可以具体分为:关注整个职业专业地位和社会地位提升的群体专业化;关注从业人员职业行为和服务质量改进的个体专业化。这两方面相互关联,个体专业化是职业专业化的基础和决定性因素,从业人员个体专业水平的提高与发展,影响或促进整个职业群体的专业化;群体专业化是个体专业化的发展结果和社会认可形式,并最终代表着职业的专业化,同时影响着个体专业化的进程和水平。

相关知识链接

专门职业与普通职业的区别

1.从事专门职业需要以掌握系统的专业知识和技能为前提,按照科学的理论和技术行事;而从事普通职业无须专门的知识和技能,只须按例规行事。

2.专门职业的从业人员需要接受长期的专业训练,而且这种训练是在大学里进行的,是以是否接受过高等教育为标志;而普通职业的从业人员无须接受长期的专业训练,主要通过个人体验与个人工作经历而积累工作经验。

3.专门职业与普通职业相比,更多地提供一种特有的、范围明确的、社会不可或缺的服务,在自主的范围内对于自己的专业行为与专业判断负有责任,以高质量的专业服务获得报酬,并且把服务置于个人利益之上。

4.专门职业把服务与研究融为一体,即专业人员不仅要提供优质的专业服务,同时为了保证服务品质和服务水平的不断提高,还要在服务中不断进行研究,通过研究提高专业水平,并且对专业人员而言,这种研究是一种自觉的行为;而普通职业仅提供一种服务,没有研究的意识。

5.在专业问题范围内,有明显的内行和外行的差异,非专业人员对专业内的事物了解极为浅薄,正如“隔行如隔山”,而普通职业无内行与外行之别。

6.专门职业的从业人员把工作看作是一种事业,是一种生活方式,不同专业的从业人员有不同的生活方式;而普通职业的从业人员仅仅把工作当作是一种谋生的手段。

7.专业人员一般有较高的职业声望,在社会职业声望的排位中处于最高层。

资料来源:余文森主编:《新课程背景下的公共教育学教程》,北京,高等教育出版社,2004,119。

(二)教师专业化概念解析

教师专业化概念目前还没有公认一致的界定,一个大家完全认同一致的教师专业化概念也是不存在的。但是,教师个体专业化和教师职业专业化共同构成了教师专业化是一个比较认可的观点。因为,教师个体专业化是教师职业专业化的基础和源泉,是教师专业化的根本方面,“是指教师个人成为教学专业的成员并且在教学中具有越来越成熟的作用这样一个转变过程”。[①] 教师专业化对个人而言,是一个长远而动态的过程,需要我们不断地调适、充实自己,从一个“普通人”逐渐成长为“教育者”,从而表现出与特定职业发展阶段相适应的教师角色行为。而教师职业专业化是教师群体专业化的发展和社会承认形式。它是指教师职业不断成熟、逐渐达到专业标准,并获得相应的专业地位的过程。它是一个多主体共同努力的过程,是教师个体专业化的条件与保障,同时也是教师群体获得社会认可的过程。教师职业专业化在我国从以下几方面得以体现:

第一,教师教育的专业化是教师专业化的基础和前提。国家在此过程中必须建立一整套教师教育制度及专门机构,有专门场所对教师进行专业教育。包括职前教育、在职继续教育、终身教育。国家

① [澳]邓金:《培格曼最新国际教师百科全书》,教育与科普研究所编译,北京:学苑出版社,1989,553。

在法律、法规政策体系方面给予支持，以保证教师就职前后始终能够接受高水平的、完整连贯的专业教育。目前我国有一些教师教育的法规及政策，但是还需要进一步加以健全和完善。

第二，国家对教师资格和教师教育有专门的认定制度和管理制度。对从事教师教育的人员，国家有专门的学历制度、执照制度及职务晋升制度三位一体的教师资格认证体系。1995 年颁布的《中华人民共和国教育法》确定："国家实行教师资格、职务、聘任制度，通过考核、奖励、培养和培训，提高教师素质，加强教师队伍建设。"1995 年 12 月 12 日，国务院颁布《教师资格条例》明确规定："中国公民在各级各类学校和其他教育机构中专门从事教育、教学工作，应当依法取得教师资格"。2000 年 9 月 23 日，教育部颁发《〈教师资格条例〉实施办法》，教师资格制度在全国开始全面实施。

第三，建立社会公认的、教师信赖的教师专业团体，保证教师群体之间的学术交流，开阔视野，增长见识，并可通过宣传媒体产生重要社会影响，从而树立教师及教师团体的威信，更好地提升教师职业的专业地位和社会地位。关于教师专业团体的建立，目前我国还没有给予足够的重视和发展，如果要想取得社会认可的专业地位及相应经济待遇，仅有一些学术协会，其影响力是微弱的。为此，国家应当给予相应的政策支持，建立有影响力的、有助于教师专业发展的教师团体。

教师专业化是一个发展的概念，既是一种状态，又是一个不断深化的过程。

二、教师专业化发展的历史回顾

教师职业从经验化到专业化，经历了一个不断发展的过程。国内与国外教师专业化进程时间不尽相同。20 世纪 60 年代，许多发达国家对教师从"量"的需求转为"质"的提高，转而关注教师素质。于是，相关研究及教师专业化理论逐渐形成并成为世界潮流。

（一）我国教师专业化进程

教师职业在我国古代社会或"以吏为师"，或私塾讲学以此为生，或在书院聚徒讲学。私塾先生和书院讲学者为后来中国教师职业的发展奠定了基础。

中国近代开始有了培养教师的专门机构。1897年上海南洋公学师范院的诞生,开了中国教师教育的先河。1902年北京京师大学堂师范馆的创办,标志着中国高等教师教育的发轫。1904年颁布的“癸卯学制”,第一次以国家学制的形式确定了师范教育在学制系统中的地位,标志着中国教师教育制度的正式建立。清政府虽建立了专门机构管理师范教育,但由于师资的极度匮乏,教师培养以速成为主,以满足新式学堂迅速发展对教师的需要,其后果是在速成的同时,造成师范教育质量低下,影响了新式教育的发展和教师社会地位的提高。其后一段时间虽也有“仿美型”学制——1922年北洋政府颁布的“壬戌学制”及南京国民政府的努力,但教师职业专业化进程鉴于我国国情,进展非常缓慢。

中华人民共和国成立以后,师范教育迄今为止有了长足的发展。1980～2000年,我国小学、初中、高中专任教师数由549.5万人、244.9万人、57.07万人分别增加到586万人、324.9万人、75.7万人。现在,我国有大中小学教师1121.05万人,大约是建国初期的10倍。小学、初中、高中教师的学历合格率分别提高到96.9%、87%和68.4%。[①] 而一些大中城市和沿海发达地区教师的学历合格率还远远高于这个水平。高等教育师资的学历也在不断提高,具有硕士、博士学位的教师正在成为高等教育的中间力量。改革开放以来,随着教师队伍的不断发展以及社会发展对教师质量要求的不断提高,对教师职业的专业性认识正在逐步深入。按照教育部《面向21世纪教育振兴行动计划》和《中共中央国务院关于深化教育改革全面推进素质教育的决定》,2010年全国人口受教育年限将达到发展中国家的先进水平,具备条件的地区力争使小学和初中专任教师的学历分

① 《九五期间:教师队伍建设令人瞩目》,载《中国教育报》,2001年9月10日。

别提升到专科和本科层次,经济发达地区高中专任教师和校长中获得硕士学位者应达到一定比例。

进入 21 世纪以来,社会发展和教育改革均对教师质量提出了新的要求。在中小学教师总量初步满足教育事业发展基本需求的情况下,教师队伍质量进一步提高是加强教师队伍建设的关键。但是,我们现行的教师培养制度与教师质量提高及教师专业化要求相比,明显滞后。部分教师教育观念陈旧,职业道德意识淡薄,知识面狭窄,教学方法和手段落后,创新意识和研究能力不强等等。为此,我们必须加快教师专业化进程,提高教师专业化水平。

(二)国外相关情况简介

在国际上,大多数国家特别是发达国家对教师专业性研究起步较早。专门训练和培养教师的师范教育机构的出现是欧洲国家第一次工业革命对教育需求的现实反映。17 世纪捷克教育家扬·阿·夸美纽斯(Johann Amos Comenius 1592～1670)提出了班级授课制,并具体规划了包括设置普及、义务的初等学校在内的新学制。落实新学制一是要有经费作保障,二是要有受过专门训练的师资作前提。因为人们已经认识到:仅有知识但缺乏职业训练难以成为好教师,众多的儿童集中起来实施班级授课并非易事,教育的普及又需要大量教师。由此,负责专门培养教师的师范教育应运而生。

师范教育于 17 世纪末最早出现在法国。1681 年,法国"基督教兄弟会"神甫拉萨尔(La Salle)于兰斯(Rheims)创立了世界上第一所师资培训学校。尔后,德国、奥地利等国先后陆续出现了培养教师的短期师资训练机构。这是师范教育的雏形,主要采用艺徒制方法,培训时间较短,新教师只是获得一些感性的知识和教学的经验,教师培训仅被视为一种职业训练而非专业训练,加之教育理论尚未进入课堂,所以,接受培训的教师在以后的教学过程中主要还是凭个人经验而鲜有科学理论指导。

18 世纪中下叶,西方国家普及初等义务教育已成共识并以政府名义得到普遍实施,加之涌现出一批有影响的教育家:如英国哲学家洛克(J. Locke,1632～1704)、法国思想家卢梭(J. J. Rousseau,1712～1778)、德国哲学家康德(I. Kant,1724～1804)、瑞士教育家裴斯泰洛齐(J. H. Pestailozzi,1746～1827)、德国教育家赫尔巴特(J. F. Herbart,1776～1841)、第斯多惠(F. A. W. Diesterweg,1790～1886),使教育科学化、教育心理学化,教育理论有了长足的进步。师范教育理论已见轮廓,为教师从事职业训练提供了理论指导和实践依据,教学开始成为一门科学被引入学校教育之中,并作为一门专业从其它行业中分离出来,形成自己独立特征。在这个基础上,欧洲、北美各国相继出现了师范学校。到 18 世纪末 19 世纪初,许多国家在陆续颁布义务教育法令的同时或稍后,也颁布了师范教育的法规,在规定了师范学校的设置、教师的选定、教师资格证书以及教师的地位、工资、福利待遇等的同时,也开始注重教师教学方法的培训,不仅对教师进行文化知识教育,还开设教育学、心理学等方面的课程,开展教学实习,以此对教师进行专门的教育训练,并把这种训练看成是提高教育质量的重要手段。师范教育开始出现了系统化、制度化的特征。教师职业专业化发轫于此,对教师教育走向专业化具有重大进步意义。

19 世纪末以电气化为标志的第二次工业革命,对劳动者素质提出了更高的要求,因此许多国家将义务教育年限从 6 年延长至 9 年,于是对中学教师的需求大幅增加,加之由于初等教育水平的提高,对小学教师也做出要有高学历的要求。不仅如此,人们还认识到仅有专业知识是不够的,从事教师职业的人还必须接受一定的专业训练。1935 年国际教育大会建议书反复强调“支持在完成中等学校毕业后,应由大学或大学教育研究院或师范学院来培养小学教师的观点”。为此,“必须确保未来中学教师在大学的学院或其他高等教育机构受到安排良好的科学培训,这种科学培训必须具有一定的专门化。可以首先实施普通文化课程,而在培训中心(大学、教育学院、大学教育研究院、科学院,或者师范学院、培训学院、师范学校)仅仅实施专业培训”。[①] 在这种形式下，至第二次世界大战前后，德国、法国、英国等一些欧美国家和日本，中等师范学校已完成历史使命，或者被撤消、或者升格为高等师范学校，高师教育迅速发展起来。

第二次世界大战以来，在全球范围内兴起的以计算机应用与开发为标志的第三次技术革命对教育领域产生了重要影响，教育兴国的观念深入人心，各国不但纷纷延长义务教育年限，一些发达国家则将“高等教育大众化”并向“普及化”迈进作为国家教育的努力方向。这样以来，势必会对教师有更高要求，各级教师不但要有广博的文化知识，而且必须接受教育专业的训练。但是，师范院校是否可以既能满足教师数量的需求，又能培养高质量的教师？“那种以为精通某些知识就足以将它们传授给他人的说法已经过时；那种不是把个人全面发展而是把理论知识的简单传授作为目的的内容教育学已经被超越。当然，对科目的精通是一个不可或缺的基本条件，但仅有一个条件是不够的，独专一门已经不行了”。[②]从客观情况而言，60年代中期以后，世界各国均出现出生率下降的趋势，对教师的需求量相对降低。鉴于财政问题，政府需要削减公共开支，教师培训机构往往被作为减少公共开支的对象之一。源于东、西方不同制度的国家阵营在意识形态、科技、军事等方面的较量，发达国家的公众对教育质量不满，信心下降，由此引发了对教师教育的批评，对教师素质的关注与讨论。从教育科学理论研究情况来看，当今教育科学已经从比较抽象的、一般的教育学原理，发展成为一个具有诸多分支学科和具体学科的教育学学科群，而必要的学科背景及专门化的训练是学习、掌握和运用这些学科知识及规律的前提。诸此种种现状，迫使人们不得不考虑教师素质的提高，不得不关注教师教育的质量，不得不采取有

---

① 赵中建：《全球教育发展的历史轨迹：国际教育大会60年建议书》，北京：教育科学出版社，1999，25～28。

② ［伊朗］拉塞克：《从现在到2000年教育内容发展的全球展望》马胜利等译，北京：教育科学出版社，1996，266。

力措施提升教师专业水平。

进入20世纪80年代,教师专业发展日趋成为人们关注的焦点和当代教育改革的中心主题之一。尤其是美国《时代周刊》1980年6月16日一篇题为《危急!教师不会教》、"高质量教育委员会"1983年发表的《国家在危急中:教育改革势在必行》、霍姆斯小组1986年发表的《明天的教师》、复兴小组1989年发表的《新世界的教师》、霍姆斯小组1990年发表的《明日之学校》、霍姆斯小组1995年发表的《明日之教育学院》等一系列报告,促使各国政府、教育界人士、关注教师教育改革的公众在有关提升教师教育质量、使教师获得最大程度的发展问题上献计献策,并转而进行了教师专业发展的理论研究,涌现出一批著名教育学家和诸多理论研究成果。

三、教师专业化的特点

教师职业专业化是人们对教师职业的专业性质经过了长期的、不断深化的一个认识过程。因为在公众和社会舆论方面,对教师职业更多强调的是知识传授能力。由于中小学生所学内容的浅显性,使得许多人并不看重教师作为专业人员的理论水平与特殊能力。在我国,歌颂和赞美教师言辞很多,如像蜡烛一样燃烧自己、照亮了别人;像园丁一样用心血、汗水浇灌幼苗;像春蚕那样到死丝方尽等等。但是,那些比较优秀的青年或能力较强的人并不看好教师职业,因为大多数教师生活缺乏休闲与情趣,工作辛苦且责任重大,经济地位并不与劳动付出相吻合。社会发展到今天,人们对教师职业的认识发生了一定的变化,一方面源于教师资格制度不断发展与健全,另一方面是对教师的要求越来越高,使之符合科学技术进步对人才质量的要求,而教师职业专业化的推进使人们对教师职业性质的认识发生了很大的变化。可以说,现代教师职业是一种相当复杂的、需要高度心智的专业活动,是一种要求从业者具有很高的专业知识、技能和修养的专业,具有以下特点。

(一)教师专业化是教师个体与教师群体共同努力与提高的过程

从我国教师专业化进程情况分析,尽管国家通过《中华人民共和国教师法》和《中华人民共和国职业分类大典》把教师看成是专业人员，事实上，这并非表明所有的教师都是真正意义上的专业人员，都已经具有了专业水准，达到了专业地位。教师如果想要提高自己的专业地位，必须自我努力，以专业人员的标准来要求自己，并以此作为努力的目标。在每个教师付出努力的同时，国家、政府应给予教师群体一定的支持，致力于完善教师资格制度，逐步建立教师教育机构认可制度、教师教育课程鉴定制度、教师教育水平等级评估制度等。只有建立健全有效的运行机制，才能使教师专业化工作持续、稳定、健康、快速地开展起来，使教师个体与教师群体获得发展，不断提高。

(二)教师专业化是一个内涵不断丰富、发展的过程

当今时代教师职业角色与形象已经发生了重大变化，从伦理特征转向专业特征，与专业相关的专业知识、专业技能、专业道德、专业情意等专业素养和专业品质受到极大关注。在专业服务、专业训练、专业权限、专业团体、专业地位的提升方面有一定研究及结果。对教师教学专业化的理论及实践研究进一步深入，既重视教师对教育教学过程中规律性、科学性的把握，也重视教师艺术性、创造性水平的提升。可以断定，随着社会科学、技术的进步和对人才质量的要求提高，对教师教育、教学及其专业化要求也将进一步提升。

四、教师专业化的理论、研究的进程及取向

如果我们确定教师职业是一个专门职业，教师的专业化是一个内涵不断丰富、发展的过程，那么，它就会同其他职业一样，经历职业生涯，也即“指进入职业到职业变动到退出职业的职业生命周期的全过程”。①

(一)教师专业化的相关理论

社会学者在研究个体社会化理论中认为：一个普通的成人，要成为专业社会中的一个角色，需要经过社会化。即“个人接受社会规范或文化环境影响的过程，是个人在某一特定的社会中，发展自我观念

① 佟新：《职业生涯研究》，载《社会科学研究》，2001(1)。

与社会角色,学习生产与生活的基本知识和技能,掌握种种社会规范,确立生活目标与人生理想,扮演种种社会角色,以及发展个性的整个历程”。① 教师作为一个社会个体,在从教之初,就开始了他的专业化过程。依托专业组织,通过接受职前及入职后终身专业训练,习得教师职业的相关知识与能力,取得教师资格,从初期的关注适应到中后期的良好发展,从一个“普通人”成长为教育专业工作者。

教师专业社会化的过程是一个复杂的变化过程,是个人因素、社会因素以及个人与社会交互作用的结果。这种个人变化、成长的过程持续不断,贯穿教师职业终身。为此,许多社会学者、教育理论工作者对教师专业化进行了研究,观点如下:一些学者认为,教师职前受教育的院校性质、课程设置、氛围环境、教师形象、同辈群体,教师任教学校具体情况等诸多因素,都会影响教师专业角色表现。也有一些学者将教师专业化的影响因素从另一角度加以探究,认为师范生及已毕业任教的老师,要有理性的自觉,能够对先前受教育时接受的文化思想、入职以后的文化影响以及社会变化过程中的所有影响因素进行不断地反思,以便筛选和重构有利于教师专业发展的理论体系及实践能力,提高自己的专业水平。还有一些学者试图通过教师与其所处环境的相关人员的不断互动来研究教师专业过程。例如,“重要他人”的彼此影响,在职前可能是教师、同学、朋友、学校其他人员;在职后,可能是校长、同事、学生、家长等等,使得教师可能会根据上述影响源进行自我判断、自我发展。

(二)教师专业发展的研究进程及取向

研究教师专业发展的进程大致经历了两个阶段,“组织发展”阶段和“专业发展”阶段。在“组织发展”阶段,出现了谋求整个专业社会地位提升的工会主义取向和强调教师入职的高标准的专业主义取向;在“专业发展”阶段,出现了教师发展的理智取向、实践——反思

① 刘捷:《专业化:挑战21世纪的教师》,北京:教育科学出版社,2002,115。

取向和生态取向三种观点。

1.“组织发展”阶段

在提升教师专业发展程度的过程中,最早采用的是群体的专业化策略,即着力于提升教师的整体素质以提高教学工作的专业化水平。其中又存在两种不同的取向:一种是谋求整个专业社会地位提升的工会主义取向;另一种是强调教师入职的高标准的专业主义取向。在教师群体的专业化过程中,教师专业组织起了非常重要的作用。因此,教师群体的专业化阶段又称之为“组织发展”阶段。

工会主义取向以罢工为主要形式谋求社会对教学专业的认可和其成员经济地位、工作条件的改善,其中,成立于 1857 年 8 月 26 日的世界上最大的教师组织、也是美国最大的教师组织——全国教育协会,坚持运用罢工和集体谈判等途径维护教师的集体权益,主张通过教育专业途径和州的教育立法来达到目的。

在以罢工为主要形式的工会主义途径举步维艰的情况下,通过教师专业组织的内部专业自治,订立较高入职、资格许可、资格认定标准,以获取教师整体素质提高的专业组织取向渐占上风。可以说,专业标准的制度化使得教师一定程度上获得了社会地位的认可,把住了教师的“入口”关。然而,仅仅依靠外界所订立的专业标准并不能保证或者促进教师的专业发展,教师的专业发展更大程度上诉诸于教师个体内在的、自觉的、主动的专业发展。

2.“专业发展”阶段

在争取把教师视为社会分层的一个阶层,争取专业的地位与权利,力求集体向上流动的过程中,一些教育工作者还认识到:教师还是一个在教室里教导学生以提供教学服务的工作者,并且这是一个变换的充满着挑战与刺激的场所。为此,教师应该不断提高自己的各项能力,在从业过程中不断发展,这个过程就是教师的专业发展。

由于当前世界教育学术界有关教师专业发展的论述,理论基础或论说立场不同,形成了如下三类取向的教师专业发展理论。

第一,理智取向的教师专业发展理论。在拥有理智取向的教师专业发展理论学者看来,教师欲进行有效的教学,一是自己拥有"内容(知识、技能、价值观等)",二是有知识和技能帮助学生获得这些"内容"。为此,必须拥有两类最基本的知识:学科知识和教育知识,必须进行必要的学习。目前正规的培训,不管是职前,还是在职,大多采取这种理智取向的教师专业发展策略。

第二,实践——反思取向的教师专业发展理论。如果说拥有理智取向的研究者关心的核心问题是"什么样的知识对于教学是必要的",那么,实践——反思取向所关心的问题却是"教师实际知道些什么",认为教师专业发展主要的目的并不在于外在的、技术性知识的获取,而是在于通过这种或那种形式的"反思",促使教师对于自己、自己的专业活动直至相关的物、事有更为深入的"理解",发现其中的"意义",以促成"反思性实践"。在这一过程中,教师专业发展有了更多主动探究的成分,并在此基础上提升专业发展水平。

第三,生态取向的教师专业发展理论。生态取向的教师专业发展理论采取更为宏观的视角,不在拘泥于一些教师专业发展常用的专业术语,如知识、实践、文化、社团等等,对教师专业发展的内容亦讨论不多,更多关注在教师专业发展的氛围、方式或途径。认为教师专业发展中主要的注意力不是学习某些学科知识或教育知识,也不是个别教师的所谓"反思",而是构建一种合作的教师文化。合作的教师文化对于教师专业发展,尤其是当与本地(校本)课程发展结合起来时,是最为理想的一种文化。当然,教师文化不仅仅只这一种,可能也有一些糟粕,需要我们理性待之,审视选择。①

按照上述教师专业发展进程研究取向,我国目前似处在"教师专业发展的理智取向阶段",提高教师专业水准重点所在,仍然是"使教师拥有更为坚实的理智基础",在培训教师使之更符合社会发展与新课改要求的具体途径上,我们大多还是采用这种教师专业化策略。

---

① 教育部师范教育司:《教师教育的理论与实践》,北京:教育科学出版社,2003,25～30。

相关知识链接

教师的作用是什么——对教师隐喻的分析

“教师是蜡烛”

肯定:奉献与给予。不足:忽视教师的持续学习与成长;淡漠教师的内心尊严与劳动的欢乐。

“教师是园丁”

肯定:田园式的宽松环境;重视学生的成长历程;注意学生发展的个性差异;强调教师作用的发挥。不足:教育阶段顺序的固定性;教育欠缺的不可修复性(季节与时令);存在着淘汰制(间苗);有人为的强制性(修剪)。

“教师是人类灵魂的工程师”

肯定:工程师——重要的职业;灵魂——关注人心灵的发展。不足:暗示一种固定、统一的标准,忽视学生的差异性;整齐划一,批量生产,易形成新的机械运动。

“要给学生一碗水,教师自己要有一桶水”

肯定:强调教师要有足够的知识和能力的储备;学科知识的有效传递(很讲究“倒”的过程和方式)。不足:灌输式的教学;学生被当作知识的容器;传递内容的单一(只有水),教学内容的学科性过强,不利于知识的会通;教与学不是一个简单的“倒给”,忽视了教学的创造成分。

“教师像警察”

肯定:维持必要的秩序,强调纪律性。不足:对学生实施严格的控制;师生关系过于严肃,缺乏亲和力;着眼于学生的问题与错误,挑剔多而鼓励少。

资料来源:新课程培训课题组:《新课程与教师角色转变》,北京,教育科学出版社,2002年版,16~18。

第三节 教师的专业发展

教师专业化在本质上强调的是教师成长和发展的历程,是教师由非专业人员成为专业人员的成长过程,是长远而动态的个体社会化历程,需要教师在长期的与教育环境的互动过程中不断调整自己的思想观念、价值取向,丰富专业知识与技能,从而表现出与特定职业发展阶段相适应的专业行为,这个过程我们称其为专业发展。它旨在形成教师的专业素养,即教师在专业知识、专业技能、专业道德等方面不断成熟、不断提升、不断创新的过程。

一、教师的专业素养

专业素养是专门职业对从业人员的整体要求。作为专业人员的教师,必须具备多方面的专业素养。

(一)教师的专业知识

教师作为一个专业人员,必须具备从事专业工作所要求的基本知识,因此,教师专业知识的建构是教师教育研究中开始较早的一个研究领域。但迄今为止,教师究竟应该具备哪些方面的专业知识还有不同的认识。

在关于教师专业知识的研究中,较具影响的当首推舒尔曼(Shulman)所建构的教师专业知识的分析框架。他认为教师必须知道如何把他所掌握的知识转化为学生能理解的表征形式才能使教学取得成功。在这一理念支配下,舒尔曼认为教师具备的知识至少应该包括如下几个方面:[①] (1)学科内容知识;(2)一般教学法知识,特指超出学科内容之外的有关教室组织和管理的主要的原则和策略;(3)课程知识,特指掌握适用于教师作为“职业工具”的材料和程序;

---

① 教育部师范司:《教师专业化的理论与实践》,北京:人民教育出版社,2003,55。

(4)学科教学法知识,指学科内容知识与教育专业知识的混合物;(5)有关学生及其特性的知识;(6)有关教育脉络的知识,包括班级或小组的运转、学区的管理与财政、社区与文化的特征等;(7)有关教育的目的目标、价值、哲学与历史渊源的知识。舒尔曼(Shulman)认为在上述知识范畴中,学科教学法知识是特别重要的,因为它确定了教学与其他学科不同的知识群,体现了学科内容与教育学科的整合,是最能区分学科专家与教师的不同的一个知识领域。

斯腾伯格(Sternberg)等人通过建立教学专长的模型来分析专家型教师的专业知识。[①] 他们认为,专家和新手的差异不仅在于他们所具有的知识量上的差异,更在于知识在他们记忆中组织方式上的差异。作为一个专家型的教师,他们不仅具有良好组织的内容的教学法知识,即专家型的教师拥有知识以脚本、命题结构和图式的形式出现,比新教师的知识整合的更完整;此外,专家型教师还需要具备教学得以发生的社会和政治背景的知识,需要具备有助于达到有价值的目的,但环境一般不予支持其传递的缄默知识。

对教师知识研究的另外有一定代表性的研究成果来字于 20 世纪 70 年代认知心理学的贡献。在 70 年代初期,一些研究明确提出:教师的教学活动是一种认知活动。据此主张,教师知识作为教师认知活动的一个基础,从其功能出发可以分为三个方面的结构内容:本体性知识、条件性知识和实践性知识,这三个方面共同构成教师的知识结构。本体性知识是指教师所具有的特定的学科知识,如语文知识、数学知识等。它是教学活动展开的基础。对教师而言,其职业要求他们必须具备并且精通所教学科的知识。条件性知识指的是教师所具有的教育学科方面的知识。它是教师成功地进行教育教学所必备的知识,一个教师要成功地扮演好自己的角色,仅有所教学科的知识是不够的,还要具有教育科学方面的知识,这对教师提高教育效能

---

① (美)斯腾伯格、霍瓦斯:《专家型教师教学的原型观》,载《华东师范大学学报》(教育科学版)1997(1)。

不可或缺。实践性知识是指教师在面临实现有目的的行为中所具有的课堂情景知识及与之相关的知识。具体说就是教师教学经验的积累,主要来源于课堂教育教学情景之中和课堂内外的师生互动行为,带有明显的情景性、个体性、体现出教师个人的经验智慧和教学风格。虽然关于教师知识的分类体系具有多样化特点.但是,作为一名专业的教师,应该具备一般文化知识、所教学科的专门知识和教育学科知识三个大的方面,而且三个方面的知识应该是相互结合和交融的。

1. 一般文化知识

教育活动是一种创造性活动,这种创造性活动浸透着人文精神,是一种不间断的无止境探究与完善过程。一方面,教学工作的对象是有待于进一步塑造的人,因此强调教学工作的“人文性”特点,强调教师对一般普通文化知识的掌握,因为普通文化知识本身具有陶冶人文精神、养成人文素质的内在价值。在拉丁文中,“文化”(culture)一词的本义就是“培养”(cultivation)。在今天,面对科学技术的突飞猛进,学科之间的交叉渗透,学校综合课程的开设以及求知欲旺盛的青少年学生,教师应具有哲学、社会科学、自然科学等方面的知识,不仅要“渊博”,而且要“饱学有识”并内化为个体的人文素质,真正有效地促进学生健康、健全的发展,从而成为一个具有崇高精神境界、健全的人格特质的教育教学专业人员。只有这样,我们才能够:第一,满足每个学生多方面的探究兴趣和多方面的发展需要;第二,帮助学生了解丰富多彩的客观世界;第三,帮助自己更好地理解所教学科知识;第四,帮助自己更好理解教育学科知识,如学习教育哲学就需要思维哲学、伦理学、社会哲学、认识论等学科的知识基础;第五,提高在学生和家长中的威信,教师知识越多,他在家长及学生心目中的威信和信誉就越高。

2. 所教学科知识

教师的劳动是一种复杂的、创造性的劳动,要成功地完成教学任务,首先要精通所教学科的知识,对自己所教学科的全部内容有深入透彻的了解。所教学科内容知识主要包括:[1] (1)内容知识,即各学科有关的事实、概念、原理、理论等;(2)实质知识,即一个学科领域的主要诠释架构与概念架构;(3)章法知识,即一个学科领域里新知被引入的方式及研究者对知识的追求与探究的标准或思考方式等;(4)有关学科的信念;(5)有关学科的发展——最新的发展、正在进行的研究以及最近取得的成果。

"资之深,则取之左右逢其源",只要我们精通所教学科的知识,对自己所教学科的全部内容有深入透彻的了解,才可以在纷繁科学体系中把握自己讲授的学科,能使知识在教学中不仅仅是教材,不仅仅是符号形式,而是给知识以生命和活力,因此,教师应是一个学者,是所教学科的专家,需要精通所教学科的知识,教书育人。

3. 教育学科知识

教学工作是一种培养人的专业工作,仅仅通晓一门学科并非必然地使他成为该学科的好教师,"学者未必是良师"。一个教师要成功地扮演好自己的角色,在掌握所教学科知识的基础上,更重要的是具有教育科学方面的知识,教师的专业领域毕竟是教学而不是其任教的学科。虽然教学工作作为一种专业所依赖的教育学科知识体系还不完全具备"一种公开的、经得起公众考察和批判的方法,以便能够形成代表它这一专业的一系列独特的观念、步骤和概念,并能对它做出检验"[2]。但目前确实已存在着可以作为教学工作基础的"一个知识体系和一系列新颖的关于教学的概念"。在教学法知识方面,借助于现代科学技术的发展,产生并正在产生着"无数成就",关于人的成长与发展的知识通过与生物学、社会学以及其他学科知识的交叉渗透也"从容地发展起来",这些知识在很大程度上可以确保教师有

---

① 教育部师范司:《教师专业化的理论与实践》,北京:人民教育出版社,2003,57。

② 教育部师范司:《教师专业化的理论与实践》,北京:人民教育出版社,2003,58。

效的履行自己的专业工作。

相关知识链接

教师必备的知识

1. 有关任教学科的知识;2. 有关教学理念的知识;3. 有关学生与学习的知识;4. 有关教室组织与经营的知识;5. 有关教学的社会、政治、文化背景的知识;6. 有关特殊儿童的知识;7. 有关课程的知识;8. 有关评价的知识;9. 有关各学科特有的教学知识;10. 有关阅读与写作教学的知识;11. 有关人际沟通、协调合作的知识;12. 有关教学的道德与伦理层面的知识。

资料来源:饶见维:《教师专业发展——理论与实务》,台北,台湾五南图书出版公司,1989,156～159。

(二)教师的专业技能

专业化的教师必须具备从事教育教学工作的基本技能和能力。在关于教师技能和能力的研究中,存在着诸多的概念表述,如教师基本功、教学技能、教学技巧、教学能力、教学才能等。这些概念有的在意义上非常接近,有的则在层次上有所差异。

教学技能指教师在教学过程中运用一定的专业知识和经验顺利完成某种教学任务的活动方式。在心理学中,技能一般被分为狭义的技能和广义的技能。狭义的技能指技能的初级阶段或初级水平,即在一定的知识基础上按一定的方式通过反复练习或由于模仿而达到“会做”某件事或“能够”完成某种工作水平;广义的技能则是指技能的高级阶段或高级水平,即在掌握初级技能的基础上经过反复练习,使活动方式的基本成分达到自动化的程度。教师基本功可以看作是属于狭义的教学技能的范畴,一般泛指教师具有书写钢笔字、粉笔字、毛笔字(简称“三字”)和用普通话说话、讲课、朗读(简称“一话”)的本领,以及会制作教具、教学挂图,会编写教案、编排板书、画教学示意图,熟悉课程标准和教材等。广义的教学技能即教学技巧

(technical skills of teaching),是教学技能的高级阶段,是"教学行为专业性"的重要方面,反映了教师运用已有知识或经验来完成教学任务的熟练程度和水平。教学能力是指教师达到教学目标,取得教学成效所具有的潜在的可能性,它由许多具体的因素所组成,反映出教师个体顺利完成教学任务的直接有效的心理特征。教学能力和教学活动密切联系在一起,并在教学活动中得以展现,这种展现是可以观察到的、外显的行为,因此,对教学能力的评价需要借助于对教学行为的观察。在这里,教学行为泛指一切在教学过程中可以直接观察到的所有的教师的行动,例如教师讲话、写板书、问问题、控制课堂秩序等行为。上述教师顺利完成复杂的教学活动所需要的教学技能和教学能力的完备结合则被称为教学才能。

1. 关于教师技能的相关研究

1992 年 9 月,国家教委师范司印发了《高等师范学校学生的教师职业技能训练基本要求(试行稿)》,1994 年又颁布了《高等师范学校学生的教师职业技能训练大纲(试行)》,要求师范生在教育学、心理学和学校教育理论指导下,以专业知识为基础,掌握从事学科教学的基本要求,形成独立从事学科教学工作的技能。这些技能包括五个方面:教学设计技能;应用教学媒体技能;课堂教学技能;组织、指导学科课外活动的技能;教学研究技能。

1990 年吉林师院开始进行题为"师魂、师德、师能教育系统工程"的研究与改革,提出了合格的中学教师应具备的"师能"的范畴,包括:学科专业知识和能力;教育专业知识和能力;一般科技文化知识和能力;教师基本功和职业技能、能力;美育、体育、劳动技术教育基本知识和能力。

澳大利亚的特尼等人通过研究把教学技巧分为七大类。这一分类具有比较广泛的代表性,简述如下:[①] 第一,动力技巧:包括加强

---

① 宋嗣廉:《铸造师魂 陶冶师德 培训师能》,东北师范大学出版社,1996 年版。

学生的行为,多样化刺激、入门、鼓励学生参与、接受并支持学生感受,表达温暖热情以及认识并满足学生的需求。第二,讲授及交流技巧:包括解释、戏剧化、阅读、使用视听教学辅助器具,终止、使用沉默,鼓励学生反馈,澄清、表情、速度以及有计划的重复。第三,提问技巧:包括反复集中与指导、引导,高难问题、歧异性与多样性问题以及激发学生主动性。第四,小组个人辅导技巧:如组织小型小组工作,培养独立学习能力,咨询,鼓励合作活动及学生间的相互作用。第五,培养学生思考技能:如鼓励探索性学习,指导发明,制定概念,使用刺激手法,使用角色和游戏刺激思维,培养学生解决问题的能力,鼓励学生进行评价与判断并培养其批判性思维。第六,评估技巧:包括认识与评价学生进步,确定学习困难,提出补救办法,鼓励自我评估及组织评估讨论。第七,课堂管理与纪律:包括认识专心与不专心行为,监督课堂小组工作,鼓励以任务为目标的行为,给予指导并解决多重问题。

2. 教师的专业技能的构成

教师的专业技能同样是教师专业素养的一个重要组成部分,它由教师的教学技巧和教育教学能力两个方面构成:

(1)教师的教学技巧

教师的教学技巧功能在于引导学生的学习活动,并调控课堂气氛与学生的注意力,使教学活动能顺利进行。在教学过程中,教师常用的教学技巧包括:第一,导入的技巧:唤起学生的注意力,刺激学生的学习兴趣;第二,强化的技巧:适时对学生正确的学习行为给予奖赏,强化的时机与次数必须足够引起学生的重视;第三,变化刺激的技巧:变换感觉的途径,变换交流的模式,变换语言的声调;第四,发问的技巧:训练、改善学生的反映,增强学生的参与程度;第五,分组活动的技巧:组织小型的学生小组,指导咨询,鼓励协作;第六,教学媒体运用技巧:板书的设计,教具的使用,口头语言的表达,现代化教学手段的掌握;第七,沟通与表达的技巧:书面语言的使用,口头语言的表达,体态语言的运用;第八,结束的技巧:总结学习的表现,提出问题的要点,复述学习的重点;第九,补救教学的技巧:学生的个别辅导,学生作业的辅导。

(2)教师的教学能力

教师的教学能力历来受到人们的广泛关注,优秀的教师必须具备良好的教学能力。我们认为良好的教学能力包括如下几个方面:

第一,教学设计的能力。教学设计能力指教师在具备基本的专业知识和教学技能的基础上,能够综合运用这些知识和技能,根据课程标准的要求设计出适当的年度和单元教学计划的能力。具体来说,这方面的能力有:掌握和运用课程标准的能力,掌握和运用教材的能力,制定教学计划的能力,编写教案的能力等。

第二,教学实施的能力。教学实施能力是教师在一般教学情况下有效地实施所设计的教学计划,并能根据实际情况控制教学情境的能力。教学实施能力也是多种具体能力的综合,如选择和运用教学方法的能力,因材施教的能力,课堂教学组织的能力,运用各种教学技巧的能力和教学机智等。

第三,学业检查评价的能力。教学检查评价的能力是指教师在教学过程中收集资料,运用各种评价方法了解学生的学习状况,以判定教师是否完成预定的教学目标,学生是否达到了预定的学习目标,从而根据反馈的信息来补救或改进教学工作能力。如设定评价目标和评价标准的能力,收集评价资料的能力,选择和运用评价方法和评价工具的能力,分析或解释评价资料与结果的能力以及反馈矫正的能力等。①

① 教育部师范教育司:《教师专业化的理论与实践》,北京:人民教育出版社,2003,63。

相关知识链接

教师的职责

教师的职责现在已经越来越少地传授知识,而越来越多地激励思考;除了他的正式职能以外,他将越来越成为一位顾问,一位交换意见的参加者,一位帮助发现矛盾论点而不是拿出现成真理的人。他必须集中更多的时间和精力去从事那些有效的和有创造性的活动:相互影响、讨论、激励、了解、鼓舞。

资料来源:联合国教科文组织、国际教育发展委员会:《学会生存——教育世界的今天和明天》,华东师范大学比较教育研究所译,北京,教育科学出版社,1996,108。

(三)教师的专业态度

如果说“专业知识”、“专业技能”强调的是会不会、能不能的话,“专业态度”强调的则是愿不愿。专业态度要比一般心理学意义上的愿意、喜欢、向往的态度有更深的含义和更高境界,这是基于对所从事专业的价值、意义深刻理解的基础上,形成的奋斗不息、追求不止的精神。

1. 专业理想

教师的专业理想是教师对成为一个成熟的教育教学专业工作者的向往与追求,它为教师提供了奋斗的目标,是推动教师专业发展的巨大动力。具有专业理想的教师对教学工作会产生强烈的认同感和投入感,愿意终生献身于教育事业,是教师专业行为的理性支点。具有专业理想的教师对教学工作抱有强烈的承诺,他们致力于改善教育素质以满足社会对教育专业的期望,努力提高专业才能及专业服务水准,努力维护专业的荣誉、团结、形象等。

相关知识链接

教师誓词

我宣誓:我立志做一名人民教师,育人为本,敬业爱生;传承文明,启智求真;为人师表,弘扬正气;终身学习,勇于创新;为人民教育事业努力奋斗。

引自"世纪承诺:2001 年教师节主题晚会"

2. 专业情操

教师的专业情操是教师对教育教学工作带有理智性的价值评价的情感体验,它是构成教师价值观的基础,是构成优秀教师个性的重要因素,也是教师专业情意发展成熟的标志。在教育实践过程中,每一个富有良好专业情操的教师,都能在实施自己教育理念的旅途中感悟个人的理解、想象、情感的价值,形成富有魅力、各有千秋的教师独特个性和教师个人风格。他必须经过从模仿到独立探索、再到独特性出现、再到教育风格的形成过程。教育风格是无可教的,无法通过外在的训练而使之技能化。因此,没有或缺乏专业情操及情感体验的教师,既不可能形成自己教学的独特风格,也不会感受到教师工作带给我们的快乐。而毫无情趣的教师,不仅令学生乏味,也会导致自身工作倦怠,生活黯淡失色,甚至可能成为学生情感发育的"毒化器"、品行成长的"刽子手"。

3. 专业自我

教师专业自我是"教师在职业生活中创造并体现符合自己志趣、能力与个性的独特的教育教学生活方式以及个体自身在职业生活中形成的知识、观念、价值体系与教学风格的总和"。①

与传统上强调教师的知识和能力倾向相反,在教师专业素质的

---

① 全国十二所重点师范大学:《教育学基础》,北京:教育科学出版社,2002,119。

态度领域,人们越来越来重视教师的自我意识或自我价值。库姆斯(Combs)在20世纪60年代出版的《教师的专业教育》一书就提出:一个好的教师首先是一个人,是一个有独特的人格的人,是一个知道运用"自我"作为有效的工具进行教学的人。高"自我"的教师,倾向于积极的方式看待自己,能够准确地、现实地领悟他们自己和所处的世界,对他人有深切的认同感,具有自我满足感、自我信赖感、自我价值感。凯尔克特曼(Kelchtermans)则进一步用"专业自我"(professional self)概念来说明教师的专业素质。他认为,自我是一个复杂、多维、动态的表现体系,是人和环境之间长期相互作用的结果,它不仅影响着人们感受具体情境的方式,也影响着人们日常行为的方式。专业自我包括以下几个方面:[①] 第一,自我意象(self-image):对"作为一个教师我是谁?"问题的回答,可从一般的自我描述中推断出来。第二,自我尊重(self-esteem):与自我意象紧密交织在一起,是一种"评价性"自我体验,即教师对自身的专业行为和素质做出的个人评价。第三,工作动机(job motivation):是促使人们进入教学职业、留在教学工作岗位的动机。第四,工作满意感(job satisfaction):指教师对他们工作境况的满意度。第五,任务知觉(task perception):指教师对工作内容的理解。第六,未来前景(future perspective):教师对其职业生涯工作境况未来发展的期望。

教师专业自我的形成过程,是教师教育教学专业素质不断提高的过程,是教师个体对自我从事教学工作的感受、接纳和肯定的心理倾向,它不仅影响教师的工作态度和教育行为方式,而且直接影响教育教学效果。

4. 教师的专业道德

教师的专业道德指的是教师在职业生活所应具备的道德品质和所应遵循的道德规范。国家制定的原则性教师职业道德要求,我们

① 教育部师范教育司:《教师教育的理论与实践》,北京:人民教育出版社,2003,66。

在第一节中已有所涉及，这里我们主要讨论教师个人应恪守的职业道德，它强调的是内化过程，并将其体现在行为中，自觉达到从业人员的职业道德要求。教师专业道德包括许多方面的内容，如，教学过程中的专业道德、教育科研中的专业道德、教师与同事之间、教师与社会关系之间的专业道德规范等等。由于师生关系是教育过程中最基本、最主要的人际关系，因此，下面就师生关系中的教师道德品质与道德规范进行阐述与强调。

学生是教育的对象，是在教师的指导下从事学习的人。在学校学习期间，他以最短的时间获得前人实践总结积累的大量知识，从而缩小个体知识经验与人类认识之间的差距。但是，学生不是被动的加工对象，他具有主体性，来自于教师的教育教学影响，学生并不是无条件接受，而是主动地表现出自己的喜好和有条件的进行选择。学生的年龄越大，选择性越强。学生喜欢的教师，不仅是教学有方，更重要的是师德高尚，他们往往是先喜欢教师，才喜欢教师所教的学科。保持教师的高贵品质与尊严，维系教师的专业道德，是每一个教师的道德所在。

第一，做一个有责任感的教师。责任是份内应做的事，责任感是自觉地把份内的事做好的心情。责任感能激发人的潜能，也能唤醒人的良知。一个人如果没有责任感，他的人生注定不会取得应有的成就。作为教师，一旦失去了责任感，必将于麻木中失去最基本的教育良知。我们非要把教育简单到阿拉伯数字吗？从教师职业道德要求而言，一个教师不管你想不想、能不能做出成绩，都必须有强烈的责任感，每个教师一生要教多少个学生，学习又关乎到每个学生的生活、家庭乃至人生，如果教师没有责任感，那真是学生的不幸、家长的不幸、学校的不幸、教育事业的不幸。我们不能指望一个对自己不负责任的人，会对学生和学校负责。教师的职业特征注定不同于普通人，他必须对学生负责，对国家负责，因为我们所从事的职业关系到学生的未来、关系到祖国的未来。

第二，诚实正直，为人师表。所谓诚实，是指言行跟内心思想一致(指好的思想行为),不虚假。所谓正直,即指公正坦率。在时代发展、市场经济的冲击下,教师道德受到置疑,诚实正直在某种程度上已被人们所忽略。教育是以人(学生)为工作对象的,学校是人获得知识和能力、不断丰富精神世界的地方,教师守望着这方"净土",为未来培养品学兼优的接班人。如果教师丧失了优秀的品质,何以指望能培养优秀的学生。诚实是正直的基础,教师只有诚实和正直,才能做到言行一致,表里如一,才能赢得学生的尊重,才能为人师表,成为学生的榜样,不仅使孩子们敬仰,而且还"熏染"孩子们。

第三,善良宽容。善良乃心地纯洁、没有恶意。宽容是宽大有气量,不计较或不追究。善良是宽容的基础,宽容是善良的表现。只有与人为善,才能真正地宽容、谅解他人。学生是正在成长中的人,各年龄阶段都会表现出该年龄阶段生理和心理方面的稳定的整体特征,但同时又有可变性、不平衡性和个别差异性。成长发展中的学生,特别是中学生,身心急剧变化,自我意识增强,情感较丰富,又不容易控制自己。国外的相关研究称 13~19 岁的青少年是"问题少年"①,也有人称其为"危险期"。"由于大脑重建的特殊过程,青春期的孩子们有时候的确不知道自己在做什么"。②宽容、放松、爱心实质上是从成长角度看待学生和处理学生问题的一种态度。宽容意味着能够容纳、容忍学生在各个不同时期正常或"不正常"的表现。放松表示我们可以对学生的一些"不合适"的言行举止不必太斤斤计较,爱学生是我们的职业道德。现代青少年成长过程及其环境影响与从前迥然不同,与教师在思想、情感以及价值观念上有不同的看法与见解实属正常,这就需要教师通过耐心引导、循循善诱将社会主流价值观及其正确的行为标准传递给学生,对身体、智力、感知和社交情绪

---

① 世界知识出版社:《世界博览》,"成长的烦恼——青春期行为的脑科学原理",2003(7),41。

② 世界知识出版社:《世界博览》,"成长的烦恼——青春期行为的脑科学原理",2003(7),41。)

上各自有异的学生表示关切,并同他们和睦相处,良好的师生关系是教师取得教育效能的前提。

第四,公正严格。教师公正是指教师在从教生涯中表现出来的正大光明、质朴和公道的品质,具体说来,"是指教师在教育学生的态度和行为上,公正平等,正直无私,不偏袒,不偏心,对待不同相貌、不同性别、不同智力、不同个性、不同出身、不同籍贯、不同亲疏关系的学生,一视同仁,满腔热忱地关心每个学生,热爱每个学生,从每个学生的不同特点出发,全心全意教育好学生"。[①] 教师是平常之人,有自己的心理倾向,喜爱那些聪明、活泼、漂亮、听话的学生也是人之常情。但是,教师道德却要求我们喜欢自己喜欢的学生,还要喜欢自己"不喜欢"的学生。"皮格马利翁效应"启示我们,教师如果对学生有所期待,学生会向我们希望的方向发展,而教师如果对学生不公正,哪怕是教师的一点不慎和偏见,都可能阻碍一个未来人才的产生。作为教师要能超越出身、环境、社会生活所造成的自我倾向,遵循公正、一视同仁的道德原则。如果说宽容是出于爱心,那么严格则是出于责任。对学生严格要求,对学生负责到底,是教师的一种职业道德所在,是教师责任心的体现。当然,在严格要求学生时,一定要注意教育方法的科学性。

相关知识链接

儿童在生活中所学到的

如果儿童生活在批评的环境里中,他就学会指责。如果儿童生活在敌意的环境中,他就学会打架。如果儿童生活在嘲笑的环境中,他就学会难为情。如果儿童生活在羞辱的环境中,他就学会内疚。如果儿童生活在宽容的环境中,他就学会大度。如果儿童生活在鼓励的环境中,他就学会自信。如果儿童生活在赞扬的环境中,他就学

① 王正平:《人民教师的道德修养》,北京:人民教育出版社,1993,228。

会抬高自己的身价。如果儿童生活在公平的环境中,他就学会正义。如果儿童生活在安全的环境中,他就学会信任他人。如果儿童生活在赞许的环境中,他就学会自爱。如果儿童生活在互相承认和友好的环境中,他就学会在这个世界上去寻找爱。

资料来源:[美]黛安·E.帕普利 萨利·W.奥尔兹:《儿童世界》,曹秋苹等译,北京,人民教育出版社,1985,78。

二、教师专业发展的阶段性

教师的专业成熟是一个长期的发展过程,需要经历一系列的发展阶段。当前,国内外学者对教师专业发展阶段的研究已经有了不少成果。下面着重介绍我国学者提出的"自我专业发展意识"与"自我更新"取向教师专业发展理论。该理论把教师的专业发展划分为五个阶段:①

(一)非关注阶段

这是进入正式教师教育之前的阶段。之所以称之为"非关注阶段",是因处在这一阶段的人,只是有从教的潜在可能,谈不上什么专业发展,更谈不上专业发展意识。但是,这一阶段的经验对今后真正从教的教师的专业发展影响不可忽视。在这一阶段所形成的"前科学"的教育教学知识、观念甚至一直迁延到教师的正式执教阶段。研究发现,成长为教师的过程类似于一个人孩提时代变得与"重要他人"相似的过程。对于教师来说,学生时期头脑中存储的无数的活生生的课堂场景,以及他所熟悉的教师教学模式会逐渐内化到自己身上,而当他自己执教时这些模式会被重新激活,许多人都会感到是在学着自己上中小学时教师的样子在做教师。总体看来,在进入正式的师范教育之前,愿意或喜欢教师职业的人在对教师专业发展"非关注"状态下,无意识之中以非教师职业定向的形式形成了较为稳固的教育信念,具备了一些"直觉式"的"前科学"知识。这时虽谈不上教

① 叶澜:《教师角色与教师发展新探》,北京:教育科学出版社,2001,276～321。

师专业能力的发展，但在与教师专业密切相关的一般性能力，尤其是语言表达能力、交往能力和组织管理能力方面，可以说为正式执教打下了一定基础。

相关知识链接

我的老师对我意味着什么

一名教师在谈及儿童时代某教师对自己后来为师的影响时这样写道：一天中最美好的一刻便是老师讲故事的时候。我凝视着她的一举一动，聆听她说话时发音的方式。回到家里，我就玩学校里的过家家游戏，我一丝不差地照着老师的样子把她讲给我听的故事再原原本本地讲给想像中的小朋友听……虽然这已是多年以前的事了，但至今仍记忆犹新，因为我知道这位教师对我意味着什么。

资料来源：傅道春主编：《教师的成长与发展》，北京，教育科学出版社，2001年版，116。

(二)“虚拟关注”阶段

这一阶段主要指师范学习阶段。师范生的身份是学生，至多只是“准教师”。他们不仅自己这样定位，而且实际上这期间他们周围的一切环境和活动安排也都是把他们作为师范生来看待的，即使实习期间，他们也是“实习”教师，这使得师范生所接触的中小学实际和教师生活带有某种虚拟性。他们缺少对专业教师的深刻认同，自我专业发展意识十分薄弱，而进入教师教育之前所形成的教育观念将对师范教育阶段的学习起“过滤器”的作用，导致师范生难以接受或有保留地接受新的、更为合理的教育观念。以上情况在经过实习期后会有所改变。在实习期，师范生在教师专业发展方面的一个重要特征是原有的教育信念受到冲击，开始重新界定自己的教育信念。他们感到理论学习阶段并没有为当教师做好准备，开始对自己的专业素养进行反思，意识到自己的知识、能力等方面的欠缺，并试图重新建构自己的专业素养。经过实习期，师范生的自我专业发展意识已经被唤醒,实习期越长,自我专业发展意识被唤醒的程度就越高。

(三)"生存关注"阶段

这主要指教师刚刚入职阶段。刚入职的教师所面临的问题丝毫不比老教师少。这一阶段,教师不仅面临着由师范生向正式教师角色的转换,面临从大学校园到中小学校的变化,也面临着所学理论与实践的"磨合"。环境的骤变、角色的转换,从反面激起了初任教师强烈的自我专业发展的忧患意识,迫使他们特别关注专业发展中的最低要求——专业活动的"生存"技能。据调查,列在初任教师所遇到问题前五位的依次是:课堂纪律、激发学生动机、处理个别差异、评价学生作业、与家长的关系。初任教师时常感到自己并未做好专任教师的专业准备,并由此产生了强烈的职业焦虑和无助感。因此,从教师专业发展的角度看,由师范生至初任教师的导入阶段对教师至关重要,它不仅决定着教师的去留,而且影响他们将成为什么样的教师。从现有研究看来,教师专业发展的关键期可能在初任阶段前5年左右,这一阶段教师教育的质量将对教师发展产生重大影响。如果教师本人对此并无自觉,又没有他人的有效干预和帮助,那么在长时间内只能是"教书匠"。当然,若有明确的入职指导,或者在教师培养阶段有其他相应举措,刚入职教师的教师专业发展的经历会有所不同。

(四)"任务关注"阶段

在渡过了初任期之后,决定留任的教师逐渐步入了"任务关注"阶段,这是教师专业素养诸方面稳定、持续发展的时期。随着教学基本"生存"知识、技能的掌握,教师的自信心也日渐增强,由关注自我的生存,转到更多地关注教学上来;由关注"我能行吗?"转到关注"我怎样才更行?"上来,这一阶段的自我专业发展意识相对于上一阶段来说,在指向上,由仅仅关注"生存"技能,转到更广范围的专业发展上来,但这一转向在很大程度上受到职业阶梯、他人评价等某些外在因素的制约。教师对专业发展的重视,多是为了更好地完成教学任务,以获得职业阶梯的升迁和更高的外在评价。他们中大多数会自觉地寻求各种教师专业发展活动,如阅读教育报刊,与其他教师交流,参加教师进修辅导课等。当然,也有一部分教师会感到专业发展前途暗淡,这时候,如果学校的支持力度又不够的话,这些教师的专业发展则会进入另一条路线——再评价阶段。再评价阶段的教师感到难以完全按照自己的想法教学,而且切身体验到教师职业的社会和经济地位并非像原来想象的那样高,机械、重复的劳动很多等等。这些会导致他们怀疑自己对教师职业的选择。决定留任者,可能会重整旗鼓;决定离任者,可能会灰心沮丧,直至离任。

(五)"自我更新关注"阶段

如果沿着前一阶段的积极路线前进的话,接下来教师的专业发展就进入了"自我更新关注"阶段。这时,教师的专业发展动力转移到了专业发展自身,而不再受到外部评价或职业升迁的牵制,直接以专业的发展为指向。同时,教师已经可以自觉地依照教师专业发展的一般路线和自己目前的发展状况,有意识地自我规划,以谋求最大程度的自我发展。在这一时期仍决定留任的教师,全心致力于专业智能的提高。他们在经过一番努力,全然掌握了教学机制和课堂管理策略之后,更加关注课堂内部的活动及其实效,关注学生是否真的在学习,是否真的在学老师教的东西,教的内容是否适合学生等。与"生存关注"期只能关注眼前的问题所不同的是,现在教师能够对问题予以整体、全面的关注。这一时期教师在学生观上一个重要转变是:不仅仅因为学生是自己的工作对象而予以重视,而且认识到学生是学习的主人,教师除了教学生,更重要的是教学生学,鼓励学生自己去发现、构建主体知识。教学不再仅限于帮助学生学习知识,而且要在师生互动过程中使学生获得多方面的发展,教师个人亦从中积累、发展和创造。他们追求卓越和专业成熟,有少数随着与其他教师交流的不断增加,逐渐意识到教师专业发展路径的规律性,并尝试以此来规范、引导自己的专业发展。这一时期的多数教师能够保持一种开放的心态,接纳新的教育思想和观念,最鲜明的特征是自信和从容。

综观教师专业发展的整个过程,其中充满了艰辛和困难,每一时期问题的解决与否、解决的程度如何,都将对后期的发展产生重大影响。因此,必须认真分析影响教师专业发展的各种因素,从而找出对策帮助教师顺利渡过专业发展的每一个阶段。

三、影响教师专业发展的主要因素

教师专业发展受到多种因素的影响,在不同的发展阶段,影响教师专业发展的因素又各不相同。总的来说,归纳如下:①

(一)进入师范教育前的影响因素

教师幼年与学生时代的生活经历、主观经验以及人格特质等,对教师的专业发展都会产生影响,尤其是这一时期的"重要他人",如父母、老师、对其教师职业理想的形成、教师职业的选择、教育信念与教育行为模式的形成有着至关重要的影响。如前所分析的,师范生入学前已有的教育观念会对师范教育阶段的理论学习进行"过滤",从而影响师范教育阶段理论学习的效果和新的教育观念的形成。学生时期所熟悉的教师行为模式也会在无意识中对教师后来的执教行为产生影响。另外,青年人的价值取向、教师社会地位与待遇的高低、个人的家庭经济状况等也会对教师职前选择、任教意愿的形成乃至职后的专业发展产生影响。

(二)师范教育阶段的影响因素

在师范教育阶段,教师专业发展同样受到多种因素的错综复杂的影响。一方面,师范教育的课程设置、培养模式会直接对教师的专业发展构成影响。如,课程设置是否能够兼顾学科专业性与教育专业性?是否安排足够的实践学习时间与机会?课堂教学的方式方法是否科学、有效?教育实习的指导是否到位等等,都会给师范生的专业成长带来影响。另一方面,在接受师范教育期间,教师的形象、学生的角色、知识、专业化的发展、班级气氛、同辈团体、社团生活等多

---

① 教育部师范教育司:《教师专业化的理论与实践》,北京:人民教育出版社,2003,72~73。

种因素交互作用形成的潜在课程的影响,还有师范生的社会背景、人格特质、学校的教育设施、环境条件等也是影响师范生专业发展的重要因素。

(三)任教后的影响因素

教师任教后专业发展的影响因素主要有学校环境、教师的社会地位、教师的生活与工作环境、学生、教师的同辈团体等。在这一阶段,教师的工作与生活环境更多地影响着教师的专业发展。教师的工作与生活环境,大至时代背景、社会背景,小至社区环境、学校文化、课堂气氛等,对教师的专业发展都有重要的意义。教师正是在与周围环境的相互作用中获得专业发展的。教师任职的学校是否能够营造一种鼓励学习、促进交流的氛围,创设一种建设性的、支持性的文化环境,对于教师的发展相当重要。特别是在教师专业发展的每个关键时期,例如教师的初任期,如果学校能够及时发现教师的困难与问题,并提供有效干预和帮助,教师将能顺利地渡过难关。否则,将直接影响到教师下一个阶段的专业发展:或由于角色适应受挫而抵抗学校;或小心奕奕的"稳定和停滞";或干脆选择离开教学岗位,在教育领域之外寻求新的职业。总之,教师专业发展是教师个体终身的专业社会化过程,必须经历由低到高的三个发展阶段,即从师范生到入门教师,从入门教师到合格教师,从合格教师到优秀教师。三个阶段会面临不同的问题和需求,需要我们不断地调整自己以适应教师职业发展不同阶段的角色行为要求。

目前,我国的教师教育已经开始由只重视专业知识的培养,转向对专业态度、专业技能、专业价值、专业精神等各方面的综合训练。由只重视职前培养,转向强调教师教育一体化的培养模式,即将师范生——入门教师——合格教师——优秀教师视为一个持续发展的过程,沟通职前奠基、上岗适应和在职提高三个阶段之间的关系,以便解决各个阶段教师专业发展问题及需求,促进师范生的专业发展及在职教师的专业发展,使教师职业不断趋于成熟。

四、教师专业发展的基本途径

教师专业发展的基本途径及实现模式一般会受本国国情、地域、时空等条件的制约。在我国,主要包括职前的师范教育、新教师的入职培训和教师的在职学习。其中,职前阶段的师范教育是教师专业发展的奠基阶段。入职培训是为了帮助新教师顺利渡过"初任期",尽快适应教师工作岗位;在职学习则是指针对教师职后专业发展不同阶段的实际需求,提供各种学习机会,供教师继续学习、深造,目的是为了让教师更好的渡过各个"关键期",更快迈向专业成熟。

(一)师范教育

在我国这样一个教育人口大国,独立设置的定向式师范教育体制在中国教育与社会发展中曾经和仍然发生着重要的作用。师范教育阶段是师范生进行专业准备与学习,初步形成教师职业所需要的知识与能力的关键时期,是教师个体专业化发展的起点和奠基阶段.师范教育的质量直接决定了新教师的质量,并影响着教师今后发展的可能性。但是,目前我国定向式师范教育在未来师资培养的"进口"关并没有严格要求,而且选择教师职业的人也不全是自愿从教,亦有多种无奈。因此,当世界许多国家都十分重视职前教育的质量和提升问题时,我们试图通过改革来提高师范教育的专业化水平,努力以师范教育的专业化去促进教师教学的专业化。

首先,构建科学的师范教育课程体系。当前我国大多数高师院校的师范教育课程结构主要由一般教育课程、专业学科课程、教育学科课程构成。这个课程结构不尽合理,突出表现为:各类课程比例失调,必修课比例过大,选修课比例偏小;教育理论课课时过少,课程设置过于单一;教育实践机会偏少;公共课种类过少等等。就专业课程而言,我国师范院校的专业课比重明显偏低,"三课"——教育学、心理学和教学法的实施也往往流于形式。针对这些问题,一些高师院校正谋求调整与改革。一方面,力求使课程结构体现开放性特征,即在考虑课程的稳定性、继承性的同时,对社会需要、科技发展、新思想、新事物做出迅速反应;在考虑课程的完整性、系统性的同时,增加小型化、专题化、即时性的课程内容，保证信息的强度、密度和时效性。另一方面，根据专业化发展的需要，调整、均衡学科专业课程与教育专业课程、理论课程与实践课程的比例。

第二，整合课程内容。近年来，由于学科发展的高度分化和高度综合，学科专业之间的界限日趋模糊，综合已经成为主要趋势。因此，一些高师院校在课程改革中也体现这种综合化趋势：一是打破学科界限，加强课程之间的有机联系，将一些学科课程与实际的教学情境、与教育专业知识实现整合；二是加强教育专业课程本身的内在整合；三是加强综合课程，开设一定数量的交叉课程、广域课程，探索多样化、系列化的研究性课程。①

第三，强化实践性课程。专业最终是关于"实践的"。教师职业作为一种专业，需要教师具有很强的教学实践能力。而要培养教师的实践能力，师范教育阶段就应重视实践性课程的开设。在我国，长期以来，实践性课程与理论性课程相比所占比例微乎其微，学校很少组织学生开展教育调查、教学观摩、模拟教学等活动，仅有的教育实习也存在时间少、次数少、实习基地少、指导教师少、流于形式等诸多问题。然而，实践性课程，特别是教育实习，对于教师的专业发展意义重大。"所谓教育实习，是指师范教育院校高年级到实习学校进行教育教学专业实际锻炼的一种形式，包括参观、见习、试教、代理或协助班主任工作以及参加教育行政工作等。其中的教学实习是教育实习的主体部分。"② 通过教学工作基本环节的运行，即钻研教材、设计教案、了解学生、备课、上课、布置与批改作业、课外辅导、检查与评定学生的学业成绩等工作，培养师范生实际教学的能力，加深对教学理论的理解和对教学工作的认识，增强热爱学生和对教师专业的情

① 教育部师范教育司：《教师专业化的理论与实践》，北京：人民教育出版社，2003，75。

② 刘捷：《专业化：挑战21世纪的教师》，北京：教育科学出版社，2002，239。

感。教育实习是联系教学理论和实践的纽带,是促使师范生专业化的关键环节,是一个教师在专业准备阶段最有力的介入。因此,当前已有一些师范院校、教师教育机构,计划留出足够多的课时用于师范生的教育实习与教学实践。同时,还通过与中小学建立伙伴关系,为师范生提供类似于医学院"临床医院"的教学实践情境,以供师范生不间断的教育见习。例如,2001 年 5 月,首都师范大学教育科学学院和北京市丰台区教委合作共建,率先在国内尝试以中小学为基地的教师培养方式,合作双方谋求高师院校和中小学在自然教育生态环境中的共生共荣。

(二)入职培训

在刚刚踏上教学工作岗位的前几年,每个教师都会面临一个适应期,时间长短因人而异。这一阶段教师专业化的主要矛盾是:实现书本知识到实际操作、间接经验到直接经验的转化,熟悉教学工作及其常规管理。适应期适应顺利与否?这种角色转化过程的成败对教师未来的专业化具有决定性影响。如何使新教师尽快进入角色,各国教师教育机构都在采取相关手段予以帮助和干预。在我国,我们认为新教师的任职学校应当采取及时有效的支持性措施。现在,已有学校采取"师徒帮带"的方式帮助新教师掌握教学技巧,实现所学知识与实践的融合;有的学校采用集中培训的方式对新教师进行岗前培训,培训时间长短不一,培训的主要内容:一是作为教师应具备的思想方面的素质,二是进行具体教学指导。还有的学校在新教师中以研究问题的方式实施岗前培训,使新教师在联系中小学教育实际问题、在研究解决问题的过程中提高素质和能力。总之,通过入门训练,使新教师在思想上和业务上尽快适应教育教学工作的需要,从而缩短从一个合格的毕业生成长为一个合格教师的周期,加快教师专业成熟的速度。

相关知识链接

个案研究

小李很久以来就盼望着这一天的到来，她终于可以自己管理班级了。能够等到今天，对小李来说太不容易了。为了成为一名教师，小李付出了很多努力。她选了教师教育各方面的课程，通过了标准化考试，完成了实习，当了16个星期的实习教师，并且一直坚持不懈地学习。她认识到学生个性和多样性的重要性，并且掌握了最新的科技技能，理解教育的文化、历史和哲学基础。

既然她是一名教师，她开始逐渐意识到教师应该是什么样子。投入工作后，她才知道自己与学校的其他教师的交流太少了。她收到各种各样的关于会议、最后期限、命令的备忘录，极大影响了她的工作。她认为一位她所信任的、有经验的教师的做法对学生极为有害，她没有来得及阅读自己订阅的几种专业期刊。她负责五个班级学生的语文课教学，不仅需要集体授课，还需要个别指导。根据学生的能力，小李想使用另外一种课本，但是学校管理机构拒绝了她的请求。

在这些杂乱的事情中，小李发现自己不能掌握学生的学习要求。简而言之，教师职业并不像小李想象的那样，理想和现实之间是有一定差距的，小李感到自己没有做好应付这些挑战的准备。

讨论：

从小李的情况看：你认为她该怎样做？你能提出什么建议？你是否也遇到过这种窘迫的状况？小李在参加工作之初没有经验的情况下，如何避免产生受挫感？

资料来源：[美]Lynda Fielstein & Patricia Phelps：《教师新概念——教师教育理论与实践》，王建平等译，北京，中国轻工业出版社，2002，218。

(三)在职学习

新教师经历了适应期的教育教学实践，经受了各种“危机”的冲击与洗礼,逐渐地向一名"正式"的合格教师方向迈进。教师经过入门阶段的摸索与适应后,已经比较适应现实环境,同时在适应过程中,本身处理问题的能力也增加了。在随后的教学生涯中,教师又会面临其他各种问题的考验:例如理论和实践的关系;理论与实际之间的差距;实践中形成的经验如何上升到理论并转而指导实践等等。他们会重新评估理想的教师角色与现实环境的期望,发现一个教师不可能完全满足所有学生的需要,也不可能表现的完美无缺,审视自身的条件和价值,调整对学生和对自己的期望。

被评为特级教师的年龄统计

年龄段	31-35	36-40	41-45	46-50	51-55	56-60	61-65	66-70	71-
人 数	6	13	48	64	81	81	42	8	4
百分比	1.73	3.75	13.83	18.44	23.34	23.34	12.10	2.31	1.15

资料来源:倪传荣等主编:《骨干教师队伍建设研究》,76页,沈阳,沈阳出版社,2000。

但是,这并不意味着教师从此可以长久胜任教学工作。一些教师会因为长期教一门学科成熟在胸而缺乏活力;一些教师会因工作压力过大不胜负荷而产生职业倦怠;还有一些教师面对知识的迅速淘汰和更新倍感无助而无所适从。这就需要教师以坚忍的毅力在实践中进行不断学习、不断反思、不断创新,从而保证教师专业化发展得以持续不断的进行下去。当然,学校,培训机构也应营造一种"学习化"的氛围,开展一些活动,如校本培训、课程进修等,以更好促进教师的学习与成长。国家、社会和有关教育机构也要为教师实现良好的发展提供条件和可能。

【主要结论】

1. 教师是履行教育教学职责的专业人员,承担教书育人、培养社会建设者、提高民族素质的使命。为此,了解教师职业产生、发展过程,明晰教师职业的性质与特点,对教师职业的权利与义务、行业道德认识确切,把握到位,从而更好地履行自己的职责。

2. 教师专业化研究背景各国不尽相同,但目标极其一致,都是为了适应世界经济、社会、科学技术的发展，提高从事教育工作的教师的质量，尽而提高教育的质量。什么是教师专业化？它的研究进程及研究结果如何？教师专业化有哪些特点？当我们进一步深入了解后，相信会产生更多的启示与联想。

3. 教师专业化仅仅是教师职业的开始，经过了专业化的教育，并不意味着可以享用终身。21 世纪教师职业将是中国社会最具变化的职业，为了适应这种变化，正确的教育素养、一定的专业技能、终身学习的思想、不断要求提升自己各种能力的教师理念，会自觉伴随我们度过教师职业始终。

【学习评价】

1. 教师职业是怎样产生的？发展过程如何？人们怎样看待和评价从教人员？

2. 为什么说教师职业是一种专门性职业？其专业性表现何在？

3. 你对书中所描述的教师职业特点多样性有何感想？你能尝试再补充几个特点吗？

4. 一个成功的教师在教育活动中扮演的角色有哪些？扮演的效果如何？谁来评价？

5. 你认为对教师职业道德应该有哪些要求？具备什么样的道德品质才能胜任教师工作？

6. 专业技能对一个教师教学成功的重要性何在。

7. 结合自己的成长经历对照教师专业发展阶段理论，试分析自己目前处在哪一个阶段？上一个阶段是怎样度过的，有何得失？下一个阶段目标是什么？

8. 你为什么选择了教师职业？你对你的选择如何评价？体验过教师职业的幸福吗？

9. 影响教师职业发展的因素有哪些？

10. 如果你肯定继续从事教师职业，你打算选择什么样的途径或方法提高自己的各种能力，以适应新课改的要求以及社会发展的要求。

【参考文献】

[1]教育部师范教育司:《教师专业化的理论与实践》,北京,人民教育出版社,2003。

[2]全国十二所重点师范大学:《教育学基础》,北京,教育科学出版社,2002。

[3][美]Lynda Fielstein & Patricia Phelps:《教师新概念——教师教育理论与实践》,王建平等译,北京,中国轻工业出版社,2002。

[4]胡德海:《人生与教师修养》,上海,上海教育出版社,1996。

[5]傅道春:《教师的成长与发展》,北京,教育科学出版社,2001。

[6]叶澜:《教师角色与教师发展新探》,北京,教育科学出版社,2001。

[7]刘捷:《专业化:挑战21世纪的教师》,北京,教育科学出版社,2002。

[8]王正平:《人民教师的道德修养》,北京,人民教育出版社,1993。

[9]汪荣有、徐迎红:《职业道德引论》,北京,中央编译出版社,2004。

[10][美]D. John Mclntyre & Mary John O'Hair:《教师角色》,丁怡、马玲等译,北京,中国轻工业出版社,2002。

[11]陈永明:《教师教育研究》,上海,华东师范大学出版社,2003。

[12]陈永明:《现代教师论》,上海,上海教育出版社,1999。

第三章 课程与教学

【内容简介】

课程与教学是构成学校教育活动的核心要素,对于国家教育目的、学校培养目标的实现以及教育质量的提高等均具有重要的意义。本章主要探讨了以下问题:一是简要介绍了几种典型的课程定义及课程内涵发展的趋势,详细论述了不同课程类型及课程构成,并且分析了课程设计及课程实施的相关理论。二是简要分析了教学的涵义及功能,详细论述了教学过程、教学模式、教学方法及教学组织形式。

【学习目标】

1. 识记学科课程、活动课程、课程设计、课程实施、教学、教学模式、教学方法、教学组织形式的含义。

2. 理解各种课程定义的优点和不足,能举例说明各种课程类型之间的差异及利弊。

3. 能掌握课程设计和课程实施的理论,在教育教学实践活动中进行初步的课程设计及课程实施。

4. 理解掌握教学过程、教学模式、教学方法、教学组织形式的理论,能够在教学实践过程中选择恰当的教学模式、教学方法、教学组织形式,进行有效地教学。

5. 能运用所掌握的课程与教学理论,分析中小学在课程与教学领域存在的主要问题,并且能够提出自己的建议和意见。

国家教育目的要通过学校具体的教育实践活动来实现,而学校教育活动主要表现为教学活动,所以说教学工作是学校各项工作的中心和重心,学校一切工作都是为教学工作来服务。要做好教学工作必须解决好两个方面的问题,即教什么和怎么教,前者涉及到课程领域,后者涉及到教学方法领域(广义的),两者是紧密地联系在一起的。它们的关系可以用下列比喻来表示:课程是一幢建筑的设计图纸,教学则是具体的施工过程;课程是一场球赛的方案,而教学则是球赛进行的过程;课程是一首乐谱,而教学则是对这首乐谱的演奏。

第一节 课 程

课程是实现教育目的和学校培养目标的手段或工具,是学校组织教育教学活动的最主要的依据,是决定教育质量的重要因素,它集中体现了学校教育思想和教育观念。对课程的认识和理解将直接影响乃至决定学校教育教学活动教什么、怎么教等问题。

一、课程概念的界说

(一)课程的词源分析

在我国,"课程"一词始见于唐宋年间。唐朝孔颖达为《诗经·小雅·巧言》中"奕奕寝亩,君子作之"句作疏"教护课程,必君子监之,乃得依法制也。"但他用这个词的含义和我们现在通常所说的课程的意思相去甚远。宋代朱熹在《朱子全书·论学》中多次提及课程。如"宽着期限,紧着课程"、"小立课程,大作工夫"等。虽说他只是提及课程,并没有明确界定,但意思还是清楚的,即指功课及其进程,这与我们现在许多人对课程的理解基本相似。

在英语世界里,课程(curriculum)一词最早出现在英国教育家斯宾塞(Herbert Spencer)的《什么知识最有价值》(1859年)一文中。它是从拉丁语"currere"一词派生出来的,意为"跑道"(race course)。根据这个词源,最常见的课程定义是"学习的进程"(course of study),简称学程。这一解释在各种英文字典中很普遍,无论是英国牛津字典,还是美国韦伯字典,甚至一些教育专业字典都是这样解释的。课程既可以指一门学程,又可以指学校提供的所有学程。这与我国一些教育辞书上对课程作广义、狭义的理解基本吻合。

(二)几种典型的课程定义

课程是一个使用广泛而又具有多重涵义的术语,对于不同的人,在不同的情境里,课程的内涵和外延会有很大的差别。事实上,每一种课程定义都隐含着某种哲学假设和价值取向,隐含着某种意识形态以及对教育的某种信念,从而标明了这种课程最关注哪些方面。若把各种课程的定义加以归类,大致上可以分为以下六种类型。

第一,课程即教学科目。把课程等同于所教的科目,在历史上由来已久。我国古代的课程有礼、乐、射、御、书、数“六艺”;欧洲中世纪的课程有文法、修辞、辩证法、算术、几何、音乐、天文学“七艺”。事实上,最早采用英文“课程”一词的斯宾塞,也是从指导人类活动的各门学科的角度,来探讨其知识的价值和训练的价值的。目前我国的许多教育类辞书及教育学教材也认为,课程即教学科目,既可以指学生学习的全部的学科——广义的课程,也可以指某一门学科——狭义的课程。把课程等同于所教的科目,强调学校向学生传授学科的知识体系。然而,只关注教学科目,往往容易忽视学生的心智发展、情感陶冶、创造性表现、个性培养以及师生互动等对学生成长所具有的重要意义和价值。其实,从学校教育活动中学生所获得的影响来看,其范围远远超出学校提供的正式的教学科目,这说明把课程等同于教学科目是不完全的。

第二,课程即有计划的教学活动。这一定义把教学的范围、序列和进程,甚至把教学方法和教学设计,即把所有有计划的教学活动都组合在一起,以图对课程有一个较全面的看法。例如,我国有学者认为:“课程是指一定学科有目的的有计划的教学进程。这个进程有量、质方面的要求,它也泛指各级各类学校某级学生所应学习的学科总和及其进程和安排。”① 这一定义存在两个方面的问题,首先,不同的人对于“有计划”的理解会有一定的差别,有人会认为有计划主要是指计划的书面文件,诸如课程计划、课程标准、教科书、教学参考

① 吴杰:《教学论》,长春:吉林教育出版社,1986,5~6。

书以及教师备课教案等。做教师的人应该有这样的体会,许多教学活动实际上是基于非书面的东西来安排的,但如果把非书面的计划也包括在内,那么课程的外延似乎太宽泛。其次,把有计划的教学活动安排作为课程的重要特征,往往会把重点放在可观察到的教学活动上,而不是放在学生实际的体验上,这样往往本末倒置,即把活动本身当作目的,从而忽视这些活动为之服务的真正目的。

第三,课程即学习经验。把课程定义为学习经验,是试图把握学生实际学到些什么。经验是学生在对所从事的学习活动的思考中形成的,课程即学生体验到的意义,而不是要学生再现的事实或要学生演示的行为。虽说经验要通过活动才能获得,但活动本身并不是关键之所在,因为每个学生都是一个独特的学习个体,他们从同一活动中获得的经验是有一定的差异性的。所以,学生的学习取决于他们自己做了些什么,而不是教师做了些什么。也就是说,惟有学习经验,才是学生实际认识到的或学习到的课程。这种课程定义的核心,是把课程的重点从教材转向个人。从理论上讲,这一课程界定的方式似乎很有吸引力,但在实践中却很难实行。在学校实际的教育教学活动中,一个教师同时要面对几十个甚至更多的各具差异的学生,再高明的教师也很难为每一位学生设计出适合他个人的课程计划,这样学校的教育活动将难以进行。此外,这一课程定义把学生的个人经验都包含进来,使课程显得过于宽泛。

第四,课程即预期的学习结果。这一定义在北美课程理论中较为普遍,一些学者认为,课程不应该指向活动,而应该直接关注预期的学习结果或目标,即要把重点从手段转向目的。这要求课程事先制定一套有结构、有序列的学习目标,所有教学活动都是为达到这些目标服务的。但是,在学校教育活动中,预期会发生的事情与实际发生的事情之间总是存在着差异,预期的学习目标是由课程决策者制定的,而教师作为课程实施者,只能根据自己的理解来组织课堂教学活动。也就是说,课程目标的制定与实施过程在客观上是分离的,两者不可能完全一致。此外,把焦点放在预期的学习结果上,容易忽略非预期的学习结果。学校教育过程中，师生之间的交往、学校文化、学校管理方式等，对学生无时无刻不在产生着巨大的影响，如果将课程定位为预期的学习结果，往往忽略了这部分对学生更有价值的因素。

第五，课程即社会文化的再生产。持这种观点的人看来，任何社会文化中的课程，实际上都是（而且也应该是）这种社会文化的反映。学校教育的职责是再生产对下一代有用的知识、技能。政府有关部门根据国家需要来规定所教的内容，专业教育工作者的任务是要考虑如何把它们转化成可以传递给学生的课程。在他们看来，个体是社会的产物，教育就是要使个体社会化。课程应该反映各种社会需要，以便使学生能够适应社会。可见，这种课程定义的实质在于使学生顺应现存的社会结构，从而把课程的重点从教材、学生转向社会。然而，现实的社会文化远非像人们想象的那么合理，如果认为课程不必关注社会文化的变革，就会导致现存的社会偏见和不公正等永久化。

第六，课程即社会改造。这种观点主要是一些激进的教育家提出的。在他们看来，课程不是要使学生适应或顺从社会文化，而是要帮助学生摆脱现存社会制度的束缚。课程的重点应该放在当代社会的问题、社会的主要弊端、学生关心的社会现象等方面，要让学生通过社会参与形成从事社会规划和社会行动的能力，从而帮助学生摆脱对外部强加给他们的世界观的盲目依从，使学生具有批判的意识。在现实的教育活动中，教育均要受到一定社会的约束，如果认为学校组织强大到足以促使社会发生重大的变革，学校课程能够起到指导社会变革的作用，那么未免有些不切实际。

上述每一种课程的定义，从不同的角度或多或少都涉及到了课程的某些特性，但也都存在明显的缺陷。可以想象，关于课程定义的分歧还将会继续下去。美国学者古得莱德（J. I. Goodlad）对此作了较好的说明。在他看来，人们在谈论课程时，往往谈的不是同样意义上的课程,他认为存在着五种不同的课程:[①] 1.理想的课程,指由一些研究机构、学术团体和课程专家提出的应该开设的课程。例如现在有人提议在中学开设性教育或健康教育的课程,并从理论和实践的角度论证其必要性,就属于理想的课程。这种课程的开设取决于是否被官方所采纳。2.正式的课程,指由教育行政部门规定的课程计划、课程标准和教材,也就是列入学校课程表中的课程。许多人理解的课程就是这类课程。3.领悟的课程,指任课教师所领会的课程。由于不同教师对正式课程会有不同的理解和解释,因此教师对课程"实际上是什么"或"应该是什么"的领会,与正式的课程之间会有一定的距离,从而减弱正式课程的某些预期的影响。4.运作的课程,指在课堂上实际实施的课程。观察和研究表明,教师领会的课程与他们实际实施的课程之间会有一定的差距,因为教师要根据学生的反映随时进行调整。5.经验的课程,指学生实际体验到的东西,因为每个学生对事物都有自己特定的理解,两个学生听同一门课,会有不同的体验或学习经验。

由此可见,课程从规划、设计到实施,从课程决策者、编制者到教师和学生,经历了好几种转换。事实上,有些课程定义关注的是某一层次上的课程,而有些则把重点放在另一层次上。不同的课程定义都有一定的指向性,即都是指向当时特定社会历史条件下课程所出现的问题,所以都有某种合理性,当然也存在着某些局限性。因此,对于课程定义的认识和把握,重要的不是选择这种或那种课程定义,而是要意识到各种课程定义所要解决的问题以及伴之而起的新问题,以便根据课程实践的要求,作出明智的决策。

(三)课程内涵的发展趋势

随着人们认识能力的不断提高以及学校课程实践的不断丰富,人们对课程的认识也会逐渐地向深入化的程度发展。有学者指出,

① 施良方:《课程定义辨析》,载《教育评论》,1994(3)。

当前课程的内涵发生了重要变化,呈现出如下几个方面的趋势。[①]

第一,从强调学科内容到强调学习者的经验和体验。当人们强调学科而且只强调学科的时候,课程的内涵也就与学科内容等同起来。这样,课程就越来越排斥儿童的直接经验。由此导致的结果是,课程越来越成为社会对儿童施加控制的工具,儿童的权利、儿童的发展在课程中得不到保障。为了切实保障儿童的发展,把儿童的发展置于课程的核心,人们开始越来越关注学习者现实的活生生的经验和体验。这并不意味着排斥源于文化遗产的学科知识,而是在儿童现实经验的基础上整合学科知识,使学科知识成为学习者的发展资源而非控制工具。

第二,从强调目标、计划到强调过程本身的价值。只把课程作为教学过程之前和教学情境之外设定的目标、计划或预期结果,必然会导致把教育教学过程本身的非预期性因素排斥于课程之外。人之所以为人的根本规定之一,就在于人是创造的主体。当特定的教学情境中教师和学生的主体性能够得到充分发挥的时候,这种教学的进程必然是富有创造性的,必然存在许多非预期性因素,正是这些创造性的、非预期性的因素拥有无穷的教育价值。因此,人们开始走出预期目标、计划的限制,关注教学进程本身的教育价值,强调"过程课程"。这并不是不要目标、计划,而是把目标、计划整合到教学情境中,使之促进而不是抑制人的创造性的发挥。

第三,从强调教材这一单一因素到强调教师、学生、教材、环境四因素的整合。片面强调把课程作为学科内容和目标、计划,必然导致把教材等同于课程、教材控制课程的现象,而强调把课程作为学生的经验,强调教育教学过程本身价值,必然会把课程视为教师、学生、教材、环境四因素间持续交互作用的动态的情境。课程由此变成一种动态的、生长性的"生态系统"和完整文化,这意味着课程观念的重大变革。

---

① 张华:《课程与教学论》,上海:上海教育出版社,2000,68~71。

第四,从强调“实际课程”到强调“实际课程”与“空无课程”并重。“空无课程”是美国著名美学教育家、课程论专家艾斯纳(E. W. Eisner)提出的概念,被作为思考课程问题的一个独特视角。我们在思考课程问题的时候,经常碰到的一个问题是:为什么学校和社会在课程变革中选择了现有的课程并将之制度化,而排除了其他的课程?那些被学校和社会在课程变革过程中有意或无意排除于学校课程体系之外的课程,艾斯纳称之为“空无课程”。有些“空无课程”是学校和社会出于某种需要而有意识排除的,也有些“空无课程”是由于人们受习惯势力的影响未能意识到其价值而导致的。艾斯纳从心智过程和内容领域两方面论述了“空无课程”的重要性。从人的心智过程的角度看,在现有的课程目标中,认知目标受到充实,而情感和动作技能目标被弱化,相应的许多课程成为“空无课程”。即使是认知目标,也往往偏重语文和数理逻辑在认知发展中的重要性。殊不知,侧重于直觉和感知能力方面的课程对认知发展有举足轻重的作用,然而这类课程也成为“空无课程”。从内容领域的角度看,艾斯纳认为,许多对人的发展极为重要的课程在现行课程体系中没有位置,变为“空无课程”。就同一个内容领域而言,艾斯纳又分析道,许多重要的内容被有意无意地排除出该学科之外,变为“空无课程”。因此,在课程变革中,不仅应思考现行的“实际课程”的合理性,还应思考学校教育中的“空无”课程及其成因,以增强课程变革的目的性、合理性。

第五,从只强调学校课程到强调学校课程与校外课程的整合。随着信息社会的到来,社会变迁速度空前加快,学校、家庭、社区越来越趋向于融合,趋向于一体化。在这种背景下,课程变革再也不能固守学校课程的疆域,而应谋求学校课程与校外课程的和谐、互补、整合。其实,当把课程理解为教师、学生、教材、环境四因素的整合的时候,这里所谓的环境就远不止学校环境,还包括广阔的富有教育意义的校外社会环境和自然环境,蕴含着学校课程和校外课程的整合。

二、课程类型

从不同的角度,可以将课程划分为不同的类型。探究每一对课程类型之间的相互关系，是学校确立理想的课程的前提条件。

（一）学科课程与活动课程

学科课程与活动课程是从课程内容所固有的属性来区分的两种不同的课程类型。其中，学科课程侧重于传承人类的文明，使学生掌握现成的知识和能力，而活动课程则侧重于使学生获得一定的直接经验和个人体验。

1. 学科课程

学科课程也称“分科课程”，它是依据教育目标和受教育者的发展水平从各门学科中选择内容、组成学科，以学科的逻辑体系制定标准、编写教科书、规定教学顺序、教学周期与学时、分科教学的课程。它是学校课程的基本形式，从学校产生与发展的历史来看，学科课程在所有课程的类型中，历史是最为长久的。若追溯其根源的话，学科课程从学校教育产生始即已存在。我国古代学校的“六艺”课程和西方教育历史上的“七艺”课程均可看作是学科课程的雏形。

学科课程的目的在于使学生有系统有计划地学习各门学科，最终把握人类的文化遗产，为未来的生活作好准备。学科课程的编制者一般都是科学家或学科专家，他们根据科学的结构决定学科的结构，按照科学发展的顺序安排学科的先后顺序以及各门学科的内容。因而学科课程具有以下几方面的优点：(1)学科课程易于编定。横向范围，有门类齐全的各门学科；纵向序列，有各门学科自身固有的逻辑序列。纵横交叉，可以编织出条理清楚、层次分明的知识网络。(2)学科课程易于教学，教师和学生都可以在特定的知识网络中精益求精，不断上进。(3)学科课程易于考查。

但是，学科课程的编制者关心的是社会需要，是学生应当接受什么。他们经常提出的问题是，哪些知识最有价值，应当把哪些最有价值的知识和技能教给学生，较少考虑学生愿不愿意学习这些知识和技能，学生能不能接受这些知识和技能，这些知识对学生有多大程度上的益处等。因而学科课程具有以下几方面的不足：(1)在知识性上，学科课程以科学知识的固有逻辑为依托，圆满地解决了序列问题,但在横向范围上,形成了森严的学科壁垒,各门学科只顾营造自己的学科阵地,彼此之间老死不相往来,容易把相关的知识人为地割裂开来。例如,在实际生活中数和形是结合在一起的,但是在数学里,数和形分别是在不同的学科里学习的,这样就会使学生获得的知识具有片面性,而且有碍于学生理解能力的发展。(2)在社会性上,学科课程不以社会生产、生活为航标,每一公民在日常的社会生活中随时可能会遇到的经济、法律、健康、家庭、职业问题等等,不可能直接用所学的知识、技能来解决。(3)在儿童性上,学科课程未曾或很少考虑学生的需要、兴趣、能力。如果学生不能正确地认识学习这些学科的意义,就会拒绝学习。即使在外在力量的约束下,学生被动地接受了这些知识也是没有多少实际意义的。

尽管人们对学科课程的缺点和不足之处提出批评,并且试图废止,但经过实践的检验,最终又不得不承认它有着不可取代的优越性。各种课程形式无一能够取代它的地位,最多只是对它的补充而已。当前我国中小学现行课程计划中,占主导地位的仍然是学科课程。

2. 活动课程

活动课程亦称"经验课程"、"经验本位课程"、"生活课程"、"儿童中心课程"等。它以儿童兴趣的发展为中心,是围绕儿童从事某种活动的动机组织的课程。活动课程起源于19世纪末20世纪初欧美的"新教育运动"和"进步教育运动",其发展历史较学科课程要迟上千年。在活动课程的发展历史上,美国教育家杜威(John Dewey)被认为是代表人物之一。活动课程自从杜威在芝加哥的实验学校里试行开始,渗入到了许多国家的课程领域。

我们通过1930年美国加里福尼亚州课程委员会所颁布的活动课程中一天(星期一)的安排,可以更好地认识活动课程。

早晨9:00,非正式的问候,报告,诗歌,音乐,时事等,用以创造一种心境,获得愉快有益的一天;

9:15,小商店,银行活动,学校用品处理等,通过团体及个别活

动,培养儿童的积极性、责任感和合作精神;

10:00,健康活动,体育,自由游戏,营养教学,适当地放松,使儿童知晓健康活动至关重要,并提供情境以培养学生的社会及公民态度;

10:50,语言艺术,通过有表达的活动,如编写剧本、表演、学校新闻编辑等发展儿童的口头表达、书面写作能力,这段时间安排较长,便于学生集中精力按自身兴趣与需要开展活动;

12:00,午餐,休息及有指导的操场活动;

下午1:00,业余活动,合唱,口琴,音乐欣赏,节奏练习,管弦乐队等等;

1:50,娱乐活动及休息;

2:00,小组阅读,图书馆活动,按学生阅读能力分组,给阅读困难的学生提供补救机会,为阅读能力强的学生提供图书馆指导,通过这段静静的阅读,拓展与课堂活动相关的社会科学、业余、健康或其他方面的知识;

2:50,娱乐活动及休息;

3:00,社会研究活动。①

活动课程以开发与培育儿童内在的、自发的价值为目的,旨在培养具有丰富个性的主体。儿童的兴趣、动机、经验是活动课程的基本内容,由于儿童总是生活在特定的社会和文化之中,为了提升儿童的经验和价值,活动课程也把儿童感兴趣的社会生活现实问题以及学科知识转化为儿童的经验,作为课程内容。活动课程具有以下几个方面的优点:(1)活动课程强调学习者的直接经验的价值,把学习者的经验及其生长需要作为基本的课程目标,充分满足学习者的需要、动机、兴趣,因而学习者成为真正的学习的主体。(2)活动课程主张把人类文化遗产以儿童的经验为核心整合起来,主张把学科知识转化为儿童现实的经验,强调教材的心理组织。这样儿童在与文化、与

① 《云五社会科学大辞典·教育学》,台北:台湾商务印书馆,1970,137。

学科知识交互作用的过程中,个性不断获得发展与完善。(3)活动课程主张将现实社会生活以儿童的经验为核心整合起来,既把儿童视为生活于一定现实社会的儿童,又不使儿童拘泥于当前的社会现实,而是着眼于儿童的未来,将儿童的个性发展与当前的社会现实生活有机地联系起来。

当然,由于活动课程自身的特性,使其在学校教育实践中实施起来有一定的困难,也表现出一定的不足:(1)活动课程容易导致忽略系统的学科知识的学习,使学生获得的知识不完整、不系统。(2)活动课程容易导致"活动主义",忽略儿童思维能力和其他智力品质的发展。(3)活动课程的组织要求教育者具有相当高的教育能力和艺术,对于习惯了班级授课制和讲解教学法的教师而言,很难适应活动课程的要求。

学科课程与活动课程是学校教育中两种基本的课程类型,我们可以把两者看作是一种相互补充而非相互替代的关系。学科课程将科学知识加以系统组织,使教材依一定的逻辑顺序排列,学生在学习中可以掌握一定的基础知识、基本技能。但是,由于分科过细,只关注学科的逻辑体系,容易脱离学生生活实际,不易调动学生学习的积极性;而活动课程则可以在一定程度上补救这一缺失。但与此同时,由于活动课程自身往往依学生兴趣、需要而定,缺乏严格的计划,不易使学生系统掌握科学知识,两类课程在学校教育中均不可缺。关于学科课程与活动课程的差异,可以用表3-1来表示。

(二)显性课程与隐性课程

显性课程,也称"正式课程"、"公开课程"、"官方课程"等,是指为实现一定的教育目标而正式列入学校教学计划的各门学科,以及有目的、有组织的课外活动。换言之,显性课程是学校教育教学实践活动中实实在在表现出来、人们能够看得见的课程类型。显性课程按照编制的课程表实施,是教材编定、学校施教、学生学习和考核的依据之一。

隐性课程又称潜在课程、隐蔽课程、无形课程、自发课程等。其概念产生于20世纪60、70年代，自提出后，便引起了课程研究者的极大兴趣，并迅速为人们所接受。我国有意识地研究隐性课程是从20世纪80年代中期开始的，至今隐性课程不仅成了课程理论探讨的一个重要课题，而且在教育实践中也引起了广泛的注意。但直到现在，在关于隐性课程的概念、构成、设计等方面，人们的认识远未达成一致。

表3-1 学科课程与活动课程差异比较表

	学科课程	活动课程
认识论	知识本位	经验本位
方法论	分 析	综 合
教育观念	社会本位论“教育为生活作准备	个人本位论“教育即生活”
知识的传递方式	间接经验	直接经验
知识的性质	学术性知识	现实有用的经验性知识
课程的排列	逻辑顺序	心理顺序
课程的实施	重学习结果	重学习过程
教学组织形式	班级授课制	灵活多样
学习的结果	掌握“双基”	培养社会生活能力、态度等

就隐性课程这一术语所包含的意蕴及发挥作用的机制来看，隐性课程与显性课程的分野，是以课程的表现形式或者说影响学生的方式为依据的。隐性课程是学校情境中以间接的、内隐的方式呈现的课程。在学校教育教学活动中，学生在学校情境中获取的知识经验可以分为两部分，一部分知识经验是教育者直接地表现出来的，如课程表中的学科；另一部分知识经验则是间接的，如学生团体交往、校园文化、学校管理制度等，这些活动并不直接传授经验，经验只是隐于其中。

隐性课程涵盖范围很广，几乎涉及学校的各个层面、各个角落以及各种行为。在物质层面上,包括学校的建筑、教室的布置、桌椅的排列、校园环境等。在行为层面上,包括学生间的交往、教师间的交往、师生间的交往、教师与家长的交往、社区与学校的交往等。在制度层面上,包括学校管理体制、学校组织机构、班级管理方式、班级运行方式等。在观念层面上,主要有校风、办学方针、教学风格、教学观念、教学指导思想等。隐性课程所涵盖的上述内容有两种情形:一是这部分课程有意识地被某些人或机构所隐藏,这些人或机构知道这种被隐藏起来的课程是什么或藏于何处。例如,在教材中常体现"文以载道",也就是教学的教育性,这部分内容的呈现是隐蔽的而不是外显的,但同时又是"隐藏者"有意识这样做的。二是这部分课程是无意识地被隐藏起来的,没有人去有意识地隐藏它,如师生间的日常交往,会给学生的成长、发展带来很大影响,这种交往传递给学生的信息常是无意的、非计划的。

显性课程与隐性课程是两类性质不同的课程类型,二者在性质、特点、功能等方面各不相同。最明显的区别是显性课程主要是有计划的、预期性的教育影响,隐性课程则主要是非计划性、非预期性的教育影响。隐性课程对学生的身心发展有着重大的影响,从它所涉及的范围上就可以看出这点。在一定程度上可以说,不重视隐性课程的教育是不成功的教育,甚至是无效或负效的教育。

虽然西方一些学者对隐性课程能否有效地加以设计认识不一,但他们的研究似乎都表明,隐性课程含有消极的效果,有时甚至与学校及社会的期望不一致,与教育目标相悖。在教育教学实践中,这些非预期的效果时常会影响教学的进度,影响教育者的行为,因而也会引起社会、家庭对此的关注。所以,教师要逐步认识到这些非预期效果的存在,并自觉不自觉地对产生这些效果的影响予以剖析,使之向有利于实现教育目的的方向转化。作为教师本人来说,也有责任注意分析自身的所作所为给学生带来的影响,如行为举止、期望、态度、教学风格等。如果其中有些影响是属于非期望的,那么教师一是要在未来课程和规划中考虑到这种隐性课程产生的可能结果,二是要将之明确地显现出来。一旦隐性课程围绕一定的目的被纳入整个课程序列之中，成为课程计划中的一个有机组成部分，不仅教师而且学生也会意识到其存在，形成对该部分隐性课程的效果的认识，并且还会注意改变和削弱其消极影响，依据一定的价值和规范，建构起有利于学习的社会关系结构。

(三)必修课程与选修课程

必修课程和选修课程，这是从课程计划中对课程实施的要求来区分的两种类型。其中，必修课程的主要价值在于培养和发展学生的共性，而选修课程的主要价值在于满足学生的兴趣、爱好，培养和发展学生的个性。

所谓必修课程，是指同一学年的所有学生必须修习的公共课程，是为保证所有学生的基本学力而开发的课程。所谓选修课程，是指依据不同学生的特点与发展方向，允许个人选择的课程，是为适应学生的个性差异而开发的课程。对于必修课程与选修课程的关系，我们可以从以下几个方面进行分析。

第一，从课程价值观来看，必修课程与选修课程之间的关系可以归结为“公平发展”与“个性发展”的关系。“公平发展”的理念是指一切人享有平等的受教育机会，因而应对一切人施以实质上公平的教育。这是必修课程的直接价值支撑。“个性发展”的理念是指施以适合于每个人的能力、能力倾向和个性特点的教育。这是选修课程的直接价值支撑。在教育实践活动中，“公平发展”与“个性发展”是对立统一的，“公平发展”绝不意味着划一主义，不是不惜任何代价否认个人的基本自由，仍需要考虑每一个学生的不同的多样的能力素质、个性差异等。“个性发展”也只有建立在“教育公平”的基础之上(使每个人的受教育机会、发展条件、最终达到的发展水平等都具有平等的性质)，才不至于根据受教育者的自然能力的差异，提供教育内容上有本质差别的教育，使教育活动纯粹演变成一种“选拔人才”的工具和手段。所以说，必修课程与选修课程在根本的教育价值观上具有内在的一致性和统一性。

第二,从必修课程与选修课程在学校课程体系中的地位看,必修课程与选修课程具有同等的价值,处于同等的地位,它们之间不存在主次关系,选修课程既不是必修课程的附庸,更不应成为必修课程的陪衬,它是一个独立的课程领域。因而不能认为根据一定的基础为学生提供的必修课程与选修课程之间,以及不同学科的选修课程之间,在教育价值上存在高低优劣之分。目前,一些学校,选修课程要么可有可无,要么形同虚设,这种做法违背了国家课程计划的要求,扭曲了选修课程的价值,未能摆正必修课程与选修课程在学校课程体系中的应有位置。

第三,必修课程与选修课程相互渗透、相互作用,二者有机统一,成为学校课程体系的有机构成。必修课程并不排斥选择,从长远看,它是为了学生更好地发展选择能力。在必修课程的学习过程中,同样必须尊重学生的个性差异,鼓励学生发挥个性特长,鼓励学生合理选择学习内容和学习方法。选修课程也不牺牲共同标准和要求,不是随意的、散漫的、浅尝辄止的学习,而是经由共同标准的评估保证的有效的学习。因此,必修课程和选修课程既有相对独立性,又具有内在统一性,二者都是学校课程体系的有机构成部分。

(四)国家课程、地方课程与校本课程

国家课程、地方课程与校本课程,这是从课程设计、开发和管理主体来区分的三种课程类型。其中,国家课程的主要价值在于通过课程体现国家的统一要求,地方课程的主要价值在于通过课程满足地方社会发展的现实需要,校本课程的主要价值在于通过课程展示学校的办学宗旨和特色。

国家课程也称国家统一课程,它是自上而下由国家教育主管部门负责编制、实施和评价的课程。国家课程体现了国家对学生发展的基本要求和共同的质量标准,在基础教育课程体系中占有绝对数量的比重。国家课程的目的主要有以下几个方面:① 第一,确保所有学生学习的权利。国家课程是面向全国的,因此国家课程将保证所有学生都享有一定领域内的学习权利,都享有获得知识、发展智力的权利,从而获得一个积极的有责任感的公民实现自我价值和自身发展所必需的技能和态度。第二,明确规定学生在接受学校教育期间应达到的标准。国家课程向学生、家长、教师、地方政府、用人部门和公众清楚地界定了期望学生学习达到的成就标准,规定了所有科目的学习应达到的国家标准。第三,提高学生在接受学校教育期间的连续性和连贯性。国家课程从总体上规定了不同学段的教育目标,有助于在国家层次上形成一个连续的课程框架,从而使不同学段之间具有较强的连贯性,并为学生的学习进步留有充分的灵活余地。第四,为公众了解学校教育提供依据。国家课程可增进公众对学校工作的了解、对学生学习和预期取得的成就的了解。它为公众和教育界人士讨论教育问题提供了一个共同对话的基础。

地方课程是由地方根据国家教育方针、课程管理政策和课程计划,在关注学生共同发展的同时,结合本地的优势和传统,充分利用本地的课程资源,直接反映地方社会、经济、文化发展的需求,自主开发并实施、管理的课程。地方课程的目的主要有以下几个方面:② 第一,促进国家课程的有效实施。地方课程是在国家课程的基本精神的指导下而进行的,无论是地方出台的各种课程政策,还是地方开发的各类课程,其根本目的都在于提高人才的培养质量,满足学生多样化的发展需要,更好地达到或实现国家课程所确定的目标。第二,弥补国家课程的空缺。国家课程是面向全国的,实际上它很难满足全国不同地区、不同学校、不同学生的需要,也很难适应不同地区的

---

① 许洁英:《国家课程、地方课程和校本课程的含义、目的及地位》,载《教育研究》,2005(8)。

② 许洁英:《国家课程、地方课程和校本课程的含义、目的及地位》,载《教育研究》,2005(8)。

实际。现代社会发展对人才的素质要求较多,国家课程不能全部覆盖。因此,国家课程只是规定了最低标准和基本要求,对于国家课程所没有涵盖的、不能满足的、无法考虑周全的内容,地方课程正好可以弥补。第三,加强教育与地方的联系。教育发展过程中,地方政府总是期待教育能够和地方的社会发展、经济发展、人文传统相结合,能促进地方社会、经济和文化的发展。在现阶段,我国经济发展的地域性很明显,学生对于本地区社会经济和文化的了解,对于学生毕业后顺利就业也是很有帮助的。地方课程的覆盖区域、范围或人群相对要小一些,可以增强课程的针对性,使得教育与地方的联系进一步密切。第四,调动地方参与课程改革与课程实施的积极性。无论是地方课程的管理还是地方课程的开发,都对地方提出很高的要求。地方要在掌握国家课程政策和国家课程标准的前提下进行课程管理和课程开发,这就有利于调动地方参与课程改革和课程实施、课程开发的积极性和主动性,这不仅有利于国家课程的有效实施,而且也有利于培养地方的课程开发能力,从而促进课程改革的可持续发展。

校本课程是由学生所在学校的教师编制、实施和评价的课程。校本课程包含两个层面的含义:一是使国家课程和地方课程校本化、个性化,即学校和教师通过选择、改编、整合、补充、拓展等方式,对国家课程和地方课程进行再加工、再创造,使之更符合学生、学校和社区的特点和需要。二是学校设计开发新课程,即学校在对本校学生的需求进行科学的评估,并充分考虑当地社区和学校课程资源的基础上,以学校和教师为主体,开发旨在发展学生个性特长的、多样的、可供学生选择的课程。校本课程的目的主要体现在以下几个方面:[①] 第一,确保国家课程的有效实施。校本课程尽管是以校为本的,但从根本上说,它也是而且必须是在国家宏观课程政策和国家课程标准的框架内进行的,要与国家的教育方针、教育目的特别是人才

---

① 许洁英:《国家课程、地方课程和校本课程的含义、目的及地位》,载《教育研究》,2005(8)。

培养目标相一致,确保人才培养目标更好地实现。因此校本课程必然要求学校教师树立课程意识,要了解、熟悉国家课程政策和课程标准,是国家课程和地方课程实施的催化剂和助推器。第二,照顾学生的个别差异,满足学生多样化的需要。不管是国家课程还是地方课程,都无法全面地照顾不同学生的不同需求,而校本课程是以校为开发单位和实施单位的,可以更好地了解学生不同需要,考虑学生的个别差异。第三,促进教师专业能力的持续发展。当前教育的发展,要求学校成为一个不断改革,促进其成员持续发展、充满生机和活力的组织。而学校的课程开发能力,对于形成这样的组织有至关重要的作用。校本课程的开发,要求教师要成为课程与教学的领导者,要在一定的教育理论的指导下,在掌握国家课程政策和现实需要的基础上参与课程改革。这对促进教师的专业发展具有十分重要的意义,是实现教师持续性的专业发展的有效途径。

无论是国家课程、地方课程,还是校本课程,都是实实在在的一种课程类型,都是学校课程体系中不可或缺的重要组成部分,在课程实施方案中都占有一定的课时比例,并通过具体的科目、门类落实到学校的教育教学实践中去。但是三者在学校课程体系中所占的比例是不同的。在义务教育阶段,学校课程应以国家课程为主,地方课程和校本课程为辅。随着年级的升高,在高中阶段应加大地方课程和校本课程的比例。而在高等教育阶段,学校则应以地方课程和校本课程为主,国家不宜对学校的课程设置及内容做太多的要求。

三、课程的构成

课程的构成通常包括课程计划、课程标准、教材、教师用书、练习册等。各构成要素之间既相互联系又相互依赖,其整体效应取决于各构成要素的协调与配合。

(一)课程计划

课程计划是根据教育目的和不同类型学校的教育任务,由教育主管部门制定的有关教育和教学工作的指导性文件。它规定了学校课程的门类、各类课程的学习时数以及在各年级的学习顺序、教学时间的整体规划等。它体现了国家对学校的统一要求,是办学的基本纲领和重要依据,也是制定课程标准、编写教科书和其他教学材料的依据。

课程计划由培养目标、课程设置、考试考查、实施要求等4个部分组成,具体包括了以下内容:(1)培养目标,即预期的课程学习结果。(2)课程设置,即某一级或某一类学校应该开设的学科。(3)学科开设顺序和各学科的主要任务。(4)课时分配,即根据学科的性质、作用、任务、内容的份量和难易程度,恰当地分配各门学科的授课时数。(5)学年和学周安排,包括学年阶段的划分、各个学期的教学周数、学生参加生产劳动的时间等。(6)考试考查的科目、要求、方法。(7)执行计划的若干实施要求。

制定课程计划时,一般应遵循以下几个基本的原则:(1)整体性。所谓整体性,就是说在制定课程计划时要整体安排,不能只抓某个或某几个方面。这种整体性安排包括三个方面:一是全国一盘棋,保证地域上的整体性。二是各阶段的课程要互相衔接,统一安排,保证学习顺序上的整体性。三是各学科之间要协调安排,保证学科的整体性。(2)基础性。所谓基础性,就是说制定课程计划时,要保证学生在学校里学到最为基本的内容,能够为其以后的学习或就业奠定基础。基础性的原则具体体现为:一是必须保证学校里开设的科目的主体是基础学科。二是基础学科的课时安排必须得到保障。三是必须保障基础学科的教学能够顺利进行。(3)开放性。所谓开放性,是指制定课程计划时,应充分考虑到社会、学校、学生等条件的复杂性,给课程计划的执行者一定的自主空间,保障他们能够开放地、灵活地具体落实课程计划。具体措施为:一是在课时上,特别留出一些机动课时让课程计划的执行者自主安排。二是在课程结构上,适当设置一些选修课。三是在其他方面,比如学习顺序、学期学年和假期等方面的规定给予一定自主权,以便照顾地区差异、灵活处置。

(二)课程标准

课程标准是根据课程计划以纲要的形式编定的各个学科教学内

容方面的指导性文件。它具体规定某门课程的性质与地位、基本理念、课程目标、内容标准、课程实施建议等。它是编写教科书的直接依据,是检查教学质量、评估学生的学习情况和进行课程评价的重要尺度。

课程标准规定了国家对国民在某方面或某领域的基本素质要求。它一般包括以下几个组成部分:(1)前言,结合具体课程的特点,阐述课程的性质与地位、基本理念、基本标准的设计思路等。(2)课程目标,分为总体目标和学段目标或分类目标。目标内容包括知识与技能、过程与方法、情感态度与价值观等三个方面。(3)内容标准,根据课程目标,阐述课程的具体内容。(4)实施建议,主要包括教学建议、评价建议、课程资源的开发与利用以及教材编写建议等。在适当的时候还有典型案例,帮助教师理解。(5)术语解释,有的课程标准还对标准中出现的一些重要概念进行解释和说明,以帮助使用者更好地理解和实施。

课程标准的制定必须以课程计划为依据,并为课程计划的贯彻落实服务。在具体的编制过程中,需要注意以下几个方面的问题:(1)在了解本学科现状及发展趋势的基础上,分析本学科的目的、要求和内容体系,通过必要的增删和组合工作,确定基本的学科体系和知识结构。(2)使学科逻辑与学生的心理结构有机结合起来。学科体系不同于科学体系,也不是科学知识的通俗化或浓缩,我们既需要考虑知识的内在逻辑和教学法的要求,又要考虑学生生理、心理发展的顺序,要把几者结合起来。(3)研究本学科内部各部分内容之间纵向上的衔接,以及与其他学科横向上的相互联系和配合。(4)处理好理论与事实、观点与材料、知识与技能的关系,使学生既牢固掌握知识,又能灵活地加以运用。(5)重视培养学生的独立思考能力、自学能力、动手能力和创造力。

(三)教科书

教科书简称课本,是根据课程标准系统阐述学科内容的教学用书,是课程标准的具体化。凡在课程计划中规定的课程,一般都有相应的教科书。教科书是教学内容选择和组织的物化形态,教科书规定的内容限定了教学的范围,成为师生双方进行教学的最重要资源。教科书不等于教材,教科书只是一项重要的教材。教材概念的范围大于教科书的范围,它包括文字教材和音像材料。文字教材,如教科书、教学参考书、学生的自学指导书等;音像教材,如录像带、磁带、电影片、幻灯片、光盘、磁盘等。教科书的编写是一项复杂的工作,需要妥善处理好下列一系列问题:(1)科学性、思想性、效用性的统一。(2)实现社会发展、个人发展的统一。教科书的编写从总体上是为社会发展服务的,但也必须与个人的需要相吻合。(3)学科逻辑、心理逻辑和教学逻辑相互结合。每门学科都有自身的系统性,编写每门学科的教科书必须考虑到这门学科本身的内在逻辑,要反映具有重要性、基础性和典型性的知识系统。编写教科书还需考虑到一定年龄阶段学生的需要、心理特征和学习方式。(4)教科书的编排要有利于学生的学习、阅读。

四、课程设计

要使学校课程能够对学生产生一定的积极影响,首先必须设计出科学、合理的课程。所以课程设计是学校课程领域的首要工作,它对教育目的及学校培养目标的实现具有直接的影响。

(一)课程设计的含义

在课程研究领域,课程设计是一个使用比较频繁的词,但对它的理解存在一些模糊看法,有人甚至将“课程设计”与“课程实施”等同起来,相提并论。其实,课程设计不同于课程实施,它是一项独立于课程实施的工作,课程实施是课程设计的后续工作。课程设计,实质上就是人们根据一定的价值取向,按照一定的课程理念,以特定的方式组织安排课程的各种要素或各种成分,从而形成特殊课程结构的过程。课程设计主要涉及的是课程目标的确定以及课程内容的选择和组织。如果缺少课程设计这个环节,就不能很好地确定各级各类学校的课程目标,更不能选择出科学合理的教学内容,也就无法实现教育目的及学校具体的培养目标。

(二)课程设计的内容

1. 课程目标的确定

课程目标是指课程本身要实现的具体目标和意图。它规定了各级各类学校的学生通过课程学习以后,在智力、能力、品德等方面期望达到的基本要求。课程设计中,课程目标的确定十分重要,它不仅有助于明确课程与教育目的的衔接关系,从而明确课程设计工作的方向,而且有助于课程内容的选择和组织,并可作为课程实施的依据。不过,课程目标能否真正成为课程设计后续工作的依据和方向,能否在整个课程活动中起到核心指导作用,在很大程度上还取决于课程目标本身的适切性和科学性。在制定课程目标时,一般要考虑以下几个方面:

第一,目标范围的适切性。课程目标的范围不能过于狭窄,以至不足以包括有价值的学习经验,而是应该涵盖所有的学习结果,如既要重视认知能力的培养,也不应忽视态度、情感、价值观的培养,既要强调专业技能的掌握,也需关注非专业的一般能力的发展。

第二,目标的有效性。设计的课程目标应反映目标所代表的价值。从理论上说,课程目标越是能适当地反映社会发展、科学进步和人的身心发展规律的需要,就越能获得广泛接受,也就越能具有对课程活动的指导作用与渗透活力。

第三,目标的可行性。课程目标应能在学生已有的知识基础、能力、学校资源及提供的时间内顺利实现。所以,课程设计者在设定目标时,应从现实的角度出发,实事求是。可行性是有效性的前提,若目标达不到这一要求,将难有价值可言。

第四,目标的相容性。课程目标应与其他的目的、目标相互一致,如教育目的、培养目标。课程目标虽表述方式不同,但在总的培养方向和要求上理应相互一致、相互兼容。

第五,目标的明确性。课程目标只有制定得明确、具体,才能对于到达目标的进程有清晰的认识,才能有利于正确地选择课程内容,妥善地组织课程实施。制定的课程目标如果仅仅是设计者的假设和期望,而不能确切表达学习者应有的学习结果,就会缺乏质和量的具体规定性,这样可测性和可比性就差。

2. 课程内容的选择与组织

课程内容的选择与组织一直是课程设计的核心问题,但也是一个很棘手的问题。在课程设计中,不少学者认为只要目标得以确定,选择与组织的课程内容与目标相一致,课程设计工作就得心应手了。其实并不是这样,在选择与组织课程内容时,除了要考虑到与课程目标的相关性之外,还要考虑到以下几个方面的问题。

第一,课程内容要有基础性和有效性。基础性是由中小学教育是基础教育这一根本性质决定的。基础教育是提高全民素质的奠基工程,它应该使所有学生在各个方面获得全面的发展。因此,所选择的课程内容应该包括使学生成为社会中一名合格公民所必备的基础知识和基本技能,同时也要包括学生以及继续学习所必需的技能和能力。所谓有效性,就是课程内容应该反映现代的、科学的知识,代表知识的最基本的部分,即学科的最基本的理念和思考方式,反映探究的精神和方法。也就是说,选择和组织的课程内容要重视学生求知的过程,关注学科内容的结构与学科之间的统整关系。

第二,课程内容要适应学生的兴趣和需求。学生的兴趣往往决定学生所注意的事物,并常常决定其行为方向,兴趣也是决定学习的主导力量。因此,课程内容要能有助于学生兴趣的发展,使学生从发展兴趣的领域中获得探索的满足感。此外,课程内容还应考虑到学生的生理、心理等方面的特点和需求,有的放矢地促进学生的个性发展、发现自我和人格的和谐完整。

第三,课程内容要与社会现实相联系。课程内容脱离社会实际,历来是教育改革家抨击的焦点,也是他们尝试进行课程改革的切入点。20 世纪初,一些教育家就曾注意到课程内容要根据社会生活的需要,但他们却走了极端。美国教育学家杜威企图用“活动课程”、“做中学”实现学校课程与社会现实的联系,结果却使学生科学知识素质下降,影响了学生的发展。课程作为学校实现培养目标的中介,必然要和社会现实有机地联系起来，但是这种联系不是一种简单的“镜式”反映，而应该是课程内容在坚持自身规律的基础上，自觉与社会实际联系，以社会实际的要求为出发点，让广阔的社会生活进入课程内容。也就是说，课程内容既不能等同于社会实践，也不能脱离社会实践。要让社会实践自觉进入课程内容，更要让课程内容像社会实践那样丰富多彩。

五、课程实施

课程设计后，如果没有经过实施的行为，就无法落实和实现课程方案，更无法达到课程设计中预期的课程目标。因此，课程如果要对学生产生影响，必须通过课程实施付诸教学行动。

（一）课程实施的含义及本质

课程实施就是把新的课程方案付诸实践的过程，也可以说是把书面的课程转化为具体教学实践的过程。课程实施是 20 世纪 70 年代以来兴起的一个新的课程研究领域，它源于人们对 20 世纪 50 年代那场肇始于美国、影响波及全球的大规模课程改革运动的反思。当时美国投入了可观的资金用于课程开发工作，着重设计对任何教师都有效的课程，设计的许多课程改革方案，看起来的确很好，但未能获得预期的成效，以失败而告终。后来，当人们深入研究、系统反思这场课程改革运动的时候，逐渐地意识到评价课程改革计划不能只是根据最终的结果，因为许多被认为是失败的改革计划实际上压根儿就没有实施，或者在实施中走了样。因此，人们转而开始研究课程实施的问题。课程实施研究的重点“在于考虑、考察实际中发生了什么，以及哪些因素影响实施的过程。课程实施的研究一方面要看课程方案中哪些东西在实际中执行了；另一方面也要看在执行的过程中实施者做了哪些调整”。①

从本质上说，课程实施不是新课程方案的照搬，课程实施是一个

---

① 马云鹏：《小学数学课程实施的个案研究》，载《课程·教材·教法》，2000(4)。

过程,而不是一项事务,是一个动态的过程,而不是一种镜式反映,实施过程中必然涉及实施者的课程理念和个性化的工作,甚至涉及对课程方案的主要调整、修改和补充。课程采用之后的课程实施,需要由几方面的人员共同完成,这些人员包括教育行政人员、学校管理人员、教师、学生等,其中教师是主要的实施者。在课程实施的过程中,实施者要根据方案的要求、实际的教学条件和学生的情况,制定实施策略。课程实施应成为有计划、有组织的互动过程,一方面促进教师的专业成长,另一方面发展学生的课程体验,最终指向预期的教育目的及学校培养目标的实现。

(二)课程实施的策略与模式

根据不同的课程实施观和课程实施取向,在课程实践过程中就会形成不同的实施策略和模式。下面简要介绍几种典型的课程实施策略和模式。

1. 课程实施的策略

美国课程专家麦克尼尔(J. D. Mcneil)总结了三种课程实施策略,即自上而下策略、自下而上策略和自中而上策略。①

第一,自上而下策略。这种策略以国家行政意志为中心,以国家和地方教育机构为课程变革的发起人,利用法定的权力和权威,通过法律和政策的形式推行新课程。这种课程变革来自上层,必须通过宣传、发动和培训,使教师、家长和学生了解新课程的价值,并且要配备顺利实施新课程所需要的相应条件,否则就会造成教师消极施教,学生被动学习的局面。我国采取的基本上是这种源自国家的自上而下的课程实施策略。

第二,自下而上策略。这种策略以教师在教育过程中遇到或关心的问题为起点而发动变革,教师是课程变革的发起人。教师洞察问题、分析问题、采取行动的能力成为变革的主导力量。教师的态

① 尹弘飙、靳玉乐:《课程实施的策略与模式》,载《比较教育研究》,2003(2)。

度、能力和职业责任心往往决定着课程变革能否顺利进行。

第三,自中而上策略。这种策略以学校为发动变革的机构,先对学校提出要求,促使学校成为课程变革的主体。然后,学校再努力调动校外信息和人员的力量,发挥校内教师的积极性,创造条件使教师参与变革。

2. 课程实施的模式

根据课程实施取向和策略的不同,可以归纳出以下几种具有代表性的课程实施模式。①

第一,领导——障碍过程模式。这种模式认为教师对新课程计划的抵制是课程实施的主要障碍,主张采取措施消除这些障碍。具体措施有:使参与变革的人明确了解课程方案;使教师具有实施新课程方案所需要的技能;提供新课程计划所必需的材料和设备;使学校组织方式与新课程计划的要求相一致;使参与变革者自觉实施课程。这一模式重视提高教师的认识,强调为教师提供实施条件,但排除了教师参与课程设计的机会,不利于调动教师实施新课程计划的积极性。

第二,研究——开发——传播模式。这种模式先由国家召集相关人员具体研究、设计出新的课程计划,再通过宣传发动推广到广大学校中去。这种模式的课程实施要经历研究、开发、推广、采用四个阶段:研究即根据课程和教学的基本原理确定课程改革的价值取向和基本原则;开发即根据课程资源制定新的课程计划;推广即将制定的新课程计划传播给广大的教师,调动其参与的积极性;采用即学校和教师在课堂教学过程中使用新的课程计划。

第三,兰德课程变革动因模式。“兰德课程变革动因模式”是在1973年至1977年兰德社团对美国联邦政府资助的教育变革开展研究而形成的。他们发现实施变革的主要障碍来自学校的组织动力和

① 尹弘飙、靳玉乐:《课程实施的策略与模式》,载《比较教育研究》,2003(2)。

人们的习惯做法,因而必须在实施阶段给学校加入一些鼓励变革的组织变量。如在启动阶段,要对课程变革的目标和价值做出解释,努力寻求参与变革者的理解和支持;在实施阶段,新课程方案和参与变革的组织与人员之间应相互调适;在合作阶段,应采取措施保证实施方案所需要的人力、物力,使新课程计划不断实施下去。

(三)影响课程实施的因素

设计好的课程,在实施的过程中会出现不同的情形,有的能够比较顺利地得到实施,有的却不能得到实施;有的一部分得到实施,而另一部分却没有;有些地方、学校、课堂能够有效地实施新课程,而其他一些地方却不可以。为什么会出现这些问题呢,主要涉及到影响课程实施的因素。

1. 课程方案的特征

课程方案本身的一些特征是影响课程实施的重要因素。第一,课程方案设计的合理性。如课程方案包含了哪些主要的因素,各因素之间是否协调一致,课程方案有没有体现良好课程的要求等。第二,课程方案的明确性。课程方案本身如果缺乏明确性,就容易造成使用者的混淆,导致课程实施不完全。第三,课程方案的复杂性。如果课程方案过于复杂,如在教育教学观念、教学方法、学校组织等方面作了很大的调整,课程内容关联的范围和程度大幅度增加,则不易为使用者理解,或让使用者无法接受,不容易完全吸收等。第四,课程方案的实用性。课程方案能不能顺利实施还取决于方案本身是否符合实际的需要和具有效用,如是否方便教师的操作,是否能配合正常的教学活动,是否满足了教学时间的需求并引起师生的积极反应。

2. 教师的特征

教师是决定课程实施成功与否的决定性力量,特别是在课程教学层面,教师成为课程实施的核心。第一,教师的参与。课程实施的必要前提,是教师自觉以课程计划、课程标准为依据,设计教学活动,确定教学策略,通过把课程的实施直接作为课程的一部分,让教师始终参与课程计划、课程标准的拟定,就可以增强这种自觉性。也就是说,如果使用课程的教师参与了课程计划和标准的设计工作,就能促进课程的实施。第二,教师的课程决策。在课程实施过程中,教师不是一个被动的执行者,而是一个主动的决策者,他们要面对许多与课程有关的问题,需要依据不同的情况随时做出相应的专业判断。这种判断就形成了教师在课程实施过程中的决策。其决策的正确性与准确性直接影响着课程实施的质量。第三,教师的态度。教师在教学中拥有一定的自主权,对待这种自主权,不同的教师会采取不同的态度。如有的教师会采取封闭式的态度,对课程改革缺乏关注,不愿意介入,也不愿意接受新的理念与方法,具有明显的惰性,影响了课程的有效实施。第四,教师的能力。教师的个人背景、智力水平、知识才能也存在差异,这样就会形成不同的教师在实施同一个课程方案过程中的差别。

3. 学校的特征

学校是课程方案的使用单位,成功的课程实施离不开学校对课程改革方案的管理、领导和各种行政配合。具体表现在:第一,校长的工作。校长强烈地影响着课程实施的可能性,在学校系统中,校长常常创造了交流、支持和作出决策的条件,这种条件能够促进或者阻碍课程的实施。第二,学校行政的工作。一方面是学校行政人员的工作态度,当行政人员不关心课程实施工作,或者未领会课程实施的重要性,课程实施就会受到影响。另一方面是学校行政人员的工作策略,如怎样对教学活动进行科学的管理,如何调动教师的教学积极性等。第三,学校的支持系统。一是经费上的支持、人力和活动上的支持,二是加强师资培训,通过系统的、有针对性的培训,转变教师观念,提高教师实施课程的能力。第四,学校的环境。学校环境包括物理环境和心理环境,物理环境指课程实施的硬环境,如校舍、教学设备、教学资料等。心理环境指课程实施的软环境,如学校的氛围、人际交往、师生关系等。

4. 校外环境的特征

校外环境是课程实施的地区和社会的总体氛围,这种外部氛围与学校的课程实施有着千丝万缕的联系。校外环境大致可分为两层:第一,学区或地区,即学校所在的行政区域。一般来说学区或地区的支持及政治的稳定性越高,课程实施的程度则越高。第二,社会。从外部大环境来说,课程的实施,需要社会各界的支持,如政府机构、新闻媒体、家长、社会团体等。社会各界的理解、支持以及帮助,可以成为课程实施的巨大推动力。

在具体课程实施的过程中,可能对课程实施产生影响的因素还有很多,而且不同的因素对一个确定的课程所产生的影响也会有所不同。我们探讨的以上四个方面的因素,在不同的水平上、以不同的程度影响着课程的实施。

第二节 教 学

教学是学校工作的中心,也是学校工作的重心,它是实现国家教育目的和学校培养目标的基本途径。教师的主要时间和精力均是花在教学工作上的,因此,建立什么样的教学观念,以及在什么样的教学观念指导下工作,对教师以及学校整个教育工作都具有重要的意义。

一、教学的涵义及功能

教学的含义是什么,它与教育、智育等相关概念有什么联系和区别,教学有什么功能等,这是学习教学理论必须要了解的问题。

(一)教学的涵义

1. 教学的词源分析

在我国,早在殷商时期的甲骨文中就已出现了“教”与“学”二字。这两个字连在一起使用则最早出现在《尚书·兑命》“斅学半”(斅,xiào,同教)。《学记》中说:“学然后知不足,教然后知困。知不足,然后能自反也;知困,然后能自强也。故曰:教学相长也。”[①] 这里的教学相长实际上是“斅学半”的引申。据宋朝蔡沈注解:“斅,教也……始之自学,学也;终之教人,亦学也。”这里的“教”与“学”实际上都是指教师的行为,是说教师的“教”与“学”是辨证的、对立统一的,是相互依赖、相互促进的。在《礼记·学记》“建国君民,教学为先”中,“教学”的涵义极为广泛,几乎是“教育”的同义词。随着社会的发展,客观上产生了有组织、有计划地传递社会经验的需要,有了专门化的教学活动,教学便开始有教师传授、学生学习的专门含义。这种含义最早见于宋代欧阳修所作胡瑗先生墓表中:“先生之徒最盛,其在湖州学,弟子来去常数百人,各以其经传相传授,其教学之法最备,行之数年,东南之士,莫不以仁义礼乐为学。”这里“教学之法”中的“教学”与我们今天的涵义接近。[②]

在英语世界中,人们一般使用意义相近的两个词 teaching(教学、教导)和 instruction(教、教导)来表示“教”;用 learn(学、学习)来表示“学”。teach 与 learn 最早表达的是同样的意思,是由同一个词派生出来的,learn 与所教的内容相联系,teach 与使教学得以进行的媒介相联系。teaching 和 instruction 这两个词虽在某种意义上都表征“教”的涵义,绝大多数人把它们当成同义词,可以互相代替。但在具体的使用过程中,还是把 teaching 多与教师的行为相联系,作为一种活动,而 instruction 则多与教学的情境有关,作为一种活动的过程。

2. 教学的含义

通过对中西方“教学”词源的分析可以发现,教学的含义在不同的历史时期所指有所不同,不同层次与研究领域的使用和研究者,对教学的界定与规定也是各不相同的。目前,人们一般是从两个层面来分析和认识教学概念的。从广义的层面来认识,凡是有教有学、教

① 傅任敢:《〈学记〉译述》,上海:上海教育出版社,1982,6。
② 王策三:《教学论稿》,北京:人民教育出版社,1985,86～87。

与学统一的活动,都可称作为教学。狭义的教学指学校的教学活动,是为实现教育目的,以课程内容为中介而进行的教和学相统一的共同活动。在教学活动中,师生双方按照一定的目的及要求,通过各种方法进行交往、交流,以使学生掌握一定的知识技能,形成完善的个性品质和思想品德,以实现人类社会发展对个体身心发展要求的统一。我们在这里主要探讨狭义的教学活动。要很好地理解教学的含义,我们还必须认识到以下几个方面的问题。

第一,教学是有目的的活动。教学活动是有目的的活动,其根本目的指向学生的学习和发展。在教学活动中,教师活动的目的指向学生的发展,一切活动的进行都要建立在为学生的学习和发展服务之上。尽管教师也有其他活动目的,但要通过引起学生的学习与发展而实现。学生也有各种各样的目的,但在教学活动中,其学习的出发点和归宿在个体的学习与发展上。

第二,教学活动是教与学的有机统一。教学活动包含教师的教与学生的学两个方面,它是教师的教与学生的学的有机统一。首先,教不同于学。在教学活动中,教是教师的主要行为,其目的是引起学生的学习并使之变得有效。学生的行为主要是学习,是一个接受知识并内化、建构的过程,学是学生的主要行为。正是因为教的行为不同于学的行为,才使教师的教与学生的学变得有价值且顺利进行。其次,教与学互相依赖。教与学互为基础,互为方向,即教和学是同一活动的两个方面:教师的教,离不开学生的学;学生的学也离不开教师的教。

在教学中"教"离不开"学","学"也离不开"教",它们是彼此依存,互为前提,相辅相成的。再次,教与学是辨证有机统一的。教学永远包括教和学,但不是简单的相加,而是有机地结合或辨证的统一。在教学过程中,教师主导着教学活动的方向和性质,学生永远都是学习活动的主人;教师只能指导学生学习而不能代替学生学习,学生只有在教师的有效指导下才能更好地学习。既不能以任何形式削弱教师的主导作用,也不能以任何借口剥夺学生的主体地位。

第三，教学活动是以课程内容为中介的师生共同活动。课程内容是联系教师的教与学生的学的中介和纽带，没有特定活动内容材料的传输与学生自身经验的体验，教学活动将不能成为事实。因此，教学活动中，教师必须明确学生所学的内容，并正确运用教育情境中的相关教育资源与影响。

第四，教学是科学与艺术的统一。教学既是科学，又是艺术，是科学与艺术的统一。作为科学，教学活动必然要按一定的规律进行。构成教学的诸种要素之间是相互作用、相互影响的，这种作用和影响是有其内部规律与必然联系的，不管人们承认与否，它都客观地存在于教学过程之中。从事教学活动的主体必须认识、把握并利用它，从而使教学活动得以顺利进行。作为艺术，教学活动必须艺术地表现出某些方法、内容和技巧。教学可以是一种艺术化的存在形式，但又区别于其他艺术而有其独立存在的内在规定性或根本特点。在教学活动中，如果一味地追求教学的科学内部规律，往往会使教学活动变得呆板、机械、枯燥无味而失去教学活动的乐趣。如果片面地把教学当成艺术表演与欣赏，就会失去对教学活动的目的性与教育性的本质追求。因此，应将教学的科学性与艺术性很好地结合起来，统一于具体的教学活动过程之中。

（二）教学与教育、智育的关系

教学与教育既相互联系，又相互区别，两者是整体与部分的关系。教育包括教学，教学是学校进行全面教育的一个基本途径。除教学外，学校还通过课外活动、生产劳动等途径向学生进行教育。教学工作是学校教育工作的一个组成部分，是学校教育的中心工作。学校教育工作除教学外还有其他工作，如德育工作、体育工作、后勤工作等方面。

智育是指向受教育者传授系统的文化科学知识和技能，专门发展受教育者智力的教育活动，它是教育的一个组成部分。教学是智育的主要途径，但却不是唯一途径，智育也需要课外活动等途径才能全面实现。教学要完成智育任务，但智育却不是教学的唯一任务，教学也要完成德育、体育、美育、劳动技术教育的任务。将教学等同于智育,容易导致对智育的途径和教学的功能产生狭隘化甚至唯一化的片面认识,在实际工作中,这种认识所产生的危害是有目共睹的。

(三)教学的功能

第一,教学是学校实施全面发展教育,实现教育目的和培养目标,促进学生全面发展的基本途径,对学生的身心发展起着全面而深刻的影响。首先,教学是实施智育的基本途径,对学生掌握知识技能、发展智力和能力具有巨大的作用。教学可以突破时间、空间及个人经验的局限,扩大学生认识的范围,加快学生认识的速度,使学生在较短的时间内用较少的精力,较顺利地掌握人类需要数百年甚至数千年才能获得并积累起来的大量的知识和技能。同时知识技能又是智力能力发展的重要基础,教学又是一种计划性、组织性很强的活动,因此教学也是促进学生智力能力发展的有力手段。其次,教学是实现德育的基本途径。对学生思想品德和良好个性的形成和发展有着深刻的影响。教学使德育获得了科学和认识的基础。尽管学生世界观、思想品德和个性的形成与发展要通过各种途径在更广阔的领域来实现,但科学的世界观、良好的思想品德和个性,其形成和发展必须建立在科学知识的基础之上。不仅思想品德课、政治思想课要通过教学并借助于其他各科教学奠定的基础来进行,而且自然学科和社会、艺术学科的教学,也是促进学生科学世界观、良好思想品德形成和发展的重要基础。最后,教学也是学校实施体育、美育、劳动技术教育的基本途径。学校专门开设的体育、卫生保健、音乐、美术、书法以及生产劳动等诸多课程,对学生进行专门的体育卫生知识和体育项目、审美观点和审美能力、现代生产基本原理和劳动技能的教学。总之,教学是学校实现全面发展教育,促进学生全面发展,实现国家教育目的及学校培养目标的基本途径。学校教学质量的高低关系到学校培养的人的质量,并因此间接影响社会的发展。教学工作是学校促进社会发展功能有效发挥的重要基础。

第二,教学是传递人类社会长期积累起来的知识、技能和人类文化遗产最有效的手段。文化科学知识的继承和发展是人类社会不断发展的必要条件。人类设立学校的目的,就是为了通过学校有效地向下一代传递人类业已积累的生产与生活经验,使人类社会得以延续和发展。以教学的方式传递知识,由于有专职教师的指导和不断系统、完善的教学内容,可以大大加快新生一代掌握知识的速度。因此它既适应生产与生活发展、知识不断丰富的客观形势,是人类社会分工与进步的标志,又是人类创造的一种积累、传递和发展知识、培养人才的有效途径和必要条件。

二、教学过程

(一)教学过程的涵义和特点

任何活动都是作为一个过程展开的,教学也是一个过程。教学过程极其复杂,它具有丰富的内容,也有很大的动态性。它是诸多教学任务的一种有目的、有先后顺序的更替和教学的各个组成部分的变化,这种变化按客观规律进行,并使学生参与掌握社会经验内容的活动来形成他们的种种特性作为自己的最终结果。教学过程在教学实践中实际的形态纷繁复杂,具有多种形式。但是,各种具体形式的教学过程都是教师和学生协同活动的过程,是学生在教师指导下,依据课程计划和课程标准的要求,积极主动地掌握系统的文化科学知识和基本技能,发展身体素质、心理素质和社会文化素质,并形成一定思想品德和心理品质的过程。这个协同活动过程中,教与学都必须通过教学内容才能进行。因此,可以说,教学过程是由教师、学生、教学内容三个要素构成的,三者之间相互作用,产生复杂的教学过程。

教学过程具有以下几个明显的特点。第一,双边性。教学过程是教师和学生、教师的教和学生的学的双边活动过程,是教师指导学生学习的过程。这个过程既包括了教师教的一面,也包括学生学的一面,教师和学生,教师的教和学生的学,相互对立又相辅相成,各以对方的存在为自己存在的前提条件。第二,间接性。教学过程中学生以掌握间接知识为主,这些间接知识是人类社会长期实践经验的总结,是人类历史上的优秀文化成果。这些经过无数次实践总结出来的认识成果主要以书本知识的形式出现,学生掌握的是经过精心选择、组织的社会科学和自然科学的基础知识和基本技能。这是感性知识和理性知识在一定程度上的结合。第三,发展性。教学过程是实现全面发展教育的最有效途径,教学过程也是使学生获得全面发展的过程。一方面,教学是一种创造性的认识活动,是发展智力和能力的基础。另一方面,教学中学习和掌握知识与学习动机、兴趣、情感和意志的定向、调节和控制等心理活动密切相关。认识水平的提高,会使学生的兴趣、情感、意志、个性特征、行为、习惯等同时得到培养,而良好的情感、意志、行为、习惯的养成,又会反过来促进认识能力的进一步发展。

(二)教学过程的本质

教学过程的本质就是教学过程所固有的,由其内在矛盾的特殊性所规定的,使教学过程与其他非教学过程区别开来的根本属性。它是教学过程所独具的、与其他非教学过程根本不同的特殊规定性。这些特殊规定性表现在以下几个方面。

第一,教学过程是师生个体认识过程与人类一般认识过程的统一。人类的认识活动多种多样,教学也属于人类认识活动中的一种。作为人类的一种认识活动,在教学活动过程中,不论是教师的教的活动,还是学生的学的活动,都不得不受到人类普遍认识规律的制约。但是教学活动又不简单等同于人类一般认识活动。教学过程是人类一种特殊的认识活动,其特殊性表现为:首先,教学认识是一种个体认识的活动,而不是历史总认识。历史总认识是在历史发展过程中进行和完成的,往往要经过长期,甚至几代人的反复实践。而个体的认识活动是在个体发展过程中进行和完成的,即要在短时间内掌握人类千百年来所积累起来的已经达到的认识成果,而无需事事亲自去体验和实践。其次,教学认识是教师、学生的个体认识,而不是如科学家、艺术家等的个体认识。在教学过程中,教师是教育者、引导者,学生是受教育者、学习者,学生的认识是在教师的引导、帮助之下进行和完成的。接着，教师、学生作为认识主体都具有特殊性，学生是处于发展中的各个方面尚未成熟的人，其认识机构、智能结构、个性品质结构都处于形成期，具有不稳定性和可塑性。教师的认识对象不是物而是学生，所以教师不仅要具有专业素养，还要具有教育素养，既要掌握学科专业知识，又要掌握如何传授学科专业知识的知识。最后，教师、学生面临的认识任务也具有特殊性，通过教学认识活动，学生需要掌握、教师需要促使和帮助学生掌握基础知识、基本技能，科学的认识方法，还要发展智力、能力，增强体质，形成科学世界观、道德品质，综合、全面地提高自身的素质。

第二，教学过程是师生课堂教学交往过程的统一。首先，教学过程是教的过程与学的过程的统一，即教学过程既不是单纯的教的过程，也不是单纯的学的过程，它是教师的教与学生的学的活动的统一。教师的教是为了学生的学，学生的学又影响着教师的教，两者缺一不可，任何一方活动都以另一方为条件。在教学过程中，教师努力向学生传递教学内容，并使学生掌握，从这个意义上说，教师是教育的主体，只有通过教师的组织、调节和指导，学生才能迅速地掌握知识，并使自身获得发展，只有当学生独立思考，在教师营造的教学环境中主动地展开活动，真正的学习过程才能形成。也就是说，学生是学习的主体，教师对学生的指导和调节只有当学生自身积极参与学习活动时，才能起到应有的作用。这种交互主体性成为教学过程的本质属性，并在整个教学过程中表现出来。其次，教学过程是教师与学生以课程教学为基础的人际沟通、交往过程。没有沟通、交往就不可能有教学。失去沟通、交往的教学是不可想象的，也不是真正的教学。在教学过程中，必然会形成教师与学生之间、学生与学生之间、教师与学生群体之间等多种多样的人际交往关系。教学活动正是在各种交往过程中不断生成变化的，是按照教师与学生的交往活动的变化而变化的，同时也是在师生对语言的共同使用中进行的。通过教学交往，教师的活动延伸在学生的活动之中并影响着学生的活动，而学生的活动同样也延伸在教师的活动之中并影响着教师的活动，二者之间形成了对话情境。对话使师生双方面对面,都在倾听和叙述中敞开自己、接纳对方,同时又把自己投向对方,彼此获得理解和沟通。

第三,教学过程是教养与教育过程的统一。教学过程的根本任务在于教养,即传授各门学科的知识、技能,使学生掌握从事社会、政治、经济、文化等活动所必需的知识、技能、技巧。但教学过程又不是单纯的教养过程,它同时也是教育过程,是教养与教育过程的统一。所以,教学并不仅仅传授人类千百年来积累的科学文化知识、技能,它同时传递社会立场、自然观、人类生活的价值和基本态度等等。在教学过程中,学生不仅知识增长,能力发展,而且思想感情、精神面貌、道德品质也同时受到熏陶、发生变化。在教学活动中,教养过程与教育过程互为基础、互为前提,相互影响、相互制约、相互渗透,形成紧密的关系。一方面,学生掌握了教养的结果——知识、认识、能力、技巧,它便成了教学中发挥丰富的教育功能的基础、前提;另一方面,教育的结果又进一步影响教养的成效,制约着学生的学业水平和学习能力。

三、教学模式

(一)教学模式的概念和结构

教学模式是在一定教学理论的指导下,通过相关教学理论的演绎或对教育教学实践经验的概括和总结所形成的一种指向特定教学目标的比较稳定的基本教学范型。理解教学模式的概念,我们必须认识到以下几点:(1)教学模式是一种相对稳定的教学结构,即教学模式已经是一种比较固定的教学范型。(2)教学模式形成的途径主要有两种:教学理论的演绎和教育教学实践经验的归纳和总结。(3)教学模式具有稳定性和可变性。教学模式一经形成,就具有相对的稳定性。但另一方面,随着教学理论,尤其是随着教学实践的发展,教学模式本身也处在不断地变革、修正和完善之中。

只有深入到教学模式的内部,了解它的构成要素及相互关系,才能比较好地认识、掌握和运用教学模式。一般来说,教学模式主要包括以下几个基本的构成要素。(1)理论基础。任何教学模式总是在某一特定的教学理论指导下提出来的,体现了一定的价值取向。教学模式之间的区别,从一定意义上讲就是各自的理论基础和指导思想的不同。尽管有的教学模式是在长期的教学实践中形成的,可能在开始时没有明确的理论基础和指导思想,但在对教学经验进行系统分析、总结和概括时,发现其总有一定的理论指导。(2)教学目标。每种具体的教学模式都有自己特定的目标指向。每一具体的教学模式,都是为达成特定的教学目标,完成特定的教学任务服务的。因此,教学目标是教学模式的核心,教学模式的各个构成要素和环节都是围绕教学目标来构建的。(3)教学程序。教学模式的程序是指具体的教学模式在完成特定的教学目标过程中所必须经历的过程和步骤。任何教学模式都有自己一套独特的操作程序和步骤,它具体规定了在每一环节中应完成的教学任务以及教学环节之间的先后顺序等。(4)运用策略。教学模式的运用策略是指在教学模式的运用过程中,为了达到相应的教学目标而规定的教师和学生采用的教学方法、方式和措施的总和。它包括对教学活动中师生关系、教学内容、教学方法、教学手段和教学组织形式等各方面的具体要求。(5)评价体系。教学模式的评价体系指教学活动的评价标准和评价的方法体系。在一种具体教学模式的实施过程中,为了使教学活动顺利有效地进行下去,需要建立评价和反馈体系,并通过这一体系,对教学活动加以调控,并由此达到改进教学活动,提高教学质量和效率的目的。

(二)教学模式的特点

教学模式具有整体性、中介性、相对性、可操作性和效益性等主要特点。

第一,整体性。教学模式突破了传统教学论研究中对教学各个要素之间的内在联系和动态转化缺乏整体认识的缺陷,强调对教学各要素的整体把握。每一具体的教学模式都是以一定的教学目标为主线,通过比较稳定的教学形式把教学活动的各种要素组织起来,构成了一个有机的整体。也就是说,教学模式是对教学活动各要素进行综合考虑、整体安排的结果,是对教学活动的完整反映。

第二,中介性。教学模式与教学理论和教学实践都有密切的联系,它处于教学理论和教学实践之间,使教学理论和教学实践有机地结合起来,起着承上启下的中介作用。

第三,相对性。每种具体的教学模式的效能都是相对的,相对于特定的教学目标和教学情境来说,某种教学模式是有效的,但随着教学目标和情境的改变,该教学模式的适用性和有效性就会降低。每种具体的教学模式都有自己的适用范围,不存在一个能够在任何教学目标及教学情境中适用的"万金油"式的教学模式。

第四,可操作性。每一种教学模式都是由特定的比较稳固的操作程序和方法的策略体系所构成的,它是直接为解决特定的教学任务和达成特定的教学目标服务的,具有很强的操作性。与教学理论相比较,教学模式更简明具体,易于操作。而相对于教学实践经验,教学模式更概括、完整和系统。因此,教学模式既可体现教学理论的指导作用,又能发挥教学实践经验的实际操作作用,具有很强的实用性。

第五,效益性。每一种教学模式相对于特定教学目标的达成及特定的教学情境来说,是有效果的,甚至是最优化的,这是教学模式存在的价值所在。也就是说,教学模式首先是有作用的,它在解决特定问题时具有独特的优越性。

(三)教学模式的选择与运用

当前,多种多样的教学模式同时存在,呈现出十分繁荣的发展态势。在教学模式多样化的背景下,如何在具体的教学实践工作中合理地选择和运用教学模式,就成为一个很现实的问题。

1. 教学模式的选择

任何一种教学模式都有其特定的目标、使用的条件和范围。"世间不存在放之四海而皆准的最优教学模式。任何教学模式总是要依据一定的条件发挥作用。因此,我们所要探讨的不是去评定哪一种模式最佳,而是哪一种模式的哪些侧面针对什么目的可以取得什么效果”。[①] 在教学实践活动中,应该从千差万别、丰富多彩的教学实际出发选择教学模式,具体来说应该考虑以下几个方面的因素:

第一,教学目标和任务。每种教学模式都有自己特定的目标指向,都是为完成特定的教学任务服务的。在具体的教学活动过程中,每一节课所要达到的教学目标、实现的教学任务都可能是具体而不同的。因此,在选择教学模式时,首先应该考虑具体的教学目标和教学任务,依据不同的目标和任务来选择与此相对应的教学模式。例如对于主要是给学生传授新知识的课与主要是培养和发展学生的自学能力的课来说,教师所选择的具体教学模式应该是不同的。

第二,学科的性质与内容。学科性质及内容的不同,在各学科教学中所使用的教学模式也应该是有差异的。如自然科学与社会科学的学科性质不同,学科内容有比较大的差异,自然科学学科的教学模式就应该不同于社会科学学科的教学模式。就是自然科学内容,不同的学科所采用的教学模式实际上也是有很大的区别的,如数学的教学模式就不同于化学的教学模式。

第三,学生身心发展的水平。学生是具体教学模式的直接的体验者和感悟者,心理学的知识告诉我们,学生的身心发展具有顺序性、阶段性、不平衡性和差异性等基本规律,因此在选择教学模式时必须考虑到学生身心发展的规律及其特点,依照学生身心发展的不同特点来选择恰当的教学模式。如对于小学低年级的学生,由于他们的知识经验比较缺乏、认识能力的发展水平也有限,因此可以采用一些形式活泼的教学模式。而到了高年级,学生的认识能力逐渐发展,所积累的知识经验也越来越丰富,在教学过程中就可以使用各种不同类型的教学模式。

第四,教师自身的特点。教师是选择教学模式的主体,每种教学模式都是通过教师来加以运用的,他们在其中发挥着主导的作用,因

---

① 钟启泉:《现代教学论发展》,北京:教育科学出版社,1988,163。

此教师本身的特点就成为一个不可忽视的因素。在选择教学模式时,应该考虑到教师自身的条件,尤其要符合自身的优势能力。

第五,现有教学物质条件及时间。有些教学模式的运用要求一定的技术设备和手段作为物质基础。如果缺乏相应的技术设备和条件,有些教学模式的作用发挥就要受到一定的限制,甚至根本不可能使用。因此在选择教学模式时必须考虑到现有的教学物质条件及设备等。此外,有些教学模式虽然能达到比较好的教学效果,但是需要很多的时间,而这和有限的课堂教学时间之间会存在一定的矛盾性,教师在选择教学模式时,也要充分地考虑到这一点。

2. 教学模式的运用

教师在具体运用教学模式的过程中,应该坚持正确的教学指导思想,从整体着眼,从教学实际需要出发,融会贯通地运用多种教学模式,才能取得比较好的教学效果。具体来说需要注意以下几方面的问题:

第一,要具有符合现代教学理念的正确教学指导思想。指导思想是教学模式的核心,教学模式的运用能否取得预期的效果,关键在于教师是否把握了隐藏在模式背后的教学理论和指导思想,否则无论采用什么样的新模式,只能是盲目的模仿和机械的套用。如果在教学过程中我们将学生看作是被动接受知识的容器,可以任由我们教师的改造和加工,以知识的灌输为教学的指导思想,即使采用了新的教学模式,也不会取得预期的教学效果。因此,教师在运用教学模式的过程中,必须接受不同模式包含的基本教育理念,并且能够将其内化为自己教育教学观念的一部分,自觉地在教学实践活动中表现出来。

第二,要有所发展和创新。教学模式给教学实践提供了范例,本身又有一套实施的操作程序,因此具有可模仿性和可操作性。但是,教师在运用教学模式的过程中,应该避免盲目照搬和机械套用。教学过程中,具体的教学活动在教学目标、教学内容和学生特点等方面都存在着一定的差异,因此教学模式对教学活动只能做原则性的规划。在运用教学模式时,其实是在原有模式基础上针对具体实践的超越和创新的过程。教师要做到有模式但不为模式所限,遵模式但不为模式所拘。模仿中求创新,运用中谋发展。

第三,各种教学模式优化组合,变通运用。首先,实际的教学过程是具体而复杂的,教学内容是多样而丰富的,教学要达到的目标也是多方面的,企图在教学过程中采用某种单一的教学模式来进行教学活动,完成教学任务是不可能的,也是不现实的。因此,在教学过程中,教师应根据不同的问题、不同的内容、不同的情境交替运用不同的教学模式,并能使它们有效地配合,共同达成预期的教学目标。其次,教学模式虽然有着相对固定的程序和阶段,但它们的划分并不是绝对的。在课堂教学中,不同性质的教学目标和内容经常相互交叉在一起,再加上时间的限制,很难将一个教学模式完整地应用。因此,教师在运用教学模式时,既要考虑到特定教学模式相应的教学过程的相对独立性和完整性,考虑到教学模式的整体性,又要考虑从教学的实际出发,吸取其他教学模式中有利于达到教学目标的某些方面,将各种模式变通使用。采用模式只是达到教学目标的手段,模式本身并不是目的。

(四)当代几种新的教学模式

伴随着我国基础教育改革的不断深化,关于教学模式的探索也在不断地推陈出新,目前出现了一些新的、有特色的教学模式,很值得我们广大的中小学教师关注。

1. 自主探究的教学模式

自主探究教学是指学生在教师的引导下,通过自己的试探与求索、总结与概括,获得经验与体验,发展智慧与能力,形成积极的情感、态度和价值观的教学实践活动。自主探究教学主要有四个基本要义:一是以促进学生的发展为目的;二是以学生的自主、能动和创造为基本特点;三是强调学生自主建构;四是强调教学的开放性、生成性和动态性。以上述基本理念为依据构建的教学模式即为自主探究教学模式。

自主探究教学模式的教学目标主要有以下几个方面:第一,发展学生的主体性,真正确立学生在学习和实践活动中的主体地位;第二,培养学生探究的意识和能力,养成探究的习惯;第三,培养学生动手能力及分析问题和解决问题的能力;第四,培养和发展学生的创新精神和创新能力。

自主探究教学模式的实施程序多种多样,要构建一个固定不变、实用性广的自主探究教学的实施模式是十分困难的。一般来说,自主探究的教学模式有三种不同的水平层次,即有结构的探究、指导型探究和自由探究。[①] 有结构的探究是指探究时给学生提供将要调查研究的问题、解决问题所要使用的方法和材料,但不提供预期结果。学生自己要根据收集到的数据进行概括,发现某种联系,找到问题的答案。这种探究也被称为一级水平的探究活动。指导型探究是指探究活动时只给学生提供要调查研究的问题,有时也提供材料,学生必须自己对收集到的数据进行概括,弄清楚如何回答探究问题。这种探究也被称为二级水平的探究活动。自由探究是指在探究活动时学生必须自己独立完成所有的探究任务,当然包括形成要调查研究的问题。从许多方面来看,自由探究类似"搞"科学,即科学探究。这种探究也被称为三级水平的探究活动。

2. 研究性教学模式

研究性学习是指学生在教师的指导下,通过选择一定的课题,以类似科学研究的方法,进行主动探索的一种教学方式。研究性学习具有探究性、主题性、交互性、开放性和创新性等特点。以上述基本理念为基础构建的教学模式即为研究性教学模式。研究性教学模式的主要教学目标是:第一,培养学生的创新意识和创新能力;第二,培养学生的问题意识;第三,培养学生的合作意识与能力;第四,培养学生关注现实,关注人类发展的意识和责任感。

研究性教学模式的实施,没有一个固定不变的模式,但是一般来

① 徐学福:《美国探究教学研究 30 年》,载《全球教育展望》,2001(8)。

说包括以下阶段和步骤。[①]

第一,知识背景的准备阶段。主要包括:教师或指导专家向学生介绍研究性学习的性质、目标、步骤、意义等,使学生对研究性学习有一个概括的认识;向学生介绍一般的科学研究方法,最好能结合实例,通俗易懂;或给学生开设一门短期的综合课程,介绍一些有关当前人类发展中普遍面临的问题,以开拓学生视野,活跃他们的思维等。

第二,选题立题阶段。学生按自己的兴趣、爱好、特长和家庭背景等自由地从自然、社会生活和自身的经验中选择要研究的课题,对选题的社会价值和研究的可能性进行判断和论证。此时教师可以作为一名参与者、组织者,平等地参与学生的讨论,共同确立研究课题。学生选题大致会经历一个由模糊宽泛到具体明确的过程,需要教师不断指导,以进一步调整、改进,使课题具体化和可操作化。

第三,组织课题小组,制定研究方案阶段。课题小组是研究活动顺利开展的组织保证。每个课题小组一般以3~5人为宜,采取自愿结合、适当调整的建组原则和优势互补、分工合作的活动原则。建组以后,每一个课题小组要根据自己的研究课题制定研究方案,以保证研究活动的连续性和明确化。研究方案一般包括研究的目的和意义,研究的主要问题,研究的步骤和程序,以及对调查问卷、访谈提纲、实验方案等的编制等。

第四,实施阶段。研究方案制定出来以后,就进入了实施阶段。学生要通过查阅文献资料、做实验、搞调查、走访专家和有经验的实际工作者、实地考察记录、体验学习等方式去收集有关信息。同时小组成员之间还要经常互相讨论、研究。在实施过程中,学生可能会发现与本课题有关的新问题,或与原先设想不一致的地方,这时就要回过头来重新修订研究方案,使之更加完善。

第五,分析处理信息,得出结论阶段。课题组将前一个阶段收集

---

① 李召存:《研究性学习初探》,载《中国教育学刊》,2001(2)。

到的原始资料进行整理、归纳、分析和概括,从中找出规律性的东西,得出自己的结论,提出自己的建议等。

第六,展示成果阶段。得出结论以后,学生要采用小论文、图表、模型、电脑多媒体演示、调查报告、实验报告等形式把研究成果展示出来。形式可以不拘一格,只要是有利于表达自己观点的都可以。

第七,总结反思阶段。对整个研究过程,包括研究方法的科学性和正确性、研究成果的质量和研究过程中的参与程度、合作意识、体验感受及其他方面的得失,进行全方位的总结反思,以获得更深一层的理性认识。

3. 问题解决教学模式

问题解决的教学模式是指依据教学内容和要求,由教师创设问题情境,以问题的发现、探究和解决来激发学生求知欲和主体意识,培养学生的实践和创新能力的一种教学模式。其中,教师创设问题情境是其中心环节。在问题情境的引导下,学生收集素材、资料,深思酝酿,提出假设,引发争论,进行批判性思考和实验探究,得出结论,通过应用又产生新的问题,使学生思维不断发展、升华。问题解决教学是一种高效和发展性的教学,能使学习者的思维具有明确的目的性,能使学习者的已知知识与未知知识、旧知识和新知识之间产生联系,建立自己的知识系统,使学生不仅掌握科学结论,而且参与知识的发生、形成和发展过程,有助于培养学生的创新精神和创新能力。

问题解决教学模式的主要目标是形成和培养学生的问题意识,提高学生分析和解决问题的能力,促进学生创造性的发展。这一模式的教学程序多种多样,一般来说,创造性解决问题的阶段有:准备阶段,孕育阶段,明朗阶段,验证阶段。而一般性解决问题的阶段有:发现问题,分析问题和检验假设。

四、教学方法

在教学过程中,教师、学生必须采取一系列的教学手段才能使教的活动与学的活动有效地进行。无论教师、学生采取什么样的教与学的模式、组织形式,完成什么样的教学任务,都必然会涉及到教学方法。

(一)教学方法的涵义及作用

1. 教学方法的涵义

方法一词源自古希腊语 metodes,意指做事的步骤或手续。在哲学中,方法指根据研究对象的运动规律从实践上和理论上掌握现实的一种形式。一般说来,方法具有主观性,是人们认识世界和改造世界的工具和手段。总体上,认识方法或思想方法是在认识世界中所采用的方法,工作方法或行动方法是在改造世界中所采用的方法。所谓教学方法,就是在教学活动过程中所采用的方法,指在教学活动过程中,教师和学生为实现教学目的,完成教学任务而采取的教与学相互作用的活动方式的总称。教学方法既包括教师教的方法,也包括学生学的方法,是教师教的方法与学生学的方法的有机结合。

理解教学方法的概念,我们必须注意以下三个方面:第一,教学方法必须为实现教学目的、完成教学任务服务。即教学方法要服务于教学目的,任何一种教学方法都要以实现一定的教学目的为前提,否则教师就不可能进行有目的的教学活动。第二,教学方法是一个结构性概念,它是师生共同进行教学活动所采取的方式,而并非单指教师的工作方法,也就是说教学方法包括教的方法与学的方法,教法与学法密切联系,没有学生的学习行动或者是没有教师的教的行为,都不是教学方法。第三,教学方法种类、形式多种多样,每种教学方法都有自己的独特功能,适用于所有教学条件的单一方法、万能方法是不存在的。只有多样化的教学方法才能顺利实现教师与学生的交往互动,从而较好地实现教学目的。

2. 教学方法的作用

第一,教学方法是完成教学任务的必要条件。工作方法问题对于任何工作都是十分重要的,教学工作也不例外。要完成教学任务,需要有一定的教学方法作保证。在教学目的和任务确定以后,教学方法问题就成为决定性的因素,它的选择和运用就成为教学成败的关键。没有教学方法的恰当运用,就不可能实现教学的目的和任务,进而也就影响整个教学系统功能的实现。

第二,教学方法是联结教师教与学生学的纽带和桥梁。在教学过程中,只有教师教的行为与学生学的行为有机地结合起来,才能更好地实现教学目的,完成教学任务。正是通过有效的教学方法,使教学过程中教师教的行为与学生学的行为有机地联系了起来,为共同实现教学目的、完成教学任务而努力。

第三,教学方法是提高教学质量和教学效率的重要保证。教学方法涉及有普遍性的课堂变量,如学习的准备状态、动机作用、呈现的步骤与设施、强化、智慧和情绪方面的功能,以及个人的满足。良好的教学方法可以唤起学生学习的准备状态,维持学生的注意与兴趣,调节学生的学习行为,及时解决学习过程中妨碍教与学的智慧问题和情绪问题,尽力扩大因教学成就带来的满足感,从而取得良好的教学效果和教学质量,提高教学效率。

(二)教学方法的分类

教学方法的种类繁多,并且随着教学理论及教学实践的发展,新的教学方法还在不断涌现,因而有必要对教学方法进行一定的分类。在现代教学研究中,暂时还没有一个统一的、公认的教学方法的分类法。不同的研究者总是根据不同的标准,从不同的需要出发,将多种多样的教学方法划分为不同的种类。我们依据各种教学方法的外部形态以及在该种形态下学生认识活动的特点,将教学方法分为以下几种基本的类型。

1. 以语言传递为主的教学方法

以语言传递为主的教学方法,指在教学过程中以口头语言或书面语言为主要传递形式,其特点是能较迅速、准确而大量地使学生获得间接经验。对学生来说,语言的锻炼与发展也是培养思维品质的一个重要方面。在教学过程中,以语言传递为主的方法主要有讲授法、谈话法、讨论法和读书指导法。

第一,讲授法。讲授法是指教师通过口头语言向学生系统连贯地传授知识、思想观点，提高学生的思想认识，发展学生的各种能力的方法。讲授法是历史最为悠久、使用最为普遍的一种教学方法，它包括讲述、讲解、讲读、讲评等方式。其优点在于，教师有较充分的主动性，易于控制所传递的知识内容，能使学生在较短的时间内获得大量的、系统的科学文化知识。其缺点是单向的"传递—接受"形式，不利于学生的积极参与，学生的主体性、能动性作用得不到充分的发挥，课堂气氛相对比较沉闷、单调。

第二，谈话法。谈话法又称问答法，是教师根据一定的教学目的及学生已有的知识和经验，通过师生的问答、对话而使学生获得知识、发展智力的教学方法。谈话法包括四种基本的类型，即启发性或开导性谈话、复习性或检查性谈话、总结性或指导性谈话、谈论性或研究性谈话。谈话法的优点在于有助于教师了解学生的学习情况，便于做到因材施教，便于激发学生的思维活动，培养学生独立思考的能力和语言表达的能力，还有助于师生之间的情感交融，建立一种师生交往、积极互动、共同提高和发展的新型师生关系。

第三，讨论法。讨论法是学生在教师指导下为解决特定的问题而进行探讨、辩论，辨明是非真伪以获取知识的方法。讨论法既是一种以语言传递为主的教学方法，同时又因它具有探讨、商榷等特点而被认为是一种研究性的教学方法。讨论法可以多种方式进行，既可以是整节课的讨论，也可以是几分钟的讨论；既可以是全班性的，也可以是小组讨论。这种教学方法不仅能够激发学生的学习兴趣，提高学习热情，而且有助于培养学生的思维能力、研究能力，同时还可以培养学生的组织管理能力。

第四，读书指导法。读书指导法又称阅读指导法，是指在教学过程中，教师教给学生阅读的方法，指导学生阅读的过程，以此使学生加深理解和牢固地掌握知识，扩大学生的知识面，培养学生自学能力的一种教学方法。读书指导法对于培养和发展学生的阅读能力，进而教会学生学习，发展学生的自学能力等具有独特的意义和价值。进行读书指导要教育学生具备认真的学习态度，注意联系已有的知识结构,学会使用工具书和写读书笔记。

2.以直接感知为主的教学方法

以直接感知为主的教学方法是指在教学过程中,教师以实物、教具、示范性实验或带领学生进行教学性参观等方式来进行教学,而学生则利用各种感官直接感知客观事物或现象而获得知识的方法。这类教学方法的最大特点是教学比较具体、生动和形象,学生的多种感官相结合,感知清晰,记忆深刻。以直接感知为主的教学方法主要包括演示法和参观法。

第一,演示法。演示法是指教师通过展示各种直观教具、实物,或进行示范实验,学生通过观察获取对事物和现象的感性认识的方法。演示的种类很多,有实物、模型、标本、图画、相片、幻灯、录像、影碟、教学电影及具体实验演示等。演示法的突出特点是使学生获得直观、典型的感性认识,不仅有助于学生理解书本上的概念、原理和规律,而且还有助于培养学生的观察力,激发学生的认识兴趣,提高学习的效果。

第二,参观法。参观法是指根据教学目的和任务,教师组织学生到大自然或社会特定场所观察、接触客观事物或现象以获得新知识或巩固、验证所学知识。根据参观的目的和任务不同,可以把参观法分为感知性参观、并行性参观、验证性参观和总结性参观等不同类型。参观法有助于学生获得直观、感性的知识经验和体验,能帮助学生获得新知识和验证所学的知识,密切学校课程内容与生活和时代的联系,扩大学生的眼界,激发学生的求知欲望。

3.以实践训练为主的教学方法

以实践训练为主的教学方法是指在教学过程中以学生的实践活动为特征,通过练习、实验、实习等实践活动形成学生的技能、技巧和行为习惯的教学方法。这种教学方法的主要特点是以练习为主要形式,学生在学习过程中手脑并用,学以致用。以实践训练为主的教学方法包括练习法、实验法和实习法。

第一,练习法。练习法是指教师根据教学的要求,给学生布置一定的作业，学生在教师的指导下，通过课内和课外完成作业的方式使学生运用所学的知识反复完成一定的操作，以巩固知识、形成技能和技巧的方法。练习法的主要价值在于形成和发展学生的技能和技巧，同时也有助于加深学生对所学知识的理解和巩固。练习法的种类很多，依据练习内容的不同可分为语言的练习、解答问题的练习和实际操作的练习等；依据练习的层次不同可分为模仿性练习和创造性练习等；依据练习的形式不同可分为口头练习、书面练习和操作练习等。

第二，实验法。实验法是指学生在教师的指导下运用一定的仪器设备进行独立实验作业，观察事物和过程的发生，探求事物的规律，以获得知识和技能的方法。实验法有助于学生直观地了解事物之间的因果联系以及事物发生发展过程的规律，也有助于培养学生的动手操作能力、探究意识和对科学研究的兴趣等。依据实验的目的和任务不同，实验法可以分为学习新知识、新理论之前进行的感知性实验、学习新知识和新理论之后进行的验证性实验和巩固所学知识进行的复习性实验。

第三，实习法。实习法是指根据教学任务要求，教师指导学生在校内外一定场所运用所学知识进行实际操作和其他的实践活动，以帮助学生掌握知识、形成技能和技巧的方法。实习法有利于使教学能理论联系实际，培养学生的独立工作能力。实习法有多种形式，依据场所可分为课程教学实习、校内外工厂实习、农场和实验园地实习等。

4. 以探索研究为主的教学方法

以探索研究为主的教学方法，是指教师组织和引导学生通过独立的探索和研究活动而掌握知识、培养能力、开发潜力、形成研究意识和探究精神的方法。这类方法的特点在于学生具有较大的活动自由，由学生积极主动地研究问题、探索解决问题的方法，学生的主体性得到充分彰显，学生的独立性得到高度重视和发挥。以探索研究为主的教学方法主要包括发现法。发现法又称探究法、研究法等。

它是指在教学过程中教师不把现成的结论告诉学生,而是让学生在教师的指导下自主地发现问题、探究问题、获得结论的方法。发现法有助于培养学生的研究意识和能力以及创新精神和实践能力,同时还有助于培养学生科学的态度、情感和体验。但是发现法对于教学时间、教学条件、学生的知识经验和思维发展水平以及教师的专业素养等都有比较高的要求。

五、教学组织形式

作为一种活动过程,学校的课程实施必然要以一定的形式来实现教师、学生及教学内容等因素之间的互动与交往,因而就形成了相应的教学组织形式。

(一)教学组织形式的内涵

教学组织形式,是为实现特定的教学目的,完成特定的教学任务,教师与学生按一定要求组合起来进行活动的方式与结构。或者说,是师生的共同活动在人员、程序、时空关系上的组合形式。理解教学组织形式的概念,我们必须认识到以下几个方面:①

第一,特殊的师生互动。教学作为教师的教与学生的学共同组成的双边活动,必然存在着教师与学生、学生与学生之间的互动关系。教学组织形式直接体现为师生相互作用的方式。这种作用方式既可以是直接的,也可以是间接的;既可以在班集体中进行,也可以在小组内或个体间进行。师生比例及互动关系产生不同的教学组织形式,而特定的教学组织形式又会影响教与学的活动功能。

第二,特殊的时空安排。师生的活动必须在一定的时空背景中完成。实际上,确定和实施教学组织形式,在某种意义上就是选择组织一种特定的教学时空环境,然后在这种时空环境中建立一定的师生活动的模式。不同的教学时间分配和不同的教学空间组合,可以导致不同的教学时空环境,进而导致教学组织形式发生相应变化,影响其发挥作用。课时是现代教学组织的基本时间单位,教室是现代

---

① 黄甫全:《课程与教学论》,北京:高等教育出版社,2003,491~492。

教学组织的基本空间单位。课时的程序化安排与教学目标、内容、方法有着密切的联系，空间的物理组成也影响目标、内容和方法的实施。

第三，教学因素的特殊组合。从某种意义上说，教学组织形式是教学各因素的配置系统，它涉及各教学因素怎样在特定的师生关系和时空关系中集结、综合或发挥作用的问题。教学目标、内容、方法等因素在教学中各具独特的作用，它们只有通过教学组织形式的优化配置才能综合发挥教学的效用，从而实质性地促进学生个性的发展和学习质量的提高。一方面，教学组织形式要适应教学的目标、方法、内容等的更新，做出合理配置；另一方面，不同的教学目标、内容、方法等因素需配置相应的教学组织形式才可能发挥最优效用。

(二)现行的教学组织形式

1. 班级授课制

班级授课制通常也称作课堂教学，是将学生按年龄和程度编成有固定人数的教学班，由教师根据教学计划中统一规定的教学内容和教学时数，按照学校的课程表进行分科教学的一种组织形式。它具有以下几个特点：第一，以班为单位进行教学，每一个班有固定的人数，班的成员是按照一定的年龄和知识水平编定的。第二，按班实行分科教学，不同学科由专业教师分别承担，教学内容基本统一。第三，教学以课时为单位，并严格按照上课时间来进行。

班级授课制具有其他教学组织形式无法取代的优越性：第一，班级授课制可以提高教学效率。教师按固定的时间表对几十名甚至更多的学生进行教学，扩大了教学对象，加快了教学进度，能使学生在较短的时间内系统地、有重点地学习人类知识体系，可以大大地提高单位时间的教学效率。第二，有利于发挥教师的主导作用。教师可以按照课程标准和教科书的规定来组织教学过程，学生的活动自始至终在教师的指导下进行，学生的学习得到了很好地组织，能快速、有效地掌握系统的知识技能，体现教师在整个教学过程中支配各种教学活动的中心地位。第三，班级授课制有利于发挥班集体的教育作用。把学生编成相对固定的教学班,构成一个有严密组织的集体,各成员的学习内容相同、程度相近,既有利于教师利用集体的力量对学生进行教育,又有利于学生之间相互交流、相互帮助、共同提高,还有利于学生个性的健康发展和完善。第四,班级授课制有利于进行教学管理和教学评价。班级授课制的出现,使教学活动日益规范化、科学化。同一班级学生的心理水平、自觉程度和认识水平接近,便于教学管理。同一年级的学生使用相同的教材,按照同一进度上课,有统一的教学要求,教学质量的评价标准基本相同,对教师的要求也大体一致,因此便于对教学活动的质量和效果进行检查和评价。

虽然班级授课制具有比较明显的优点,但在长期的教学实践中它也表现出难以克服的缺点。第一,一个教师同时教几十个学生,容易从学生的"平均水平"出发,照顾了中间而忽视了两头,难以兼顾学生的个别差异。第二,教学活动多由教师组织和设计,学生要尽力适应教师的教学,这在一定程度上限制了学生学习的主动性和独立性,影响了学生主体性的发挥。第三,注重学生对现成知识的接受,学生参与的机会少,实践性不强,不利于培养学生的探索精神、创新能力和实际操作能力。

2.个别教学与现场教学

个别教学是指教师针对不同学生的实际情况给予引导、启示、咨询和指点,以帮助他们完成学习任务的教学组织形式。个别教学依据其内容的不同可以分为针对预习和复习中发现的问题而进行的教学和针对在与学科内容相关的学习中发现的疑难问题而进行的教学两种类型,其目的分别在于让学生打下坚实的基础和拓宽学生的视野,发展学生的思维。个别教学具有积极的意义:首先,个别教学是从学生的实际与问题出发,有的放矢,能具体解决学生的疑难,保证学习顺利进行;其次,便于因材施教、区别对待,针对每位学生的实际情况给予相应的支持和帮助,促进学生全面提高;最后,个别教学还可以发现课堂教学存在的问题,及时进行补救和改进。

现场教学是根据一定的教学任务,组织学生到生产现场或社会生活现场进行教学的一种组织形式。学生可以以班为单位，也可以以小组为单位。既可以由教师讲解，也可以得到现场工作人员的配合与指导。现场教学不仅是课堂教学的补充，而且是课堂教学的继续和发展，是与课堂教学相联系的一种教学组织形式。现场教学依据其目的和任务的不同可以分为两类：一类是根据学习某学科知识的需要，组织学生到有关现场进行教学。另一类是学生为了从事某种实践活动，需要到现场学习有关知识和技能。现场教学的意义在于：首先，它有利于学生获得直接经验，深刻理解理论知识；其次，它可以增强教学的趣味性，使教学更为生动、丰富；再次，它可以让学生在轻松、愉快的环境下掌握知识、技能，丰富学生的情感世界；最后，它可以增强学生的动手操作能力，提高学生解决实际问题的能力。

3.复式教学

复式教学是把两个或两个以上年级的学生编在一个班里，由一位教师分别用不同程度的教学材料，在同一节课里对不同年级的学生，采取直接教学和自动作业交替的办法进行教学的组织形式。复式教学是班级教学的特殊形式，它具有班级教学的基本特征，但是也有它独特的方面，主要表现为当教师给一个年级上课时，其他年级的学生根据教师的安排进行预习、复习、练习或其他作业。一般把前者称为直接教学，后者称为自动作业。复式教学适用于教育条件和经济条件比较落后的山区或边远地区。它有利于教学的普及。其特点可以概括为“三多两少”，即在同一课堂里年级多，教学内容多，自动作业时间多，而直接教学时间少，同一年级学生人数少。

进行复式教学要注意处理好以下几个方面的问题：一是要处理好直接教学和自动作业的关系。在复式教学中教师必须要处理好几个年级的直接教学和自动作业的搭配，处理好复式班里各个年级之间的直接教学和自动作业的穿插，使直接教学成为自动作业的基础，自动作业成为直接教学的准备和继续。二是要处理好教学内容和教学时间的关系。在复式教学中，教学班级和教学内容相对较多，而直接教学时间相对较少，因此教师必须注意突出重点，以新授课的年级或讲授难度较大的年级为重点,自动作业要尽量少而精,要精心设计练习,使自动作业和直接教学密切配合。三是要处理好教师和助手的关系。在复式教学中使用助手,既可在一定程度上克服教师分身无术的困难,增加直接教学的时间,又可在一定程度上培养学生的独立工作能力和为集体服务的意识。当然必须明确教师是主导者,助手只能起辅助作用。此外,复式教学还要注意照顾全面,尽量避免相互间声音的干扰,机智处理各种突发事件。

(三)教学工作的基本环节

教学活动是一个完整有序的系统过程,它由一个个相互联系、前后衔接的环节有机构成。从教师的角度来看,完整的教学工作由备课、上课、作业的布置与批改、课外辅导、学业成绩评定等环节组成。

1. 备课

备课是整个教学工作的起始环节,也是上课的先决条件。备好课不一定能上好课,但备课不充分,上课的质量肯定要受到影响。教师在备课的过程中要做好以下几个方面的工作。

第一,钻研教学材料。包括钻研课程标准、教科书和教学参考书。课程标准是教师备课的指导文件,钻研课程标准,就是要把握本门课程的教学目的,了解本门课程的教材体系和基本内容,明确该门学科在教学法上的基本要求。教科书是教师备课的重要依据。钻研教科书,就是熟练地掌握教科书的全部内容和组织结构,分清重点章节,熟悉各章节的重点、难点、疑点和关键。教师还应在钻研教科书的基础上广泛阅读各种教学参考书,充分占有相关材料,以扩充教学内容,从而更好地把握教材。

第二,了解学生。学生是学习活动的主体,也是教学的依据之一。教师要备好课,搞好教学工作,必须对学生有全面的了解。了解学生主要包括了解学生原有的知识水平基础、学习态度、学习习惯和学习方法以及学生的兴趣、爱好、思想状况、个性特点、身体状况等。只有了解学生,才有可能使教学切合学生的实际,使教学促进学生的发展。

第三,组织教材、考虑教法。组织教材就是对教材进行一定的加工处理,使之从内容到体系安排等都能符合学生心理发展的特点,便于学生接受。选择教学方法就是根据教材的特点、学生的实际状况、学校条件和教师自身条件等,选择那些能优化教学过程、发展学生能力、提高教学效果的教学方法。

第四,拟订教学计划。首先,要拟订学期教学计划,包括对所任课程的进度、时间安排、教学材料的处理、教学改革的设想与总体安排的设想。其次,拟订单元计划,确定每个课题的教学目标,划分课时,考虑教法、学法以及教学组织形式,明确本课题在学科或课程体系中的地位及与其他课题的关系。最后,要拟订课时计划。课时计划也称教案,是对每一堂课具体深入的教学准备,建立在钻研教学内容和研究学生的基础之上。

2. 上课

上课是整个教学工作的中心环节,是提高教学质量、培养学生能力的关键。教师上课应以教案为基础,但是也不能囿于教案,必须结合具体情况,灵活使用教案,切实提高教学质量。上好一堂课,必须符合以下基本要求:第一,目的明确。教学目的是以教学内容为依据,从学生实际出发来制订的。教学时教师应该明确教学目的,而且要让学生明确这些目的,使整个教学活动从这些目的出发,围绕这些目的,最终实现这些目的。第二,内容正确。教师讲授的内容必须是正确的、科学的,对内容的解释说明应准确无误。讲授要有条理,符合逻辑,层次分明。第三,方法恰当。方法恰当既包括方法选择上的恰当,又包括方法使用上的恰当。教师应根据教学目的和内容以及学生的特点来选择和运用灵活多样的方法,以充分调动学生的积极性和主动性,做到教师乐教,学生乐学。第四,组织流畅。组织流畅主要指对课的安排井井有条,教学步骤能够有条不紊地进行。组织好一堂课的全过程,有良好的教学秩序。在整个教学过程中,师生双方积极性高,表现出教与学的辨证统一。第五,教学效果好。一堂课的成功与否,归根结底要看教学效果,看教学目的是否达到。通过上课,应力求使学生的知识有所增加、能力有所提高、个性有发展、思想有所触动。

3. 作业的布置与批改

课外作业是课堂教学的延续,是教学活动的有机组成部分。通过作业,可以帮助学生巩固、消化课堂上所学的知识,培养学生的技能、技巧,训练学生独立工作的能力和习惯。布置与批改作业应遵循以下基本要求:第一,作业内容应和学科课程标准规定的范围和深度相符合,达到学生对"双基"的掌握和发展其智能。第二,作业的内容要有代表性、典型性,作业的份量要适当,难度要适中。第三,作业应与教科书的内容有逻辑联系,但不应是教科书中例题或材料的照搬。第四,作业应有助于启发学生的思维,尤其是学生的创造性思维。第五,作业应尽量同现代生产和社会生活中的实际问题联系起来,力求理论联系实际。第六,教师要及时检查、认真批改作业,以了解学生知识掌握和运用的情况,对作业中存在的普遍问题,应进行集体订正。对作业应尽量写出恰当评语,以利于学生调整以后的学习。

4.课外辅导

课外辅导是课堂教学的有益补充,在课堂教学的统一要求之外,通过课外辅导,可以针对学生的个别差异,贯彻因材施教的原则,促进每一位学生的成长和发展。课外辅导有集体辅导和个别辅导。集体辅导是针对学生学习中存在的共性问题进行的全班辅导,而个别辅导则是针对学生的个别问题而进行的单个辅导。课外辅导的目的在于对学生进行学习目的、学习态度和学习方法等方面的有针对性的教育和指导。教师要做好课外辅导工作,必须深入到学生中去,耐心细致地调查研究,根据学生的不同情况,确定不同的辅导内容和措施。辅导时应注意以学生独立钻研、自学为主,不能包办代替。

5. 学业成绩评定

学业成绩评定是教学工作不可或缺的重要环节,是诊断学生的学习状况和教师的教学效果、调控教学进程的重要手段。通过学生学业成绩的评定,可以使教师了解自己的教学效果,总结教学经验,不断改进教学,提高教学质量。可以使学生了解自己学习上的进步与不足,明确努力的方向,争取更大的进步。也可以使学校全面了解教师的教学情况,制订有效的措施,不断改进学校的教学水平,提高教学质量。学业成绩的评定有平时检查和考试考查两种,前者在平时的教学中随时进行,包括平时的口头提问、作业检查等形式,后者一般多集中在期末或一个教学时间段以后,包括口试、笔试和实践性考试等方式。进行学业成绩评定,教师应该努力作到:第一,评定要注意科学性、有效性和可靠性。第二,评定的内容应力求全面,同时能突出重点。第三,评定的方法要灵活多样。第四,评定的结果要作必要的分析、说明,并且能给学生提出一定的建议。

【主要结论】

1. 课程定义如同文化定义,含义颇多。有代表性的定义有:课程即教学科目、课程即有计划的教学活动、课程即学习经验、课程即预期的学习结果、课程即社会文化的再生产、课程即社会改造。每种课程定义都有自己的优点,但也有自己的不足。目前,课程内涵出现一些新趋势,即从强调学科内容到强调学习者的经验和体验、从强调目标、计划到强调过程本身的价值、从强调教材这一单一因素到强调教师、学生、教材、环境四因素的整合、从强调"实际课程"到强调"实际课程"与"空无课程"并重、从只强调学校课程到强调学校课程与校外课程的整合。

2. 课程依据不同的划分标准,可以分为学科课程与活动课程、隐性课程与显性课程、必修课程与选修课程、国家课程与地方课程、校本课程等范畴。每种课程类型对学校课程构成来说均有自身的特性、功能和价值。从构成来说,课程包括了课程计划、课程标准和教科书三个组成部分。

3. 课程设计,实质上就是人们根据一定的价值取向,按照一定的课程理念,以特定的方式组织安排课程的各种要素或各种成分,从而形成特殊课程结构的过程。课程设计主要涉及的是课程目标的确定以及课程内容的选择和组织。课程实施就是把新的课程方案付诸实践的过程,也可以说是把书面的课程转化为具体教学实践的过程。课程实施不是新课程方案的照搬,课程实施是一个过程,而不是一项事务,是一个动态的过程,而不是一种镜式反映,实施过程中必然涉及实施者的课程理念和个性化的工作,甚至涉及对课程方案的主要调整、修改和补充。课程实施过程中需要由几方面的人员共同完成,这些人员包括教育行政人员、学校管理人员、教师、学生等。

4. 人们一般是从两个层面来分析和认识教学概念的。从广义的层面来认识,凡是有教有学、教与学统一的活动,都可称作为教学。狭义的教学指学校的教学活动,是为实现教育目的,以课程内容为中介而进行的教和学相统一的共同活动。教学是学校实施全面发展教育,实现教育目的和培养目标,促进学生全面发展的基本途径,对学生的身心发展起着全面而深刻的影响。教学也是传递人类社会长期积累起来的知识、技能和人类文化遗产最有效的手段。

5. 教学过程是教师和学生协同活动的过程,是学生在教师指导下,依据课程计划和课程标准的要求,积极主动地掌握系统的文化科学知识和基本技能,发展身体素质、心理素质和社会文化素质,并形成一定思想品德和心理品质的过程。从本质上说,教学过程是师生个体认识过程与人类一般认识过程的统一,是师生课堂教学交往过程的统一,是教养与教育过程的统一。教学模式是在一定教学理论的指导下,通过相关教学理论的演绎或对教育教学实践经验的概括和总结所形成的一种指向特定教学目标的比较稳定的基本教学形式。当代新的教学模式有自主探究的教学模式、研究性教学模式、问题解决教学模式。

6. 教学方法指在教学活动过程中,教师和学生为实现教学目的,完成教学任务而采取的教与学相互作用的活动方式的总称。它对于完成教学任务、实现教师学生的互动、提高教学质量具有重要意义。教学方法可以分为以语言传递为主的教学方法,包括讲授法、谈话法、讨论法和读书指导法;以直接感知为主的教学方法,包括演示法、参观法;以实践训练为主的教学方法,包括练习法、实验法、实习法;以探索研究为主的教学方法,包括发现法。教学实践活动中,应该灵活地运用各种教学方法。

7. 教学组织形式是为实现特定的教学目的,完成特定的教学任务,教师与学生按一定要求组合起来进行活动的方式与结构。现行的教学组织形式主要有:班级授课制、个别教学与现场教学、复式教学等。

【学习评价】

1. 名词解释:学科课程、活动课程、课程设计、课程实施、教学、教学过程、教学模式、教学方法、教学组织形式。

2. 试述学科课程与活动课程的优缺点及联系与区别。

3. 谈谈国家课程、地方课程、校本课程在学校课程中的目的及地位。

4. 论述各种教学组织形式的优缺点及使用的范围和条件。

5. 论述教学活动的基本环节及各个环节教师应注意的具体问题。

5. 分析你所在学校课程设计和课程实施中存在的问题,并且能够提出解决的方法建议。

6. 根据所学知识,设计一份开展研究性教学的活动方案。

7. 阅读下面的案例,回答问题:

上课铃响了。"又是语文课啊! 真没劲。"一个学生边嘀咕边拿出语文书随手仍在桌上。"老师怎么还不来啊? 已经过了三分钟了。"另一个学生说。"不来还不好啊? 今天可以自习了!"不知是谁尖声细气地说。门开了,老师慢吞吞地走了进来。从门口到讲台不到两米,她一共走了七步。讲台上堆着备课手册、教科书、参考书、新华字典等。好不容易老师开始讲课了,声音很轻,但我还是听得清楚,因为这时教室里变得安静了。我听见老师在问:"谁愿意把课文读一下?"我不想读,所以没动。出乎意料,竟然没有人举手。最后,老师自己开始读了。读得很慢,声音拉得很长,好容易我听老师读完了第一段,好在第一段只有四句话。文章进入高潮,老师还是那么不紧不慢的。我看了看别的同学,一位同学正专心致志地在课本上画幽默画,还有一个同学在做数学,一个同学在修钢笔,我呢,则在胡思乱想。怪不得教室里静得出奇。下课铃终于响了,大家都抬起了头,开始收拾书包。

请运用你所学的教学理论分析该案例中教师存在的主要问题是什么?该如何解决她在教学中存在的问题?

【参考文献】

[1]施良方:《课程理论——课程的基础、原理与问题》,北京,教育科学出版社,1996。

[2]张华:《课程与教学论》,上海,上海教育出版社,2000。

[3]黄甫全:《课程与教学论》,北京,高等教育出版社,2003。

[4]王本陆:《课程与教学论》,北京,高等教育出版社,2004。

[5]钟启泉:《课程与教学概论》,上海,华东师范大学出版社,2004。

[6]李定仁、徐继存:《教学论研究二十年(1979——1999)》,北京,人民教育出版社,2001。

[7]李定仁、徐继存:《课程论研究二十年(1979——1999)》,北京,人民教育出版社,2004。

第四章　学校德育的理论与实践

【内容摘要】

德育是我国学校全面发展教育的重要的组成部分。在学校对青少年实施德育对于保证学校的社会主义方向,促进青少年的健康成长具有十分重要的意义。本章从德育概念入手,分析了德育的主要组成部分,德育的过程特征进而揭示德育的本质,并指出我国现阶段实施德育尤其是学校德育的重要意义及任务。在第二部分,本章阐明了我国现阶段学校德育的内容、德育的实施方法、实施途径。在第三部分,本章对德育课程的界定、德育课程的类型以及其对青少年健康成长的作用进行了探讨,并且对国外主要是西方有影响的德育理论进行了分析,阐释了这些理论在德育中的重要作用、意义及其存在的不足。

【学习目标】

1.识记“德育”的概念,理解德育的组成部分,了解德育的过程特征以及我国现阶段实施德育尤其是学校德育的重要意义。

2.掌握我国现阶段学校德育的内容,德育的实施方法、途径,注意体会不同的学校德育方法之间的区别。

3.结合自己的上学经历,理解我国学校德育课程的类型及其对学生发展的影响。

4.了解国外主要德育理论流派的主要观点。

5.听一堂小学或者中学的德育课,结合相关德育理论,反思我国学校德育的科学性与实效性体现在哪些方面?需要做什么改进?

第一节　学校德育的意义与任务

一、德育的概念

德育,是我国学校全面发展教育的重要组成部分。然而,给德育下一个准确而科学的定义并不是一件容易的事。长期以来,我国学术界对于什么是德育存在不同的意见和分歧。这首先表现为对于德育概念的外延存在不同的见解。一种是狭义的德育观,这种观点认为德育和道德教育是同义词,也即是西方教育理论中所讲的"moaral eduction"。另外一种是广义的德育观,这种观点认为把德育等同于道德教育只能是狭义的,德育的含义必须扩展,于是将道德教育、政治教育、思想教育(人生观和世界观教育)、法制教育通通收容在德育的门下。还有一种观点是更为广义的德育观,这种观点认为德育应该有更为丰富的外延,除了上述的德育内容外,德育还应该包括性教育、心里健康教育、预防艾滋病的教育等内容,这种观点把德育的外延过于泛化了,以至于有人认为"德育是个筐,什么都可以往里装"。德育外延的不一致,导致了人们对于德育概念的认识模糊。

在本书中,我们赞同第二种观点,即广义的德育观。我们认为,广义的德育观下的德育外延即道德教育、思想教育、政治教育、法制教育,具有较强的稳定性和范围上的适合性,符合我国德育尤其是学校德育的实践状况。狭义的德育观认为德育的外延只有道德教育,这样就大大窄化了德育的外延,采用这样的观点就会使得在德育实践中无法给予思想教育和政治教育以及法制教育一个合适的位置,造成德育工作的无所适从。更为广义的德育观则泛化了德育的外延,采用这样的观点会造成德育工作重点不突出、任务不明确以至于德育工作容易跟风走。

因此,在明确德育外延的前提下,我们尝试给出德育的概念:德育是教育者根据一定社会和受教育者的需要,遵照品德形成的规律,采用言教、身教等有效手段,通过内化和外化,发展受教育者道德、思想、政治、法制等方面素质,形成一定品德的活动。简单的说,德育是培养人的品德活动。当然,这里的品德是一个人按一定社会的思想、政治准则和法纪、道德规范在行动中表现出来的稳定特征和倾向。我们可以从三个方面对德育概念进行分析:首先,揭示了德育外延的所有组成部分,即思想、政治、法制和道德等几方面的教育;其次,揭示德育过程中两个主客体的统一性和转化的两极性,首先是社会需要转化为教育者的品德和德育要求,其次是教育者对受教育者的品德要求,在这两级转化过程中教育者和受教育者自身是主客体的统一,也是互为主体、互为客体;最后,揭示德育过程中的转化,既有内化又有外化,既有塑造又有改造,才能反映品德结构及其形成与德育过程、社会生活过程之间的关系和解决其间矛盾的特点。

二、德育的组成部分

德育是发展受教育者道德、思想、政治、法制等方面素质的活动,所以其组成部分主要有道德教育、思想教育、政治教育、法制教育。

道德教育主要是指个体与个体,个体与群体、社会,个体与自然的行为规范的教育。我们所说的道德教育,是指中华民族传统美德、社会主义道德教育和共产主义道德教育。

思想教育主要指对受教育的思想观点的教育。思想教育的最终目标是使受教育者形成一定的人生观与世界观。在我国就是进行不同层次的历史唯物主义与辩证唯物主义教育。

政治教育主要指对民族、阶级、政党、国家、政权、社会制度和国际关系的情感、立场、态度教育。我国的“四项基本原则教育”,“社会主义制度教育”,“党的基本路线教育”,即属于政治教育范畴。

法制教育主要是指在一个法治的国家里,对公民进行的民主与法制观念和法律规范的教育,使公民具有依法行使民主权利,履行义务,依法管理各项工作的素质。

在德育的组成部分中,上述四个部分相互独立,相互区别,但它们在具体内容上又相互渗透,相互包含。在上述四者中,道德品质是基础,学校德育尤其是中小学德育,更要注重培养学生具有良好的基本道德品质。在要求和评价一个人的品德时,要把这四个方面结合起来,然而,在现实生活中,确实也存在四者不能等同的现象。这说明,思想认识、政治立场、道德认识和法律意识这四者落实到具体人时,既要密切联系渗透的一面,又不能彼此代替和等同。因此,在德育工作中必须坚持一起抓。

三、德育过程

德育是教育者根据一定社会要求和受教育者的身心发展规律,通过一系列的方法和途径,培养受教育者道德、思想、政治、法制等方面素质的活动。相应的,德育的过程即将一定社会中的道德规范,世界观和人生观,政治观点、法律规范通过一系列的方法和途径转化为受教育者道德、思想、政治、法制等方面素质的过程。学校德育的过程就是受教育者或学生思想品德形成的过程。

德育过程的进行依赖于以下几 方面的因素:一是教育者及其活动,凡是有目的地对受教育者施加影响的个人和团体都是教育者。在学校如校内的教师、党组织、团队组织、学生会等,校外的如学长、社会教育机关、文化团体。教育者的主要活动是组织、控制德育过程,启发、引导、促进受教育者思想品德的形成。二是受教育者及其活动。受教育者即教育对象。凡是接受有目的的德育影响的个人和团体都是受教育者。在学校如学生班级、少先队组织及课外活动组织。受教育者是学校德育的对象和客体,但他们是作为道德行为主体参与教育过程的,具有积极的能动作用,是在与教育影响相互作用中接受教育的。三是学校德育内容和方法,是教育者用以影响、作用于受教育者的中介或手段。需要注意的是,学校德育过程并非上述要素的简单相加,而是各要素之间的相互关系和作用。

下面,我们从几个方面对德育过程主要特征作一阐述,以期读者对于德育过程有一个更为本质的认识。

(一)德育过程是培养受教育者品德的过程

在个体身上,品德是一个完整的结构。任何一种品德都包含有一定的品德认识、品德情感、品德意志、品德行为等四种心理成分，简称为品德结构的知、情、意、行。它们各有其相对独立的内容和作用。

“知”指品德认识，是人们对是非、善恶、荣辱的认识、判断和评价。即对品德规则及意义的认识。它包括品德知识的掌握、品德信念的确立和品德评价能力的发展。学生的思想品德发展离不开品德认识。有了认识，人才知道为什么和怎样行动。所以，德育常常从提高学生的品德认识入手，在社会生活实践中逐步形成和发展起来，是人们确定对客观事物的主观态度和行为准则的内在原因。

“情”指品德情感，品德情感是运用一定的品德标准评价自己和别人言行时产生的一种内心体验。它是伴随着品德认识而产生的对客观的思想道德情境的内心体验，对品德行为起着巨大的调节作用。一般说来，凡符合自己认识和需要的就会引起满意、欣慰、愉快、亲切、自豪、羡慕、热爱等积极的情感体验；否则就会产生憎恶、厌烦、失望、愤怒、羞耻、内疚等消极的情感体验。品德情感在个体的品德形成与发展中有重要作用。列宁说：“没有‘人的情感’就从来没有也不可能有人对真理的追求。”①品德情感一般随着品德认识而产生，同时又推动品德认识转化为品德信念，使个体对事物采取追求或舍弃、赞成或反对、适应或改造的行为。所以，在提高学生品德认识的同时，要特别注意引起学生情感上的共鸣。品德情感是品德结构中的重要组成部分，它是品德认识和品德行为的中介变量，品德认识只有与品德情感相结合，才会产生品德动机，从而推动品德行为。

“意”指品德意志。品德意志是品德认识的能动表现，当人们自觉地确定品德行动的目标，凭借激活的动机积极调节自己的活动，克服内外的困难，就能实现既定的目标，这种心理过程就是品德意志。它常常表现为用正确动机战胜错误动机、用理智战胜欲望、用果断战胜犹豫、用坚持战胜动摇，排除来自主客观的各种干扰和障碍，按照既定的目标把品德行为坚持到底。一种品德认识一经确立并成为稳

---

①　《列宁全集》(第20卷)北京：人民出版社，225。

定的走向和驱动器,就会表现出巨大的能动作用,人们往往不以外部环境的影响为转移,而以内部的品德意志来调节自己的行动。意志是一种调节行为的精神力量。意志薄弱的学生在行为上往往缺乏毅力,一遇到困难便动摇不前;意志坚强的人往往能经受考验,坚持履行正确的品德规范,即使他犯了错误,一旦有所认识,也有毅力改正。所以,在进行德育时,除了提高学生的品德认识和培养坚定的品德信念外,还要注意培养学生与各种困难作斗争的意志力。

"行"指品德行为,是指人们在一定的品德认识、情感、意志的支配和调节下,在行动上对他人、对社会、对自然作出的反应,是实现内在品德认识和情感以及由品德需要产生的品德动机的外部表现。它是通过练习或实践形成的,是衡量一个人品德水平的客观标志。在实际生活中,品德行为的善恶、好坏或正确、错误等等,往往直接依据从一定社会或阶段的利益中引伸出来的思想道德原则和规范。品德行为除需要品德动机的推动和品德意志的调节外,还需要一定的品德行为技能,它主要通过练习或实践而掌握。品德行为通过多次重复和有意识的练习,会形成品德行为习惯。品德行为习惯是一种自动化的品德行为,它不需要任何条件,会自发地产生,而且十分稳定。养成良好的品德行为习惯,是品德培养的重要目的。

一般说来,人的品德是沿着知、情、意、行的顺序形成发展的。因此,培养学生品德的一般顺序可以概括为提高认识、陶冶情感、锻炼意志、培养行为习惯。知、情、意、行之间既是相对独立的,又是相互联系、影响、渗透、促进的。其中,知是基础,行是关键。因此,在德育过程中,应在知、情、意、行几方面同时对学生进行培养教育,以促进学生品德认识、情感、意志和行为全面和谐发展。有的班主任根据自己的德育经验,把德育工作的一般进行步骤总结概括为,晓之以理、动之以情、持之以恒、导之以行四句话,这是符合德育过程规律的。

(二)德育过程是促进受教育者思想内部矛盾斗争的发展过程

学生一定的道德、思想、政治、法纪素质的形成和发展离不开外部德育的影响,但外部德育影响只有通过主体品德内部矛盾斗争才能发挥作用。这种主体品德内部矛盾,是受教育者反映当前德育要求产生的内部品德发展需要与已有品德发展水平之间的矛盾。由于每个受教育者都有自己独特的品德结构,因而都以“自己的”态度对待外部教育影响,做出肯定的、否定的或中立的评价和选择,形成自己特有的品德内部矛盾,并以“自己的方式”解决这些矛盾,从而引起品德结构的某种变化,或形成新的品德结构,或对原有品德结构作某些调整,或使原有品德结构更加巩固和完善。教育者要自觉地运用主体品德内部矛盾运动的规律,有目的有计划地提出一定的教育要求以引起受教育者品德内部系列化的和不断深入的矛盾运动,并充分发挥受教育者的积极性和主动性,启发引导,说理教育,长善救失,因材施教,掌握矛盾转化的时机和条件,促进、加速受教育者品德内部矛盾斗争及其顺利转化,发挥其自我品德教育的作用,使其向着德育要求的方向发展。

(三)德育过程是一个长期的、反复的、逐步提高的过程

学生品德是在不断教育和修养的过程中,从旧质到新质的累积螺旋式地发展上升的。这种累积发展、螺旋上升需要经过长期的、反复的、逐步提高的德育教育。

任何一种良好品德的形成和不良品德的克服,都要经过一个长期反复的培养教育或矫正训练的过程,决不能企求经过一两次说理教育或练习就能完成。

人的品德是由多种因素构成的矛盾统一体,是一种不断发展变化的动态系统。而不是一成不变的凝固物。因此,只有经过长期的、反复的、不断提高的培养和教育,才能促使学生品德不断地形成和发展。

随着学生年龄的增长,活动范围的扩大,社会对他的要求也就不断提高,原有的品德水平与社会的要求不相适应,需要不断提高。同时,社会本身也在不断发展变化,原先与社会要求相适应的品德在新的社会历史条件下又有进一步发展提高的必要。因此,品德的培养、教育和提高是长期的、反复的、永无止境的。

遵循德育过程这一规律,教育者要不断组织受教育者的活动和交往,向其施加系统的和不断提高的思想道德影响,以引起学生品德内部系列化的和逐步深化的矛盾斗争,并促进、加速其顺利解决,从而促使其品德逐步向前发展。

四、学校德育的意义和作用

在阶级社会中,历来的统治阶级,都需要通过德育塑造其社会成员的思想品质,以维护和巩固本阶级的利益。因此,历史上各个时代和各个国家的教育都把德育放在首位。我国古代教育中,礼(德育)就是"六艺"之首。大教育家孔子在《论语·学而》中指出:"弟子入则孝,出则悌,谨而信,泛爱众,而亲仁。行有余力,则以学文。"这就说明实行"孝"、"悌"等道德修养应先于"学文"。在半殖民地半封建社会的中国,国民党也非常重视德育,曾经提出"四维"(礼、义、廉、耻)"八德"(忠、孝、仁、爱、信、义、和、平)等德育内容,继续在国民以及青少年中贯彻封建伦理道德及其准则的教育。

在外国教育史上,统治阶级在办教育时也十分重视德育。古代斯巴达人十分重视德育,他们把对青少年的德育看作是一项十分重要的国家职能和社会职能。到了欧洲的中世纪,宗教在社会精神生活和政治生活中居于主导地位,学校完全被教会所控制。当时无论是宗教学校还是教会学校甚至是骑士学校,都必须进行宗教教育。忍耐、节制、禁欲等宗教道德观念成为当时学校德育的主要内容。

文艺复兴后,英国教育家洛克(J. Locke,1632~1704)就曾强调,在培养绅士的品性中,"德行是第一位,是最不可缺少的"。在资本主义工业社会,德国教育学家赫尔巴特(J. F. Herbart,1776~1841)曾经说过:"教育的唯一工作和全部的工作可以总结在一个概念中——道德","道德普遍地被认为是人类的最高的目的,也是教育的最高的目的。"美国教育家杜威(J. Dewey,1859~1952)认为:"一切教育的最终的目的是形成人格。"俄国著名的教育家乌申斯基认为德育应该在教育中占有主导的地位,他说:我们大胆地提出一个假说,道德的影响是教育的主要任务,这个任务比一般地发展儿童的智力和用知识去充实他们的头脑重要的多。

当今世界各国面临着新技术革命的挑战,都在着手进行教育改革。不仅重视科学技术教育,而且出现了一个共同的趋势:都十分重视加强德育。日本的一些学者和思想家认为:思想比金钱更多地主宰世界,好的思想可以更多地产生金钱。美国一些有识之士认为:之所以教育存在问题,是没有把足够的人力、物力、财力花在道德教育上。法国人认为:轻视德育投资的思想值得反省,只有重视德育投资,才能使经济得到高速发展。英国人认为:只有不吝啬在德育上花钱,才能使智力更有效地发挥作用。德国人认为:德育投资并不是非生产性投资,它会很快得到经济补偿。各发达国家几乎都把德育改革摆在十分突出的位置。不少发达国家增加"德育投资",并把它看作是"经济偿还"高效益的投资,这也充分说明德育的经济价值和作用。

以美国为例,自 20 世纪 70 年代以后,美国政府十分重视大中小学生的德育工作。学校普遍开设了德育、历史以及公民类的课程,把培养"责任公民"放在学校教育的突出地位。学校德育突出爱国主义的内容,并且设立专门的机构,对学生日常的道德品行进行引导。同时还组织学生参加多种多样的社团,参加大量的社会活动。

中国共产党在新民主主义革命和社会主义建设时期一贯重视德育。毛泽东在抗大教育方针中就把"坚定正确的政治方向"放在首位。建国后,又多次强调:"没有正确的政治观点,就等于没有灵魂。"邓小平同志在 1978 年全国教育工作会议上的讲话中指出:"毫无疑问,学校应该永远把坚定正确的政治方向放在第一位。"

目前,在复杂的国际形势和改革开放的形势下,学校教育中加强德育更具有重要的意义。

(一)加强学校德育是贯彻党的基本路线的需要

当前,我国面临复杂的国际形势,必须加速改革开放,抓住时机,发展经济。其关键是坚持"一个中心、两个基本点"的基本路线,即以经济建设为中心,坚持四项基本原则,坚持改革开放。作为教育必须为贯彻党的基本路线服务,培养社会主义的建设者和接班人,以取得国际竞争中的人才优势。这种竞争型的人才,不仅要掌握先进的文化科学技术,而且要具有正确的政治方向,良好的思想素质和道德品质。因此,学校教育贯彻党的基本路线,仍然要把德育工作放在重要地位。特别是随着全面改革和对外开放,对人们的思想道德素质提出更高的要求,要教育学生学习和借鉴世界各国包括资本主义发达国家的一切有用的东西,形成有利于社会主义现代化建设和改革开放的道德舆论力量和新的价值观念,同时,还要教育学生警惕和抵制资本主义、封建主义的腐朽思想。实践证明,在当前加速改革开放的新形势下,不但不能放松德育,而且必须加强和完善德育。

(二)加强学校德育是促进三个文明建设的重要保证

十届全国人大二次会议通过的宪法修正案,明确把“物质文明、政治文明、精神文明”协调发展写入了宪法,这表明推动”三个文明”协调发展是全国人民的共同奋斗目标和我们国家的重要任务,这对全面建设小康社会、开创中国特色社会主义事业的新局面,具有重大而深远的意义。

德育,既是建设社会主义精神文明的一个重要方面,决定着精神文明的社会主义性质,又渗透在整个物质文明和政治文明的建设之中,体现在经济、政治、文化、社会生活的各个方面,为物质文明和政治文明的发展提供精神动力及有力的思想保证。学校德育在建设社会主义精神文明中担负着特别重大责任。全国在校学生占全国人口近1/5。如果对他们加强共产主义理想教育,提高他们的社会主义觉悟,培养他们的优良道德风尚和品质,不仅可以保证学校教育的社会主义方向,而且对改变社会风气也会产生积极的影响。尤其对21世纪提高中华民族的政治素质,树立良好的道德风尚产生深远影响。

(三)学校德育为青少年的全面发展教育指明方向

德育在青少年的全面发展教育中,起着决定性的作用。它所包括的政治态度、道德品质、世界观及思想等方面的教育,是解决为谁服务问题的。它保证人的各方面发展沿着一定的政治方向前进。社会主义社会的德育，目的就是要使受教育者朝着社会主义方向发展，能够坚持为社会主义建设服务的正确方向。德育在青少年的成长中起着灵魂的作用，它是青少年全面发展的动力。青少年正处于长身体、长知识时期，也是思想品行形成和发展时期，特别是处在青春发育期的初中学生，正由儿童向成人过渡。他们思想单纯，爱好学习，追求上进，充满幻想，可塑性大，但由于知识经验少，辨别是非能力差，因而容易接受各种思想的影响，因此，运用正确的方法及时对他们进行教育，使他们形成良好的思想品德，既向着社会要求的方向发展，又符合他们身心发展的年龄特征，这对于促使他们身心健康成长，进而促进他们的全面发展具有特殊的重要作用。

（四）加强学校德育也是应对科技和社会发展变化需要

过去的20世纪是科学技术突飞猛进的世纪，尤其是信息技术对生产力的发展、人的素质的提高、社会的全面进步，都起着巨大的推动作用。但是，科学技术在促进人类文明进步的同时，其负面影响也是不容忽视的。

以电脑为例，互联网的迅速发展，对青少年所产生的严重负面影响，已引起家长、学校和社会各方面的强烈关注。以互联网为媒介的不良资讯，内容广泛，刺激性强，迎合青少年心理，伦理道德方面的消极影响和侵蚀作用特别严重。很多青少年沉湎于网络的虚拟世界中不能自拔，正常的学习、生活秩序受到严重干扰，这对他们的心理、生理以至未来发展所产生的负面影响是十分明显的。因此，加强青少年的“网络道德”教育，促使他们正确，健康的运用互联网显得尤为重要，这也是德育所面临的一个重要课题。

社会的进步总是伴随着其自身难以克服的弊端。当今社会，毒品的蔓延、性道德的沦丧、自杀率的攀升、环境状态的恶化，都在威胁着人类自身的成长与进步。这不是一个国家、一个地区面临的问题，而是全社会、全人类面临的问题。因此，人们总是希望通过加强道德建设来解决社会进步带来的负面影响。

五、学校德育的任务

学校德育的任务反映了一定社会对青少年品德教育的要求,明确德育任务,对于提高德育的自觉性,减少盲目性有重要意义。学校德育的任务服从于一定社会的使命,是根据一定社会的政治经济制度的要求来确定的。现阶段,我国德育的根本任务是为我国的社会主义现代化建设培养有理想、有文化、有道德、有纪律的建设者和接班人。具体地说,我国现阶段学校德育的任务可以分为以下几个方面:

(一)培养学生具有社会主义的政治方向、辩证唯物主义世界观和优良道德品质

政治方向是一个人的政治观点和政治态度的核心。培养学生社会主义的政治方向就是教育学生坚持社会主义道路,坚持中国共产党的领导,坚持马列主义、毛泽东思想、邓小平理论和"三个代表"重要思想,热爱祖国,热爱人民,全心全意为社会主义现代化建设服务。世界观就是人们对客观世界的总的看法和根本的观点。只有辩证唯物主义世界观才是科学的世界观。我们要从小培养学生具有辩证唯物主义世界观。道德品质是人们根据一定的道德规范行动时所表现出来的经常的稳定的倾向和特征。培养青少年高尚的道德品质,就是使学生理解和遵守社会主义的基本道德规范,培养公而忘私的高尚风格和情操,以及爱科学、爱劳动、爱公物、讲文明礼貌、遵守纪律、乐于助人等优良品德和行为习惯。三者之间是相辅相成的、相互联系的,共同构成一个人的思想品德的统一体,缺一不可。

(二)培养学生的品德思维能力、评价能力和自我教育能力

品德思维能力就是对品德现象的分析、综合、比较、抽象、概括的能力。培养学生的品德思维能力就是要培养学生正确的思维方法,科学地看待政治问题、社会问题、人生问题,正确地理解品德的社会意义和规范等。品德评价是以品德准则和品德活动为基础的。培养学生的品德评价能力就是要发展学生用正确的品德准则对品德行为的是非、善恶、美丑进行判断的能力,使他们能够认识和抵制一切腐

朽没落思想的腐蚀和侵袭,能够看清事物的本质和主流,认识社会发展的方向,维护社会利益和社会纪律。①

(三)培养学生良好的品德行为习惯

学生思想品德的形成是通过教育和自我教育实现的。教育者要引导学生进行实际的道德锻炼和规范行为的训练,不仅要使他们能自觉地运用社会主义品德规范调节自己的行为,而且要使他们的品德行为在反复的实践活动中,达到自动化的程度,即形成品德的行为习惯,使之成为个人的品德。

以上三个任务相互联系、相辅相成的。要注意发挥三者的整体作用,而不能忽视任何一个方面。只有这样,才能培养和发展学生的高尚品德。

第二节　学校德育的内容、方法与途径

一、学校德育的内容

学校德育目标的实现和德育任务的完成,必须有相应的德育内容。

(一)确立学校德育内容的依据

德育内容,作为一种社会意识及规范,它的选择,设计和安排受到各方面因素的制约。首先,德育内容受制于一定社会的经济、政治和文化因素。纵观古今中外的德育,其内容的确定,无不受到社会大背景的影响。德育内容,尤其是学校德育内容,具有明确的社会主导性,即德育内容是按照一定社会统治阶级要求来设计和控制的,在阶级社会,这一点体现的尤为明显。恩格斯指出:“社会直到现在还是在阶级对立中运动的,所以道德始终是阶级的道德。”②“善恶观念从

---

① 王守恒、查晓虎:《教育学教程》,合肥:安徽大学出版社,2003,123。

② 恩格斯:《反杜林论》,北京:人民出版社,1975,90。

一个民族到另一个民族,从一个时代到另一个时代变得这样厉害,以致它们常常是互相直接矛盾的。"① 恩格斯的这段话告诉我们,在不同的社会条件下,有着不同的德育内容,德育内容具有时代与阶级的特点。例如,在我国长期的封建社会里,儒家思想经过董仲舒的阐释上升为国家的统治思想,儒家经典是教育的基本内容,三纲五常是教育的中心。欧洲中世纪出现了政治与宗教合一的局面,反映在德育上要求人们形成信仰上帝、绝对服从,忍耐、勤劳、节俭、禁欲等宗教思想道德品质,《圣经》成为人们必读的经典。资本主义进入工业社会以后,中世纪社会背景下形成的德育内容已经不合乎时代的要求和资产阶级利益的需要,资产阶级民主、自由、平等、博爱等内容成为德育内容的主导部分。所有这些都说明,德育内容的选择设计和安排受制于一定社会的经济,政治文化条件,反映出社会统治阶级的经济政治利益并为其服务。一定社会的德育内容反映的是统治阶级的道德期望和其认可的价值规范。当然,在社会主义社会,要对人们进行社会主义的思想,政治、法纪、道德等内容的教育,这也是由社会主义经济政治制度的客观要求所制约的,超阶级的、抽象的、永恒不变的德育内容是不存在的。当然,我们承认德育内容的阶级性、时代性、并不否认它的继承性和相似性。例如,诚实守信、尊老爱幼、热爱祖国的品质为不同社会和阶级的人们所遵守,而杀人越货、偷盗抢劫等都为人们所不齿。

其次,德育内容的确定受受教育者已有的思想品德水平和身心发展阶段的制约。社会条件和德育任务决定了教育内容的方向、性质,而内容的深度和广度以及实施取决于受教育者已有的思想品德水平和身心发展阶段的制约。由于教育对象年龄和身心发展水平特别是思想品德发展水平的差异,不同教育阶段的受教育者所能接受的德育内容在层次的高低、深浅和范围的宽窄上是不同的。因此,不同阶段的教育内容侧重点和针对性必须有所区别,同样的内容对不

① 恩格斯:《反杜林论》,北京:人民出版社,1975,90。

同阶段的学生也应该有不同的要求。学校在进行德育时要以人的身心发展规律为基础,以教育对象已有的思想水平为起点,把德育内容的设计和安排置于一个由浅入深,由低级到高级的序列之中,比如小学、初中、高中,大学阶段的德育,它们彼此联系,又是相对独立的,每个阶段都有相应的德育内容和方法,而低一级又是高一级阶段的前提和基础。德育内容的层次化、阶段性和序列化既是教育对象身心特点的要求,同时又使教育的有效性成为现实。

再次,德育内容受到德育目标和任务的制约。从宏观角度来看,德育内容受制于社会;从微观角度来看,直接受制于德育的任务和目标。这是因为德育的任务目标是社会政治、经济文化制度的集中体现,而德育内容则是德育任务目标的具体化。例如,根据 1988 年 12 月颁布的《中共中央关于改革和加强中小学德育工作的通知》及 1995 年 2 月 27 日国家教委颁布的《中学德育大纲》规定,现阶段我国德育的基本任务是:"把全体学生培养成为热爱社会主义祖国的具有社会公德,文明行为习惯的遵纪守法的公民。在这个基础上引导他们树立科学的人生观、世界观,并不断提高社会主义思想觉悟,使他们中的优秀分子将来能够成长为共产主义者。"为了实现德育目标,《中学德育大纲》在德育内容上又做了这样的规定:"中学德育工作应该认真贯彻党在社会主义初级阶段的基本路线,遵循党关于社会主义精神文明建设的指导方针,在继承和发扬德育优良传统基础上,适应不断发展变化的情况。赋予德育具有时代特点的新内容,新方法,要坚持实事求是的思想路线,从我国社会主义初级阶段的实际出发,从基础教育实际出发,从中学生的实际出发,遵循青少年的身心发展规律,分层次地确定德育工作的目标和内容,对中学生进行基本思想政治观点,基本道德和文明行为的养成教育,良好个性心理品质和品德能力的培养。"

(二)我国学校德育的内容

1993 年和 1995 年,原国家教育委员会正式颁布了《小学德育纲要》和《中学德育大纲》,大纲分阶段地规定了从小学、初中至高中各

阶段的德育目标、德育内容,体现了党和政府对学校德育工作的重视。我国学校德育内容主要包括以下几个方面:

1. 爱国主义教育

爱国主义是我们中华民族优良的历史传统,是人们政治理想的重要组成部分,是衡量和规范人们行为的重要道德标准和政治标准。爱国主义是热爱祖国,忠于祖国的思想、行为和情感,是对待社会的一种政治原则和道德原则。

2001年,中共中央颁布了《公民道德建设实施纲要》。纲要强调了包括爱祖国在内的五爱教育的重要性,并将其作为公民道德建设的基本要求。因此,在我们学校德育工作中,要把爱国主义教育放在突出的位置。以中学阶段为例,我国爱国主义教育内容主要包括以下几个方面:

初中阶段对学生进行爱国主义教育的主要内容有以下方面:

(1)对学生进行热爱祖国的版图河山、语言文字、悠久历史、灿烂文化和著名民族英雄、爱国志士、革命先驱、文化名人的教育;(2)对学生进行中国近代、现代历史和社会主义新中国伟大成就的教育;(3)对学生进行初步的国家观念——尊重国家标志,维护国家尊严和荣誉的教育;进行完成祖国统一大业的教育;(4)对学生进行尊重兄弟民族,加强民族团结的教育;(5)对学生进行国防和国家安全以及热爱和平、同各国人民进行友好交往的教育。

高中阶段对学生进行爱国主义教育的主要内容有以下方面:

(1)对学生进行中国人民斗争史、革命史、创业史和继承发扬爱国主义光荣传统的教育;(2)对学生进行社会主义现代化建设发展前景和报效祖国的教育;(3)对学生进行进一步的国家观念——国家利益高于一切,个人利益服从国家利益的教育;进行完成祖国统一大业的教育;(4)对学生进行加强民族团结,反对民族分裂的教育;(5)对学生进行正确认识中华民族优秀思想文化传统,吸取世界先进文明成果的教育;(6)对学生进行维护国家主权,反对霸权主义,发展国际友好合作关系的教育。

2. 集体主义教育

集体主义教育就是要教育学生正确处理个人与集体、国家的关系,发扬对集体、国家和人民的奉献精神、集体主义是共产主义道德同一切旧道德区别的主要标志,也是社会主义价值观的核心。

初中阶段对学生进行集体主义教育的主要内容有以下方面:

(1)对学生进行尊重、关心他人,集体成员之间团结友爱的教育;(2)对学生进行爱班级、爱学校、为集体服务、维护集体荣誉的教育;(3)对学生进行正确处理自我与他人、个人与集体、自由与纪律关系的教育。

高中阶段对学生进行集体主义教育的主要内容有以下方面:

(1)对学生进行尊重、关心、理解他人,集体成员之间团结协作的教育;(2)对学生进行关心社会,为家乡、社区的公益事业贡献力量的教育;(3)对学生进行正确处理个人利益与集体利益、国家利益关系的教育。

3. 马克思主义常识和社会主义教育

马克思主义常识和社会主义教育是意识形态的教育,也是政治方面的教育。青少年学生只有树立正确的政治方向,才能将自己获得的聪明才智投入到我们伟大的物质文明、精神文明和政治文明建设中。当前,进行这一教育,就是要用马列主义、毛泽东思想、邓小平理论和“三个代表”重要思想教育学生,使他们懂得什么是社会主义,怎样建设社会主义,以及如何辩证地看待社会主义建设在前进中遇到的问题,坚定走社会主义道路的信心,自觉拥护和执行党和政府在现阶段的路线,方针和政策。

初中阶段主要对学生进行社会主义教育,其主要内容有以下方面:

(1)对学生进行初步的社会主义现代化建设常识和社会主义初级阶段的基本路线的教育;(2)对学生进行初步的社会发展规律教育。

高中阶段对学生进行马克思主义常识和社会主义教育的主要内

容有以下方面:

(1)对学生进行以建设有中国特色的社会主义理论为中心内容的经济常识、政治常识教育;(2)对学生进行初步的辩证唯物主义、历史唯物主义常识教育和科学思想方法的教育。

4. 理想教育

理想是一个人,一个国家,一个民族的精神支柱,理想往往是超前的,是未来的目标。理想是人们对未来生活的向往和追求,它反映一个人的生活和为之去奋斗的目标。理想包括个人理想和社会理想,在社会主义条件下,青年学生要把个人理想和社会理想紧密地结合起来。《中共中央关于加强社会主义精神文明建设苦干重要问题的决议》中,把引导人们树立建设有中国特色社会主义共同理想列为改革开放和现代化建设整个过程中思想建设的基本任务。《决议》还强调,"加强青少年思想道德教育,是关系国家命运的大事。要帮助青少年树立远大理想,培养优良品德。"

初中阶段对学生进行理想教育的主要内容有以下方面:

(1)对学生进行学习目的的教育;(2)对学生进行初步的职业理想教育;(3)对学生进行社会主义共同理想教育。

高中阶段对学生进行理想教育的主要内容有以下方面:

(1)对学生进行勤奋学习、立志成材,树立社会责任感的教育;(2)对学生进行职业理想教育和升学就业指导;(3)对学生进行正确的人生理想教育;(4)对学生进行献身于有中国特色的社会主义理想信念教育。

5. 道德教育

道德是调整人与人之间以及个人与社会之间关系的行为规范总和。道德是具体的,历史的,"一切以往的道德归根到底都是当时的社会经济状况的产物"。当然,中华民族在长期的历史发展过程中形成了许多优良的道德品质,是值得很好地继承的。当前,我们进行的道德教育是对学生进行社会主义道德原则和道德规范的教育,是个人品德、家庭美德、社会公德教育,培养他们具有正确的道德认识,高尚的道德情感,坚强的道德意志和良好的道德行为习惯。

初中阶段对学生进行道德教育的主要内容有以下方面:

(1)对学生进行中华民族优良道德传统的教育;(2)对学生进行社会公德教育和分辨是非能力的培养;(3)对学生进行初步职业道德、环境道德教育;(4)对学生进行《中学生日常行为规范》的教育与训练。

高中阶段对学生进行道德教育的主要内容有以下方面:

(1)对学生进行中华民族优良道德传统教育;(2)对学生进行自觉遵守社会公德的教育和道德评价能力的培养;(3)对学生进行一定的职业道德教育和环境道德教育;(4)对学生进行《中学生日常行为规范》和现代交往礼仪的教育与训练。

随着时代的发展,道德概念的内涵也在发生变化。以往我们在谈论道德时强调人与人,人与社会的关系而忽视了人与自然的关系。人类步入工业文明以后,世界范围内的人口膨胀,环境污染、生态破坏、资源浪费使人们不得不重新反思人与自然的关系。人们意识到,发展必然是人与自然的和谐发展,一味地破坏自然,向自然索取,最终还会殃及人类。如今,环境道德教育成为道德教育的一个重要方面,环境道德,指人们为维护人类生存与可持续发展所必须正确处理的人与环境关系的行为准则和规范,是全人类的社会公德,通过环境道德教育,使学生了解、认识环境,掌握一定环境知识,产生热爱环境情感;学会保护环境的技能,恪守保护环境的规范、准则,以使人类与自然共同生存发展。

环境道德教育改变了人们的认识,即道德教育不仅仅要帮助人们重视调节、规范人与人、人与社会的关系,还要帮助人们调节、规范人与自然的关系,这就极大地丰富了道德教育的内涵。

6. 劳动和社会实践教育

劳动创造了人类,创造了社会的物质财富和精神财富。没有劳动,没有社会实践,就没有人类社会。通过劳动和社会实践教育,要使学生树立劳动伟大,实践第一的观点,要使学生认识到劳动与社会实践在成就人,改变人方面的巨大作用与意义,使学生将所学知识与劳动和实践结合起来,自觉投身到劳动与社会实践当中去。

初中阶段主要对学生进行劳动教育,其主要内容有以下方面:

(1)对学生进行劳动创造世界的观点教育;(2)对学生进行热爱劳动,尊重劳动人民的教育;(3)对学生进行勤劳俭朴,珍惜劳动成果的教育;(4)对学生进行以校内生产劳动和社会公益劳动为主的劳动实践和劳动习惯的培养。

高中阶段对学生进行劳动和社会实践教育的主要内容有以下方面:

(1)对学生进行勤俭建国、勤俭办一切事业的教育;(2)对学生进行勤劳致富、用诚实劳动争取美好生活的教育;(3)对学生进行质量、效益、服务观念的培养教育;(4)对学生进行以参加社会公益劳动,学工、学农、军训为主的劳动以及社会实践锻炼和艰苦奋斗精神的培养的教育。

7. 社会主义民主观念和遵纪守法教育

民主与法治建设是社会主义政治文明建设的核心。民主与法制的健全与完善程度,体现出一个国家的文明,进步程度。同时,民主与法制为经济与社会发展提供制度保障。

社会主义民主制度是新型的民主制度,社会主义在消灭压迫和剥削的基础上,为实现人民当家作主,把民主推向新的历史高度开辟了道路;社会主义民主制度的巩固与完善又必须与社会主义法治相结合。

社会主义民主与法制建设不仅需要制度保障,还需要全社会范围内的公民的民主法制意识的增强,民主与法制能力的提高,因此,学校德育中要加强调社会主义民主观念和遵纪守法的教育。使学生从小就了解社会主义民主与法治知识,懂得和自觉履行社会主义公民的权利和义务,学会过民主生活和正确行使与运用民主权利,树立在法律面前人人平等的观念,自觉遵守和维护社会主义民主与法制。

初中阶段主要对学生进行社会主义民主和遵纪守法教育,其主要内容是：

(1)对学生进行我国公民基本权利与义务的教育；(2)对学生进行宪法及有关法律常识和法规的教育；(3)对学生进行知法守法，运用法律武器自我保护的教育；(4)对学生进行遵守学校纪律和规章制度的教育。

高中阶段对学生进行社会主义民主观念和遵纪守法的教育，其主要内容是：

(1)对学生进行我国社会主义民主政治制度和公民权利与义务的教育；(2)对学生进行遵守宪法，尊重人权，维护社会安定的教育；(3)对学生进行知法守法，抵制违法乱纪行为的教育；(4)对学生进行自觉遵守学校纪律和规章制度的教育。

8. 良好个性心理品质的教育

良好个性心理品质既是学生全面和谐发展的条件，也是学生全面和谐发展的体现。良好的个性心理品质有利于学生对世界和自我的客观正确的认识，养成良好的人际沟通能力，保持和谐的人际关系，情绪适度，意志坚强，行为正确，个性健全。

初中阶段对学生进行良好的个性心理品质教育的主要内容有：

(1)对学生进行自尊自爱、诚实正直、积极进取的教育；(2)对学生进行青春期心理卫生、男女同学正常交往、真诚友爱的教育；(3)对学生进行健康的生活情趣和发展个性特长的教育；(4)对学生进行坚强的意志品格和自我约束能力的培养训练。

高中阶段对学生进行良好个性心理品质的教育的主要内容有：

(1)对学生进行自尊自爱、自立自强、开拓进取的教育；(2)对学生进行健康生活情趣和健全人格的培养教育；(3)对学生进行青春期心理健康、友谊、恋爱、家庭观的教育和行为指导；(4)对学生进行坚强意志品格和承受挫折能力的培养训练。

初、高中除以上各系列内容的教育外，还要随着经济、政治形势发展进行形势任务和时事政策的教育。主要包括党的基本路线与重大方针政策教育；国内外形势、时事政治与政策教育；政治、经济改革的理论与实践的教育。

二、学校德育方法

学校德育方法是指用来提高学生思想认识,培养他们品德的方法和手段的总和,它以一定的德育目标为指导,以德育内容为媒介,以教育者和受教育者的共同活动为载体。长期以来,人们对学校德育方法在认识上存在一定的误区,认为学校德育方法只是教师运用的方法或是以教师活动为主的方法。实际上,德育活动不是单方面的活动,它是教育者的施教传道方式和受教育者修养方式的总和。

在我国中小学,常用的德育方法有这样的几类:语言说理法、榜样示范法、情感陶冶法、实践锻炼法、指导学生自我教育法,品德评价法。

(一)语言说理法

语言说理法是借助语言和事实,通过摆事实,讲道理使学生在思想认识上发生转变,从而提高学生思想认识的方法。我们常说"晓之以理",实际上就是一种语言说理的方法。语言说理法是我国中小学常用的德育方法。

语言说理法主要包括:讲授法、谈话法以及讨论法。

讲授法是教师运用语言作为媒介,系统地讲述思想政治、法纪、道德等准则和规范方面的原理、原则和行为规范要求,以提高学生品德认识的方法。一般来说,讲授法比较简单,教师容易掌握利用;但是,讲授法在运用时容易走样。有一些老师容易把"讲授法"变成"灌输法",即只有单向灌输,而不引导激发思考,至于学生是否理解消化,则不闻不问。这样的讲授法不会取得好效果。因此,教师事先要对所讲授的内容作较周密的安排,使之具有科学性、系统性和逻辑性,在具体讲述时要引导学生思考,使老师的解释、分析和推论成为学生接受、分析与推导的同步过程,同时教师还要注意运用语言艺术。

谈话法是师生通过交谈的方式进行价值规范探讨的方法,通过谈话,师生双方互相了解,就问题达成共识,产生共鸣。在谈话过程中，真诚、信赖、尊重是谈话的前提，谈话的双方是一种平等的伙伴、朋友的关系。除此之外，教师在运用谈话法时要有针对性，要针对学生思想上存在的问题设计一定的计划和步骤，不要使谈话脱离主题，成为漫无目的的“漫谈”。

谈话法不仅仅局限于教师与个别学生之间，在课堂教学中教师也可以适当运用谈话法。谈话法的运用不仅要求教师具有高超的谈话技巧，同时还要求教师有敏锐的洞察力。

讨论法是学生在老师的指导下，采取讨论和辩论的方式就某些社会和道德问题交流认识，澄清思想，寻求结论的方法。

相关知识链接

和每位学生聊天

俄国教育家乌申斯基曾说过：“如果教育学希望从一切方面去教育人，那么就必须首先也从一切方面了解人。”的确，作为班主任要想让所有的学生对你多一份亲近、敬爱与信任，使每位学生都能得到你平等的关注，这就需要我们的老师躬下身来主动去亲近每一位孩子的心灵，用他们心灵深处的能源，照亮他们的精神世界。

正是基于这样的认识，每学期我给自己布置了一项必须完成的作业——和每位学生聊天。每天课间或放学后，我都会主动邀请几位学生坐着和我聊聊天，话题主要是请他们给老师提提意见，对身边的发生的事发表一下看法，畅谈开心事，倾述苦恼事……对每位学生的谈话，我都十分专注地倾听；对每位学生遇到的苦恼，我像朋友样的给以真诚地帮助。比如，与××同学聊天时，他流着泪向我倾述了自己的不幸遭遇。原来是他一生下来上嘴唇就有些畸形，为此他感到了无尽的烦恼，有时甚至想到了自杀，因为在学校有不少同学给他取绰号，在家里父母常为他先天残疾之事抱怨争吵。为了让××摆脱烦恼拥有快乐与健康，我除了经常同他谈心，给他讲保尔、贝多芬、海伦、张海迪、史铁生等人的故事，还特意找了那些给他取绰号的同学以及他的父母一起交心。一学期下来,××的脸上终于有了自信而快乐的笑容。当然在同学生的聊天中,大家最感兴趣的是我与他们的“私下”约定,可以说一学期下来,我与每位学生都约定过,因为只要他们达到了约定的内容,就能实现梦寐以求的愿望,比如当上杰出学生、班级之星、升旗手等。正是由于我与学生谈话随意而宽松并真诚地对每位学生寄予同等的期望与爱,这就无形中缩短了师生间的心理距离,使我逐渐成为了学生们最值得信赖敬佩的朋友。比如,×××同我聊过天后,每天都要在小结本上向我提一个问题,而××同学则以聊天为素材专门写了一篇名为《美丽的聊天》的文章发表在了《金钥匙》报上。当我生病时,有不知名学生以朋友的名义送来药;当我处理问题不当时,有“朋友”真诚地为我指出来……

总而言之,与每位学生聊天,受益最大的其实是我,因为经常同学生们真诚而平等的交流,不仅使我更深刻地理解了教育,认识了自我,与孩子们有了心灵深处的沟通,能洞察到他们的观点、态度和内心活动,摸清他们行为表现的内在原因,随时反思调控自己的教育行为,更好地为所有学生的全面发展服务,而且最让我幸福的是身边多了几十个最纯真无邪的朋友,时时都能给予我鼓励与鞭策,使自己愈来愈真切地感受教育的无穷魅力,并深深地爱上她。

(二)榜样示范法

榜样示范法是教育者以他人的模范行为和高尚品德来影响和引导学生认识、情感和行为的方法。

榜样具有极大的鼓舞和教育作用。有人曾说,榜样的力量是无穷的,这是因为榜样具有很强的形象性,能把社会真实的思想、政治和法纪,道德关系表现的更直接、更亲切和更典型。因此,这种有血有肉,有情有理的活生生的榜样,能给人以极大的影响,感染、激励、教育、带动和鼓舞人们前进。

青年学生模仿性强,他们愿意模仿那些在他们看来很有意义,能增强他们自尊心的模范行为。对于青少年学生来说,对他们影响较大的榜样有以下几种类型:(1)典范。历史伟人、民族英雄、革命导师,著名的科学家等各方面杰出人物,是民族的代表,人类的精英,他们传奇的人生,伟大的业绩,高尚的品德,光辉的形象对学生有极大的吸引力,容易激起他们的景仰,以他们为榜样,激励自己积极上进。(2)示范。教师,家长和其他年长者中的示范也是学生学习的榜样,尤其是家长和教师,对学生的影响最经常,最直接,他们的一言一行,一举一动对学生具有示范,身教作用。

运用榜样法要注意这样几点:首先,宣传榜样要实事求是。“金无足赤,人无完人”,任何榜样都不可能尽善尽美。因此,宣传榜样时客观,才会使学生感到真实可信,才不会感到高不可攀。其次,要注意榜样的时代性和层次性。既选择远距离的英雄人物,又要注意发掘生活中的好人好事;不同方面的教育,对学生发挥着不同的影响。最后,要注意榜样的方向性。青少年学生模仿力强,分辨力差。特别是随着学生年龄增长,活动范围越来越广,社会上纷纭复杂的生活,各种各样的现象都会吸引他们。他们往往凭一时兴趣,见什么模仿什么。因此,教师要善于引导孩子进行分析,提高学生鉴别能力,分辨能力和抵制能力,防止消极影响,同时要给学生提供正面形象让学生模仿先进,让学生生活在良好的氛围之中,形成良好的人格。

相关知识链接

自觉·律己·榜样
——从一次班集体活动说起

吴莉蓉同学在身体有病,医生劝她在家休息的情况下,仍然瞒着老师和同学,参加班委会团支部组织暑假以磨炼意志为目的的“徒步野营拉练”活动,途中呕吐两次,仍然坚持徒步行军五公里,终于胜利到达目的地。当时烈日炎炎,酷暑难耐,在进行登山比赛活动结束后,同学们个个汗流浃背,口舌干燥,带来的开水饮料早已喝光,不少同学趴在地上不想动弹。为解口渴难耐之苦,团支部决定派两个男同学到离目的地数里之遥的村中水井取井水。一个多小时后,当同学们接过这两位同学经过艰难跋涉而取回的甘泉时,心情都很激动。但就在此时,同学们发现取水回来的崎岖小路上远远的还走着一位女同学,身上背着七八个水壶,弯着腰向山顶缓缓而行,十分吃力,此人正是吴莉蓉。当同学们问她为什么瞒着大家下山取水时,她说:"我是团支书,我应该带头"。同学们眼睛湿润了。事后在班会上我抓住了这件事进行思想教育,同学们觉悟有了不少提高。在以后几次的外出集体活动和日常生活学习中,涌现了苏帆、马晓燕、唐小亮、严蘅等优秀同学。他们或劳动带头干重活脏活,或做课代表任劳任怨,或主动牺牲时间耐心帮助学习成绩后进的同学,或学习成绩不好但是顽强刻苦学习,终于迎头赶上……我利用各种机会在适当的场合对他们的事迹加以总结表彰,使之成为大家学习的榜样。作为班主任,生活在这一群思想单纯、勤奋好学、积极上进,团结互助的可爱的青年中间,我真的感到快乐和欣慰!

(三)实践锻炼法

实践锻炼是组织学生按德育要求参加各种实际活动以形成良好思想品德的方法。实践锻炼侧重于行为练习。通过实践锻炼,道德认识观念、信念得到进一步深化,道德情感因受到体验而升华,道德意志因进一步磨练而变得更坚强。所以,实践锻炼是知、情、意、行相互影响,相互促进的重要方法,是最终使道德认识转化为道德行为的根本途径。

实践锻炼的主要方式有:学习活动、社会活动以及制定和执行学校规章制度。

运用实践锻炼法要注定以下几点:(1)有明确目的,周密计划和严密的组织。(2)必须与说理教育相结合,不断提高学生对参加锻炼意义的认识,使其产生自觉锻炼要求。(3)对学生参加实践活动要有严格要求和督促检查,要持之以恒,才能达到锻炼目的。(4)要有总结,通过总结,以巩固已获得的道德信念和行为习惯,为获得新的道德观点信念,提高道德水平打下良好的基础。

相关知识链接

生物课教学中德育的实践锻炼法

夏天天气炎热,日照时间长,光照强度大,正是植物光合作用最旺盛的时期;走入农田,遍地郁郁葱葱,争奇斗艳,正是作物施肥,锄草的季节;冬天天气寒冷,收获的土地刚刚翻耕,有机物正在被悄悄的分解,为新的生命的孕育准备充足的条件,正是播种的好时节。学生在不断的劳动过程中,把所学的生物学知识应用在生产的实践当中,提高了同学们学习生物的兴趣。同时,感受到了"锄禾日当午,汗滴禾下土"的辛劳,使同学真正感受到了"粒粒皆辛苦",在日后的生活当中学会珍惜,学会了节约;使学生树立了坚忍不拔的意志品质,为今后解决生活中的困难打下坚实的基础。

(四)陶冶法

陶冶法是通过设置一定情境让学生自然而然地得到道德情感与心灵的熏陶、教育的一种德育方法,如果说讲授、谈话、讨论等是一种明示德育方法的话,陶冶法则是一种暗示的德育方法。

陶冶法主要包括情感陶冶,环境陶冶和艺术陶冶。情感陶冶是指教师对学生真挚的热爱;环境陶冶是指利用学校、班级、家庭,创设某种情境对学生的思想道德情感进行陶冶;艺术陶冶是指通过文学,艺术等形式,使学生潜移默化地接受影响。

运用陶冶法,要求教育者要善于创设具有教育意义的"小气候",对学生施加积极的影响;同时陶冶手段必须符合科学性和思想性要求。

相关知识链接

别开生面的政治课

某中学在过完春节,新学期开学的第一堂政治课上,根据同学们还沉浸在过年的气氛中这一情况,教师设计了一堂别开生面的试卷讲评课。首先她设计了送红包的情景,请同学们猜一猜红包里到底有什么?设疑激起同学们的兴趣。红包里是安徒生的名言:“一个人必须经过一番刻苦奋斗,才会有所成就。”然后,请一位同学讲一讲安徒生的生平以及他的著名的童话故事《丑小鸭》。让同学们分组讨论《丑小鸭》的故事说明什么道理?在轻松愉快的气氛中引入对上学期试卷的讲评。接着再让同学们针对试卷存在的问题进行讨论,以实话实说的形式谈一谈自己在期末考试中存在的问题,以及今后如何改进自己的学习方法,提高自己的成绩。最后用安徒生的名言与大家共勉。鼓励每一位同学,在新的学期当中取得优异的成绩。

(五)品德评价法

品德评价是通过对学生思想品德的肯定或否定,促进学生发扬优点,克服缺点的一种方法。品德评价分为两类:表扬奖励和批评惩罚。表扬奖励是对学生好的思想品德行为做出肯定的评价,用以巩固和发扬学生的优良品德行为。批评惩罚是对学生不好的思想品德行为做出否定的评价,用以克服和改正他们的不良品德行为。

表扬奖励的主要形式是:目光赞许,口头赞扬,通报表扬和奖励等。批评惩罚的主要形式有:严厉的目光制止,口头批评,通报批评和纪律处分。表扬奖励和批评惩罚,都是既为教育本人,又教育其他学生。

运用品德评价时要坚持以表扬为主,批评惩罚为辅的指导思想,对学生批评惩罚时,要注意方法。既要解决认识问题,又要保护学生的自尊心,严禁体罚和变相体罚。评价要及时,抓住时机,不要时过境迁才进行。评价要切合实际,实事求是,公平合理,奖罚分明,评价还要发扬民主,注意听取学生意见。

相关知识链接

格式化评语和个性化评语

我是一个语文老师兼班主任,每学期结束,总要给学生写评语。传统的评语,可以"格式化":"该生思想(纯正、较好、不够健康),学习目的(明确、较明确、不明确),学习态度(端正、较好、不好),学习成绩(优秀、良好、一般、较差),劳动(积极、较积极、不够积极),能(积极、较积极)参加各种活动,上课纪律(好、较好、不好),(积极、较积极、不积极)参加体育锻炼,体育(达标、不达标)。希望今后……"

1999年我带的高一(8)班的学生在放暑假时,得到了一份体现学生个性的评语,现摘录几段如下:

学生甲:"你是一个充满朝气的学生,慧黠的大眼睛充满对知识的渴求,你是那样的勤学好问,在物理的殿堂,常见你徜徉的身影,全区物理竞赛你榜上有名。你是谦和的,友善的,以致你的周围都是请教者的身影。假如运动场上常见你的身影,你的体格会更强壮;假如你业余能多读佳文,多多练笔,那么,你的语文将与你的数理化成绩一样熠熠生辉"。

学生乙:"无论是朝霞升起还是晚霞绚丽,教室里,清洁区都看到你繁忙的身影,挥汗如雨,身教重于言教,使得我班的清洁卫生的红旗永占墙壁。学习上你谦虚、好学,不甘人后。运动场上你人小志气大,带病长跑为班级争得荣誉。同学们爱与你谈心交友,你的情商之高将终身受益。只是在苦学之余再加上巧学,学习方法决不止华山一条路"。

学生丙:"你是个沉默寡言的姑娘,偶尔莞尔一笑使你神采飞扬。人生不如意十之八九,乐观是最好的良医,最灵的心药。你为人坦荡,善良纯情。学习上你独立思考,卓尔不群,成绩优异。假如你融入集体你会倍感温暖、乐观开朗。"

相关知识链接

快乐的惩罚

××这几天总是迟到,想想真是气人,让家长写说明,自己写保证、写检查,老师苦口婆心地讲道理,什么方法都用了,好像都不起什么作用。班长说:“老师,为什么不用快乐的惩罚呢?如果他下次迟到,你可以罚他唱首歌,如果他还迟到,你可以罚他跳个舞,效果保证好。”说实话,我还真是半信半疑。前天晚上放学前,我走到教室,故意大声问:“今天谁迟到了?”“××,”学生一起回答。“这小子又迟到了,老师决定对他实施惩罚,”同学都静了下来,我故意大声宣布:“我罚他给大家唱首歌好不好。”“好”,学生一起欢呼起来。××很大方地站了起来,“我为大家唱一首《蝴蝶花》,”别说,他的歌声还很优美,引的大家阵阵掌声。他唱完了,高兴得坐下了。我说:“看,××连迟到都能给大家带来快乐,说明他是一个善于给人带来快乐的人,我希望××以后不但能给大家带来快乐,也能给班级带来荣誉,大家相信不相信?”“相信,”大家异口同声地说。××的脸上也露出了开心的笑容。

你还别说,这招还真有用,××这两天来得挺早。如果你觉得痛苦的惩罚对一个学生没有用的话,不妨来点快乐的惩罚,说不定会有惊喜呀。

三、学校德育的途径

学校德育的途径是指完成德育任务和内容的具体渠道,是在学校教育实践中形成的较为稳定的学校德育组织形式。学校是为培养人而设置的专门机构,学校教育是唯一有组织、有计划、有步骤的教育,主要通过以下途径来完成学校德育的任务。

(一)各科教学的渗透

各科教学不仅是学校实施全面发展教育的基本组织形式,也是学校德育最基本、最经常、最有效的形式和途径。

首先是学校的思想品德课，这是对学生进行德育的主要学科。思想品德课比起其他学科更有目的，有计划，有系统地向学生传授道德行为规范。思想品德课教学要贴近学生实际，根据学生的年龄阶段特征和教学目的的要求，采用灵活多样的方式，可以把讲授法、讨论法、实践锻炼法引入课堂，增强德育课的说服性，吸引学生，促进学生知、情、意、行的全面提高。

其他学科内容也蕴含着丰富的德育因素。教师要充分挖掘学科知识中所潜藏的德育因素，用知识本身的魅力去教育学生，影响他们的知识，情感，意志和行为。社会学科中蕴含着丰富的思想内容，任课教师要充分发掘教材中所具有的德育因素，把教学的科学性和思想性统一起来，使学生受到科学精神、社会人文精神的熏陶，形成良好的品德。一些自然学科虽然没有直接涉及到社会的政治思想和道德问题，但它们是揭示自然规律的学科，可以为形成学生的辩证唯物主义世界观打基础。

(二)学生集体组织形式多样的活动

中小学集体组织有共青团，少先队，学生会。它们根据形势需要和学生思想特点，开展各种生动活泼，形式多样的活动，在这样的活动中，学生组织的成员进行活动的构思设计，活动的内容筛选，活动形式的选择等等，这有助于学生增强自我教育和自我管理能力，有利于发挥学生的主动性，创造性和学生的独立认识。

1. 团队活动

少先队、共青团是中国儿童青年的先锋组织，团队组织的活动形式是实施学校德育的主要途径。团队的标志本身就是很好的教育资源。团队有为共产主义而奋斗的明确目标，有自己的旗帜、队徽等标志物，而且这些标志物本身都有具体明确的含义。如：队旗上的五星象征党的领导，火炬象征光明，红旗象征胜利，这一切都对学生有极大的吸引力，能给他们以极大的教育影响，帮助其树立远大理想。团队通过开展适合自己特点的、形式多样内容丰富的活动教育学生。如诗歌朗诵会、演讲比赛、文艺演出等，能更好地触动学生的灵魂，帮助他们解决思想上,行动上的问题。

2. 学生会组织的活动

学生会是学校中学生群众组织,其领导机构——学生委员会由全体学生(或学生代表)选举产生。它的基本任务是在共青团组织的直接领导和帮助下,依靠班委会,把全体学生团结、组织起来,以学习为中心,以“三好”为目标,开展各项活动,促进学生全面发展。

(三)课内外开展丰富多彩的活动

课内、课外活动是指由学校和校外教育机构统一领导和组织的、课堂教学以外的、不受国家教学计划所制约的、利用课余时间对学生实施的内容丰富的灵活多样的各种教育活动。课外、校外活动是整个教育活动的有机的组成部分,也是学校实施德育的一个重要的途径。课内、课外活动主要包括以下一些形式。

第一,科技活动。一般是在课堂教学的基础上,通过组织科技小组开展的活动,如数学组、物理组,电脑组,航模组等等,科技活动有助于激发学生学习科学的兴趣,培养他们刻苦钻研、不畏艰难的优良品德和勇于创造的精神。

第二,文艺活动。它包括各种各样的娱乐活动。如唱歌跳舞、绘画吟诗、器乐演奏、观看电影等。通过这样的活动培养学生感受美、鉴赏美、创造美的能力,帮助学生树立正确的审美观和陶冶他们的情操。

第三,体育活动。学校组织的形式多样的各种体育活动有利于培养学生的团队精神,培养学生坚强的性格和善于拼搏的精神。同时,对学生的爱国主义情操,集体主义思想以及思想纪律性等方面的培养也具有重要的意义。

第四,社会实践活动。社会实践活动也是一条重要的德育途径。例如,组织学生参加社区的活动。如宣传党的方针政策、拥军优属等等。是对学生进行思想品德教育的重要的方式之一。通过参加社区的各项活动,可以使学生更好地接触实际,了解实际,从而把书本知识和社会实际更好地结合起来、增强他们的实践意识。

(四)班主任工作

班级是学校的基层单位,班主任作为班级的组织者和领导者,对学生进行思想品德教育是他们的一项重要任务。因此,班主任可以采用多种多样的形式,如班会,班干部会议以及各种各样的集体活动,进行系统的集体教育。同时,班主任还可以根据每一个学生的特点和实际的情况,做大量的个别教育的工作。班主任的素质高低,直接影响到全班的思想面貌。

学校德育工作是一个系统工程,只有发挥德育途径的整体效益,才能提高学校德育的整体效果。在社会信息多样化、价值取向多元化的今天,学生接受品德教育的途径是多方面、多途径的开放体系,家庭、学校、社会各方面都影响着学生的成长。学生所接受的德育内容往往缺乏一致性和相对稳定性,有时甚至出现把互相对立的东西一起向学生灌输的现象。学校德育目标与现实生活中不道德行为之间的巨大反差,社会不良风气的影响等因素都可能使学生对学校德育产生困惑,甚至是抵触情绪,从而导致德育工作流于形式或失败。学校内部也是如此,管理人员、班主任、任课教师如果一人一把号,各吹各的调,学校德育目标就不能实现。所以,学校德育要提高整体效果,就必须和家庭、社会密切配合,充分利用多种德育途径,协调各方面力量,形成教育合力。

第三节 德育课程

德育课程是德育目的实现的中介,就其本质而言,它是社会对其未来成员传递道德价值,实现个体道德社会化的重要途径。作为一门学科课程来说,课程中的内容体现国家意志和统治思想,具有一定权威性和权力性,但知识化倾向较为突出。德育的活动课程是个体道德践行的过程,它为个体提供了验证道德知识的平台,通过它的活动促使学生人格日臻完善。德育的隐性课程是目前仍在探索的科学领域,关于它的研究已凸显出其在道德教育中的重要作用与价值,值得我们去认真的扑捉它对年轻一代的良性影响,审视它的不利因素,客观的对待它。

德育课程是学校整体课程结构的部分之一,同学校其它课程共同承担培养人的教育职能。虽然德育课程与其它课程的相互关系及地位问题目前尚有理论争议,我们以为,它是执行育德职能的课程,是课程的属概念,因此,对德育课程的理解,建构在对课程的理解基础之上。鉴于课程的相关内容我们已在本书的第三章做过介绍与讨论,因此,这一节我们将直接进入德育课程的界说。

一、德育课程

基于课程理论的相关知识,会使我们对德育课程有进一步的理解。当然,对德育课程的理解,还要基于对德育的理解。虽然在本章第一节中我们已对德育概念做出一定分析,在讨论德育课程的相关内容中,我们认为有必要对德育词源、概念等做进一步的探讨。在中国,“德育”一词单独出现并影响教育思想与实践,始自清末。维新运动前后,严复即以英国教育家斯宾塞的德育、智育、体育之说为依据,阐述他的“鼓民力”、“开民智”、“新民德”的三民教育思想[①]。此后,“德育”一词悄然而出,梁启超更是频繁使用,并在1910年以《德育鉴》为题出版专著。1906年,王国维在专门论及教育宗旨时,更明确地将德育与智育、体育、美育相并列,作为培养“完全之人物”的“完全之教育”的组成部分[②]。

民国之后,“德育”和“道德教育”、“公民道德教育”以及“训育”同时并出或互为使用,使用频率较高的是“道德教育”和“训育”。20世纪30年代之后,吴俊升所编的《德育原理》中,对德育概念做了明确界说:“德育即指道德教育,又简称训育,为训练儿童道德行为之种种设施。”[③]

---

① 崔运武:《严复教育思想研究》,沈阳:辽宁教育出版社,1993,74~82。

② 郑航:《中国近代德育课程史》,北京:人民教育出版社,2004,9。

③ 吴俊升:《德育原理》,商务印书馆,1948,1。

中华人民共和国成立以后,教育理论研究多承苏联模式,德育概念解释亦受到影响。近些年来,我国社会发生了重大的变化,学校德育面临着一系列严峻的挑战,引发了学者专家对学校德育现状的关注与研究,取得了相应的理论研究成果。参阅近期德育研究有关文献资料,对德育的概念解释不尽相同,比较一致的认识是:德育的概念有广义与狭义之分。广义的德育是指:“教育者按照一定社会或阶级的要求和受教育者品德形成发展的规律与需要,有目的、有计划、系统地对受教育者施加思想、政治、道德和法纪观念的影响,通过受教育者积极的认识、体验、身体力行,以形成他们的品德和自我修养能力的教育活动。通俗地讲,德育是教人学做人的活动,简言之,德育是教师有目的地培养学生品德的活动。狭义的德育就是道德教育。”①

德育是教人学做人的活动,教什么才能使受教育者学会做人,这便是德育课程应该解决的问题。不同的时代对做人的标准要求不尽相同,故而德育课程设置不同。近代意义上的德育课程设置始于法国,在 1882 年以道德教育取代宗教课程为起点。稍后一段时间,许多国家基于宗教教育受到批评以及对公民及道德教育的重视,逐步出现了一些正规的道德和公民教育的课程。但是,在通过正规道德教育课程进行道德教育的过程中,很多国家都出现了德育课程变成了道德说教的课程。这种状况发展到 20 世纪中期,出现了或者把德育课程变成理论性的、抽象的道德学课程而专门研究道德伦理体系及概念含义,不涉及真实生活中的道德问题;或者由于不涉及学生的具体生活与日常行为举止,德育课程成为道德说教,把德育中的践行落空,使得学校道德教育开展困难,收效甚微。我国的近些年来的情况也大抵如此。所以,中国全国教育科学规划从“六五”规划起,就将德育课程问题作为重点课题加以研究,到目前为止,仍然有诸多问题尚待探讨。

---

① 李保强:《教育学专业基础综合辅导全书》,济南:山东人民教育出版社,2006,124。

探讨问题之一:道德教育可否作为一门课程去开设?

第一,肯定设置专门的道德课程并进行教学是必要的和可能的。因为,任何社会或文化都先于个体形成了该社会的道德、行为、价值、规范体系,学校的主要职能是传递人类文化,包括传递业已形成的道德价值标准体系,教师是个体社会化进程中不可或缺的引领者,而年轻一代犹如一张白纸,教育者通过良好的教育方式可以培养学生的良好品格。事实上,在人类社会发展进程中这一作用已得到证实。

第二,对道德课程的开设持否定态度。20 世纪的 20 年代,美国心理学家哈桑(H. Hartshorne)和梅(M. A. May)等人通过 5 年时间对 11000 多名 8～16 岁的青少年被试的研究证明:传统的道德学科教育所进行的道德规范教授与儿童的实际行为几乎无关。[①] 道德教学只会使儿童安于习俗,服从权威,而不能将道德标准内化并自觉规范日常行为。他们认为,道德教育的真谛在于尊重和鼓励儿童自由选择并由此发展道德判断和推理能力。

第三,对学校开设德育课程既不肯定也不否定,寻求一条各取所长的中间路线。对设置道德教育课程持否定态度并强调儿童自主选择道德自由的以后一段时间,人们发现道德课程设置及教学与儿童道德发展之间存在着一定的关系,“在我们这个多元的社会里,尽管这种直接的灌输方法是无效的,然而,任何道德上放任的企图也没有取得更好的结果。”“道德教育所面临的问题和挑战是要寻找一条中间路线,它既不强迫年轻人接受一套道德规则,也不给他们这样一种印象,即做出决定完全是一件个人主张或想入非非的事情”[②]

我们以为,开设道德教育课程,在理论上是合理的,在实践中是可行的,在青少年成长过程中是必须的。加之现代社会科学技术的飞速发展,自然科学知识大量涌入学校和教室,学校作为知识传递的

---

① 檀传宝:《学校道德教育原理》,北京:教育科学出版社,2004,117。

② Hall, R. T. Moral. Education: A Handbook for Teachers. Winston Press, Inc. 1979, 12, 14.

职能特征愈来愈凸显,教师和学生的时间及精力大量花费于掌握知识、发展智力,学科教学与德育逐渐疏远,对此我们暂不做相关评价,但是德育课程的设置,起码在有限的学校教育时间内,使道德教育得到最低限度的时间保证。如果我们设置的德育课程内容合理,方法得当,也有可能会取得很不错的教育效果。从西方国家对待实施道德教育的批判与反思中我们也可以得到有益的启示。

探讨问题之二:德育课程与学校其它课程的关系

对于这个问题,我们认为可以从以下几个方面来展开讨论。

第一, 从设置单独的德育教育课程开始,德育课程是否与学校其它课程并列?

德育课程的独立设置,从形式看,似乎与其它学科没有什么区别,但是,这并不意味着道德教育课程同学校其它课程可以并列。因为道德教育的目的应该是学校教育的最高目的,不同于其它学科目的,以传授某一方面的知识、形成某一方面的能力那样单一。另外,道德教育在课程设计过程中会受到信仰、价值观念、情感、态度的影响,增加德育课程的难度;学生的主体参与程度决不仅仅是做一些作业或练习,其反复性、复杂性不是可以预先设计的,学生实践的机会与途径远比学科教学要丰富的多。

第二,有了专门的课程和专门的教师,其它学科和教师是否可以免除承担道德教育的任务? 事实上,“如果认为道德教育可以通过某一门学科和一个学期就能完成,那是可笑的”。“不能否认,既使不是全部,也有许多课程领域确实有很重要的道德因素,大部分课程诸如历史,环境或社会研究,文学研究,健康和性教育,宗教研究,显然都为讨论道德问题提供了机会”。① 在上面的陈述中我们肯定了德育课程设置的必要性,但是,我们并不认为其它学科可以不承担道德教育的任务,“教学具有教育性”是学校教育规律之一。同时,也不可能

---

① 戚万学、唐汉卫:《现代道德教育专题讲座》,北京:教育科学出版社,2005,229。

有所谓纯粹客观的科学知识,即使有,教学过程中教师的态度、情感、价值观以及教师对学生的人格示范作用等也会有意无意地影响着学生。因此,各科教学的道德教育因素是客观存在的。反之,也没有独立于其它学科之外的道德课程,道德教育总是同各科教学紧密联系在一起的。问题的焦点是各科课程教学怎样与德育课程配合相得益彰,进而达到学校教育的道德目的,这应该是我们目前关注的问题。

探讨问题之三:德育课程设置的分类

根据课程的不同定义,我们可以对德育课程做不同的分类。依据学校课程设置的形式,可以分为正规德育课程和非正规德育课程。正规德育课程是指有意识、有目的、有计划地影响学生品德发展的课程。非正规课程指正规德育课程之外的一切课程。前者如思想品德课和学校正式组织的各类相关活动,后者指学校里的校风、班级舆论与气氛、学习的方式、人际关系等。依据在德育课程中不同的开展或进行方式分为理论性课程和实践性课程。在我国,理论性课程和实践性课程或称之为学科课程和活动课程,是目前我国德育课程设置中占主导地位的课程。另外,根据课程设置的位置,我们还可以将德育课程分为显性课程和隐性课程,前者有明白无误的课时,场所及专门工作教师,后者则渗透在学校各科教学、学校制度及校园文化等方方面面。

二、德育的学科课程

学科课程又称“分科课程”,是以学科为中心来设置的课程。对于德育教育来说,学科课程有两类,一类是专门设置的道德教育课,一类是学校各科教学中蕴涵的道德教育因素。前者是我们在这节主要阐述的内容,而后者我们将会在以后的内容中予以探讨。

(一)道德教育学科课程的发展线索

“道德教育的学科课程,是学校于正式课程之中,规定的关于道德教育的正规课程,是向学生系统传授品德规范的知识、观念,进行道德教育的主要学科。"①

1882年,法国在西方率先以法令的形式把"道德课"列入学校的正式课程,这一方面是资产阶级掌握政权以后在政治上的一个新举措:"教育世俗化"以巩固新政权;另一方面,通过设置专门的"道德课",缓解学科教学与学校德育渐次分裂的局面,从而保证学校教育的最终目的,培养"道德的人"。自此以后,许多国家纷纷仿效法国,开设专门的"道德课"、"公民道德课"、"修身课"、"思想品德课"、"道德教育价值课"、"人格教育课"等,希望通过开设专门的"道德课",向学生系统传授关于道德的知识和理论。美国教育家杜威(J.Dewey.1859~1952)把这条途径称做"直接的道德教学",或"关于道德观念的教学"。借助于这条途径,教学与德育的关系又密切起来。

在我国,就德育课程的开设而言,早在1897~1898年,就有极个别新式学堂在实施分科教学时,开始开设修身课,如无锡的三等公学堂、广州的时敏学堂等。1902年,管学大臣张百熙拟订的《钦定学堂章程》(即"壬寅学制")就沿用这些新式学堂的早期做法,规定开设修身和读经二科。尽管这一法令并未付诸实践,但这是中国用法令形式规定德育课程的开端。1904年,《奏定学堂章程》(即"癸卯学制")正式实施,其中规定:初等小学堂、高等小学堂和中学堂均开设修身和读经讲经二科,修身为第一科,并在中国文字(学)、历史、地理诸科中作出了德育方面的要求。

推翻帝制、建立民国后若干年间,"修身"一科仍继续存在。1922年"壬戌学制"颁布以后,由于其教育目的是"培养公民",故许多学校自动取消"修身"科,而代之以"公民"科。内容有"党义"、道德、政治、法律及经济。其后一段时间,"公民"科的教学目的和主要教学内容根据形式的需要做过多次调整。

中华人民共和国成立后,专门设置的中小学德育课或者说德育

---

① 戚万学、唐汉卫:《现代道德教育专题讲座》,北京:教育科学出版社,2005,242。

的学科课程一直是对广大青少年进行思想政治道德教育的重要途径(文革期间除外),也是国家意志在教育方面的体现。在中华人民共和国建立之初,专门设置的德育课程就被作为必修课列入学校的课程计划,并且明确德育课程是学校德育的“主渠道”。1950年,教育部颁发《中学暂行教学计划(草案)》,规定中学6个年级均开设“政治课”。此后,“政治课”的称谓时有变化,到1963年,《全日制中小学教学计划》规定,中学必须开设“政治课”,但各年级政治课侧重点、名称略有不同。以1963~1964年为例:

1963~1964	初一年级	道德品质教育	
	初二年级	生活发展简史	
	初三年级	中国革命和建设	
	高一年级	政治常识	
	高二年级	经济常识	
	高三年级	辨证唯物主义常识	

1978年,教育部颁发《全日制十年制中小学教学计划试行草案》,规定在小学四、五年级开设“政治课”,由于脱离学生思想实际,德育效果甚微,于是在1981年颁发的《全日制五年制小学教学计划(修订草案)》中把“政治课”改为“思想品德课”,中学政治课也做了相应改革。

1986年,《义务教育全日制小学初级中学教学计划》规定:小学统一开设“思想品德课”,初中统一开设“思想政治课”。与之相应,高中的政治课也改为“思想政治课”,这就基本奠定了我国中小学现行“思想政治课”和“思想品德课”的格局。自此以后,我们国家把专门设置的德育课一般称之为思想政治课。

(二)道德教育课程的规定内容

如同其它学科课程一样,我国思想品德课有该课程的课程标准、教学目标及规定的内容。当然,在不同的时代,其课程标准、内容有所不同,这甚至可以从课程名称上得以反映。

从下列表格中我们可以看到,思想政治课及内容随着我国形势的发展正在发生着一定的变化:以 1963～1964 年为例:

1963～1964	初一年级	道德品质教育
	初二年级	生活发展简史
	初三年级	中国革命和建设
	高一年级	政治常识
	高二年级	经济常识
	高三年级	辩证唯物主义常识

改革开放以后,国家形势发生着日新月异的变化,思想政治课在内容上也必然会随着形势的变化增加或减少一些内容,例如:

1992～1996	初一年级	思想政治课	初一年级进行公民道德、国家观念、法制观念教育
	初二年级	思想政治课	初二年级进行社会发展史常识教育
	初三年级	思想政治课	初三年级进行有中国特色社会主义和中华人民共和国宪法教育
	高一年级	思想政治课	高一年级进行马克思主义政治经济学常识教育
	高二年级	思想政治课	高二年级进行辩证唯物主义世界观和科学人生观教育
	高三年级	思想政治课	高三年级进行马克思主义常识教育

1996 年 6 月,原国家教委印发了《全日制普通高级中学思想政治课课程标准》,根据《全日制普通高级中学思想政治课课程标准》,小学思想品德和中学思想政治教材编写委员会采用归纳与演绎、分

析与综合相结合的叙述方式,在结构体系、语言文字、版式设计等方面进行了求新、求活的探索,编写了思想政治课教材并于1998年开始供全国选用。

1998~2003	初一年级	思想政治课	初一年级进行公民道德、心理品质教育
	初二年级	思想政治课	初二年级进行法制教育
	初三年级	思想政治课	初三年级进行基本国情教育
	高一年级	思想政治课	高一年级进行经济常识教育
	高二年级	思想政治课	高二年级进行哲学常识教育
	高三年级	思想政治课	高三年级进行政治常识教育

进入新世纪以后,社会的变化发展对人的思想观念和道德品质提出了新的挑战和更高的要求,而青少年一代正处于身心迅速发展和学习参与社会公共生活的重要阶段,处于思想品德和价值观念形成的关键时期,迫切需要在思想品德的发展上得到有效的帮助和正确指导。我们已经有了思想教育的“主渠道”,调整和规定“主渠道”的内容势在必行。

2002年4月26日,教育部印发《调整高中思想政治课有关教学内容的方案》,2003年3月10号,教育部基础教育司又印发了《中学思想政治课贯彻党的十六大精神的指导意见》,根据上述两个文件精神及《国务院关于基础教育改革与发展的意见》和教育部《基础教育课程改革纲要(试行)》,从2003年秋季起,国家基础教育课程改革初中思想品德课实验工作全面推广,并颁发了全日制义务教育初中阶段《思想品德课程标准(实验稿)》,全日制义务教育小学阶段《品德与生活课程标准(实验稿)》、《品德与社会课程标准(实验稿)》,小学思想品德和中学思想政治教材编写委员会对教材重新进行修订,同时,在小学低年级阶段,“思想政治课”改称为“品德与生活”,在小学高年级阶段称为“品德与社会”,初中阶段称为“思想品德课”,高中阶段仍然称为是“思想政治课”。

下表是我国目前初中阶段思想品德课部分内容:①

<table>
<tr><td rowspan="13">初中阶段

成长中的我</td><td rowspan="6">认识自我</td><td>悦纳自己的生理变化,促进生理与心理的协调发展。</td></tr>
<tr><td>知道青春期心理卫生常识,学会克服青春期的烦恼,调控好自己的心理冲动。</td></tr>
<tr><td>理解情绪的多样性,学会调节和控制情绪,保持乐观心态。</td></tr>
<tr><td>客观分析挫折和逆境,寻找有效的应对方法,养成勇于克服困难和开拓进取的优良品质。</td></tr>
<tr><td>主动锻炼个性心理品质,磨砺意志,陶冶情操,形成良好的学习、劳动习惯和生活态度。</td></tr>
<tr><td>了解自我评价的重要性,客观地认识、评价自己的优缺点,形成比较清晰的自我整体形象</td></tr>
<tr><td rowspan="7">自尊自强</td><td>知道人类是自然界的一部分,认识自己生命的独特性,体会生命的可贵。</td></tr>
<tr><td>知道应该从日常的点滴做起实现人生的意义,体会生命的价值。</td></tr>
<tr><td>懂得自尊和知耻,理解自尊和尊重别人是获得尊重的前提,不做有损人格的事。</td></tr>
<tr><td>养成自信自立的生活态度,树立为人民、为社会服务的远大志向,体会自强不息的意义。</td></tr>
<tr><td>体验行为和后果的联系,知道每个行为都会产生一定的后果,人应该对自己的行为负责。</td></tr>
<tr><td>能够分辨是非善恶,为人正直,学会在比较复杂的社会生活中做出正确选择。</td></tr>
</table>

从上述表格中我们可以看出,思想品德课在内容上已经发生了重要的变化,她更加贴近青少年的身心发展需要,注重与学生生活经验和社会实践的联系,关注学生的成长需要与生活体验,引导学生确立积极进取的人生态度,促进正确思想观念和良好道德品质的形成与发展。由此我们可以推论,作为学科课程的思想品德课,是中小学

① 吴铎:《德育课程与教学论》,杭州:浙江教育出版社,2003,134。

道德教育的基础课程,是真正育德的课程,尤其当她的内容更加科学、更易为青少年所接受的时候。

(三)道德教育课程的实施形式

道德教育课程的实施形式是课堂教学,同其它课堂教学一样,都要进行相关知识的传授,都有该课程的课程标准、教学计划、教学方式及教学活动构成要素,都由学校做出统一的课程进度安排。但是,同其它课堂教学不一样的是,德育课不仅要进行道德知识的教学,更注重道德情感、道德实践及道德行为的训练与培养;学生不仅是理解与掌握"知识",更要将这些知识内化到自己的人生信念中并规矩自己的行为。因此,仅仅是相同于其他学科课程形式而单独采用课堂教学,像学科教学一样以完成当前教学任务为教学过程结束标准,显然不符合德育教育的本质。为此,我们必须重视在课堂教学中学生、教师及相关因素的作用,研究他们各自的特点、在课堂教学中的位置以及相互关系。

德育认知发展理论、人本主义道德理论等在研究课堂教学时,都特别注重对学生的研究。"德育认知发展理论指出,德育的课堂教学对学生的要求是'激发兴趣,引发思考,自动探究'。人本主义道德理论对学生的要求则是'内在潜能得到充分发展'"。① 他们都强调要尊重学生的"主体性",要求学生在道德问题上学会辨别、判断。近年来,我国在基础课程改革实验中,也非常重视学生在德育课堂教学中的主体位置,通过设置贴近、联系学生社会生活实际的教学内容,使得学生在教学过程中主动参与、积极思考、接受知识,理解消化。同其他课堂教学一样,教师是教学活动的主导,他计划教学的过程,引领教学的方向,决定着教学的效果。较之于其他学科更高要求的是,从事德育教育的教师,自身应有良好的品德,较高的德行,清晰明确的价值观以及正确的道德判断能力,身正为范,为人师表。学生从来

① 中华人民共和国教育部制订,全日制义务教育,思想品德课程标准(实验稿),6。

具有向师性，在德育课堂教学中，教师不仅是道德知识的传授者，更是道德的践行者。通过教师的言传身教，学生不仅接受知识，更会积极思考，模仿练习，进而理解消化并将其纳入自己的道德知识结构与行为中去。当然，我们并不认为教师一定是道德的权威，也反对教师将自己的观念强加于学生，在德育课堂教学中，教师的教学方法应该更加道德化，注意倾听学生的心声，尊重学生的道德选择，培养学生的道德认知与道德判断能力，从而切实提高德育课堂教学效果。鉴于德育课堂教学与其他学科课堂教学有不同之处，在强调以课堂教学为学校德育教育"主渠道"时，我们亦认为还应多方面拓展德育教学的其他渠道以有效提高德育的实效。

（四）德育学科课程可行性的理论支点

近百年来，随着大工业的发展和资本主义社会政治、经济结构的不断变化，对人的素质和人才的要求发生巨大的变化，科学精神和个性发展越来越受到重视。以赫尔巴特为代表的所谓"传统教育理论"尽管非常强调学校德育教育的重要性，重视课堂教学在德育中的作用，认为"教学如果没有进行德育，那只是一种没有目的的手段，道德教育如果没有教学，就是一种失去了手段的目的"①，但是，由于赫尔巴特过于强调教师是德育的最高权威，学校德育过程和教师工作的基本内容是：管理、教学、训练。这种以顺从和灌输为特点的传统德育观，显然不符合近代工业社会对人才质量规格的要求，因而受到置疑和批判。即便是这样，对德育课堂教学的重视，依然受到各国政府及教育家的重视。尤其是20世纪60年代以来，西方发达国家出现了一种强调学校德育课程化的趋势，加之诸如社会变化、科学理论交叉渗透、新的科学不断产生等因素，关于道德教育的研究深入发展并形成各种流派，成为对德育课堂教学有力的理论支持。

1.价值澄清理论

价值澄清理论是20世纪中期在美国出现的最大的道德教育理

① 曹孚：《外国教育史》，北京：人民教育出版社，1979，177。

论派别之一,代表人物有路易斯·拉斯(Louise Raths)、基尔申·鲍姆(Kirschen Brum)等人。价值澄清学派代表人物认为,我们生活在一个纷繁复杂的社会里,在每一个转折关头或处理每件事务时都面临选择,选择什么和怎样选择,是学校德育教学应该关注的问题。拉斯等人认为,德育主要的任务是培养学生正确的价值观,而要具有这种正确的道德价值观,又需要有评价和分析价值观的能力。价值澄清即引导学生学习价值评价、分析和选择的过程,可以在课堂上普遍进行,即如此,将德育课堂教学与学生道德教育紧密结合,是实施学校德育的首选。为此,他们撰写了著名的道德教育教材《价值与教学》,并特意为这本著作加了一个醒目的副标题——课堂中价值观的运用。这说明拉斯等人并不主张打破学校现有的德育课堂教学秩序,而是主张在现有的学校正常活动中搀杂丰富多彩的新内容。该理论由于通俗易懂,且有一套便于在课堂教学中运用的"价值澄清"具体程序,故而在美国得到广泛运用。

我们采撷道德教育理论的研究结果,是为了能够使我国学校的道德教育取得实效,做得更好。我们既然肯定了思想品德课是学校德育教育的"主渠道",现在又有拉斯等人的理论支持,那么坚定我们的信念,通过思想品德课提高青少年学生的德行,应该是德育教育的希望所在。至于该理论流派的长短评价,不是我们的主题。

2.麦克费尔的道德教育思想

麦克费尔(Peter Mcphail)是英国学校道德教育课程设计委员会的成员。从60年代中期开始,他与同事一起对英国学校道德教育状况做了细致的调查研究。1964～1971年这段时间,他们通过走访、问卷等形式,对英国中学13～18岁的1500多名男女学生进行了3次大规模的调查。根据调查结果分析,他们得出了一些关于学校德育的假设:"满足学生与人友好相处的需要是教育者的首要职责";"道德教育重在引导学生学会关心";"角色尝试有助于青少年敏感而成熟的人际意识和社会行为的发展";"教育即学会关心"。基于这种在对学生的广泛调查的基础上提出的假设,他们编制设计了中学德育教材——《生命线》。这套独具特色的德育教材，在英国课堂的2万多名学生中间得到现场检验，深受中学教师特别是中学生的喜爱。该教材本来是为中学生准备的，由于许多小学生也能读懂，因而在小学也颇受欢迎。

麦克费尔通过调查认为，青少年学生对于人际关系中奉行坦率、互惠和关心等处世原则的反响非常积极。这是因为，与人友好相处，爱和被爱，是人的基本需要，帮助满足这种需要，乃是教育者的首要职责，为此，创设一种道德教育课程最令人信服的理由，就是学生们感到需要这门课程。即如此，开设专门的道德课还用质疑吗？通过道德教育，引导青少年学会关心，学会体谅，并在关心人、体谅人中得到快乐，难道不是教育者的职责所在？鼓励处于“社会实验期”的青少年自由地实验各种不同的角色和身份，恰恰是个体社会化进程中教师的角色体现，而教师在关心人、体谅人上所起的表率作用，即是我们所说的为人师表。最重要的是，这套教材是为中学道德教育设计的，“教师和学生都对它欢迎备至，说它既有趣，又有效”。[①] 这难道不足以说明德育课堂教学不但要进行，如果有好的教材作为联系师生的纽带，甚至可以获得我们期望的结果。当然，麦克费尔的道德教育理论并非完美无缺，西方国家和我国一些理论工作者也有评议，见仁见智亦属正常。我们不是要评价麦克费尔的理论，而是要用他的理论证明学校道德教育是必须的，德育的学科教学是可行的。

3.道德认知发展理论

道德认知发展理论是当代西方学校德育流派中最负盛名的德育理论，代表人物是美国道德心理学家劳伦斯·科尔伯格（Lawrance Kohlberg1937～1987）。道德认知发展理论向我们提供了一种重视理性思维的道德教育模式。“该模式假定人的道德判断力按照一定的阶段和顺序从低到高不断发展，道德教育的目的就在于促进儿童道德判断力的发展及其与行为的一致性。要求根据儿童已有的发展

---

① 黄向阳：《德育原理》，上海：华东师范大学出版社，2000，257。

水平确定教育内容,运用冲突的交往或围绕道德两难问题的小组讨论等方式,创造机会让学生接触和思考高于他们一个阶段的道德理由和道德推理方式,造成学生认知失衡,引导学生在寻求新的认知平衡中不断地提高自己道德判断的发展水平”。[①] 科尔伯格说:“我这种理论之所以称为认知的,是由于它认识到道德教育同理智教育一样,是以激发儿童就道德问题和道德决策进行积极的思考为基础的,它之所以称为发展的,是因为它把道德教育的目标看作是经过各个阶段的道德发展”。[②] 从他的理论中我们可以得到这样的信息,道德教育的一些知识是可教的,因为“道德教育同理智教育一样”,但是,这种知识决不是背记道德条例,也不仅仅是掌握,而是要“激发儿童就道德问题和道德决策进行积极的思考”;“即使道德知识是可以教的,但是围绕着道德两难问题的小组讨论必须渗透在语文、历史、社会研究、法律教育、哲学等课程领域”。也就是说,科尔伯格不但强调德育教育必须通过学校所设置的课程来进行,同时,其他渠道的道德教育也是必要的。

国外道德教育的理论流派颇多,研究成果丰硕,仅举上述理论成果以证明学校德育学科教学的可行性。亦有否定德育学科教学的理论,如杜威的实用主义道德教育理论,他认为学校里是否专门设置道德伦理课无关紧要,因为即便设置了也仅仅是传授道德伦理知识而已,并不能代替真正的道德教育。也有在肯定道德教育课的同时,认为需要大力改革道德教育内容及方式方法的理论,如人本主义心理学家罗杰斯,就提出许多直接针对学校教育教学工作的见解,认为应以学生为中心进行道德教育,并对教师提出了相应的要求。诸多理论在此并不一一列举。

我们强调德育的学科教学是学校德育教育的“主渠道”或主要途径,同时我们也认为,仅仅通过“主渠道”或主要途径进行道德教育显

① 袁振国:《当代教育学》,北京:教育科学出版社,1999,248。

② 冯增俊:《当代西方学校道德教育》,广州:广东教育出版社,1997,51。

然是不够的,且不论学生生活的广泛性和复杂性,就学科教学而言,其它各科教学都存在道德教育的内容。不仅如此,学校所有的环境氛围、教师及其工作人员、学校历史背景等等,都会对学生产生重要的影响。

三、德育的活动课程

(一)活动课程概述

1.活动课程的渊源

19世纪末20世纪初,欧洲和美国都出现了教育改革运动。这场教育改革运动对传统的学科课程提出了挑战,指责学科课程以学科为教学活动的中心,偏重书本知识的传授,不能照顾儿童的需要和兴趣,人为的拉大了学科之间的距离,同实际生活也相距较远。美国教育家杜威(J. Dewen,1859～1952)正是这次教育改革的领军人物。杜威主张教育即生长,教育即生活,教育即经验的改造,学校即社会,对以教师、书本和课堂为中心的传统教育持反对态度,主张"以生活化的活动教学代替传统的课堂讲授,以儿童的亲身经验代替书本知识,以学生的主动活动代替教师的主导"。① 所以学校的课程中居中心位置的应该是各种形式的活动作业,例如粉刷墙壁、安装水管、管理物品、修理门窗等各种活动。他的目的就是要培养学生适应社会,而且是在学校教育阶段就适应社会,不是毕业后适应社会。自此以后,教育理论界把这种以儿童活动为中心的课程称之为"活动课程"或"儿童中心课程"。这种课程曾在国外小学、中学和大学等各个层次普遍采用,它的种类经过发展也日渐增多,有探索学习、实地考察、社会实践、健康教育、社会服务等等。活动课程一经提出,便对传统的学科课程产生了极大的冲击,但迄今为止,学科课程依然是学校教育的主要课程类型,对活动课程的利弊褒贬学术界至今争论不一,有一点是可以肯定的,那就是设置活动课程对学生的发展是有益的。

---

①　全国十二所重点师范大学联合编写:《教育学基础》,北京:教育科学出版社,2002,152。

1992年,国家教育委员会颁布并于1993年正式实施《九年制义务教育全日制小学、初级中学课程计划(试行)》,根据该计划,我国小学、初级中学阶段主要开设学科和活动两大类课程。其中,活动类课程主要开设晨会(夕会)、班团队活动、体育锻炼、科技文体活动等,同时还要求开展社会实践活动、校传统活动。规定两大类课程都属于国家安排课程,是必修课。这一课程计划无疑是我国课程发展史上的一次重大变革,它首次把"活动课程"列为全日制学校的正规课程。当然,这个课程计划并没有明确德育的活动课程类型,所以,我们有必要对有关德育教育的活动课程做一界定。

2.活动课程的界定

对活动课程的界定至少包括以下内容:①

◆ 学生的各种外部活动是构成活动课程的主要内容,诸如游戏、劳动、合作活动、体育、各种服务、公益性活动之类。学生的内部思想活动显然不在活动概念之中,,当然,这并不意味着否认内部活动和外部活动的直接统一性。

◆活动课程以提高学生的道德实践能力、改善学生的道德生活质量为宗旨,它既不同于一般的学科课程,也不同于道德教育中的学科课程,亦即它不是以传授道德知识、发展道德认知能力为主要目的。

◆学生的活动是有计划的,不是自发的,组织这些活动的主要目的在于促进学生道德的发展。

◆活动虽然是有计划的,是教育者有意为之的,但这些活动必须是学生主动、自愿参与的,学生应是活动过程的实际参与者,而不是对已经设计好的活动计划、活动过程的简单接受者。在包括活动的组织、安排、领导在内的一切活动中,都应当充分发挥学生的主动性。

鉴于活动课程的多样性及对活动课程的认识见仁见智,故而对

① 戚万学、唐汉卫:《现代道德教育专题讲座》,北京:教育科学出版社,2005,256。

活动课程的界定并不求一致认可。

(二)活动课程对德育教育的重要意义

道德实践是德育的本质,身体力行是德育的落脚点,这一点在中国古代的孔子那里就已经进行了明确的阐述,他说:“学而不思则惘,思而不学则怠”,主张“躬行”,[①] 意即实践,他强调人当以行为重,“君子敏于事而慎于言”,[②] 他认为,评价一个人是否有德行,要“听其言而观其行”,[③]“君子耻其言而过其行”。[④] 在西方,道德哲学就是实践哲学,从古到今经过了不断的论证。古希腊哲学家亚里士多德在其著作《尼各马科伦理学》中提出:“幸福是合乎德性的心灵活动。当然,并非心灵活动一日合乎德性便可获得幸福,德性须终身践行”。[⑤] 当代英国著名的道德哲学家阿拉斯代尔·麦金太尔(Alasdair MacIntyre 1929 -)在他的著作《德性之后》中认为:“使德性得以表现的是具体种类的实践,德性也只有依据实践才能获得其意义”。[⑥] 从个体发展的角度看,活动也是人存在和发展的方式。人之所以成为人,成为什么样的人,是由人的活动决定的。“20 世纪的教育家更加觉察到,由于人们不仅要思考,也要行动和关心,教育过程必须超出智力的训练,帮助青年学习如何有效地和负责地行动”。[⑦] 因此,德育的活动课程是学生道德实践的过程,具有非常重要的意义。

1. 实践性德育活动是学生验证与掌握道德知识的的平台。实践性德育活动是基于学生直接经验和亲身体验的一种学习活动,学生在这种活动中依赖于德育课堂教学的知识背景,但活动的意义与

---

① 《论语·述而》。

② 《论语·述而》。

③ 《论语·公冶长》。

④ 《论语·宪问》。

⑤ 唐凯鳞:《西方伦理学名著提要》,南昌:江西人民出版社,2000,51。

⑥ 唐凯鳞:《西方伦理学名著提要》,南昌:江西人民出版社,2000,702。

⑦ [澳]康纳尔著,孟湘砥等译,《二十世纪世界教育史》,长沙:湖南教育出版社,1991,30。

启示将会远远大于学科书本知识体系的框架。因为通过活动,学生加深了对道德知识的理解,而在与他人、与社会、与国家、与自然的交往中通过身体力行,学会正确的为人处世的要则。如果没有学生的亲身体会,如果缺失了实践性德育活动,那些通过各种方式"习得"的社会道德方面的知识,可能会束之高阁。

2.德育的活动课程可促使学生人格日臻完善。学校教育者通过有目的、有计划、有组织的德育活动,尤其是一些社会实践活动,拓展了德育课程教学的空间,缩短学校与社会的距离。学生在这些活动中,会真切地感受到社会、他人与自我的密切关系;会在认知、情感、行为上调节自我以达到相对统一;会意识到社会对年轻一代的要求,从而产生一定的紧迫感和社会责任感;正是在这样的氛围中,他们渐渐长大,成长为符合社会要求的一代新人。

3.实践性德育活动有助于实现各科教学的"教育性"。从德国教育家赫尔巴特(J.F.Herbart.1776~1841)提出"教学具有教育性"这一著名的教育思想以来,各国统治者及教育家都试图通过教学传递一定的思想和价值观。世界发展到今天,形成了一个多元文化与多元价值观的社会,但是,每个社会制度下总有一些主流文化和主流价值观,通过学校教育和各科教学对年轻一代进行主流价值观教育,这也是学校重要的教育目的。如何取得实效,实践性德育活动提供了这个平台。否则,"教学的教育性"就永远是一句漂亮但无用的口号。

(三)组织德育活动课程的基本原则

德育活动课程是学校课程结构中不可缺少的要素,它与学科课程一样,在总体上都服从于学校整体的课程目标。即如此,同学校其他课程同样要求,在课程进行时,须遵循一定的原则。鉴于活动课程的特殊性:它主要是通过活动让学生获得个体教育性经验;它强调要有系统性的组织各种有教育意义的学生活动;它以学生为主体进行自主性实践交往从而更好的适应社会。那么,在实施过程中,它遵循的原则带有该课程性质的独特性,也是我们阐述与强调该课程原则的目的。

1. 目的性原则。这里的目的性原则有两层含义。一是德育活动课程的目的应符合学校教育的总目标,因为它与其它课程一样,在总体上服从学校整体课程目标;二是在进行德育活动时,其活动具体的目的应符合德育教育的课程目标。前者体现德育活动课程同其它课程一样,同属于学校教育的范畴,后者则强调该课程的特殊性。我们前面已经讨论过德育的学科课程开设的必要性,在这里,我们试图通过德育的活动课程与学科课程的有机结合,互相取长补短,使得学校德育教育既理论联系实际,又能够以其独特的活动方式吸引学生,让学生接受、介入其中并从中得到一定的感悟与收获,从而提高学校德育教育的实效性。

2. 学生主体性原则。在学校德育活动过程中,应始终把学生当作教育过程的主体。有感于一些学校在活动过程中由学校或教师来确定活动的目的、活动程序及活动要求,而学生在期间只是履行角色,完成任务,没有情感投入,没有活动感悟,也就谈不上有什么收获,我们更要强调学生的主体地位。因为无论从道德的实践主体本质,还是教育要完成培养能独立思维、有自主意识和自觉行为的个体这一基本任务来讲,主体性原则都必须是道德教育所要遵循的根本原则。自有教育以来,人们世世代代所追求的教育目标,就是促进人的发展。所以,鼓励学生自己设计活动、自己组织实施、自己进行评价。要始终让学生作为德育实践活动中的主角,以学生的发展要求作为活动考虑的首先因素,让每一个学生都积极投身到活动中去,只有这样,才能真正体现德育活动的本质特性及教育的目的。

3. 可操作性原则。德育活动课程实施过程中,我们必须对其操作予以认真的关注。以往之所以德育教育缺乏实效,一个很关键的原因是我们的活动可操作性较差,假大空的东西太多,学生在活动过程中往往是不知所云或应付了事。所以,在德育活动过程中,我们必须对每一次活动进行周密的设计:活动的具体目标、活动内容、方式及方法;时间、地点、人物、及活动的程序安排等等。例如社会调查,在学生进行活动前,应该有一个详细的调查设计,包括:明确调查目的,确定调查对象。在确定调查对象时如何取样?对调查及研究问题的范畴进行确定并列出围绕主题的研究大纲,运用何种调查方法?如果是问卷调查,采用什么问卷类型;问卷如何设计与修改,怎样发放等等。总之,德育活动过程是学生的主体作用发挥的过程,如若没有周密的设计,学生可能会临阵出现迷惘或问题,解决不当,会影响德育活动的效果。所以,不但要让学生自己做活动的主人,更要帮助学生怎么做,可操作性越强,学生越容易达到德育活动的目的。否则,所谓主体参与就会成为空话。

4.兴趣性原则。"兴趣是在探究反射基础上形成的对事物或活动的心理倾向,是推动人们认识事物、探求真理的重要动机"。[①] 兴趣可以使人产生巨大的积极性和高度的热情,学生一旦对德育活动的内容和方式发生了浓厚的兴趣,就会因兴趣介入活动而产生兴趣的效能,对实际活动发生作用大的兴趣,其效能作用也大。换句话说,如果我们的学校德育活动唤起了学生参与的浓厚兴趣,那么我们距离德育教育的目的会更近一些,德育教育的实效性会更大一些。当然,鉴于兴趣本身的倾向性不同,兴趣指向可能是高尚的,也可能是卑劣的;可能是广泛的,也可能是狭窄的;可能是稳定的,也可能是容易转移的。这就需要在现实的教育活动过程中,教师引导作用要发挥得当。

5.层次性原则。德育教育是有目标层次的。不同年龄的学生,不同年级的学生,不同类型的学生,在进行德育活动过程中,不但目标层次要有所不同,设计的活动也要有所区别,不能同样要求。对一些同学而言,德育活动的层次旨在进行道德规则的教育,这是因为,道德规则属于不可违反的最低限度的行为要求,在执行过程中,几乎没有可以商量变通的余地,对学生最具有指导性和约束力。对一些同学而言,旨在进行道德原则教育,它是学校认为学生应该达到的要

---

① 全国十二所重点师范大学联合编写:《心理学基础》,北京:教育科学出版社,2002,65。

求,但在执行过程中,允许学生根据具体情况加以变通,是指导学生行为的基本准则。而对于一些品行良好的同学,我们应对他们进行道德理想的教育,激励其高尚的行为。虽然道德理想体现人们对道德至善至极的完美追求,是可望不可及的境界,却给学生树立了一个不断追求的目标,激励着学生向更高的目标迈进。

在新一轮基础教育课程改革中,对学生的德育教育已经发生了重大的变化,不仅在名称上将小学与初中的德育课程予以不同称谓,在课程性质上,更是向前迈了一步,不在仅仅停留在应该是什么课程性质,而是为学生的发展整合课程内容并把它定性为综合课。不仅如此,在德育课程改革中,把社会实践纳入德育课程的教学过程。"德育课程的实践性教学,是指在教师的指导下,有目的、有计划、有组织地为学生创设一定的生活情境,走出课堂,走出校园,主动了解、探究、服务社会,并从中汲取丰富知识的各种客观活动。"① 这种教学形式丰富了德育的活动课程,通过这种教学形式使学生投身社会,在实践中感悟,拓展了德育课程教学活动空间,延伸和深化了课堂教学,对培养学生的社会责任意识,提升学生的道德情感,提高学生的实践能力,促使学生的人格完善,提供了一个重要实施环节,也会使学生进一步理解理论的实质并用以指导自己的行动。

我们还认为,在我国目前的情况条件下,德育课程的实践性教学应得到有力的保证。这就需要在开展这类活动时,教育行政部门首先要在制度上保证社会实践活动的开展,确保学校能够实施德育实践活动计划。其次,学校领导要从机制上激励实践性教学,加强对德育实践活动的组织和管理,充分开发利用各种教育资源,为学生社会实践活动的开展提供有力支持。第三,要争取社会、社区和家长的理解与支持。社会力量的支持,社区提供的活动场所及家长的赞同,使得德育实践活动的开展有一个良好的氛围,对学生通过实践性活动提高道德品性提供有效支持。

---

① 吴铎:《德育课程与教学论》,杭州:浙江教育出版社,2003,180。

四、德育的隐性课程

(一)隐性课程概说

隐性课程"是指这样一些教育实践及成果,它们在学校政策、课程计划上并没有明确规定,然而又是学校经验中常规的、有效的一部分",它"也许被看作是泛泛而随意的,隐含的或根本不被承认的"。"这一术语是描述那些构成学生进行非学术性的,无法评定的学习活动的各种影响"。[①] 隐性课程也称"隐蔽课程"、"非正式课程"、"无形课程"、"潜在课程"等等,它与"显性课程"、"正式课程"相对。一般认为,这一概念是美国课程论专家菲利普·W·杰克逊(Philip. w. jackson)在1968年出版的《课堂生活》中明确提出的,此后得到国际课程研究领域的广泛认可。

有关隐性课程的概念界定,学术界有不同的看法,不仅如此,基于不同的理论支持,所描述的概念也不尽相同。如美国具有权威性的《国际教育百科全书》(Husen 主编)认为:"隐性课程既是一种实践也是一种学习结果,一般是指形成学生的非正式学习的各种要素,如师生关系、能力分组、课堂规则与秩序、隐喻的教科书内容、学生的性别差异以及课堂奖励方式等"。[②] 我国台湾学者陈伯璋教授认为:"隐性课程包括常数和变数两个部分。其中,'常数'部分是指散播于学校教育各个层面的'社会意识形态'和教师的期待、教学内容中包含的未预期的意义、教室内移动方式、谈话流程等'教育工作者分析合理知识以及界定其运作概念的方式'。'变数'则是指组织教学、能力分组、升留级制度等'组织变数',学校气氛、领导作风、师生之间的人际关系等'社会系统变数',信念系统、价值观念、认知结构、意义等社会向度或'文化变数'"。[③] 而首次提出"隐性课程"概念的杰克逊认为:"学生在读、写、算,或全体学术课程上的进步,并没有完全说明

① 檀传宝:《学校道德教育原理》,北京:教育科学出版社,2004,137。

② 鲁洁:《德育社会学》,福州:福建教育出版社,1998,280。

③ 陈伯璋:《潜在课程研究》(台湾),五南图书出版公司,1985,330~339。

学校教育的结果。除此之外,学生还从学校生活的经验中获得了态度、动机、价值观和其它心理状态的发展。而且,这些非学术的教育结果,比学校教学更有影响力。这种非正式的文化传递即为隐性课程”。[①] 我国有意识的研究隐性课程,是从20世纪80年代中期开始的,至今隐性课程不仅是课程理论探讨的重要课题,而且在教育实践中也引起了广泛的注意。但是,关于隐性课程的概念、构成、设计等方面,学术界认识远未达成一致。

虽然关于隐性课程的概念界定还有许多的不同意见,但是关于隐性课程的描述都有一些相对认同的内容,主要有以下几个方面:“首先,从影响结果看,隐性课程是指学业成绩之外的非学术影响,更多地体现在对学生的价值、情感和意志等方面的影响上。其次,从影响环境上说,它是一种潜存于班级、学校和社会中的隐含性、自然性的影响。第三,从影响的计划性角度看,隐性课程是非计划的、无意识的和不明确的影响。第四,从影响的效果上看,由于隐性课程是一种潜移默化的影响,所以它的影响虽不是立竿见影的,但却具有‘累积性’、‘迟效性’、‘稳定性或持久性’”。[②] 总的说来,隐性课程是学生在学校学习生活中完整经验的有机组成部分,它的涵盖范围很广,几乎涉及学校的各个层面、各个角落以及各种行为,它同显性课程一起构成学生学校生活经验的整体内容。当然,它的影响方式与影响结果同显性课程有明显不同。

(三)隐性课程的性质

1. 目标上的统整性和难预期性。隐性课程相对于显性课程来说,对学生的影响更具有统整性和全面性,它不仅使显性课程更好地向学生传授相应的学科知识,而且对学生的德行、态度、价值、个性、情趣等人格的各方面都有重要的影响。教育的目的是要培养既通晓

---

① 戚万学、唐汉卫:《现代道德教育专题讲座》,北京:教育科学出版社,2005,271。

② 戚万学、杜时忠:《现代德育论》,济南:山东教育出版社,1997,362。

科学技术,又有人文素养的合格人才,通晓科学技术,可以通过学科教学完成,而具有人文素养,则是学校教育应全力以赴的工作内容。

2.内容的渗透性和差别性。隐性课程渗透到学校的各个方面,它不仅渗透到教学系统,而且渗透到行政和后勤系统,不仅渗透到德育,而且渗透到学校其他教育活动当中,这种强渗透性使我们难以把握与认识。鉴于每个学校不同的人文背景,隐性课程在每个学校的表现方式及作用也不尽相同,这即是它的差别性。这种渗透性和差别性,使我们在工作中必须对它加以重视。

3.实施过程的潜在性与复杂性。隐性课程发挥作用的优势在于它是通过学生无意识的反映而影响学生的,它会让学生在不知不觉中受到潜移默化地影响。成功的教育应该使学生在没有意识到受教育的情况下却受到毕生难忘的教育。当然,隐性课程的存在形式、作用方式、影响机制都非人为可以控制,因而它具有一定复杂性。

4.结果的隐蔽性和难量化性。隐性课程的结果,一般很难觉察,当作用于不同的学生个体时,更难以观察结果。因为每个学生所受的影响不同,结果也不尽相同。另外,隐性课程作用于学生时,是一个持续的、长期的过程,甚至有的学生是在走上社会以后才慢慢显现学校教育的结果,所以如果想对隐性课程加以量化,显然是困难的。①

(三)学校德育隐性课程的存在形式与作用

“道德教育如果不关心隐性课程,期望得到满意的效果是不可能的”。② 学校德育课程的设置属于显性课程,它在传递社会意识形态方面带有一定的权威性和强制性,不管当前学生是否愿意接受,它都会毫无商量余地的开设,这经常会引起学生的不满甚至抵触的情绪,其效果可想而知。隐性课程则不同,它会使学生在不知不觉中接受学校德育的教育影响。当然,这不是说要取消德育的显性课程,况且

---

① 参考鲁洁:《德育社会学》,福州:福建教育出版社,1998,291~292。

② 参考鲁洁:《德育社会学》,福州:福建教育出版社,1998,314。

也不能取消,我们的用意在于必须重视隐性课程。那么,隐性课程于学校教育中的存在形式是我们有必要加以说明的,以期引起对它的关注。

1.存在于学科教学中的非正式德育隐性课程 这里有两层含义:一是指学校专门设置的学科类德育教育课程,有小学的品德与生活、品德与社会,初中的思想品德课和高中的思想政治课。这些课程当然属于显性课程,有明确的课程目标。但是,通过正式教学以后的学生收获并不一定是教育者所期望的那样,甚至有可能是“负面”收获。一些不确定因素如学校氛围、环境、校风、教师品质与人格等等,都会对学生产生一定的影响。第二层含义是指除德育学科教学以外的其它学科课程。这些学科教学内容中含有德育教育因素是不容质疑的,例如语文、历史、地理、小学社会课等。但是,是否会对学生产生我们所期望的教育影响却不一定。因为学科课程的教师首先关注的是本门学科的教学任务完成与否,可能会也可能不会有意进行相关的德育教育;鉴于德育教育有相关的课程和内容及教师,学科教师并不一定会认为德育教育也是他们份内的工作内容;如果教师自身有品格或人格缺陷,那么学生收获的是什么就很难以确定了。

2.存在于学校教育体制中的隐性德育教育课程 体制的含义是指国家机关、企业、事业单位等的组织制度。学校教育体制是指学校、班级中的领导体制、规章制度、领导风格、管理模式、教学组织形式等。存在于学校教育体制中的隐性教育影响是较难控制与掌握的,有时是非预期的。不同的领导方式,无论是学校领导还是班级领导,学生的表现不尽相同,这一点已得到国外学者的验证。例如,利比特与怀特等人通过研究不同领导方式下学生的手工制作活动发现,不同领导方式等隐性课程因素对学业成就和学习态度的影响非常显著。所以,有一个好的领导方式和领导作风,对学生的影响是非常重要的。学校规章制度在我国中小学可以说制定的比较多,但是在可操作性上比较差,内容也比较空洞。例如,中小学生守则共有十条,其中第九条规定:诚实守信,言行一致,知错就改,有责任心。什么叫有责任心,这种显性要求学生不一定自觉去做。但是如果我们组织一些“有意识”隐藏的培养责任心的活动,学生到有可能会按我们预想地去做。学校的管理模式在有些地方是比较科学和人性化的,这可能会对学生产生好的影响,或反之。

3.存在于旨在培养社会合格人才的学校一切教育活动 学校教育是一种有目的、有计划、有组织、有系统的活动,这种活动旨在引导人热爱生命,积极寻找生活的意义,拓宽人的精神生活,增强人的文化意识和文化修养。人们希望通过学校教育,使我们的每一位受教育者在这样一种充满着生机与活力的良好环境中成长与发展,学校教育工作者正是为了人们的这种美好的期待与向往而努力工作着。但是,这一切教育活动如果是事先认识到或规划好的,那就不是隐性的,或者说,即便是事先认识到或规划好的,活动期间对学生发生的影响及作用有时也是我们无法预料的。所以,我们一方面用针对学校教育的目的性来精心策划学校一切教育活动,另一方面,我们须加强学校一切工作人员包括从领导、教师及学校一般勤杂工人的品德修养,尤其是工作在第一线的教师,其行为举止、人格魅力、价值取向、文化修养等,在课堂及教学活动中都会对学生产生影响。例如,学生长期生活在团结友爱的班级中,耳濡目染,一些亲和善良的品质会渐渐形成,懂得关心、理解、体谅他人,相互合作,共同分享。反之,相互戒备,互不信任,自私偏狭。所以,营造一种好的学校环境,使一切教育活动能够按照我们设想的目标进行,学生身在其中,潜移默化地受到有意无意的影响,是教育工作者必须认真对待的问题。

4.存在于“校园文化”方面的隐性德育影响 “校园文化”从有形范围去确定,当然是指学校校园,所有在校园活动生存的人,包括学生、教师、领导、后勤人员等,都会对校园文化发生影响。校园文化的无形范围太大,对校园文化产生影响的人也太多,我们不一一列举。校园文化的教育功能非常丰富,在物质层面上,学校的建筑、教室的布置、桌椅的排列、校园绿化、学校所在地理位置等,都会对学生产生影响。优美、整洁、有序的环境会使人的行为自觉不自觉的优雅起来,或者反之。校园文化的精神层面对学生的影响更为重要。它主要指渗透在学校的精神氛围:包括办学方针、校风、教学观念、教学风格、班风、教师整体素质、人际关系、师生关系等等。在一个精神氛围好的校园,学生会潜移默化、耳濡目染健康向上的观念、作风,会有意无意的在行为方式、价值取向诸方面与社会主流文化发生认同,从而形式正确的人生目的,实现自己的人生价值。反之,学校校园文化如果不进行积极健康的培养,可能会对学生精神发展带来困惑、迷惘,以至于迷失自己,找不到前进的动力和方向。

隐性课程对学生的身心发展有着重要的影响,从它所涉及的学校各个层面的活动来看,它几乎无处不在。所以,在一定程度上我们可以这样认为:不重视隐性课程的教育是不成功的教育,甚至是无效或负效的教育。

德育课程是德育目的实现的中介,就其本质而言,它是社会对其未来成员传递道德价值,实现个体道德社会化的重要途径。作为一门学科课程来说,课程中的内容体现国家意志和统治思想,具有一定权威性和权力性,但知识化倾向较为突出。德育的活动课程是个体道德践行的过程,它为个体提供了验证道德知识的平台,通过它的活动促使学生人格日臻完善。德育的隐性课程是目前仍在探索的科学领域,关于它的研究已凸显出其在道德教育中的重要作用与价值,值得我们去认真的扑捉它对年轻一代的良性影响,审视它的不利因素,客观的对待它。

【主要结论】

1.学术界对于德育的概念有不同的表述。目前,国内学术界倾向于广义的品德概念。本书也认同广义的品德概念。德育是教育者根据一定社会和受教育者的需要,遵照品德形成的规律,采用言教、身教等有效手段,通过内化和外化,发展受教育者道德、思想、政治、法制等方面素质,形成一定品德的活动。德育是思想教育、政治教育、法制教育、道德教育的总称。

2. 在不同的时代,德育有着不同的内容,德育内容的选择、设计、安排和确立受着各方面因素的制约,既包括社会的因素也包括个体的因素。德育方法是用来提高学生思想认识,培养他们品德的方法和手段的总和,它以一定的德育目标为指导,以德育内容为媒介,以教育者和受教育者的共同的活动为载体。学校德育要因地制宜,因材施教灵活采取不同的德育方法以提高德育实效性。德育途径是完成德育任务和内容的具体渠道,是在德育实践中形成的较为稳定的德育组织形式。当前,在我国,从总体上构建家庭,社会,学校三位一体的德育途径,形成德育的合力,才能提高德育的实效性。

3.德育课程及其类型在学校德育教育的实施过程中,各自有着自己的特点与不足。在有限的教学时间内,教育工作者如何利用一些德育课程类型的优点,避免另一些德育课程类型的缺点;如何将各课程类型的有利之处结合在一起,从而更好地对青少年学生进行良好的道德教育,将是我们长期面对的困境与现实。

4.国外的德育理论异彩纷呈。我国的德育理论界近年来在德育的理论与实践方面进行了有益的尝试和探索,借他山之石,更新德育理念,在实践过程中扬长避短,是我国的德育研究呈现的新特点。

【学习评价】

1.谈谈你对德育概念的理解。

2.德育过程有什么样的特征?

3.我国现阶段的德育的意义和任务是什么?

4.我国现阶段学校德育的内容是什么? 学校德育有哪些常用的方法? 利弊如何? 有哪些途径,各途径之间是什么关系?

5.你认为德育进行中课堂教学为主渠道的观点正确与否?

6.德育活动课程开展过程中教师作用如何发挥? 活动质量如何保证? 你衡量质量的标准是什么?

7.德育的隐性课程及其在青少年身心发展中的作用。

8.试述国外德育理论主要流派的代表人物和主要内容。

9.联系你的经历,谈谈你对德育的认识。

【参考文献】

王道俊、王汉澜:《教育学》,北京:人民教育出版社,1988。

鲁洁、王逢贤:《德育新论》,南京:江苏教育出版社,1994。

贺乐凡:《现代教育原理》,北京:科学出版社,2001。

戴国明:《教育学教程》,开封:河南大学出版社,1996。

吴铎、罗国振:《道德教育展望》,上海:华东师范大学出版社,2001。

董操:《新编教育学》,北京:教育科学出版社,1998。

詹万生:《整体构建德育体系研究论文集》,北京:教育科学出版社,2001。

胡厚福:《德育学原理》,北京:北京师范大学出版社,1997。

林崇德:《思想品德教学心理学》,北京:北京教育出版社,2001。

檀传宝:《学校德育原理》,北京:教育科学出版社,2000。

朱永康:《中外学校德育比较研究》,福州:福建教育出版社。1998。

刘燕:《价值澄清理论述评》,哈尔滨:哈尔滨学院学报,2005.4。

冯文全:《论拉斯的价值澄清德育思想及启示》,北京:比较教育研究,2005.2。

张世富:《柯而伯格的道德发展阶段论》,昆明:昆明师专学报,2002.2。

董祥枝:《实施学校德育的途径与方法》,武汉:湖北教育,2004.2。

第五章　当前我国学校德育改革

【内容简介】

改革开放的中国,正处于一个新的政治、经济、文化历史发展时期,教育发展也进入一个新的历史阶段。社会的发展和新一轮基础教育课程改革的实施,对于学校要培养的人的质量规格提出了更高的标准。怎样培养人,培养什么样的人,才能适应新时期对人才质量规格的要求,才能落实我们的教育目标,才能培养具有丰富人文内涵的、品学兼优的社会主义一代新人,是学校德育教育必须认真审视的问题。关注当前我国学校的德育改革,探讨存在的主要问题,提出解决问题的基本思路,是本章的论述重点。鉴于德育改革总是处在不断地发展变化之中,其过程与结果有着某种不可预知性,所以,我们只是提出我们的观点和思路,以期引起广大教育工作者的关注。

【学习目标】

1. 深切认识科学技术、市场经济、网络社会对学校德育、青少年身心发展所带来的重要影响,坚持社会主流价值观念,身正为范,发挥教育者的主导作用。

2. 反省我们自己的德育认识,自觉纠正存在的偏差,使学校德育真正成为充满魅力的人的教育,教师真正成为学生喜欢的教师和个体社会化进程中的引领者。

3. 通过教育工作者的身体力行,养成受教育者的良好行为规范,将德育践行落在实处。

4. 对学生道德操行的评价方法,定量与定性怎样结合?什么方法体系最能反映学生品行的真实情况,是我们教育工作者须认真审视的问题。

5. 观察、了解、研究学生,关注他们的关注,知道他们的普遍喜好与追逐潮流,这是我们取得德育实效的前提。每一位德育教育者必须主动掌握当代社会的潮流与动向,缩短与学生的距离,有效沟通与交流,从而做好教育工作。

6. 关注与了解国内外德育教育的先进理念、理论流派、科学方法,借他山之石,结合我国德育教育的实际情况,脚踏实地地履行教育工作者的职能,为祖国培养品行优秀的一代新人。

第一节　当前我国学校德育改革的背景

21 世纪科学技术迅猛发展,知识结构和和内容日新月异,世界各国面临着新的科学技术的挑战。为了应对 21 世纪的发展要求,世界各国不仅重视科学技术的改革,同时也非常重视教育改革,在制定教育发展战略时,出现了一个共同的趋势:把道德教育摆在首位,尤其重视道德教育的目标定位。回顾以往,在阶级社会,历来的统治阶级,都需要通过德育塑造符合其统治者要求的年轻一代。“培养受教育者形成一定的价值观念,从来都是德育的中心任务。”[①] 当前,科学技术的进步与相伴而生的社会问题也以其复杂多变的态势影响和困绕着我国的德育视界,以培养的人价值观念、提升个人素养、树立远大而正确的理想和追求为目标的学校德育,在目标、内容和方法等方面做出和社会发展相适应的改变,同世界各国重视德育的趋势吻合,成为而且应该成为培养社会主义建设者的阵地,是我们当前德育之重。为此,探讨时代背景,了解青少年的身心发展及时代性特征,汲取、借鉴优秀的道德教育理论研究成果,保证我们的年轻一代形成良好思想品德,促使他们身心健康成长,成为与新时代相适应的新型人才,是德育教育的重要目标。

---

① 鲁洁、王逢贤:《德育新论》,南京:江苏教育出版社,1994,116。

一、科学技术和学校德育

科学技术是反映自然客观规律的一种分科的知识体系和生产劳动中的经验的知识。21世纪学科分化日渐精细,以信息科学、生命科学和认知科学为先导的现代科学技术,必将极大地改变人类的生产方式、生活方式、工作方式以及学习方式,这种改变也给我们提出了带有世纪意义、世界意义的伦理道德课题,诸如:

(一)环境伦理道德问题

环境科学认为:“环境是指围绕着人群的空间及其中可以直接、间接影响人类生活和发展的各种自然因素的总体,但也有些人认为环境除自然因素外,还应包括有关的社会因素。”①

《中华人民共和国环境保护法》的环境定义是:“本法所称的环境,是指影响人类生存和发展的各种天然的和人工改造的自然因素的总体,包括大气、水、海洋、土地、矿藏、森林、草原、野生生物、自然遗迹、人文遗迹、自然保护区、风景名胜区、城市和乡村等。”②

环境一般可分为三类:地理环境、生态环境和人类环境。

地理环境是指地球表层,即海陆表面上下具有一定厚度范围的空间,它不包括地球的高空和内核。地理环境一般分为自然地理环境、经济地理环境和人文地理环境。

生态环境是指地球表层对生物的生命活动起直接影响和作用的那些物质和能量要素的总和。

人类环境是指围绕着人类的一切客观事物的总和,即人类赖以生存和发展的物质和精神条件的总和。

人类与环境的关系,或者说与自然的关系是一个永恒的话题。中国古代思想家关于人与自然关系的代表思想有“天人感应说”、“天

---

① 《中国大百科全书》(环境科学),北京:中国大百科全书出版社,1983,154。

② 《中华人民共和国环境保护法》(1989),《环境教育教师指导书》,北京:教育科学出版社,1991,284。

人合一说"等,如果说"天人感应说"含有某种神秘色彩,"天人合一说"是否可以这样认为:天是自然的、物质的天,天或自然是客观的,人道必须与天道保持一致,人与自然相互依赖,最理想的境界是人与自然的和谐。老子《易·序卦》中的"有天地,然后有万物;有万物,然后有男女";实际是把自然视为万物之本源,人是自然的一部分,提倡天、地、人的整体观念。

环境伦理,指的是"人们对自然环境应该承担的道德责任,或者说人们在对待自然环境时应该遵守的行为准则和规范"。[①] 地球是人类共同生存的家园,自然环境是人们赖以生存和发展的基础,是一切衣食住行活动的直接或间接来源,人们应该在利用的同时加以保护。

工业革命以来,随着经济的发展和科学技术的进步,人类所能利用的自然界在范围上越来越广,人类创造的物质财富也越来越多,生活水平较之以往有了大幅度的提高。但是在利用自然资源时的穷尽心理和盲目性,对自然环境造成了巨大的破坏,先是在发达国家,继而扩大到发展中国家,最后在全球范围内,出现了极为严重的环境问题,水体污染和淡水资源紧缺、大气污染、能源浪费和紧缺、森林滥伐和草原退化、土壤流失和粮食危机、矿产资源短缺和重金属污染、生物种类下降和变异物种出现、海洋的过度开发和沿海地带污染以及温室效应和全球气温变暖等等,已经成为我们必须正视的现象。如果任这些对人类构成严重威胁或已在局部范围内形成直接危害的现象持续发展下去,后果将不堪设想。为此,人类必须重新思考人与自然、人与社会、人与人之间的关系;重新认识人类在环境中所处的地位和作用。发达国家上世纪中旬渐次开展了关于环境保护的各种活动,1968 年联合国提出全世界都要加强对人类环境的关注,认为无论存在着什么冲突,都要优先考虑环境问题,这对发达国家和发展中国家都是十分必要的。经过了 4 年时间,1972 年 6 月 5 日至 16 日,

① 章海山、张建如:《伦理学引论》,北京:高等教育出版社,1999,208。

在瑞典斯德哥尔摩,世界各国政府代表聚集在一起,共同讨论当代环境问题,探讨保护全球环境的战略。当时有113个国家及联合国机构和非官方组织的代表出席了此次会议,会议结束时全体通过《联合国人类环境会议宣言》,简称《人类环境宣言》,呼吁各国政府和人民为维护和改善人类环境,造福人类及子孙后代而共同努力。其间,加拿大工程师戴维·麦格塔格于1971年发起成立"国际绿色和平组织"(简称"绿党")。这个国际性的民间环保组织,其成员目前已达70余万,分布于十几个国家,开展了一系列环保活动,对世界各国保护环境产生了积极地影响和作用。

我们认为,人类"作为生物队伍中的一员,地质时代的一个物种",① 要"敬畏生命",要形成全社会性的、良好的环境伦理道德。即"以生态学关于人与自然的相互作用、相互依存和共同发展的规律为依据,以调整人与自然的关系为手段,以培养人们的生态环境意识、激发人们保护生态环境的道德责任感为内容,以实现人与自然的协调发展和生态平衡为目的的生态行为规范。"② 学会热爱、尊重自然界本身,而不是单纯让自然满足我们人类的需要,建立起保护自然的新的环境道德观。倡导生态意识和可持续发展意识,尊重自然规律,有效、有度地使用自然资源,并体现在具体的行动当中。当然,这也是我们新时代学校德育的一项重要内容。

(二)科技伦理道德问题

科学是什么?通俗地说,科学是人们关于自然、社会和思维的知识体系,科学是人对客观世界的认识,是反映客观事实和规律的知识。随着科学与技术的不断革新,科学已经积累成为社会文化的重要内容,并且随着现代社会的发展,其内涵也不断地扩展,涉及的范围也越来越广。

---

① [美]奥而多·利奥波特:《沙乡年鉴》,吉林:吉林人民出版社,1997,194。

② 王冬华:《环境教育概论》,上海:上海教育出版社,1999,198。

现代社会,科学不仅成为生产发展的主导因素,使得生产力发生质的改变,更重要的是,无论从性质和规模上看,科学技术的每一次重大变革都将强有力的和迅速地影响到人类生活的所有方面。

工业革命以后,随着科学技术的突飞猛进,它在人们生活中所占的分量也越来越重,几乎是无处不在,成为一种影响人类生存的巨大力量。如:它提高了生产效率,使原本有限的自然资源能够养活更多的人,而且使人们的生活水平越来越高;它改善了医疗条件,使很多疑难杂症不再能轻易夺去人们的生命,也延长了人们的寿命;它使交通、通讯手段变得更加多样、快捷和先进,人与人之间的联系变得更为轻松、频繁;它扩大了教育的规模,提高了教育的水平,使更多的人能够进入课堂学习科学文化知识,等等。但是,科学技术是一把双刃剑,它在带给人类无数福利和惊喜的同时,也为人们带来了危害和痛苦。正如《控制论》的作者维纳所说:"技术的发展对善和恶都会带来无限的可能性。"[①] 例如,人类利用高科技从事生产时,在更广泛地利用自然、获取更多资源的同时,却破坏了环境,扰乱了原本有序的生态循环;二战时发明的原子弹曾使法西斯国家望风而降,但现在却被一些国家以"巩固国防"为借口来大肆发展核武器,对人类的生产生活构成了极大的威胁,而且在部分国家和地区,对人民的生命安全造成了直接伤害,如果将来有较大范围的战争爆发,核武器必将充斥于整个地球,人类的灭亡将成为不争的事实;基因工程在"制造"了很多新物种,给人们带来巨大利益的同时,也使克隆人类变得极具可能性,如果缺少伦理道德和其他手段的约束,又一个可怕的问题将会摆在人们的面前。

科技伦理指的是"人们在科学技术活动中应该遵守的一些最基本的行为规范和准则"。[②] 这就是说在科学技术发展和变革的过程

---

① 转引自鲁洁:《道德教育的当代论域》,北京:人民教育出版社,2005,218。

② 章海山、张建如:《伦理学引论》,北京:高等教育出版社,1999,277。

中,人们不仅是享用科学技术的成果,同时还必须遵守一定的道德准则,必须明确科技为谁服务,运用内心的信念和道德舆论的力量,对科学技术活动的社会效果作出道德上的判断与选择,使科学技术为人类谋福利,而这种道德的控制、选择与利用是使科学技术产生积极效果的有力保证。

近些年来,我国的社会生活在科学技术发展和国家一系列改革措施和政策的推动下,劳动关系及性质、收入渠道、生活方式、财产支配、闲暇时间、居住分布、家庭生活及至个人权利都正在发生或已经发生了各种巨大的变化。在此基础上,原有的道德观念及道德准则必须随其变化而变化。尤其是在对年轻一代的道德教育中,如果学校教育工作者依然固守着传统的观念,用过去的道德标准要求年轻人,例如要克制欲望、要听话、要安分守己等,那一定会为年轻一代所排斥,我们现在提倡的是合理满足人的需要、要主张自己的话语权、要有积极适应社会的态度及行为,要具备各种能力。为此,学校道德教育必须重新审视其要求、内容与手段,必须对学校道德教育做出吻合时代要求、为青少年所喜闻乐见的改变,只有这样,年轻一代才有可能接受学校的道德教育,在接受的过程中,引起相应的思考,从而选择和形成自己的道德标准,左右自己的行为。当然,在价值多元化的今天,学校教育并非要放弃自己在教育方面的主导作用,它依然要引导学生形成正确的主流价值观,那些在人类社会发展过程中长期积淀下来的、至今仍为人类社会所尊崇的价值取向,还是要通过学校教育传递给年轻一代,使他们既掌握做人的道德标准,又能对各种不同意识形态做出正确鉴别。

(三)生命伦理道德教育问题

生命一词在汉语里的解释是:"生物体所具有的活动能力"。生命是一种独特的现象,每个人都有生命,但生命不仅仅属于个人;人属于生命,但生命不仅仅属于人;生命属于自然,但自然不仅是生命。在我们以往的学校道德教育中,对生命道德教育似乎没有给予太多的关注,以至于对生命的无视与淡漠,在现实社会中屡见不鲜。如一些年轻人为了一点儿小事可以大打出手，为了某次考试成绩不理想就会选择自杀，甚至当产生心理问题时不是及时找心理医生而是选择自残，不能善待自己，也全然不顾这会给自己的亲人与家庭带来痛苦与悲伤。还有一些人为了各种欲望的满足，透支着健康与快乐，生命被欲望牵着走，即使是腰缠万贯也感受不到幸福与安全，迷失了生命的意义，不知到为什么活着？该怎样活着？生命的光彩黯然失色。

面对现实的生命存在状态，我们不得不反思，现实中生命价值失落的原因与我们的道德教育是否有关？应该进行怎样的生命道德教育？生命道德教育包含哪些内容？

1910年4月，由商务印书馆出版、蔡元培先生编著的《中学修身教科书》，其中第三章第二节"生命"是这样描述的："人之生命，为其一切权利义务之基本。无端而杀之，或伤之，是即举其一切之权利义务而悉破坏之，罪莫大焉。"[①] 借助当代生命科学研究成果，生命应是一个"涵盖"全部物种及其与自然的关系的概念，生命属于整个世界，不仅仅只是人有生命，人类的生命其实是整个生命世界的部分之一。既如此，生命道德教育涉及的就不单单是人的生命、人类的生命、而且也涉及到他类的生命。当人们经过了对自然的无限索取和无意有意的破坏后，唤醒了人类的"环境道德"意识；当科学技术的进步伴随着人们更多更高精神追求的时候，关注人自身的存在、发展与幸福的"生命道德"便成为当代道德教育的重要论域。而当我们尚无能力关注其他生命的时候，当现实社会年轻一代无视生命价值，淡漠生命的时候，人的生命教育便成为学校道德教育的关注点。

我国一些学者对生命伦理道德，主要是人的生命伦理道德进行了研究，认为它是指"涉及人的生命和健康的行为时应该遵守的道德原则、规范和人们在涉及生命和健康问题上所应作出的价值选择。"[②] 也有一些学者认为，我国在人的道德教育中强调了如何善待

① 蔡元培：《中国伦理学史》，北京：商务印书馆，2004，165。

② 章海山、张建如：《伦理学引论》，北京：高等教育出版社，1999，260。

他人,而恰恰忽略了最重要的内容:如何善待自己。好像只有善待他人和社会的利他规范才是道德规范,而善待自己的道德规范便不是道德的规范,甚至是自私自利。荷兰学者斯宾诺莎曾这样说过:“一个人愈努力并且愈能够寻求他自己的利益或保护他自己的存在,则他便愈有德行。反之,只要一个人他忽略他自己的利益,或忽略他自己存在的保持,则他便算是软弱无能。”① 因此,个人对自身的态度有着重要的道德意义,只有对自己负责的人,才可能是一个对自己置身于其中的种种关系持积极、负责态度的人,只有自己是朝气勃勃、充满活力、正直乐观、坚强刚毅、勇敢智慧、自尊自强的人,才有可能为他人、为社会做贡献,最大限度的发挥自己的聪明才智,实现自我价值。

如何在学校德育中对学生进行生命道德教育,生命道德教育的起点是什么?我们以为生命教育的起点首先在于教导我们年轻一代关爱生命,其中保护生命是关爱生命的最基础体现,没有对生命的保护,就谈不上对生命的尊重、相信与敬畏;没有对生命的尊重、相信与敬畏,保护生命的价值也就无法体现。保护生命意味着珍惜生命。尊重生命意味着承认本能存在的必然性与得到适当满足的合理性。相信生命是说生命具有无法估量的智慧与力量。长期以来,我们似乎过于夸大了教育的力量,忽视或无视生命自身的智慧与力量,结果出现了许多反生命的教育现象,教育者因此身心疲惫、工作倦怠,受教育者因此失去自尊、倍受伤害,甚至出现自杀现象。敬畏生命主要源于生命本身的神奇与力量。生命于这个世界是最完美、最复杂、最玄妙的现象,面对无法言表的生命世界及广袤的自然时,一个个体的人多么地渺小。因此培养学生的敬畏感,引领个体看到自然与生命的高尚与不可侵犯,放弃人征服性的狂妄,形成内敛、谦逊的品德,从而改变人对自然宇宙的态度与行为。

---

① [荷兰]斯宾诺莎著,贺麟译,《伦理学》,北京:商务印书馆,1983,183。

二、市场经济和学校德育

(一)市场经济的确立及意义

1984 年 10 月,党的十二届三中全会确立我国社会主义经济是公有制基础上的有计划的商品经济。1985 年 10 月 23 日,邓小平在会见外宾时说:“社会主义和市场经济之间不存在根本矛盾。问题是用什么方法才能更有力地发展社会生产力。”1992 年年初,邓小平视察南方时又进一步指出:“计划多一点还是市场多一点,不是社会主义与资本主义的本质区别。计划不等于社会主义,资本主义也有计划;市场不等于资本主义,社会主义也有市场。计划和市场都是经济手段。”在经历了以上过程之后,党的十四大正式提出了建立和完善我国社会主义市场经济的构想。

在党的十四大上明确提出,建立社会主义市场经济体制,就是使市场在社会主义宏观调控下对资源配置起基础性作用,使经济活动遵循价值规律的要求,适应供求关系的变化;通过价格杠杆和竞争机制的功能,把资源配置到效益较好的环节中去并给企业以压力和动力,实现优胜劣汰;运用市场对各种经济信号反应比较灵敏的优点,促进生产和需求的及时协调。江泽民同志在十四大报告中指出“社会主义市场经济在所有制结构上,以公有制经济为主体,个体经济、私营经济、外资经济为补充,多种经济成分长期共同发展,不同经济成分还可以实行多种形式的联合经营;在分配制度上,以按劳分配为主体,其他分配方式为补充,兼顾效率与公平;在宏观调控上,我们社会主义国家能够把人民的当前利益与长远利益、局部利益与整体利益结合起来,更好地发挥计划和市场两种手段的长处。”

建设社会主义市场经济的实践是一次全新的尝试,随着社会主义市场经济体制的建立,各阶层社会地位、经济利益也处于大调整状态,在经济体制和经济结构调整过程中,经济成分和经济利益的多样化、就业岗位和择业机会的多样化以及传统社会生活方式的急剧变革,对整个社会产生了巨大的冲击,它影响到人们的价值观念、道德观念,也影响到人们的道德实践,进而对学校道德教育产生影响。传统的道德教育在目标、内容、手段等诸方面已经程度不同的无法适应今天的社会发展,我国的学校德育必须经历一次破与立的整合过程,必须进行改革。

(二)社会主义市场经济对学校德育的良性影响

在一种重大的社会变革面前,学校道德教育通过它自身的改革去适应社会变革,这是勿容质疑的一致共识。但是,怎样正确理解所谓"适应社会变革",在道德适应与道德适度超越的问题上,学校德育应该有哪些改革,学者目前仍然观点不一,见仁见智。

无论是社会主义市场经济还是资本主义市场经济,在其发展过程中,是以经济利益为驱动力的,市场交换的双方均以自己的利益作为行动的出发点,因而,市场经济对人们道德认识及行为的积极影响与消极影响就集中反映在人们怎样对待利益的看法上。正常的市场行为是一种互利行为,但这种互利是建立在利己基础上的,如果没有个体的获利,则不可能发生市场经济行为。所以,当前学校德育对市场经济的适应,首先是要教会学生正确认识和处理各种利益关系,能够区分正当的个人利益和不正当的的个人利益,在利己的同时能够同时利他,努力形成把国家和人民的利益放在首位而又充分尊重个人合法利益的正确的利益观。其次,良性市场在其运行过程中,会形成一系列市场运行规则,例如诚信意识、独立意识、效益意识、时间意识、合法经营、公平竞争等。一方面这些规则可以保证市场的正常运行,另一方面,学校教育培养人的过程是个体社会化的过程,只有形成良好的社会意识,才能够尽快适应社会。因此,了解与掌握市场运行规则,应该是学校道德教育的内容之一。第三,既然市场经济在其运行与发展过程中是以利己和互利为其出发点,所以,市场行为必然具有它的个人性、自利性。但是,人作为社会一员在其活动过程中,除了满足物质的欲望,还有精神的追求,除了有个人性、自利性的市场行为,还会有利他行为,无偿行为。我们经常会看到、听到社会上有很多热心的人,道德的人在用自己的行为诠释着人的高贵与高尚。学生作为未来的社会一员,在其成长、发展过程中,不但要具备市场经济所需要的具有道德意义的种种品质,同时,更要具备作为人所具有的、超越现实的、高尚的理想并为之进行不懈的追求,依此实现精神的愉悦及人的价值,这才是我们学校道德教育的真谛所在。

当然,在谈到良性影响的同时,我们并不否认市场行为中仍然有着一些消极因素在滋生与蔓延,例如,拜金主义、享乐主义和极端的个人主义,一些人为了一己之利,可以无视道德、良心及法律去铤而走险。学校作为社会的缩影,势必会受到这些消极因素的影响,甚至同事关系、师生关系、生生关系等都受到非良性市场行为的干扰与侵蚀。一方面我们要保持学校教育的纯洁性,一方面我们还要培养适应市场经济要求的劳动者;一方面学校教育希望通过她的培养使得年轻一代有高尚的理想与追求,一方面现实社会的价值取向非常实际的以金钱、物质利益为杠杆来调节其市场行为。区分市场行为的良莠,引导学生向着更高的目标去追求,是学校教道德育在今后的一段时间的努力追求。

三、网络社会与学校德育

1969年,美国国防部建立了一个名为ARPANET的远程分组交换网,第一次实现了由通信网络和资源网络复合构成计算机网络系统,这一创举,标志着计算机网络的真正产生。互连网的出现,突破了传统的时空观,改变了人类社会的生存方式,它把整个世界用光纤与通讯卫星联系在一起,人与人之间的交往不在受地域、国别、文化等的影响,人们可以随心所欲地遨游世界、访问友人、获取信息、交流思想。互联网为人类的“交互作用”创造了一个崭新的空间,形成了一个新的社会形态——网络社会。20世纪90年代开始,随着全球网络技术的发展,网络已经进入到普通民众的生活当中,并以惊人的速度改变着人们以往的工作、学习和生活以及思维的方式,甚至影响到了当今世界和未来社会经济、政治、文化、教育和科技发展的进程。

我国网络社会的发展,尽管起步较晚,但发展的势头非常强劲,已经成为人们无法回避的一个空间领域,尤其是年轻一代,他们对网络的留恋与依赖以及由此产生的种种问题,使我们不得不对网络问题加以关注,国内外学者关于网络社会探讨的文章较多,对其特征表述形成了一些共识。

(一)网络社会的特点

1.虚拟性与隐匿性。网络社会是通过高科技手段,利用电子讯号将信息在各个层级的电脑之间传送,人与人之间无须直接接触就可以进行相互之间的交流。在这个过程当中,人们在现实社会当中不可或缺的诸如姓名、年龄、职务、经济状况以及社会关系等特征已显得不再重要,甚至可以是虚假的,临时的,人们的实践活动也从物质和能量为基础的活动平台转移到以网络为基础的新平台。在现实社会人与人的交往中我们所看到的物质的真实在网络社会中成为虚拟,而在网络社会中或许我们可以看到精神的真实。

2.开放性与国际性。如同语言一样,当世界各地传输的讯号属于统一型号时,不同国家,不同地区的电脑均能识别,而没有必要进行"翻译"。网络传输采用的是世界统一的 TCP/IP 协议标准,以一种标准的"网络语言"为在全世界范围的网络覆盖提供了可能和先决条件。它超越时间和空间的限制把世界各地的人们联系起来,进行跨越时空、自由任意的交往,而思想观念、价值取向、宗教信仰、风俗习惯和生活方式等可能产生冲突或融合的种种因素,在经过这一虚拟过程后被减弱或直接消褪了,由网络交往所形成的是一个以前所没有的新型共同体,也许会产生"天涯若比邻"、"四海皆兄弟"的意识。"作为地球人,世界公民的感觉正在不自觉地形成"。①

3.自由性与民主性。与现实社会相比,"网络社会"具有更为广阔的自由空间,它没有中心、没有层次、也没有上下级关系,人们可以自由地因兴趣、爱好、需要等在网上浏览信息,因而个体不必像在现实社会中那样对权威有所依附,不必像现实社会中那样钩心斗角,戴着面具生活,个人和群体从中可以享受到更多的自由、民主和平等。

---

① [日]尾关周二、卞崇道等译,《共生的理想》,北京:中央编译出版社,1996,89。

4.异化性。在网络社会当中,“社会交往”主要是通过人机对话或以计算机为中介进行“人—机—人”式交流,而不必像现实社会那样有人与人之间直接的接触。但是,电脑网络始终是一种工具,终日沉浸在网络世界里,这在一定程度上可能会导致个体趋向孤立、冷漠和非社会化,到头来蜕变为机器的奴隶,一无所有,丧失一个人应具有的尊严与价值。

(二)网络社会对当今学校德育的挑战

网络在给人类社会的生产与生活带来丰富的资源与极大便利的同时,也带来了许多新的问题与挑战,现实社会中的道德规范在网络社会里失去了原有的威力与尊严,网络让人真伪难辨、善恶难分、美丑难识,这对正在成长中的青少年来说,利弊一言难以尽之。

1.网络的隐蔽性特征,使青少年网民的行为有更大自由度和灵活性,道德意识在虚拟社会里弱化,道德行为失范,建立在现实社会基础上的道德规范受到挑战和冲击。据调查:“有31.4%的青少年并不认为在网上聊天时撒谎是不道德的;有37.4%的青少年认为偶尔在网上说说粗话没什么大不了的;还有24.9%的人认为在网上做什么都可以毫无顾忌。”① 这些数据某种程度上说明,网络行为主体的匿名、匿形导致的道德观念混乱已经到了足以引起我们重视的程度。况且,一些不法分子利用网络犯罪已是不争的事实。教育的使命在于引导青少年健康成长,学会分辨真伪,在正确价值观引导下,对各种信息、观点进行比较、探究、反思并发现异同,从而逐步发展起能进行独立思考、评价和选择的良好健康的人格。这是我们学校德育在青少年成长中应切实履行的职责。

2.网络的虚拟化特征,易导致青少年道德人格的不健全。青年人正处在道德情感体验发展的高峰期,需要社会提供自我情感发展的良好场所,而网络社会却使他们可以少有拘束地放纵自己的感情。

---

① 教育部师范教育司组织编写:《教师职业道德修养》,北京:教育科学出版社,2002,146。

因为网络容易使人在虚拟的环境、场所中产生较现实社会更大的成就感和满足感,能更充分地感受到自身的价值,所以当青少年在“网络社会”里找到合适的人,寻找到更多的快乐或更刺激的发泄方式时,自然会将更多时间投入网络之中,而疏远了现实社会中的人际关系,失去了道德判断的能力,整个人将变得麻木、孤僻、冷漠,很多的心理健康问题也就很自然地发生了。当他们回到现实社会时,将无法按照正常的思维和行为方式与人交往,甚至逃避与人的交往,最终只能又一次回到网上。如此循环,使人道德情感更加冷漠,离现实社会越来越远。但是,我们也发现,在网络社会发展与成熟过程中,一些网络道德规范也逐渐发展成熟。学校教育需利用网络良好道德规范规避青少年的行为,使其发展自律道德,促进道德主体的形成;还须提供真实的充满着感情色彩的现实活动场所,为青少年提供更多的交流及交往机会,构建与社会接触的平台。

3.网络的全球性特征,易导致青少年道德价值观迷失,民族意识弱化。在网络中,你可以看到来自世界各地的各种资料,“多种观念相互激荡,多种思潮相互影响,多种文化相互融合”成为网络资源的一大特征。青少年作为网民主体,世界观、价值观没有完全形成,在多元思想文化观念和道德规范并存的网络环境中,学生如何选择利用资源是我们必须首先面对问题。因此,教会学生判断、选择的标准以及方法就显得优为重要。另外,网络社会中多元道德价值观并存,价值观冲突不可避免,个体必须在批判选择的基础上用正确的道德观和价值观,根据自己的文化背景,把传统的道德规范、价值观和网上所接受的信息进行对比、判断和选择,自主建构,最终形成社会所倡导的主流价值观和世界观。

正确而有效的教育,既不能脱离现实,又要高于现实发展。即是说,面对网络与信息技术,我们要利用它的优点,拓展学生的视野,丰富他们的“阅历”与知识,学会判断与选择,形成健康向上的人格,达到共同发展与进步的目的。针对网络社会中的不良影响,教育者必须认真地审视与思考,“就像我们先辈教自己的孩子如何应付马匹或汽车的世界一样,我们也必须从现在就帮助我们的孩子躲避信息高速公路上的危险,使他们得以成为高效率、有成就的电脑化世界的公民。"①

第二节 当前我国学校德育存在的主要问题

学校不仅是知识的殿堂,更是人性养育的圣殿。长期以来,学校教育源于各种原因某种程度上轻视了人的德行培养,加之在进行德育教育的过程中,我们的教育宗旨、教育观念、教育目的、教育内容、教育方法都存在着不同程度的问题,导致德育实效性不强,成为长期困扰我国教育的难题。了解我国学校德育教育中存在的问题,寻找解决问题的对策,是德育教育的当务之急。

一、在学校德育认识上存在偏差

在社会发展的不同阶段,对于德育的要求是不一样的。原始人用朴素的社会公德教会人们能够和平共处,相互帮助,在恶劣的环境中,用有限的资源来使更多的人存活下来。奴隶和封建社会的教育,鉴于生产力的发展水平,以人文社会教育为主要内容,其权利被统治阶级所把持,具有鲜明的"阶级性",教育目的是培养为国家机器服务的奴才和卫道士,民众教育即"明人伦"之道。应该说社会长期发展过程中,道德教育的一些内容并不因为社会制度的改变发生改变,反而积淀了深厚的文化内涵,影响着一代又一代人。现代社会,教育有了长足的发展,德育的主要目的是培养学生具有健康的人格,丰富的知识,良好的社会适应能力。但是,由于我国在道德教育方面还有一些尚须深入研究的问题,观念层面有待改变,所以在道德教育上还存在着诸多认识上的偏差。

(一)将德育等同于政治教育,从而使德育蜕化为政治,窄化了德

① 商丘师范学院明德网.http:/www.sqnc.edu.cn.

育的功能

由于道德教育内容与政治教育、世界观、人生观教育的内容交织在一起,长期以来我国习惯于把道德教育、政治教育以及世界观、人生观教育统称为“德育”,这是我国特有的文化教育传统。因为自古以来,由于社会意识形态的分化不充分,至今保留着“政治伦理化”、“伦理政治化”的传统,“道德”囊括社会意识,“德育”包容整个社会意识形态。中华人民共和国成立以后,受政治斗争的影响,“德育即政治教育”曾经长期流行,一度以政治教育代替了德育,到现在,这种倾向还没有完全消除,因为我国目前的德育是一种涵盖整个社会意识形态的“大德育”,包括思想、政治、道德和心理品质教育,甚至可能还要多一些,几乎包容了社会意识形态的所有内容。

在社会发展的任何时期,政治教育都是学校德育的重要内容,这原本无可厚非,它可以通过学生的政治社会化,政治角色的认同来促使个体认清自己所处的具体社会环境,从而决定“何去何从”。另外,从教育内容上看,把政治教育、思想教育、道德教育结合起来综合实施,既合乎教育的实情,也符合我国教育的国情和传统。但是,德育教育如果以政治思想武装人,引导学生的政治行为,会忽视学生的自主性和创造性,有可能造成他们在实践时的盲从和刻板的特征,也就无法和市场化的经济体制,多元碰撞的文化环境相适应,更何谈“培养有理想、有道德、有文化、有纪律的献身有中国特色社会主义事业的建设者和接班人”,在这样的情况下,德育的功能被大大地窄化了。如果说综合实施“大德育”在内容上是合理的,但从教育的手段、方法、途径上看,把三者混为一谈,在理论上是荒谬的,在实践中会产生人性发展的严重偏差。品德的发展,世界观、人生观的形成,政治觉悟的提高各属于不同层面的问题,其过程与心理机制相差甚远。如果将德育等同于政治教育,势必消弱道德教育的功能。

(二)将德育等同于理想教育,排斥德育的现实取向,导致了德育脱离现实的倾向

理想是人生奋斗的目标,是人们对未来事物的想象和希望,它决

定着人们前进的方向，在人的一生中，起着非常重要的作用。德育是一个潜移默化的过程，其实效性不能简单地要求立竿见影，学生能够有自己的道德准则、会自己进行判断、能够进行道德自律必须经历一个过程。而在这个过程中，所有的教育要求对于学生来说，都是有待努力才能达到的目标，在道德上它必须是一个渐进的过程。所以，在学校德育教育中，一般从最低要求做起，即学生必须遵守、学校强制执行的道德规则，它属于不可违反的最低限度的道德要求，对学生行为最具指导性和约束力。其次，要求学生遵循道德原则指导或调节自己的行为。道德原则是指导学生行为的基本准则，是学校认为学生可以而且应当达到的要求，是在一般情况下必须遵守、特殊情况下可以变通的道德要求。而道德理想是学校提倡的、希望学生去追求的最高的道德境界，这种可望不可及的境界，给学生树立了一个不断追求的最高目标，激励并指导着学生高尚的道德行为，但事实上其实是一种完全难以达到的要求。

将德育等同于理想教育，实际上在让学生做不可能做到的事，譬如，"全心全意为人民服务"、"把祖国建设得更加繁荣富强"、"实现共产主义"等，都非个人力量在有生之年所能实现的，其效果可想而知。更为严重的是，我们对青少年这种本末倒置的道德教育，使学生既没有养成良好的品德规范，也不知道在什么情况下道德原则可以变通，"理想泛滥，规则贫乏"，做人的教育变成了说空话的教育，语言上的"巨人"，行动上的"矮人"，这样的品行如何能够承担起时代赋予的重任。

（三）将德育等同于集体主义教育，而忽视学生个性的发展

集体主义是苏联教育家安·谢·马卡连柯（1888～1939）在20世纪30年代针对当时苏联误入歧途的青少年进行改造的过程中形成的理论之一，他的代表作有《教育诗》、《塔上旗》等。他关于集体主义理论的主要观点是："要完成社会主义的教育目的，必须通过集体教育、劳动教育、和自觉纪律教育等基本教育过程。他的集体教育理论，被概括为'在集体中、通过集体、为了集体'的教育体系。强调教

师必须善于通过集体的力量对学生个人进行更为广泛与严格的教育,在对学生个人的教育中,必须要求他对集体负责,给集体以积极的影响。教育工作要在保持与发展集体的优秀传统中,使集体永不停滞。"[①] 中华人民共和国成立以来,教育理论在内容及体系上受苏联影响较大。其中,集体主义教育在教育过程中,尤其是德育教育过程中,一直以来是我们学校教育中奉行的主要教育内容。甚至在我们的一些经典性教育学书籍中,集体主义教育现在仍然是德育教育的重要组成部分。我们以为,集体主义教育的理论起点是在对误入歧途的青少年教育过程中形成的,它源本不适宜在普通的学校对普通的学生进行;其次,对那些违背了基本道德规范,乃至于走上犯罪道路的人所采用的教育手段和方法,本不该应对正在成长中的青少年;第三,社会发展到今天,关于人的研究无论在生物学、遗传学、社会学、心理学及教育学等诸学科都有了长足的进展,如果我们无视科学研究成果,不尊重人的个体性差异,一味强调个体的人服从集体,必须对集体负责,忽视学生的个性发展,教育就失去了它原来的意义。因为教育"是在一定社会背景下的促使个体的社会化和社会的个性化的实践活动。所谓个体社会化,是指根据一定社会的要求,把个体培养成为符合社会发展需要的人;所谓社会的个性化,是指把社会的各种观念、制度和行为方式内化到需要、兴趣和素质各不相同的个体身上,从而形成他们独特的个性心理结构。"[②] 强调个体发展需要和社会发展需要无条件一致,忽视个性心理特征和个性培养,不是我们希望的教育;同样,如果片面的强调个性心理特征和个性发展的需要,忽视社会的一般要求,就会导致个体的随心所欲,随心所欲的生活也不是教育,这是两个互为前提、密不可分的过程。将德育等同于集体主义教育,忽视学生个性的发展,在理论层面上有失偏颇,在

---

① 《中国大百科全书·教育》,上海:中国大百科全书出版社,1985,237。

② 全国十二所师范大学联合编写:《教育学基础》,北京:教育科学出版社,2002,4。

实践中可能会培养出毫无个性可言的“机械”人。

(四)将德育等同与知识教育,德育成为应付考试的一门课程

德育教育中需要道德知识的授受,我们已在相关内容中做出陈述,毫无疑问是必须的,我们同时强调,道德知识的运用依靠道德践行。如果将学校德育仅仅看做是知识的传授,而且用考查学科知识的方法考查德育教育结果,显然是不可信的。因为。在一个人的品德构成中,起码应包括四个要素,即道德知识、道德情感、道德意志和道德行为。学校教育过程中,一般我们是按照这样一个顺序进行的,即首先传播道德知识,继而使学生产生相应的道德情感,在道德意志的坚持下,完成我们的道德行为。但是特殊情况下,我们会针对薄弱环节入手,即在品德构成中,哪一要素当前比较落后,我们就针对哪一环节入手。由此看来,道德知识仅仅是道德教育中的一个环节,将德育等同与知识教育,依靠它来评定学生的道德,甚至使之成为应付考试的一门学科,悖离了道德教育的初衷,其结果一是弱化了道德教育的严肃性,二是不可能真实地判断一个人的道德水平,三是误导了受教育者,以为只要通过考试就可以达到道德对人的要求,殊不知道德的践行才是学校道德教育的根本。

二、在学校德育中存在功利主义倾向,过于重视思想、政治和道德知识,注重书本教育,口头说教,而忽视实践锻炼、启发自觉,不注重德育主体的养成

(一)在内容方面

我国在学校德育内容的安排上是分阶段的,一直以来,在小学教育中以社会公德、国民公德、常规纪律教育和文明行为习惯培养做为基本内容,适当附以政治和法律常识教育,目标是培养学生初步的社会公德、国民公德,养成文明、遵守纪律的行为习惯;在初中阶段,德育内容以较系统的社会公德、社会主义、人道主义和纪律教育为重点,同时强化集体主义思想,还可以发展性地进行社会主义民主、法制和科学人生观、世界观的启蒙教育。基础教育课程改革中,对小学、初中的德育教育内容做了较大的改革,在小学阶段,分低年级和

中高年级分别有不同的德育教育内容,这是值得肯定的地方,但在表述过程中,还是能够看到"历史遗迹";初中思想品德课从初中学生的认知水平和生活实际出发,围绕成长中的我,我与他人,我与集体、国家和社会等关系,整合道德、心理健康、法律和国情教育等内容,我们认为这是基础教育课程改革中比较成功的地方。高中德育以科学人生观教育为主,适当进行法律常识、辩证唯物主义常识和社会主义理想教育,帮助学生把生命的意义、人生的价值、个人的事业与实现社会主义现代化的目标联系起来,初步树立为人民服务的思想。而到高等学校后,德育内容的重点应该放在职业理想和职业道德教育、党的基本的思想政治理论教育,科学人生观、世界观及辩证唯物主义思想教育,这样才能使使学生形成科学世界观、正确的人生观。

从上述内容的表述中不难看出,我们的学校德育还存在着内容相对陈旧、意识形态教育痕迹过于明显的问题,而对于学生的主体意识、主体的道德践行关注程度还没有达到一定高度,一定程度上缺乏对现代社会的特征,如全球化、国际化、信息化以及市场经济及多元文化碰撞等问题在德育教育中的关注。

(二)在方法上

"德育方法是指为达到德育目的,在德育过程中采用的教育者和受教育者相互作用的活动方式的总和"①,它包括教育者的施教育传道方式和受教育者的受教修养方式。在我国现行德育教材中,德育的方法主要有以下几种:(1)说服教育法——通过语言传道,使学生明理晓道,分清是非,提高品德认识的方法。说理的形式灵活多样,可以是具体形象,可以是启发性说服性的讲解和报告,也可以是主题鲜明、民主平等地、诚恳热烈的谈话与讨论,还可以通过指导学生认真读书培养其独立思考的能力。(2)榜样示范法——用榜样人物的优秀品德来影响学生的思想、情感和行为的方法。(3)情感陶冶法——是老师利用环境和自身的教育因素,对学生进行潜移默化的熏

① 南京师范大学教育系编:《教育学》,北京:人民教育出版社,1984,282。

陶和感染,使其在耳濡目染中受到感化的方法。(4)实际锻炼法——让学生参加各种实际活动,在活动中锻炼思想,增长才干,培养优良思想和行为习惯。(5)品德修养指导法——老师指导学生自己主动地进行学习,进行自我道德反省,以实现思想转化及行为控制。(6)品德评价法——通过对学生品德进行肯定或否定的评价而予以激励或抑制,促使其品德健康形成和发展,包括奖励、惩罚、评比和操行评定。

查阅德育学的相关书籍,几乎都有关于上述方法的记载,但却很少有关于新方法的探讨,这也就反映了我们德育方法的陈旧性,没有改革,就没有活力。在现代社会,尤其是市场化的理念和网络时代的到来,带给学校德育很大的挑战,过去的一些方法虽然在德育教育中仍然采用,但是面对新的社会现实,我们必须要在传统方法的基础上,推陈出新,改革德育方法。

(三)学生缺乏锻炼的机会

我们经常说要"学以致用",这句话当然也适用于我们的学校德育。实践是丰富的,只有在实践中建构的价值观才更具稳定性,这必然要求我们在开设德育课程,或者在学科教学中渗透德育教育时,必须将价值观与生活实践联系起来,活化德育的教育模式。但是在我们现实的学校德育中,一方面受现行教育体制的影响,过于重视知识的教学,淡化了德育的特殊性;另一方面,学生也缺乏主动、自觉的道德践行意识,再加上德育评价体系科学化、人性化程度不够,德育理论知识的学习和学生的实践很难挂钩,理论和实践脱节。

三、在学校德育管理中严重存在主观主义倾向,习惯自上而下发号施令,而唯独忽视深入细致的调查研究,结果是德育低效,道德冷漠等问题日益严重

"德育管理是学校领导者组织、指导教育者有目的、有计划地对受教育者在思想品德上施加影响的活动"。[①]《中共中央国务院关于

---

① 张念宏:《中国教育百科全书》,北京:海洋出版社,1991,303。

深化教育改革全面推进素质教育的决定》中强调“各级各类学校必须更加重视德育工作”。学校德育管理作为学校德育的重要组成部分,其职能特征不容忽视。在我国的学校管理中,学生的思想道德教育作为一个独立的体系,由学校中普遍设立的政教处负责相关工作。

目前,我国的学校德育管理还存在很多问题。在管理观念上:我们大多数学校的德育管理工作,基本上是上传下达。在具体工作中采取自上而下的检查评比方式,显示差别,鼓励先进,激励后进,树立导向,引导竞争。不了解师生思想状况,不关心他们目前存在的问题与需要,管理过程中缺乏深入细致的调查研究,工作方式有时显得过于生硬,这样很容易形成管理者与被管理者之间的矛盾,造成诸多的问题。现代社会管理观念强调“以人为本”,教师与学生是学校教育中最基本、最有活力的力量,他们的素质体现了一个学校的精神面貌和文化内涵。在一个好的人文环境中,每个人都受到尊重,由此焕发出巨大的能量,改变着学生、教师及学校的“生态”环境,在这样的氛围中,我们才能实现教育的目标,为社会培养合格的人才。因此,我们必须改变管理过程中的主观主义倾向,通过调查和研究,引导和激励,搭建领导与教师之间,教师与学生之间平等交流的平台,以具体的服务性措施取代传统的政策、命令、批示,把师生们对尊重的需要和自我实现的需要调动起来,学校管理者在适当的时机和情况下加以“援助”,管理效果必定会更好。

另外,应制定相应的规章制度,并将制度公约化。我们不可能要求学校中所有人员时刻自觉、主动的规范自己的行为,在一些情况下,人的思想、道德行为可能会出现一些偏差,制定必要的规章制度,可以最低限度的约束人们的行为。

管理是一门艺术,它需要相关的理论知识与技巧。在学校德育中,学习和研究党和国家的教育政策方针,明确党和国家对青少年在政治素质,思想素质、道德素质、心理素质、法律素质等方面应达到的要求,这是学校德育管理中必须首先解决的问题。我们对不同知识、年龄阶段学生的要求不同,管理工作也就不能按照统一固定的模式进行。作为学校的德育主管领导以及班主任，辅导员，在这方面必须"与时俱进"，跟上时代的步伐，创设良好的教育环境。美丽的校园环境，良好的校风，不仅可以陶冶学生的情操，而且对学生的审美教育亦有很重要的意义。

四、在学校评价方式上存在形式主义倾向，表现在以认识代替行动，以书本知识的考试替代对学生全面系统的品德评价

品德是指"个人依据一定的道德行为准则行动时所表现出来的某些稳固的特征，它是个性中具有道德评价意义的核心部分"。[①] 品德心理结构一般包括道德认知、道德情感、道德意志和道德行为四个部分。品德评价从目前的理论研究和实施情况来看，主要以对上述几个品德构成部分的评价而展开。学生的品德评价即是"测评者依据一定的标准对学生所表现出来的品德特征进行定性和定量的分析并通过价值判断给出相应的结论"。[②] 在我国现行的中小学教育中品德评价的方法主要有以下诸种：整体印象评价法、操行评定评价法、操行计量评价法、加权综合测评法、模糊综合评定法、评分评等评语测评法、考试考核测评法、写实测评法和工作实践考察法等。品德评价的范围主要围绕着品德构成要素来进行。

学生道德认知的评价主要是评价个体对道德规范和道德范畴及其意义的认识。从 19 世纪西方学者开始采用问卷法对学生进行道德测评以来，经过了一个多世纪的发展，目前中外学者对此已有了大量的研究，形成了一些比较成熟的道德测评方式，例如美国心理学家科尔伯格(L. Kohlbreg，1927～1987)的"道德两难故事法"；我国学者陈会昌、李伯黍等人应用 6 对对偶情境故事对公私财物损坏的道德判断的研究等。但是，由于现行教育体制的导向及中小学教育具体实施过程中的一些其它因素的影响，对道德认知的评价主要是借助

---

① 潘菽：《教育心理学》，北京：人民教育出版社，1983，156。

② 全国十二所师范大学联合编写：《教育学基础》，北京：教育科学出版社，2002，286。

于政治课、思想品德课进行,一般是用书面考试形式,其局限性是可想而知的。至于道德情感的评价,由于其复杂性、不稳定性、情境性等特征,所以具有相当的难度。对学生道德行为的评价,20世纪80年代以来,我国学者进行了大量的关注与研究,逐步以定性和定量相结合的方式改变过去比较单一的定性评价方式。但总体看来,运用比较成熟的思想品德课书面考试在品德评价中还占有优势,这势必会导致品德评价的单一和不可靠性。

五、在学校德育研究中的经验主义倾向严重,动不动就是讲过去,讲传统,唯独不关注现在和将来

整个人类发展的历史证明:人类思想的发展并非在一夜之间就能创造新的思想,而是在传统文化的基础上进一步发展的结果。同比,传统道德的精华是我们赖以建构新的德育文化体系的基础,继承传统道德中的精华,是社会的稳定与发展的需要,也可以帮助我们建构新的德育文化。例如传统的"礼、义、廉、耻、信、孝"等道德观念,体现了维护国家统一、民族团结的思想,虽然具有特定的历史局限性,但都拥有合理内核,所蕴涵的价值观念可以超越时代的界限,如果经过必要的"现代化筛选",完全可以为现实所用,并对构建新的德育教育体系及内容奠定基础。

随着科技、经济、政治的发展,人们的生活方式、价值观等在现代化浪潮中不断变化,这就需要提出一些新的道德准则和道德规范来约束人们的行为,构建新的德育教育体系、内容与方法以应对社会的发展。加之未来社会对人的要求在不断提高,科学道德、信息道德、经济道德、网络道德、生态道德等逐渐进入到了德育的视野当中,如果我们无视科学发展对人的要求,不关注社会发展的现在和将来,怎么能够培养出适应社会发展的人才?所以我们必须以发展的眼光审视社会现实,将新的伦理道德课题纳入到学校德育的内容中来,培养新型的综合型人才。

第三节 当前我国学校德育改革的主要趋势

德育教育源起很早,从原始社会"简单的德育实践经验"到近代教育家洛克在《教育漫话》中将德育作为一个研究问题而提出,再到20世纪德育学作为一门独立学科的出现,直至今天的学校德育,足有几千年的历史。纵观德育发展的历程,在每一阶段都有其独特的、具有时代特征的德育教育。随着社会的发展,在时势的要求中不断改革,如此循环,以适应社会并为社会培养合格人才。20世纪90年代是世界教育改革最频繁的年代。世界政治格局的变化,科学技术的进步,特别是信息时代的到来,都对教育及通过教育培养的人提出了新的要求。长期以来,由于观念问题,我们尚不能以一种全新的态势跟上国际化、全球化和信息化的潮流,所培养出的人在整体规格上,与时代要求产生了一定的距离。为此,当前我国学校德育教育正在进行着适应社会要求的改革,我们希望通过学校教育,培植学生丰富的人性,养成良好的品德行为习惯,掌握必要的生存技能,学会生活,学会做人,从而实现自己的人生价值。

一、当前我国学校德育改革的主要趋势

(一)强化道德教育,完善德育体系

加强和改进未成年人思想道德建设,是全社会的共同任务。2004年,党中央、国务院颁发了《关于进一步加强和改进未成年人思想道德建设的若干意见》的文件,胡锦涛总书记发表了"新形势下做好未成年人思想道德建设工作的指导思想、方针原则、主要任务和工作重点"的讲话,从时代和历史的高度,从全党全国工作大局的高度,从国家和民族前途命运的高度,进行了深刻的论述,提出了明确的要求。"少年强,则国强。"因此,加强对未成年人思想道德教育,是我们目前一项重大而紧迫的战略任务。

学校是青少年接受教育的主阵地。改革开放以来,我们意识到

学校教育的指导思想必须适应社会发展的要求,必须给予学生以适应发展需要的知识与能力,必须养成良好的品行与坚强的毅力,使之从容面对纷繁复杂的社会变化。即如此,加强学生的思想道德教育,是学校教师义不容辞的职责,也是教师教育性的最终体现。因此,每一位教师首先必须加强师德修养,身正为师,做青少年的行为榜样。其次,要有一定的教育智慧,掌握教育艺术,做好青少年的教育工作。第三,加强校园文化建设,形成优良校风,让学生在优美和谐的氛围里健康成长。

家庭生活是以婚姻为基础,以血缘关系或收养关系为纽带建立起来的社会生活,是孩子的第一生活世界,即使孩子长大以后进入学校接受教育,每天仍有 2/3 的时间生活在家庭里,而家庭的教育优势和家长的教育力量是其他教育难以具备的。因此,学校教育必须与家庭教育紧密联系,善于利用家庭教育的优势,共同承担培养教育孩子的重任。目前在家庭教育中也有一些问题值得学校教育的关注,例如单亲家庭问题、父母素质与教养方式问题、家庭居住社区环境与家庭背景等。

社会文化、大众传播媒介及社会整体环境对青少年的影响作用也是不容低估的。我们必须正视社会生活与学校生活的不同,发挥学校教育的目的性、计划性、组织性及系统性优势,或利用社会教育的良性影响,或自觉抵制其不良影响,引导学生健康成长。

(二)弘扬民族精神,培养现代公民

民族精神是由一个民族在长期共同生活和共同社会实践的基础上形成和发展起来的为该民族大多数成员所认同和接受的思想品格,价值取向和道德规范,是一个民族的心理特征、文化传统、思想情感等的综合反映。世界是由属于不同民族的众多国家组成的,各民族在长期的生存发展过程中,都会形成独具特色的民族精神,它是一个民族赖以生存与发展的精神支撑和内在动力。一个国家、一个民族、如果没有自己的精神支柱,就如同没有了灵魂,会失去凝聚力和生命力。

我们中华民族有五千年文明发展史,积淀形成了我们民族的精神与魂灵,从“精卫填海”、“愚公移山”、“大禹治水”的上古抗争精神,到“先于忧患,死于安乐”、“先天下之忧而忧,后天下之乐而乐”的政治情怀,再到“卧薪尝胆”、“悬梁刺股”的个人奋斗历程,无不反映出中华民族艰苦奋斗、勤劳勇敢、吃苦耐劳的精神。改革开放以后,优秀的中华民族精神再次得以印证。解放思想,实事求是,与时俱进以及科学创新精神都成为社会主义现代化的强国之道。所有这些凝结了我们整个中华民族精神的硕果,我们现代人传承并加以弘扬。与此同时,当我们不但作为一个中国人,更是指向世界的时候,在传承民族精神的同时,学校德育还须培养现代公民。所谓公民通常是指具有一国国籍的自然人。当前学校教育要培养现代公民,是因为我们所处的时代是以知识经济为重要特征的时代,我们所培养的人,应该是适应知识经济时代要求的人:他们具有一定的科学精神,实事求是,勇于探索,尊重科学。从公民角度而言,既然是一国之人,我们还须培养一定的社会责任感。知识经济的全球化并不能消除国家之间的差异,更不能消除国家之间在政治、经济、文化等社会生活各个领域内的矛盾和斗争,这是不争的事实。我们培养的人在不久的将来不仅要保卫祖国,捍卫国家疆土,同时还要捍卫自己的民族,捍卫民族的精神,这是关系到国家、民族兴衰存亡的大事,学校德育任重而道远。

(三)贴近现实生活,充实德育内容

俄国教育家鲁宾斯坦(1829～1894)曾经指出:“教育的主要方面恰恰在于,使人同生活发生千丝万缕的联系,从各个方面向他提出对他有重大意义的、富有吸引力的任务,因而被他看作自己的、必须亲自解决的任务。这比什么都重要,因为道德上的一切缺陷,一切越轨行为的主要源泉,都是因人们的精神空虚而造成,当他们对周围生活漠不关心、冷眼旁观的时候,他们对一切都会满不在乎。”① 陶行知先生也认为,没有生活的教育是死教育,没有生活做中心的学校是死学校,没有生活做中心的书本是死书本。人类社会发展过程中,曾经一段时间内以知识为本,学校教育便以传递知识为其主要任务,这本无可厚非。但是,当我们把传授知识作为学校唯一的任务时,我们的教育便远离了社会,远离了生活。学校德育作为培养具有时代精神的人的活动,它应该接近于生活,和学生的生活融为一体。所谓德育生活化,生活德育化正是强调了这一特征。完整的德育过程,应该是体验者的认知活动、体验活动与践行活动的结合,人对道德价值的学习以情感—体验型为重要的学习方式。德育教育的目的是为了学生更好的生活,生活也是学生品德成长的沃土,学生只有在现实生活中产生道德需求的时候,才能更主动、更自觉地接受相关的道德教育。这就意味着道德教育的过程在本质上应该是一个生活的过程,在这个过程中,学生获得知识、技能,更重要的是通过这个过程,他们获得了如何适应社会、参与生活的经验。因此,教育者要从生活现实出发,用新颖、生动、富有艺术性的方法,把好与坏、善与恶、真与假的事例呈现在学生的面前,让他们自己思考、分析、判断、选择,完成品德的自主构建过程,最终成长为适应社会要求的人。

(四)注重能力培养,促进个性发展

“长期以来,我们已经习惯了这样的模式,即先设定一定的德育目标(或文件规定,或领导人讲话),作为整个德育活动的出发点,然后以此为准绳来检验和衡量学校德育的成效。德育目的成为德育活动的逻辑起点。”② 如果我们正面理解这句话,在说明德育目的的同时,也启发我们的思考:在目标设定以后,我们应该用什么方式进行德育教育,应该培养学生什么能力?怎样促进个性发展?

---

① [苏]伊·斯·马里延科、牟正秋译,《德育过程原理》,北京:人民教育出版社,1985,65。

② 杜时忠:《德育十论》,哈尔滨:黑龙江教育出版社,2003,52。

以德育教育为出发点，我们认为，在现代社会，学生首先要“学会关心，学会体谅”。关心和体谅人，不只是一种利他行为，还是一种使自己快乐和满足的行为。中国的独生子女一代已经成长起来，正在逐渐走向社会，因为他们的成长氛围比较特殊，自我中心、自恋、自私和暴戾等不良品性时有所现。因此，学会关心对这一代人来说，尤为重要。提高学生的人际意识，养成关心人、体谅人的美德，并在关心人、体谅人中获得快乐是学校道德教育的职责所在。其次要提倡“合作精神”。现代社会科学技术的发展，使得社会分工越来越细，一方面我们强调公平、公正的合理竞争，激发个体创造发展的欲望，以实现个体的价值。另一方面，我们提倡应在学校教育中培养合作意识，善于在社会分工中学会合作，通过合作发展人际交往能力并进而更广泛地去接近社会。第三，人的个性的发展，是人自身的目标，也是社会的需要。“个性即是以世界观为核心的一系列个性特征的结合”。[①] 社会发展的程度越高，对人的个性化的程度要求也越高。学校道德教育，在注重人的能力培养的同时，促进学生个性发展亦是教育长期追求的目标。可以这样说，教育的过程就是使人形成独立人格、独特个性的过程，同时又是使之更加深入地契合于他人、社会，使之达到同化、统一的过程。

(五)协调各方力量，构建德育环境

21世纪是一个世界多极化、经济全球化、科技进步快速化，综合国力竞争激烈化的世纪。社会主义市场经济体制的确立和发展，对外交流日益扩展，文化的传播与渗透，改革开放以来的现代化洗礼，使得中国社会发生了前所未有的变化，人有了更多的独立性、选择性、多变性和差异性，社会意识形态也同样纷繁复杂：在政治领域，出现了以权谋私、以职谋利的不正之风；在经济领域，见利忘义、造假贩假牟取暴利随处可见；在生活领域，吸毒、嫖娼、纳妾等邪恶现象沉渣泛起。甚至在历来被认为是神圣、纯静领地的大学，这些年来也出现

① 袁振国：《当代教育学》，北京：教育科学出版社，1999，359。

了学术腐败、学术造假的丑闻。这些变化必然会对学校德育、正在成长的青少年产生影响。仅靠学校德育独自应对,显然乏力,需要全社会的努力和支持。

首先,政府机构要发挥作用。政府作为上层建筑的一部分,在为社会政治经济架桥铺路的同时,必须关注社会文化建设。它一方面可以通过直接的政策、法规来规范社会秩序,规范人的行为,以净化环境,对德育产生良性影响,也可以调动社会力量以支持学校德育,还可以通过媒体舆论进行引导,号召全社会关注年轻一代的教育,关注德育,甚至还可以通过相关产业支持来带动德育的良性循环。可喜的是,我们的政府已经注意到学校教育中存在的问题,于 2004 年 3 月发布了《关于进一步加强和改进未成年人思想道德建设的若干意见》,同年 11 月又发布了《关于加强大学生思想政治教育的意见》。2007 年 10 月党的十七大召开期间,青少年教育问题亦再次引起党中央的高度关注。

其次,学校要加强自身的建设,完善德育管理体系,提高师资队伍质量,建立科学的、发展性的评价体系,真正将德育向“以人为本”靠近。另外,学校要改变教育的理念,扩大学校的教育范围,走出学校,走向社会,创造条件和机会,让学生将学校所学到的知识和社会实践结合起来,让学生在道德践行中学会辨别是非、善恶、荣辱、美丑,适当利用社会的真实存在影响教育学生,从而培养真实的道德的人。

第三,呼吁社会各界加强对德育的重视。家长是对孩子素质最关心的群体,也是孩子第一任老师,他们在孩子的成长发展中具有极其重要的作用。我们必须首先调动家长群体的支持,引导他们提高自己的修养,继而影响带动孩子良好道德品质的形成;社区也是不容忽视的道德教育力量,把这支力量调动起来,使其在青少年周末、寒、暑假期间依然能够接受好的教育影响,和学校教育形成合力。良好的德育环境不仅要靠学校自己来建设,同时需要社会各界的关注与支持,“共建”才能“共利”。

（六）加强德育科研，改进德育方法

我们当代学校德育在观念、内容、方法以及评价手段上有许多值得探讨的问题，和现代社会发展特点密切相关。德育教育如何吻合时代要求，做到“与时俱进”，德育科研是一条必经之路，也是唯一的出路。

首先，应对德育研究的视域加以关注。德育与社会政治、经济、文化建设的关系；市场经济的盲目性和对利益的追求如何影响人的精神家园；网络时代呼唤人们怎样的道德素质；多元文化环境中对各种思想的取舍及价值观的形成；德育的时效性问题；学校教育与生活对学生品行的培养与影响；教育者素质与学生的品德之教育关系等都是当前德育研究的热门课题，也是现代社会对学校德育提出的挑战，对这些问题的关注、研究及对策提出，是德育科学研究的努力方向。

其次，改进学校德育的方法。德育方法是达到德育目标，完成德育任务的重要保证，也是德育过程中教师与学生相互影响、相互作用的桥梁。我们传统的德育方法主要有说服教育法、榜样示范法、情感陶冶法、实际锻炼法、品德修养指导法以及品德评价法。在这些方法的使用过程中，教育者一般居于中心地位，学生处于从属地位。在教育过程中，重灌输，轻交流，忽视了学生的主体性和自主性，学生和教师之间产生了距离，教师的教育效果也受到影响。现代社会，学生的自我意识、民主意识逐渐增强，对教育者的说教他们或者不置可否，或者怀疑，或者反感，有时甚至会去抵制。因此，研究学生及学生的时代特征，在运用传统德育教育方法的同时，研究出一些新的、适合当代青少年教育的德育新方法。国外在道德教育的研究上较之于我们先行一步，借鉴他山之石，有助于我们取得更好的教育效果。

二、近年来我国德育研究的特点及德育模式类型

（一）近年来我国德育研究的特点

1.德育正处于由基本理论研究向实践的转向。

长期以来，我国的德育研究多理论思辨，少实践关注。多演绎，

少归纳。这样的研究方式已经很难适应社会和时代的要求。造成德育理论的空泛,实效性低,这样的状况已经促使德育工作者开始把研究的重点向实践领域转变,更多地关注德育的实践过程。

2.德育理论的研究走向科学化和人文化的整合。

科学化和实证化的德育研究使人们得以超越经验与主观想象,使我们对德育更趋于规律性的认识。然而,对科学化的过分强调,势必导致科学主义的泛滥和工具理性的大行其道。其结果是学生的主体性被忽视,德育演化成书斋式的目中无人的教育。近年来德育研究的发展表现了二者的整合。

3.更关注对德育的对象——人的研究。

对人的理解是德育得以开展的基础。长期以来,德育过程忽视对人的关注,把人当作德育的客体,当作品德规则的接受者,服从者,教育者以灌输的方法对受教育者实施教育,而受教育者的需要,愿望,价值追求被视为是无价值的。现在,人们意识到,德育工作必须以理解和尊重人为前提,对人的研究受到关注。

4.德育理论的研究从对国外理论的移植借鉴到本土化的内源性生长。

注重国外德育理论的本土化改造,立足于中国德育理论与实践发展的具体情况的德育理论研究已成为主流,具有本国特色的道德研究理论体系正在日趋完善和成熟。例如,由中央教育科学研究所詹万生教授牵头的德育体系的整体构建研究在全国多个省市的中小学开展,该研究力求探讨德育的本土化道路,成效斐然,成为我国德育理论与实践本土化研究的一个样板。

(二)近年来德育模式类型

1.“学会关心”德育模式

“学会关心”是21世纪的教育哲学,也是一种实践性的教育模式。“学会关心”德育模式是一种生在道德学习的德育模式,它以“学会关心”作为基点与核心,是道德教育从“培养论”向“学习论”转移的过程,或者说,这一过程是道德教育重点由教育、培养逐步转向自主性道德学习,更符合德性形成的规律。更重要的是,促进了教育中授一受关系、人一人关系的转变。"学会关心"德育模式的操作办法,主要分为两个方面,一方面是营造关心体系,另一方面是指导、关心品质学习的具体方式,主要包括品德践行作业,设岗服务制、道德游戏、关爱叙事等方式。"学会关心"采取"践行一体验一认知"的路线。

2.欣赏型德育模式。

有人认为,在道德教育中始终存在着一个巨大的矛盾,即教师的价值引导与道德学习主体的自主建构之间、道德"相对主义"与"绝对主义"之间的矛盾。"欣赏型德育模式"的基本假设是:道德教育的内容与形式如果可以处理成一幅美丽的画,一曲动听的歌,那么与这幅画、这首歌相遇的人就会在"欣赏"中自由地接纳这幅画、这首歌及其内涵的价值。这样,欣赏型德育模式的具体目标是"道德学习在欣赏中完成"。从逻辑角度看,这一目标的实现可以表达为三个方面:一是建立参谋或伙伴式的师生关系;二是德育情境与要素的审美化;三是在"欣赏"中完成价值选择能力和创造力的培养。在德育过程中存在可以被学生欣赏的审美对象即"德育美",这是欣赏型德育的前提。德育过程诸要素的审美化是这一模式建构的关键。因而,必须进行道德教育活动的形式美、作品美和师表美的创造和欣赏。

3.对话型德育模式

对话型德育模式的践行中,有一些基本策略;第一,营造自由的交往情景;第二,鼓励学生的自我表达;第三,培养学生的质询意识;第四,建构开放的话语模式。

我们学校德育工作的弊端主要表现在三个方面:第一,德育内容脱离生活世界;第二,强调灌输说教的德育方法,忽视学生的主体性;第三,教育者与受教育者的隔离。对话性德育模式对"对话"的关注,将有助于弥补传统德育中的缺失,它对于当前德育建设具有重要意义:其一,德育对话强调对话内容与生活世界的联系;其二,德育对话强调理解的重要性;其三,德育对话是人与人之间的对话,而非人与物之间的关系,是师生之间心理交流的过程,此过程包括一系列环节。为了保障德育对话“通畅”,应注意以下问题:师生在对话中要平等地对待对方;师生双方有共同的话语和遵守一定的规则;师生对话的态度要真诚;教师要循序渐进,根据学生的道德发展水平提出适当的要求。

4.活动道德教育模式

活动道德教育模式中的“活动”,是指具有道德教育意义或功能的外部活动,或影响个人道德意识、道德行为、调节人际关系的外部活动,它至少包括学生主动参与的游戏、劳动、学生之间的外部协作和其他集体性活动等。此外,“活动”具有其道德发展和道德教育意义,主要体现在两个方面:第一,活动是个体道德形成、发展的根源与动力;第二,活动是学生自我教育的真正基础。

由于活动德育模式中的“活动”必须是学生自由的活动,因而教师将肩负更多的责任。

5.生活型德育模式

生活型德育与以往的运动式德育和塑造型德育有着本质性区别,主要表现为:第一,生活型德育是以现时的、自然的、真实的生活为基本途径对学生实施的德育;第二,生活型德育主张学校德育是对“人”的教育,必须尊重学生的人格;第三,生活型德育注重转变和深化学生的品德“情感”。实施生活型德育必须坚持三个根本性原则,即主体性原则、主导性原则和创新性原则。

生活型德育的具体目标是,帮助学生在日常生活实践中学会按照一定的品德规范去生活,为了使这一目标更具有操作性,可将其分解为四个更具体的目标,即学会品德实践,学会品德体验,学会品德感情,学会品德选择。

6.主体型德育模式。

过去很长一段时间里,许多德育工作者忽视学生的主体性,他们或者把学生当作道德知识的接受器,或者把学生看作是可以驯养训练的小动物,由此形成了“说教式”和“管教式”两种僵化的德育模式。主体型德育模式力图打破这样的局面。可以从以下几个方面更深刻理解主体型德育模式:第一,主体型德育模式以师生互动关系具有平等性、目的性为特征。第二,主体型德育模式以主体性原则为基本原则,在德育过程中,应发挥师生双方的主体性。第三,主体型德育模式以培育和优化学生的道德能力为目的。第四,主体型德育模式以培养和优化学生的道德接受机制为核心。

(三)未来我国德育研究的展望

1.公民教育将继续成为德育内容研究的重点。随着全球化时代的到来和我国《公民与道德教育发展纲要》的实施,以培养合格公民为目的的公民教育将成为未来社会发展的主流,与之相关联的公民教育研究将持续升温。

2.网络道德教育尤其是网络道德教育内容的实施仍将成为重要的研究领域。随着网络的普及和发展,作为"第四媒体"的互联网正渗透进社会生活的各个层面,网络在改变人们生活方式的同时,也在深刻地影响着人们的价值观念,因网络所引发的青少年道德问题也将日愈严重,行之有效的网络道德教育仍将是家长、教师乃至学生本人最为关切的问题。

3.心理健康教育将日益受到重视。近年来随着青少年心理问题的增多,心理健康教育也成为人们关注的热点。对心理教育实效性的关注,心理咨询与道德教育结合的可能性和具体途径等将成为研究的重点。

4.价值取向教育与信仰教育将成为未来重要的德育教育内容。在当前社会道德问题剧增,德育实效低迷的境况下,许多教育理论工作者和研究人员都将其归因于价值取向和信仰教育的缺失,价值取向教育与信仰教育被普遍的认为是解决德育问题的根本所在,价值取向教育和信仰教育将成为未来德育内容研究的重点。

5.德育新课改的研究与进展将倍受关注。德育新课改已进入实施阶段,作为建国以来政府干预力度最大,影响范围最广,人们给予厚望最多的新课改能否达到预期的目标,能否从根本上改变目前的德育现状都将成为人们关注和研究的重要内容。

6.特殊群体的道德教育将被提上日程。随着近年来独生子女、单亲家庭子女、家庭困难学生等道德教育问题的不断增多,这些特殊群体学生的心理特点和道德教育现状将受到人们越来越多的关注。如何给这些学生的心理发展、道德成长提供有针对性的帮助,将成为研究者关注的重要议题。

【主要结论】

1.我国社会日新月异的变化,必将给人们带来思想、文化、观念的冲击,旧有的道德价值标准、规范必会接受新时代的洗礼,选择什么道德行为标准将不会成为唯一,因而,教育工作者任重而道远。

2. 在不同的时代,德育有着不同的内容、规范及行为标。但是,无论社会制度发生什么变化,人类在其发展过程中,总是会保留那些符合人本性的、善良、宽容、博爱的人类文化精华。传递这些符合人本性的道德教育内容,是教育工作者义不容辞的责任。

3. 在社会发展进程中,学校是人类文化继承、传播和新思想产生的地方,即如此,教育工作者在守护这方“净土”的同时,也要随时更新陈旧的观念、落后的思想,跟上时代发展的步伐,唯有这样,才能和我们的教育对象有共同的话语,展开真诚的交流,以此作为德育教育的起点,取得德育教育的实效。

4.我国的德育理论界近年来在德育的理论与实践方面进行了有益的尝试和探索,德育理念不断更新,在实践过程中出现了许多德育模式,值得广大的教育人员去尝试、去实践、去体验。我国的德育研究正在呈现出新的特点。

【学习评价】

1.科学技术的进步在给人们带来优裕与便捷的生活方式时,一些良好的传统正在慢慢丢弃,例如吃苦耐劳、艰苦朴素等,学校教育如何采取新的教育方法让青少年接受、保持、发扬良好的传统,是我们教育工作者应该深思的问题。

2.市场经济的发展与渐次成熟,使每一个生活并介入其中的人变得现实起来,物欲的追求成为一部分人生活与工作的目的,这对青少年在精神层面的影响是不容低估的。学校德育倡导与鼓励青年一代追求更高层次的理想,实现人精神生活的价值,是广大教师工作的崇高目的之一。

3. 网络社会对学校德育、青少年身心发展所带来的影响利弊莫辨一是,利用其优点,引导他们坚持信仰社会主流价值观念并以此规范自己的行为,是教育工作者的职责所在。

4. 每一位德育教育者必须观察、了解、研究学生,关注他们的关注,知道他们的普遍喜好与追逐潮流,缩短与学生的距离,有效沟通与交流,脚踏实地地履行教育工作者的职能,为祖国培养品行优秀的一代新人。

5. 学校德育能否真正成为充满魅力的人的教育,教师能否真正成为学生喜欢的教师和个体社会化进程中的引领者,教育工作者的身体力行及良好行为规范,是重要决定因素之一,反省我们的观念、行为,是否真正做到为人师表?

6. 国外在学校道德教育理论及实践方面有一些先行的研究结果,他山之石可以攻玉。为此,学习与掌握优秀的道德教育理论及教育方法,为我们取得德育实效所必须。

【参考文献】

[1]袁振国:《当代教育学》,北京:教育科学出版社,1999.

[2]杜时忠:《德育十论》》,哈尔滨:黑龙江教育出版社,2003.

[3]鲁洁、王逢贤:《德育新论》,南京:江苏教育出版社,1994.

[4]章海山、张建如:《伦理学引论》,北京:高等教育出版社,1999.

[5]《中国大百科全书(环境科学)》,北京:中国大百科全书出版社,1983.

[6]《中华人民共和国环境保护法》(1989)。《环境教育教师指导书》,北京:教育科学出版社,1991.

[7]蔡元培:《中国伦理学史》,北京:商务印书馆,2004.

[8][荷兰]斯宾诺莎著,贺麟译:《伦理学》,北京:商务印书馆,

1983.

[9][日]尾关周二,卞崇道等译:《共生的理想》,北京:中央编译出版社,1996.

[10]教育部师范教育司组织编写,《教师职业道德修养》北京:教育科学出版社,2002.

[11]檀传宝:《学校道德教育原理》,北京:教育科学出版社,2000

[12]鲁洁:《道德教育的当代论域》,北京:人民出版社,2005.

[13]魏贤超:《德育课程论》,哈尔滨:黑龙江教育出版社,2004.

[14]杨超:《现代德育人本论》,广州:广东人民出版社,2005.

[15]汪凤炎等,《德化的生活》,北京:人民出版社,2005.

[16]孙彩平:《道德教育的伦理谱系》,北京:人民出版社,2005.

[17]吴志宏:《多元智能视野下的学校德育及管理》,上海:上海教育出版社,2005.

[18]朱小蔓:《教育职场教师的道德成长》,北京:教育科学出版社,2004.

[19]戴钢书:《德育环境研究》,北京:人民出版社,2002.

[20]茅于轼:《中国人的道德前景》,广州:暨南大学出版社,2003.

第六章　班主任与班级管理

【内容简介】

班级组织是学校根据一定的编班原则而组建的正式师生群体，是学校进行教育教学活动的基本单位。班级组织是学校对学生施加教育影响的主要场所，是学校教育教学的基本组织。本章全面界定了班级组织的产生与发展，对班级组织的结构与特点进行了详尽的说明。班主任是班集体的组织者、教育者和指导者，是学校领导者实施教育教学工作计划的得力助手。本章对班主任在班级管理中的角色作用，对建设和管理班集体的办法进行了说明。旨在让学习者能够对班主任工作有一个正确的认识。

【学习目标】

1. 明确班主任的角色定位。
2. 对班主任工作的方法有一个正确的认识。
3. 了解班级组织的产生与发展。
4. 掌握班级管理的途径和方法。
5. 能够正确分析班级管理中的常见问题。

班级是学校最基本的组织机构，它既是学校教育教学工作的基本单位，也是学生学习、活动的基层集体。只有把一个班的学生很好地组织起来进行教学和教育活动，才能使这个班的学生在德智体美劳等方面得到全面发展，从而提高学校教育教学质量，实现国家的教育目的与学校的培养目标。要做到这些，必然涉及班主任及班级管理工作。

第一节 班主任的地位与作用

班主任是班集体的组织者、教育者和指导者,是学校领导者实施教育教学工作计划的得力助手。班主任在班级组织建设中行使着多种职能,扮演着多种角色。

一、班主任的角色定位

班主任在学生全面健康成长的过程中,扮演着导师的角色,具有协调本班各科教学工作和沟通学校与家庭、社会与教育机构之间联系的作用。那么,对于班主任的角色应如何进行定位呢?

首先,班主任是学生全面健康成长的"导师"。班主任要对学生全面负责,即促进学生的全面发展,并对学生的终身可持续发展负责。班主任应该是学生学习上的导师。要善于引导学生正确认识自己,确立切合实际的学习目标,掌握学习方法,要帮助学生解决学习上的困难,提高学习的效果。班主任除了关心学生的学习之外,还要关心学生的品德、能力、身体和心理等其他方面的发展。教书育人是每一位教师的天职,同时班主任对学生的全面成长负有第一位的责任。班主任应该是学生活动和交往的指导者和学生的心理保健者,要善于通过班级教育活动的开展及对学生交往的指导,发展学生各方面的能力,培养学生良好的交往品质。学会关心他人,关心集体,培养学生健康的个性心理品质和健康的心态。及时发现学生不良的心理倾向和异常行为,正确区分品德问题与心理问题的界限。疏导学生的不良心理,矫正不良行为,使学生发展成为一个具有健全人格的人。

其次,班主任是班级活动的管理者。形成一个良好的班集体,是一个复杂而艰难的培养过程,需要教师付出艰苦的努力。对班级的发展而言,班主任既是班级管理活动的领导者和组织者,又是管理活动的指导者。一方面,班主任要根据教育要求及学生实际为班级的发展进行总体的设计，制定班级的发展目标，引导学生认同目标，为目标的实现而努力。另一方面，要为班级目标的实现创造良好的班级环境，包括舆论环境、人际交往心理环境等。组织学生积极参与班级活动，使学生成为班级主人，形成班级自我教育、自我管理的良性循环机制，使班级逐步发展成为良好的班集体，为学生的成长创造良好的环境。从教育教学的实践来看，班主任在班级管理中的作用非常重要，这种重要性主要应以学生的发展体现出来。班级教学、班级管理要实现科学化，教师不仅需要了解班级中个体的心理特征，而且要洞察班级中学生的相互作用，否则便无法形成对班级的整体的、科学的认识，实现班级教学和班级管理的科学化。

再次，班主任是班级各种教育力量的协调者。班级的发展和学生的成长是各方面教育力量共同作用的结果。一方面是直接参与班级教育的教师的集体作用，即是以班主任为首的各科任课教师所发挥的作用。他们直接对班级进行教育，影响着学生的发展，而班主任在这部分教育力量中起主导作用。班主任为了使班级教育效果得到优化，必须定期组织班级教师进行教育会诊，帮助任课教师认识班级和学生，分析班级学生的知识程度，学习能力及学习习惯等具体实际，寻找切合学生实际的教学方法，提高教学的效率。并且要沟通班级学生和任课教师的关系，增强师生的感情，促进教学任务的完成和教学效果的优化。另一方面，班级发展和学生成长又是学校、家庭、社会等各种教育力量共同作用的结果。班主任必须对来自各方面的教育影响进行统整，形成有利于班级发展和学生成长的教育合力。因此，班主任既要协调学校、社会、家庭之间的教育影响，又要协调学校内部各因素的影响，使来自各方面的影响都紧紧围绕班级目标而发挥作用。

综上所述，班主任在班级教育管理中处于主导地位，发挥着重要作用。既要面向全体学生，培养优良的班集体，又要对学生全面负责，促进学生的全面发展。为此，班主任在班级工作中必须做到以下几方面：首先，保证在班级教育中的德育先行。其次，在班级教育管理中要以教学为中心。再次,要通过培养班集体,发挥班集体的教育作用,在集体中教育集体,促进集体的发展。最后,要通过对班级有效的管理来保证教育目标的达成。但是在现实中,很多班主任对自己的地位作用缺乏应有的认识。没有认识到自己的"导师"作用,只是以成绩的要求代替对学生全面发展的要求,认为班主任是学生的"管理者",以"管"学生的角色出现,这样就会居高临下,从而导致班级管理的随意性、主观性和武断性。忽视自己的协调者角色,就会封闭地管理班级。

二、班主任工作的涵义与内容

"教育是人对人的活动,是灵魂的唤醒"。德国教育家雅斯贝尔斯的这一认识,无疑是最适合于班主任工作的。班主任的工作就是以人格引领人格,以情感陶冶情感,以德性培育德性。班主任不仅要通过自己教学工作体现教书育人,通过自己对班级的组织管理体现管理育人,还要在为学生的发展服务中体现服务育人。班主任对学生影响的全面性和复杂性,对班主任提出了很高的要求。他作为国家教育目的和学校教育任务的执行者,作为班级的教育者和管理者,作为一名各种教育力量的协调者和联系纽带,在引导、培养学生健康成长的工作中起着至关重要的作用。

(一)班主任工作的组成部分

第一,教育思想观念。马克思主义哲学告诉我们,认识的过程是从实践到认识再到实践的一个循环往复的过程。当经过实践进行抽象、概括形成理论之后,理论会对新的实践形成强有力的指导作用。教育理论也是如此,教育理论对教育实践的指导作用首先表现为影响教育者的教育思想观念。班主任由于受教育理论的影响,其教育思想观念的核心,教育价值观和学生观就发生了变化。教育价值观就是对作为客体的教育的功能对作为主体的社会、个人的教育需要及其对社会、个人的发展满足与否、促进与否的关系的总的看法和根本观点。简单地说教育价值观就是对"教育对社会、个人到底有什么用、有什么价值”的总的看法和根本观点[1]。学生观，是对学生的本质属性及其在教育过程中所处地位和作用的看法[2]。

第二，工作目标。班主任依据教育目标和学校教育任务以及班级学生具体情况而制定的教育管理的目标要求及实施计划是班主任操作系统中的又一特殊工作任务。

第三，教育实施。这是班主任工作中的主体部分，是实现全面发展教育目标要求的教育措施、教育途径，主要包括班级集体建设、活动性教育、心理干预三个方面。首先，班主任工作的特点是通过班集体和班集体建设促进学生全面发展。班集体是教育对象，又是教育力量；是教育目标，又是教育手段。在班主任的全部工作中，班级集体主要是教育力量、教育手段，是班级合力中的主要组成部分。这种班集体是满足学生个性发展需要的集体，是关怀每个成员情感世界和精神生活的集体。班集体建设的运作过程，也是推动学生全面发展的过程。在班集体建设中，需要营造有利于学生素质发展的班级文化，要实行以人为本，充分激发人的潜能的班级管理。其次，活动能给予学生充分的个性发展机会，能够提高学生品德修养和审美能力，陶冶情操，丰富精神生活；能够愉悦学生身心，增强学生的情感体验，增进学生健康。因此，班主任必须组织管理好学生活动，引导学生主动地积极参与各种活动。最后，班级心理干预是班主任的一项特殊的工作，心理素质是学生整体素质的组成部分，又是其他各项素质发展的背景和基础，因此心理干预关系到学生的整体发展。

第四，学生评价。班主任在班级教育管理活动中的教育评价，其对象是学生的全面发展状况。评价主体可以是班级教育主体，包括班主任、学生家长，但经常性的应是班主任和学生自己（即学生的自评和互评）。评价的目的在于促进学生发展，改进班主任的班级教育管理工作。

---

① 雷鸣强：《教育功效观》，长沙：湖南师范大学出版社，1999，39。

② 孙俊三：《教育原理》，长沙：中南大学出版社，2001，27。

(二)班主任工作各组成部分之间的关系

教育理论来源于教育实践和教育实验,反过来又指导教育实践。任何班主任工作的实践都是在一定教育理论的指导和影响下形成的,有什么样的理论指导,就会有与之对应的班主任工作。

任何一个教育工作者在其教育教学实践中,都会受到各种各样的教育理论的影响,并会在教育教学实践中逐步形成自己的教育思想、教育观念。这些在教育理论影响之下形成的教育思想观念又会成为指导其教育实践的理论基础。班主任在一定教育理论指导和影响之下形成的教育思想观念,在班主任工作中处于主导地位。班主任的教育价值观和学生观不同,对学生的发展期待就会不同,对待学生的态度也就不同,分析和处理班级教育管理中的问题的方法也会不同,班级工作的实际效果也会不一样。因此,班主任的教育价值观、学生观是构成其教育思想观念的核心。

班主任的教育价值观和学生观直接制约班主任对班集体和学生个体培养和发展目标的确立和制定。班级发展目标实际上是对班级整体工作成果的预期,是预定的班级整体活动的归宿。学生个体发展目标实际上是班主任对发展学生的哪些素质和把学生培养成什么规格的人才的设想和期望。班主任的班级工作计划应紧紧围绕并为实现班级发展目标和学生个体培养目标而制定,力求科学、完整和易于操作。

对于班主任来说,明确与其教育思想观念相一致的班集体发展目标和学生个体发展目标,制定与发展目标相应的教育计划,是有效开展班级教育管理工作的重要基础和前提。“凡事预则立,不预则废”,有了目标和计划,就有了实施教育管理的“蓝图”。但是目标和计划的实现,要靠班级文化建设、班级管理、活动性教育和心理干预等具体工作来落实。班主任的整个班级教育管理的实施都要为实现目标和落实计划而发挥作用。

学生评价是依据一定的教育价值观或教育目的,运用可操作的科学的评价技术和手段,通过系统地收集信息、资料对教育活动、教育过程和教育效果及影响教育效果的诸因素进行分析整理而做出的价值判断,从而不断改进教育措施或为教育决策提供依据的过程。对班集体及学生个体发展的评价实际上是对班级教育管理活动、教育过程和教育效果的评价,评价过程实质上是一个确定班集体发展和学生个体发展水平实际达到预期目标和计划的程度的过程。评价要真实地反映班集体和学生个体的发展水平,找出班集体和学生个体的发展现状与目标计划的偏离度、教育管理活动中存在的问题、有待修正的方面并及时地反馈,以利于班主任更新自已的教育观念,完善自己的教育价值观和学生观,修正和调整班级工作目标和计划,使教育管理过程,教育管理过程的各个环节、各方面不断地改进和完善,以确保班集体和学生个体预定目标顺利实现。

通过上述分析可以看出,班主任工作的根本任务不再是教给学生固有的知识,而在于使学习者学会如何学习,如何运用,以及如何生存。教育工作需要创新,班主任必须与时俱进。由此,可以把班主任工作理解为一种受教育理论,教育思想观念影响,指向学生教育管理的教育活动,不是个人的活动,而是一种社会性的实践活动。同时班主任工作是现实中人的工作。

三、班主任工作的方法与技巧

教育学是一门科学,而教育学的具体运用却是一门艺术。所以班主任工作从理论上讲是科学,因为这一教育实践活动是有规律可循的。只有很好地认识和掌握这些规律,并且按这些规律办事,才能让班主任工作做得有声有色,否则就要碰壁就要受挫折,就要遭遇失败。之所以说班主任工作是一门艺术,是因为这种教育实践活动本身是一种创造性劳动。既没有一个固定不变的程式,也没有包治百病的灵丹妙药,它必须从实际出发,具体问题具体分析,必须根据对象的不同特点采用多种灵活的方法,只有这样才能让每个学生和谐自主的发展。

教书是一门职业,教书育人却是一项伟大的事业。照本宣科的教师是教书匠,教书育人的教师是人类灵魂的工程师。教师是伟大的,他把学生的未来作为自己的创造蓝本,他把学生的心灵作为自己的雕塑对象。教师的工作是琐碎的:迟到早退、打架骂人,这个学生得满分、那个学生不及格,你瞪我一眼、我撇你一嘴……每一件事单独看来都是微不足道的,可是每一件事都可能成为学生变化的十字路口,处理得好,一件琐碎的工作能成为支撑学生成功的基石,学生脚踏这块基石一步步向前,在自己人生的某一时刻登上自己事业的顶峰;处理不好,一件小事可能成为下滑的斜坡,学生可能由此而跌入人生的泥坑。教育规律需要严谨地学习、刻苦地钻研,更需要静心的体会、心灵的领悟。在教师这支队伍中,班主任是排头兵,他不仅要教书而且要育人,不仅要培育学生成才,而且要培养学生成人。为了把工作做得更好,班主任应该研究班主任工作的理论与原则,更要研究班主任工作的艺术与方法。

进入21世纪,班主任面对的学生不再是一个个等待灌水的空瓶子,而是一扇扇等待开启的大门。每一个学生的内心都是一个丰富的未知世界,这个世界充满着求知的渴望、自我实现的设想、社会交往的需求、两性关系的迷惘、五花八门的矛盾、突如其来的异想天开……学生的内心世界是一个等待开垦的世界,是一个充满能量的世界,是一个充满矛盾的世界。班主任不能指望通过强迫进入学生的内心世界。而能不能进入学生的内心世界是班主任工作成败的关键一步。所以说班主任工作的方法与技巧是班主任教育实践中所表现出来的精湛、娴熟、巧妙、显效并带有鲜明个性化特点的教育教学技巧。

那么班主任工作的方法与技巧,我们应从哪些方面来认识?

(一)重视师爱在教育学生中的巨大作用

作为一名优秀的班主任,一位工作艺术高超的班主任首先应具有一颗爱心。这是老生常谈,也是老生“必”谈。一位班主任若没有爱又能做好班主任工作是不可想象的。爱是现代教育的第一法则。没有爱便没有现代教育,没有爱便没有真诚,没有爱的工作艺术是“骗人术”。教师的爱并不是一般意义的爱,这是一种天性和修养的结晶，它是道德与人格的统一，它要求教师具有献身于教育的远大理想，它要求教师必须具有热爱真理的精神。班主任是教师队伍里的排头兵，所以这种爱在班主任身上体现的最为突出。对于士兵说，服从命令是天职；对于教师来说，热爱学生是教师的天职。一个人在选择职业的时候，就应在胸中形成这种观念。教师对学生的爱是一种爱的集合，它包括世界上除了男女情爱之外的所有的爱——像母亲热爱孩子一样无私，像父亲热爱儿子一样宽厚，像兄长热爱弟弟一样宽厚，像姐姐爱妹妹一样温柔又体贴，像哲学家热爱真理一样执著而痴迷。热爱学生是班主任工作艺术的第一块基石。我国对120名中小学的优秀教师和模范班主任的调查表明，百分之百的优秀教师和模范班主任，"对学生都有深厚的感情。"①

任何物质生产，不论生产者对其产品是否有感情，只要严格地按照有关的技术方面或工艺方面的要求进行操作，就可以生产出合格的产品。人才的培养要比这复杂得多。

教师以培养人才为职业，这个职业的特殊性在于，教育者必须热爱他的教育对象，否则这种教育就无法进行。正像有人所说的那样，如果你讨厌学生，那么你的教育还没开始就结束了。没有爱，就没有教育，没有教育，这种以培养人为目的的职业也不存在了。师爱，是教师的事业心和责任感的表现，它不仅是自发产生的，而且是自觉形成的。这就是师爱的职业性特点，这个特点的主要表现是教师爱学生与爱事业的一致性。你爱教育事业吗？那你一定爱学生，如果你不爱学生，那你一定不爱事业。爱学生就是爱事业，这二者是不可分割的统一体。一个教师把自己的整个心灵都献给了儿童，这也就是她对事业的无限忠诚。教师的职业所以伟大，正是因为她具有那种献身于事业的牺牲精神。我们很多优秀的班主任，正是因为他们对学生有一种真挚的爱和对事业的一片赤诚。对那些已经悲观失望的

---

① 刘兆吉、黄培松：《对120名优秀教师和模范班主任心理特点的初步分析》，载《心理学报》，1980(3)。

学生给以慈母般的温暖,对那些自己心灰意冷,并且周围人也对他不抱任何希望的学生仍充满热情期待,所以他们才能把一代代学生培养成人。

教师是受社会和人民的委托来进行教育的。我们培养的人才,都应该有理想、有道德、有文化、有纪律,热爱社会主义祖国和社会主义事业,具有为国家富强和人民富裕而艰苦奋斗的献身精神,都应该不断追求新知,具有实事求是、独立思考、勇于创造的科学精神。总之,都应成为德智体诸方面全面发展的社会主义事业的建设者和接班人。我们每个教师都必须按照这样一个培养目标去教育每个学生。我们教师的爱,是一种教育爱,是为了把学生培养成合格的人才。因此教师的爱不仅有关怀体贴,不仅有同情和爱护,而且必须有严格要求,必须按照我们的培养目标去严格要求每个学生。这种严格要求本身就是一种师爱。这也就是师爱所具有的原则性。在这一点上它有别于任何一种狭隘的母爱。这就是为什么有些儿童敢在母亲面前任性,而在爱他的老师面前总是很"听话",有的甚至"超额完成"老师所提出的要求。国外的心理学家们通过实验研究认为,一个教师可以担当父母的角色,但对其所教育的儿童来说,他们心理上受到这个教师的影响和他所受到的父母的影响是完全不同的。也许因为父母与子女关系,难于建立一种实际的师生关系。这个实验正是从一个侧面揭示了师爱在教育过程中具有的原则性。

对我们教师所教育的学生来说,师爱就是一种真正的"博爱"。长得干净、漂亮而又聪明的孩子要爱,对于那些又脏又笨而又丑陋的孩子也要爱。对于那纯洁善良又健又美的学生要爱,对那些被污染、被损害,甚至身上还带着一股"原始的野性"的学生也要当作"有病害的花朵"去真诚的爱。实践表明,在每一位优秀的班主任教师的心中,班内几十名学生,尽管他们都有自己的缺点和错误,尽管他们心灵上都有各种不同的灰尘,但是他们都有闪光点,他们都有美好的未来。正是这些东西,不停地激发着一个教师的爱生之情。这种爱,就像普照的阳光一样,温暖着每个学生的心灵。这就是师爱的广博性。

没有这种广博性就会出现私心,就会出现偏爱,就会以个人的好恶来代替教师的好恶,就会把正常的师生关系变成个人之间的关系。当一个教师失去了教育者的公正,对班集体的成员不能一视同仁的时候,当他的那种爱生之心在人际关系的"天平"上出现倾斜的时候,这种师爱就会畸形发展,就失去了它本身的广博性,于是它在学生集体中也就失去了它应有的力量和价值。

(二)重视班级人际关系

科学地创建班集体既是一门科学,又是一种艺术,需要我们认真地研究和学习。其中,善于调整班级的人际关系则是核心问题之一,它值得班主任细加研究。

作为班集体结构要素之一的人际关系是一个广义的概念,它是指在班内共同的学习、劳动和游戏中,通过交往而建立的人与人之间的关系。它包括师生关系,即垂直关系;学生相互之间的关系,即水平关系;学生个人与群体或集体的关系,即点面关系。这三种关系又都以非正式关系(情谊关系)和正式关系(责任依从关系)的形式表现出来。这就是说,班主任与学生及学生组织之间的关系,男女同学之间的关系,学生干部与一般同学之间的关系,学生个人与非正式群体或正式组织之间的关系就都被包括了。不仅如此,它还包括校内外的伙伴关系,学生与家庭成员之间的关系,非正式群体与正式组织之间的关系,小组与班级之间的关系,平行班之间或高低年级的班级之间的关系,班级与全校的关系,班级与校外环境的关系等等。

相当多的班主任认为:班主任的主要任务是把学生管好,而管好学生的基本方式,除了个别工作外则是详尽地做出各种规定,并不断地组织多种课外活动,努力占有学生的空余时间,将他们从市井街头吸引过来,以预防消极影响。于是,在班级生活中有了"必须"和"不准",还出现了琳琅满目的集体活动,虽然这些集体活动可能既饶有兴味,又使班级生活显得颇为活跃,但却往往效果甚微。

如何改变这种局面?每个班主任都应当认识到:内容充实的班级共同活动的确是形成集体的必不可少的桥梁,但绝非目的本身。

而活动的质量标志则是其中展开的交往和随之形成的人际关系,是由此而对个性施加的教育影响。为此,班主任必须自觉地把调整人际关系作为工作的重点之一,在实践中对此做出创造性的探究,并努力掌握群体发展的规律和群体条件下个性发展的规律。这样,班主任的教育艺术水平才会有长进,工作效率也才会不断提高。

传统的班级工作往往过分强调“一把钥匙开一把锁”,夸大个别工作的作用,而看不到人际关系的潜在影响,忽视集体教育的巨大功能,其重要原因是只从现象上看问题,只看到教育的直接对象——一个个单独的学生,轻视学生身上反映出来的错综复杂的人际关系。事实上,班内很多矛盾的表现形式虽然是个人之间的冲突,但实质上却常常是非正式群体之间的矛盾的折射,因此,不研究人际关系,不把学生当成群体的成员来研究,光做个别工作,有时工作效果反而会很差。

其实,教育的真正对象并不是单个学生,而是把学生联结成群体或集体的人际关系。苏联教育家马卡连科早就指出,关系是教育工作的真正对象。在所有关系中,必须注重学生与集体的关系,注重他们在集体中的相互关系。这一观点揭示了问题的实质。它告诉我们,只有当教育者把学生的人际关系看作现实的教育对象,并对它悉心地研究,谨慎地调整的时候,才有真正的教育。那么,班集体的人际关系具有哪些非同寻常的意义呢?

首先,良好的人际关系是班集体团结的纽带。这就是说,没有凝聚协调的人际关系就不可能有真正团结的班集体。班集体并不等于五十位学生的简单相加的算术和。单独的这些学生怎么会组成一个合格的班集体呢?研究表明,学生只有在共同活动中通过交往建立一定的人际关系后,才能形成群体。当他们间的人际关系逐渐由杂乱趋向有序,由单一趋向丰富时,学生群体发展为高级阶段的班集体就具备了可靠的基础,班级实质上就是使人具备了可靠的基础。因此,我们说,班集体实质上就是人际关系有序的网络和稳定的集合。因而,不研究人际关系,就犹如安装电视机不研究线路图一样,那是不可能建成班集体的。很多优秀班主任的实践已经证实,只有在班级内建立了良好的人际关系时,集体目标才具备了内化为班级的自我意识、价值观念和行为规范的良好条件。此时,良好的社会心理气氛,健康的集体舆论和自觉的内部纪律才有肥沃土壤,它们才能对个性发挥教育作用。因此,班内人际关系的性质,学生在这种关系体系中的地位,以及与此相关的班内公认的价值观和共同感受就成为判断班集体是否前进的主要标志。

其次,良好人际关系是个性形成和发展的影响源。众所周知,人生下来并不具备个性,人是在自身社会化的发展过程中形成个性的。而这种社会化发展的主要动力是满足需要,人的需要越是多样化和高层次化,他们的个性就越趋向和谐。而多样化的需要必须由丰富的人际关系来激发并实现,高层次化的需要必须由高水平的人际关系来培育并满足。学生的自主性,必须在这样的集体中才能充分地得到发展,这一集体在他看来是有意义的,也就是如社会心理学家所说的那样,是参照集体。而一个集体要成为参照集体,就必须具备下列条件:(1)集体凝聚的、协调的人际关系体系努力把这个学生置于认真办事的生活立场之上,并有意识地培养他的公民意识和创造意向,形成良好个性倾向性;(2)在丰富的人际交往过程中,为他创设显示自身的力量,找到自己感兴趣的事情,像发现独特的个性那样展现自身的素质和能力;(3)他客观地在集体中具有一定的有利地位,同时,同龄伙伴喜欢他,重视他;(4)他感到自己确实是隶属集体的成员,为集体所需要,而且是必不可少的、不可替代的个体,从而产生一种情感上的满足、愉悦。如果不具备上述良好的人际关系的条件,那么集体对学生的教育作用就会变得微弱,有时甚至会抑制他的个性的发展。至此,不难看出,丰富的人际关系是每个学生拓展生活空间的尺度,协调的人际关系是孕育完美个性的肥沃土壤。优秀的品格——正义、慷慨、慈爱、崇高等从来都不是某个孤立的青少年的品质,它们必须在人际交往的过程中形成,并在人际关系中显示光华,同时对他人产生影响。于是,造就美好的品格,形成完美个性的过程,实质上就可以看作是建立协调的人际关系的过程,也就是培养集体的过程。

再次,良好人际关系是提高教育活动的目标达成度的重要手段。为了达到各种教育活动的既定目标,提高活动效率,凝聚而协调的人际关系是必不可少的条件。当学生在集体内居于有利地位,他在丰富的人际关系体系中能从积极角度表现特长和施展才能,他从其他组织中学到的知识技能和各种特殊能力被集体及其成员所珍视,这时,他就会在相应的教育活动中表现出空前高涨的积极性,而努力与其他同学协作,创造性地完成任务。此时,如果其他同学也处于类似的状态,人际关系体系就会迸发出巨大的能量,集体就能如期地按照共同目标的规定去完成各项任务,并卓有成效地强化积极影响,控制并消除成员所接受(或可能接受)的消极影响。这样,集体由于良好的人际关系所创设的条件,就能真正显示出强大的教育和管理功能。集体中良好的人际关系的上述效能同样也会在学习活动中显示出来。青少年对于交往及建立人际关系有着特殊的需要,这种需要对于那些认识兴趣尚未被激发起来的学生来说,往往可能转化为学习的动机和认识活动积极化的内驱力。研究表明,为了加强学习责任心,光指望提高青少年的思想觉悟未必能行,适度的集体性学习所培植的良好的人际关系,正孕育着对学生进行最优化教学的强大潜力。

马克思主义认为,认识过程是一种社会过程,认识主体自身的成就取决于他对他人经验的注意程度。教育心理学研究成果也表明,儿童头脑中的确切的概念是在交往和协作中逐步形成的,离开了交往和协作,则会形成一种对周围世界的谬误性知觉。即便在个别化学习的时刻,学生仍然不断地置身于无形的人际关系之中,他头脑中关于群体期望、伙伴榜样、他人评价、褒奖憧憬和失败体验等各种联想就充分说明了潜在的人际关系在发挥着一定的作用。至此,我们就可以看到,良好的人际关系会促进学生提高学习目标的成功度,而不良的人际关系则会对学习产生消极的作用。应当指出,班集体的人际关系是宏观社会里人际关系的折射,是个性化了的微观的社会关系的表现形式。这就是说,班集体的成员是现实社会中的青少年学生,他们不可能不受宏观社会的制约,但是,他们又处于身心急剧变化的阶段,正值社会化学习的黄金年龄,尤其是他们的人际交往是在教师指导下进行的,因而,从一定程度上说,班集体的人际关系就是教师集体意志的体现,是教育的结果。这就是它与一般成人集体的人际关系的主要区别,也是我们以教育的观点看问题的立足点。

由此可见,如果班主任和全体教师重视建立良好的班级人际关系,并积极工作,则班集体和全校集体就能较快地建成并不断发展,学生也能在良好的人际关系的条件下开展正常的交往,共同愉快地完成学习和其他任务,并形成各种积极而高尚的品质,从而大大提高教育工作的效益。相反,如果教育不研究和调整班集体的人际关系,不了解群体发展的规律,那么不良的人际关系就会滋生和蔓延,它就会瓦解集体,压抑个性,阻碍集体目标的实现。如此,班集体就易变成空中楼阁,发展个性或培养人才的口号则如虚幻的仙乐,提高工作效率也只会停留于热情和愿望而成为纸上谈兵。应当在群体或集体的背景上研究个性的发展,应当在调整人际关系的基础上实行"一把钥匙开一把锁"。教育者应当把人际关系看作真正的教育对象,因为个性归根到底是由良好的人际关系培养起来的。

四、案例分析

案例分析1:

高二(1)班有这样一位居里夫人的崇拜者:她聪明、漂亮,叫李丽。父亲是县委的一位领导,她是学校有名的"尖子",曾两次在县里的物理竞赛中夺魁。然而家庭、天赋和荣誉使她越来越自命不凡,高傲得像一只大公鸡。有的同学说她孤独,她在日记里引用爱因斯坦的一句话:"我实在是一个'孤独的旅客',我未曾有全心全意地属于我的朋友,甚至是最接近的亲人。"同学们对她不愿参加义务劳动,议论纷纷,她在日记中引用了佛罗伦萨的伟大诗人的一句名言:"走自己的路,让他们去说吧!"语文课,老师让同学们互相批改作文,她在班里一名"体育王子"的空洞的作文后面,只写了一句话"圣经上说:

头脑简单的人是多么幸福啊!”因此引起了一场不大不小的风波。

李丽所以如此,与原班主任有关。原来的班主任大专毕业后,“因头脑不简单”,很不幸福。为了跳出“校门”,通过李丽打通了“县长”,最后终于如愿以偿,调到交通局当了秘书,做了“无冕之王”。把一个沉重的包袱压在了新来的班主任田老师的肩上。

田老师接班的第一天,决定重新排位。先按身高,然后对特殊情况个别调整。一向独桌独位的李丽正好和一位新来的农村“黑姑娘”排在一桌。李丽对此很是恼火,背向同桌,满脸怒气,嘴巴噘得老高。同学们那厌恶的目光,在她的身上、脸上扫来扫去。“黑姑娘”马桂兰一声不响,深深地埋下了头……

田老师已经明白了一切。他不想第一天就与同学发生“碰撞”。他想,只要李丽提出要求,他就可以进行调整。然而他问了几次,李丽不但不理茬,反而故意摔书包向老师示威。田老师还没有遇到过这样傲气的学生,他气得有些发抖。他尽力克制着,设法使自己冷静下来。但李丽步步紧逼,又一次把文具盒摔得乒乓响,这时候全班几十双目光注视着老师,意思分明是说“看你怎么办?”

田老师感到一场冲突无法回避了,他不能眼看着马桂兰同学的自尊心受到这样的伤害而不闻不问,也不能对李丽这样的挑战放任不管。这时候,一个人民教师的正直和良心猛烈地冲击着他的心。他动怒了。他点名让李丽站起来。

“那好,既然你没有意见,坐位就这样安排了。”田老师尽力低低地控制着自己的声音说:“只要你在这个班里学习,你的坐位就不变!为什么你就不能同马桂兰同学在一个位上学习呢?难道她不是我们班里的同学吗?你想过没有,你今天的这种行为本身,就是对一个同学的侮辱,我作为这个班的班主任决不容许,在这个班里,谁想占据一个特殊的位置,当特殊的公民,办不到!”

教室里静极了。田老师的动怒使全班同学都感到震动,特别是李丽,更感到这种震动有一种征服人的力量。但是一向被“宠爱”的“明星”是不会轻易在同学面前倒下的,她想顶撞,想发作,想发挥自已能言善辩的本事,然而她终于没有开口,她感到田老师身上有一股不可抗拒的凛然正气。她气恼,然而更主要的是难堪,她流泪了。

这时候,田老师及时把握住分寸。宣布第七节的班会不开了,提前放学。离开教室的时候,有几个同学故意怀着一种胜利的、欢乐的心情从李丽身边走过。一刻钟以后,田老师估计李丽已经哭得差不多了,于是平静地回到了教室,坐在李丽前面的椅子上沉默良久。后来诚恳地说:“我今天太冲动了,有的话可能失去分寸,伤害了你的自尊心,你可以提出批评……”这同志式的谈话,像一股暖流从李丽的心头滚过,她的眼泪又一次涌流出来。

“老师,我……,你该批评……希望你以后对我多帮助,我……”

“帮助,”田老师又严峻起来,“帮助你是我的责任,可你意识没有意识到,我也需要你的帮助呵!你知道我肩上的压力有多大吗?我多么希望得到你和全班同学的帮助啊,可是我没想到,接班的第一天你就在全班面前公开地向我示威,使得我毫无办法,只好在同学们面前公开地斥责了你……说老实话,一个做人民教师的,看到一个聪明好学的学生受到这样的斥责的时候,心里是不好过的。”

他们后来又谈了许多,一直到李丽恢复了一个少女应有的自尊、文静和温柔。

第二天上午,老师接到了马桂兰的一封信。

敬爱的老师:

昨夜,我经一番痛苦的斗争,决定退学了。老实说,我没有什么过高的奢望,只想受完高中教育就在农业“扎根一辈子”了。可万万没想到,就这样一点小小的心愿也不能被人理解。更令人难过的是因为我给你增添了烦恼。

再见吧,老师,我永远不会忘记你!

马桂兰

×年×月×日

老师读完了信,沉重地叹了一口气,没有说话,下课时把信转给了李丽。李丽读完了信,眼里流出泪水,深深地垂下了头……

为了使李丽的心灵深处受到更深的触动,老师约她一起在星期天骑自行车去马桂兰家。路上,老师介绍了马桂兰家所遭受的不幸。马桂兰的父亲早逝,母亲体弱多病,不能参加体力劳动。马桂兰还有一个弟弟在中学读书。马桂兰是过去田老师教过的学生,勤劳、善良、好强。她在母亲的支持下,想读完高中,然后再寻求自己的“位置”。听到这些,李丽心中充满了内疚和对马桂兰的深深的同情。

马桂兰家到了。这是一个很破的院落。马桂兰正坐在一个木墩上洗衣服。她发现了老师和李丽,急忙站起来,热情而又窘迫地请他们进屋,自己急忙到后园摘了一盘西红柿——自己家不舍得吃的西红柿,用清水洗过,端在了老师和李丽的面前。田老师望着闪光的西红柿似乎看到了马桂兰那颗纯朴的心!李丽不忍心去触摸这鲜红的柿子,含着泪水,走了出来。她静静地坐在那个木墩边低头沉思,一边揉搓着盆里的衣服,这是昨天马桂兰穿过的那件花格子的、散发着汗味的上衣。

这时马桂兰轻轻走来,站在李丽的身边动情地说:

“李丽,你别动手了,还是让我洗吧。”

李丽仰起脸用乞求的、诚恳的目光望了马桂兰一眼,然后慢慢站起来,低着头,流着泪,说:“马桂兰姐,原谅我这一次吧!难道你不能给我一个改正的机会吧?如果你这次不原谅我,我……我还有什么脸再走进咱们的教室去上课呢?我……”李丽此时,声音哽咽,说不下去了。

马桂兰被李丽的真情所打动,转过身去,泪水就同泉水一般地涌流出来。她们和解了,两颗心碰在了一起。

然而就在李丽同马桂兰真正和好的第七天,李丽的爸爸因受贿而被免职了。这件事轰动了整个县城,同学们对此议论纷纷,有的出于对她平时的傲慢“报复”,故意在她面前说风凉话。李丽就像风雨袭击后的小苗,抬不起头来,面容憔悴。

一个几天前曾与教师进行过对抗,然而现在又受到严重的挫折的学生,在她最需要温暖、体贴和帮助的时候,怎么办?田老师经过深思熟虑之后,决定提名由李丽同学代理长期空缺的学习委员。

这是一场非常艰苦的说服工作。虽然在班委会和女同学中间是通过了,但在一部分男生中遇到了极大的阻力。他们提出质问:“什么样的学生都可以当班干部,还有个标准吗?”田老师解释说:“我们学生的干部同社会上选拔干部不同,我们选干部的主要目的是教育培养,我们要发挥她的长处为集体服务。更重要的,是她正处在困难的处境,她非常需要一种精神的支持!”有的同学又说:“既然这样,老师任命吧,不必征求我们的意见。”看到同学们转不过弯来,田老师动情地说:“同学们,我的决定绝没有半点个人恩怨。在中学读书时,我也有过同李丽相似的经历。但是在那个时候,我的班主任老师和同学给了我温暖、给了我帮助,给了我理解也给了我勇气。我所以有今天,永远要感谢我当初生活的那个集体!”说到这里,田老师更加激动,“同学们,李丽有缺点、有错误,这正是我们帮助教育她的时机。她父亲的问题,不能株连她,不能由她负责。在一个人处在极为痛苦、极为困难的时候,请同学伸出温暖的手吧!也许李丽会辜负大家的期望,但是我还是请求大家,给李丽一个机会……如果我的决定是错误的,请相信我会坚决纠正的……”老师是含着热泪说完这段话的。

同学们被老师的真诚所打动了。

当班长把集体的决定转告给在家养病的李丽同学的时候,她被感动得说不出话来。她不顾劝阻,踏着月光跑到了田老师的家,哭得泣不成声。她说:

“老师,您对我的帮助我终生也不会忘记,但我不能当班干部,因为我不配,真的不配,这是我的心里话。不过,我可以做学习委员的工作,决不能让老师和同学们失望……”

田老师把一杯滚烫的茶放在她的面前,又恢复了他的严峻。他说:

“过去那样严厉地斥责过你,是我的责任。现在把你扶起来,也是我的责任。请你珍惜集体的期望和信任,我想你会成功的,关键是要从压力下解脱出来,你的勇气呢?”

李丽担任了学习委员之后,判若两人,工作得十分出色,有时为了给同学补课、抄笔记,宁可饿着、宁可牺牲自己的午休。她在集体的温暖中“抬起了头”,而且有了“微笑”。

后来她考上了一所名牌大学的物理专业。田老师送她上大学的那天早晨,她心情异常沉重。她什么也不想说,什么也说不出来,只想能在敬爱的老师身边多坐几分钟。当车站工作人员开始检票的时候,她才慢慢地站起来,给老师深深地一鞠躬,然后把自己的日记双手送到班主任面前,流淌着热泪,向老师和同学们告别了……

她在日记的扉页上写着这样一句话:

“不管我将来取得多高的学历,您,永远是我心中做人的楷模。”

案例分析 2:

新来的这位初二(1)班主任昨天刚刚说了个别同学上课迟到的现象必须克服的问题,今天下午第一节,柳明就迟到了两分钟。这怎能不使班主任老师恼火!

江老师用极为不满的声调问:“你为什么迟到?”柳明抬起头来,想说什么,但一发现老师眼镜后那闪动的恼怒的目光,把话又吞回去了。他默默地低下了头。没有胆怯、也没有忏悔。

于是,人们所预料的那种严厉的斥责,冷水般地倾倒过来。“迟到两分钟,这当然不是什么了不起的大问题,可是如果你无视老师的要求,无视集体的规章,心目中没有师长、没有集体,那就绝不是小问题!”江老师虽然竭力抑制着内心的冲动,并且尽力用一种很低的声调,但每个人都充分地感受到每个字的份量。然后柳明还是低着头沉默着。“请回位吧。”江老师最后说了这样一句话,宣告了这场斥责的结束。但是说完这句话之后的一声沉重叹息声却一直在同学们的心头上游荡,这是一种复杂而深长的叹息:是有痛惜有失望,有感慨有宽容,也有一腔的真诚……

这天下班的时候,江老师意外地收到了柳明的一封信。信中写道:“……在上学的路上,初一的一名小同学被一个蛮横的青年用自行车撞倒、摔伤，我甚感不平，我迫使这个青年把那位小同学送到医院进行了包扎，然后，又把那位不相识的小弟弟送到学校。后来，我迟到了，受到了您的斥责……”。他在信中继续写道，“我并不是为自己的迟到行为辩护，只是感到有一点委屈。在您还没有担任我们班主任之前，我们就了解您，尊敬您。当我们听说您来担任我们的班主任的时候，我们是多么欢欣鼓舞呵！可没想到，你不调查、不了解，就在全班面前斥责我心目中没有师长、没有集体，我无论如何不能接受。江老师，您这样不负责任的、随随便便地批评，伤害了一颗真诚爱师之心，您不觉得这太冷酷了吗？”

柳明的信，字字句句像石头一样，沉重地压在了江老师的心上。他一夜都没有睡好，他显然又经历了一个教师的高尚的责任心所独有的那种神圣的痛苦。

第二天，第一节就是他的语文课。讲课前，他沉重地、激动地吐出了一席肺腑之言：“同学们，昨天下午我在大家面前公开地斥责了柳明同学，这，你们大家都看到了。现在我要告诉大家的是，事实证明，我错了。”他停顿一下，尽力抑制内心的激动。“我在想，一个同学在老师严厉的批评面前受了委屈，可是他为了维护老师的威信，没有对抗，没有顶撞，表现了一个青年的广阔胸怀。我这样说，并不是要赞扬逆来顺受，并不是提倡奴隶主义。柳明没有半点逆来顺受的性格。事后他给老师写信，对老师的错误做法提出了尖锐的批评。”说到这里，江老师把柳明的信从头到尾读了一遍，接着提高了声音又说下去：“这封信表明，柳明同学是非分明，坚持原则，坚持真理，敢于说真话，然而在他坚持真理的时候，字里行间始终跳动一颗爱师之心……这是多么好的品格，这怎么能不使一个人民教师的心为之颤动！”说到这里江老师眼圈一下红了，同学们都低下了头。而柳明，此时激动的眼泪也默默地涌流出来。

案例分析3：

开学了，在上海市黄浦区厦门路小学五年级补课班的教室里，师生们正在整理课桌椅。突然，有位同学在一张桌子里发现了只精致的有机玻璃小盒子。他拿出来一看,嗬,里面还蹦跳着几只可爱的“金铃子”呢。他想,这一定是哪个不守纪律的同学上课还玩“金铃子”,该把它交给老师。

“金铃子”的主人是谁呢?原来是班里连留两级的“皮大王”小李。小李一看自己的宝贝被人被发现了,慌了神,连忙丢下正在搬的桌子,窜了上去。可是晚了,“金铃子”已经到了田老师手里。

田老师是个当了二十几年班主任的老教师。她对学生一贯要求十分严格。因此尽管她是刚刚接这个补课班,学生对她却有三分惧怕,尤其是那些调皮捣蛋的学生,更有些担心。现在,小李见自己的宝贝捏在田老师手里,心想,这一下可完了!他两眼盯着田老师那只拿盒子的手,都快要哭出来了。同学们都感到,教室里的空气骤然紧张了起来。

田老师看着小李那副神态,早已摸准了他的心理。凭着多年的教学经验,她很清楚,小李这样一个脾气倔强、调皮成性的孩子,由于缺乏自制力,常常不能正确对待自己的兴趣爱好。如果教师因此将他的兴趣爱好轻易扼杀,不仅会导致师生情绪对立,给教育工作带来困难,而且更严重的是,这种做法将会使一个学生丧失一次转变的契机,给他的成长造成损失。这对于一个教师来说,不能不是一种严重的失职!此刻,真是机不可失啊!只见田老师微微一笑,看着手里的小盒子,又看看小李说:

“哟,这只小盒子真漂亮!是谁做的呀?”小李眼睛里那种紧张的神情消失了,流露出略带迟疑的目光,回答说:“是我舅舅做的!”田老师又和蔼地问:“你把‘金铃子’带来,你舅舅、你妈妈都知道吗?”

这可把小李问住了,只见他低下头,懊丧地说:“妈妈叫我不要带,说会影响我上课的。”“你妈说得对。”田老师见小李已经认识了错误,便转换话题说,“不过,你一定很喜欢‘金铃子’,大概晚上睡觉时也放在枕头边的吧?”

田老师的话,说得教室时的同学们都笑了起来。小李显得很不好意思,心里暗暗想:田老师本事真大,能猜到我的心里。只听田老师轻轻地说:“马上要上课了,‘金铃子’先放在我这里,放学后你来拿。”

放学了,小李怀着惴惴不安的心情来到田老师身边。田老师从抽屉里拿出了小盒子,先是严肃地对小李说,今后可不能再带到课堂里来了。小李默默地点了点头。然后田老师又含笑对小李说:“我刚放进去一粒米饭,‘金铃子’爱不爱吃?”

小李感到田老师太好了,真不知该怎么回答才好。

经过短暂的沉默,田老师亲切地对小李说:

“你先告诉我,‘金铃子’长得什么样?声音又是怎样的?你说对了,我就把盒子还给你。”

“‘金铃子’我一天要看好几回,这还说不上?”小李满有把握地想,便匆匆地说了起来。田老师一边听,一边点头。是啊,别看小李这么调皮,可他对“金铃子”观察得还挺仔细呢。要是把他的兴趣引导到学习上来,他一定会变得更聪明更能健康成长。

等小李说完,田老师就热情地把小盒子递给他,说:

“你讲得连我也喜欢起这些‘金铃子’来了。现在我把它还给你。不过,你还得答应我一个条件。”

一听说还有一个条件,小李的心不禁“扑通”跳了一下。不过他已经充分信赖田老师了,知道田老师决不会故意刁难他的。他眨巴着眼睛,听着田老师讲下去。

“今天你回去,就把你刚才说的写出来。我给你起个题目,叫‘可爱的金铃子’。我再把你写的念给全班同学听,让他们也喜欢一下。好不好?”

小李接过小盒子,眼望着里面几只活灵灵的“金铃子”,又看看田老师,似乎有点犹豫。“写吧,就像你刚才说的那样去写,你一定能写好的。”田老师那充满热情的眼光似乎一下子鼓起了小李的信心,他终于坚定地点了点头,高高兴兴地跟田老师道了别。

这一天晚上,小李伏在桌子上,眼望着可爱的“金铃子”,一会儿想想,一会儿写写,一会儿又去问姐姐那个触须的“须”字该怎么写……姐姐见弟弟今天变了样儿,既高兴又耐心地给他作了指点。

第二天,田老师就在班上宣读了小李的习作:"金铃铃,金铃铃……那是谁在弹琴和歌唱?哦,原来是我的那几只可爱的'金铃子'。"

"你看,那小小的圆脑上伸着两根触须,扫来扫去,多威风!身体那样小,却长着四只脚,还有两条长长的后腿,屁股后面还拖着'双枪'……"

"金铃铃,金铃铃……我爱听它们弹琴,听它们欢唱……"

充满稚气的语句,在田老师的朗读下,竟是那样富有感情,把全班同学都吸引住了。小李听着、听着,简直不敢相信田老师朗读的是自己写的作文了,他感到有一种无形的力量在自己的身上增长……

以后,在田老师的不断帮助下,小李在思想上、学习上进步很快,不久,还加入了少先队组织呢。

第二节 班级组织

班级组织是学校根据一定的编班原则正式组建的师生群体,是学校进行教育教学活动的基本单位。班级组织是随着班级教学的产生而形成的,在不同的时期具有不同的形态。班级组织这个群体,是由不同个体组成的,因此它自身具有一些特性。

一、班级组织产生与发展溯源

(一)班级组织的产生

17 世纪伟大的捷克教育家夸美纽斯(J. A. Comenius)在他的《大教学论》(1632)一书中将儿童按年龄划分为六个班级,分别为各班级配备适合的教科书,并提出了与这些教科书相应的教学方法提案。他提出了"一个教师同时教很多学生是可能"的假设,第一次从理论上对班级授课制进行了论证。但是对班级组织的发展产生重要推动作用的是 19 世纪初期在英国出现的"导生制"。

“导生制”也称“贝尔—兰卡斯制”、“级长制”,是英国国教会的牧师贝尔(Dr Andrew Bell)和公谊会的教师兰卡斯特(Josteh Lancaster)所创立的一种教学组织形式。“导生制”就是划分等级,对进度相同的儿童同步施教。除教师外,还配备“导生”,教师先教导生,然后由导生把刚学到的教学内容再转教给其他学生,同时由导生对其他学生进行管理和考试。导生制的出现,促进了英国及其他国家初等教育的发展,但导生制也有许多缺陷。如:教学太机械化,导生的能力无法胜任等等。①

(二)班级组织的改造

班级教学替代了数百年以来主要的教学方式——个别教学,登上了近代教学方式的舞台,成为近代学校教学的主要组织形式。然而到了19世纪70年代,这种班级教学组织形式开始遭到批判。也就是说,尽管了解到学校必须重视每一个儿童,根据每个儿童的个别要求实施教学,但班级授课的教学组织形式并不能做到这一点。在这一背景下,适应个别差异的班级教学组织的改造运动就以美国为中心开始活跃起来。

最早出现对班级教学组织形式进行改造的是“道尔顿制”(Dalton Plan)。按道尔顿制,教师不再上课向学生系统讲授教材,而只为学生分别指定自学参考书、布置作业,由学生自学和独立作业,有疑难时才请教师辅导,学生完成一定阶段的学习任务后向教师汇报学习情况和接受考查。由于每个学生的能力和志趣不同,他们各自的学习任务和内容当然就不同,甚至彼此不相干;学习任务按月布置,完成后再接受新的学习任务。

道尔顿制最显著特点在于重视学生自学和独立作业,在良好的条件下,有利于调动学生学习的主动性,培养他们的学习能力和创造才能。故这种教学形式曾得到杜威的赞赏,并一度在美国流行。但

① 腾大春:《外国教育通史》(第三卷),济南:山东教育出版社,1990,23~26。

是,大多数青少年学生尚不具备独立学习与作业的能力,如果没有教师的系统讲解,他们往往在摸索中白白浪费了时间而无多大收获,学不到系统的知识;况且道尔顿制要求有较好的教学设施与条件,如较多的作业室、实验室和图书、仪器,这都是一般学校所不具备的。虽然,道尔顿制存在的时间不长,但它注重学生自学与独立作业的意向,对后来的一些教学形式和教学改革却有很大影响。

为了解决班级上课不易照顾学生个别差异的弊病,19 世纪末 20 世纪初,分组教学在一些国家出现。所谓分组教学,就是按学生的能力或学习成绩把他们分为水平不同的组进行教学。

分组教学类型主要有:能力分组和作业分组。能力分组,是根据学生的能力发展水平来分组教学的,各组课程相同,学习年限则各不相同。作业分组,是根据学生的特点和意愿来分组教学的,各组学习年限相同,课程则各有不同。20 年代苏联的学校教学也受到西方道尔顿制和分组教学的影响,进行过分组实验教学制。把学生 5~6 人分成一组,让每组学生独立学习教师指定的材料,教师不作专门讲解,只作辅导。然后不是全体组员,而只是由组长向教师汇报所完成的作业。这样,教师的作用降低了,学生对学习成绩又缺乏责任感,导致教学秩序的紊乱,从而使分组教学遭到强烈批评。30 年代后,分组教学在世界范围趋向衰落。

80 年代以来,美国学校出现了一种新的教学组织形式。它是由教育学教授劳伊德·特朗普(Trum)提出的。这种教学形式试图把大班、小班和个人三种教学形式结合起来。实行大班上课,即把两个以上的平行班并在一起上课,讲课时应用现代化教学手段,由出类拔萃的教师担任;小班研究,每个小班 20 人左右,由教师或优秀生领导,研究、讨论大班授课材料;个别教学,主要由学生独立作业,部分作业指定,部分作业自选,以促进学生个性的发展。其教学时间分配为:大班上课占 40%,小班研究占 20%,个别教学占 40%,这就是有名的特朗普制(Trum Plan)。

班级组织作为教学组织的一种重要形式,它的出现有经济的需要和相应社会背景的呼唤,是时代精神的回声。虽然后来新的教学组织形式层出不穷,但班级组织因其自身的合理性一直存在,特别是班级组织作为社会集体所发挥的教育职能,也是其他学校组织形式所不能替代的。

二、班级组织的作用分析

班级组织是一个有一定人数规模的学生集体,是学校行政根据一定的任务,按照一定的规章制度组织起来的有目标、有计划地执行管理、教育职能的正式小群体。它既是开展教学活动的基层组织单位,又是学生生活及开展活动的集体单位,也是学校教育管理工作的基本单位。

班级是学校教育教学工作的基层组织,它一般是由年龄相近,学业程度大致相同,具有共同学习任务的一群学生组成。“班级是学生健康成长、个体社会化的重要摇篮。”① 班级在学生社会化过程中承担着不可替代的作用,“家庭教育与学校教育是学生人格发展,智能成长与社会化转变的两个关键场所,而‘班级’更是学校教育中最重要的处所,学生从班级中,获得所需资讯,习得专业技能,与人相处之道。使得态度、品性、人格获得改变,从教师安排的学习活动中,吸收撷取资讯、筛选过滤资讯、创造资讯,尽而充实自我、体现自我、超越自我。”② 可见,班级不仅仅是一个学生的集合体,更是具有一定价值负荷的群体组织,它不仅是学生学习知识和习得能力的重要组织,更是学生在非智力因素领导中获得健康成长不可或缺的重要中介。那么,具体来讲班级组织在学校教育中有哪些作用呢?

(一)班级组织是学校教育中学生最基本的组织形式

班级组织是学校根据一定的编班原则而组建的正式师生群体,是学校进行教育教学活动的基本单位。班级组织是学校对学生施加

---

① 谭保斌:《班主任学》,长沙:湖南师范大学出版社,1998,1。

② 吴明隆:《班级经营与教学新趋势》,台北:五南图书出版社有限公司,2000,5。

教育影响的主要场所,是学校教育教学的基本组织。自从伟大的捷克教育家夸美纽斯在《大教学论》中提出班级授课制之后,学生在校的大部分时间是在班级组织里度过的。学校对学生的教育、教学和对学生的管理也主要是通过班级组织来实施的。班级组织对学生的成长具有至关重要的作用。

(二)班级组织是学生发展的主要场所

班级组织是学生们学习生活的主要场所,学生大部分的时间都是在班级组织中度过的,应该说班级组织施加给学生的影响是极大的,所以我们说班级组织是学生们发展的重要场所,学生在班级组织这一大家庭里学习知识,培养能力,发展个性、学会与同学相处,学会与他人合作。可见班级组织不仅仅是一个学生的集合体,更是学生们学习成长的环境,学生们在这儿学习在这儿成长。这就是所说的"学校即社会"、"教育既生活"。

(三)班级组织是培养学生创新能力的摇篮

班级组织是学生学习、生活的主要环境,学生们在这里获取知识,培养个性,同时也在发展着自我。班级是教育学生的基本单位,应体现时代的呼声。时代呼唤着创新意识和创新精神。现代教育更把培养学生的创新能力作为整个教育工作的出发点和归宿点。班级应成为培养学生创新精神的孵化器。在班级中应建立与创新教育相适应的班级管理机制,给学生创造一种平等的外部环境,充分发挥学生的主观能动性。同时应尊重、善待、理解、关心、支持和赏识每一个学生,使他们保持良好的心境和积极的情感,这样对于培养他们的创新精神有着十分重要的意义。

(四)班级是学生人格形成的微社会环境

班级施加给学生的影响是多方面的。班级是学生人格形成的社会环境。在班级这一特定的社会环境中,正确引导班级舆论,帮助学生明辨是非,提倡和支持正确的东西,批评和抑制不正确的东西,对于学生形成正确的世界观、乐观的人生观和健康而独立的人格具有十分重要的意义。良好的班级环境不仅能够使学生在学校生活的快乐而充实，而且能够丰富学生的学校经历，为他们发展终身受用的社会生存技能、建立自尊打下坚实的基础。理论研究者指出良好的班级环境是学生养成健康独立人格异常重要的关键因素。

三、班级组织的结构与特点

（一）班级的正式群体和非正式群体

现代组织理论认为，社会是由各种组织构成的，组织是由群体构成的，而群体又是以个体的结合而形成的。组织的一般概念，是指为了达到共同的目标，通过一定的责权分配和层次结构而形成的完整有机群体。班级正是由教师和学生群体构成的有一定目标、计划、制度，执行一定职能的结构。是一种正式的组织。班级组织具有构成人员、规章制度、目标计划、结构文化等一般组织的基本要素，个体与群体在组织中发生联系和相互作用，形成一定的心理气氛和班级文化。班级组织是一种真实群体，其基本结构中有正式的群体和非正式的群体。

1. 班级中的正式群体

正式群体是由组织赋予一定任务而产生的群体。其成员的角色位置、权利义务、行为方式都有规定。群体有统一明确的目标、制度和职责分工。整体的班级组织本身就是一个正式群体，因为它是在班主任的组织领导下，根据班级工作的要求产生班委会，并有各委员的分工。班级有共同的目标和制度。班级内部同时还存在许多正式群体。主要有班团支部（隶属学校团委领导）、班内学习小组（隶属班委会领导）、课外活动小组（有关任课教师指导）。正式群体既能完成班级组织所赋予的任务，又能满足群体成员的某些需要，是一种积极的群体，班主任（教育工作）要利用这种群体的作用，帮助正式群体建立和给予必要的指导，使各种正式群体协调起来，为班级组织的工作发挥作用。

2. 班级中的非正式群体

非正式群体是由于某些自然因素或成员的需要影响，某些个体经常相处在一起，自发自由形成的小群体。在班级中存在着一些非正式群体。这些群体独立于正常的班组织、团组织、学习小组之外,对班级各项活动的进行起着重要作用。它的存在使班级组织结构变得相当复杂,也使班级工作多样化。这些非正式群体在利益、价值观、态度、爱好、兴趣、习惯等方面有共同之处,具有以下特点:(1)自发性。非正式群体其成因与学生特殊的心理、生理发展特点和需要相关联,他们对丰富多彩的世界充满好奇,渴望与同龄人进行心灵的交流,渴望在交往中了解他人和认识自己,更渴望通过交往获得同龄人的友谊和帮助。而正式组织在许多方面无法满足他们丰富的个性化寻求。于是,观点、态度、兴趣、习惯等相似的几个人相互吸引,相互认可,自然而然地结合成一个个小群体,他们无需他人和学校正式承认,具有明显的自发性。(2)内聚力强。良好的交往范围和感情能增强组织对其成员的吸引力,增长成员的责任感,从而有助于组织行为和目标的完成。这种组织与组织成员之间的相互吸引及促进程度在管理心理学上称为内聚力。非正式群体是建立在心理、感情相同的基础之上的,大都以满足个人需要为目标,以相互之间的情感为纽带,因此它具有很强的内聚力。(3)派别性强。非正式群体没有明确的组织结构关系,没有固定的目标、计划、职责及任务,他们以特有的精神导向和感情的一致性制约着组织成员的行为,在与外界交往时往往表现出很浓的“派别”意识。(4)受核心人物影响。非正式群体是自发形成的,没有正式宣布的领导。但是能在自然交往中产生,并被成员们认可的一两个核心人物。核心人物能代表群体执行一种不成文而行之有效的奖励和惩罚措施,对其成员有一种自然的影响力。(5)信息沟通灵敏。非正式群体大多是自愿组合的,合则聚,不合则离,彼此间感情融洽,相互信任,知无不言,言无不尽。群体间信息交流渠道畅通,传播速度快。当然,也易传播流言蜚语。

非正式群体对学生的健康成长和班级的正常管理有着一股不可忽视的力量。班主任必须重视这些群体的存在,努力地创造条件,因势利导,发挥积极作用,消除不利因素,注重核心人物的重新塑造。在条件允许的情况下,应信任他们,尊重他们,肯定他们的领导能力,使之自觉地把自己的团体纳入到正常的班级活动中来，促进整个班级成员的共同进步。

正式群体与非正式群体往往是同时发生作用、交互影响的。两者相比，在形成特点上具有普遍性、自发性、随意性、选择性等特点。前者在学校人际关系系统中起主导作用，后者具有满足个体需要、保护心理健康、沟通信息、调节平衡等正式组织所不能替代的功能。在学校、班级的教育管理中，班级的正式和非正式组织是相互制约的，教师稍有不慎，就会陷入"管理主义"的泥潭，因为要实现班级组织的目标，教师往往视学生的个人属性需求为障碍，强制性地压抑学生的需求。因此，教师必须有坚定的信念和热情，不仅要使班级的正式组织对每个学生都有吸引力，都有满足感；而且还要善于分析班级中的非正式群体，不强制性地压抑学生的需求，引导他们个体的需求、情感和个性合理地在班级释放。一般可能通过组织变革创新、社会角色变换、加强交往指导、组织多样化活动、创设各种教育情境、开展自我管理、非正式群体正式化等方式，充分发挥正式群体的主导作用和引导各种非正式群体的健康发展，使学校的人际关系更趋丰富、协调。

（三）班级团体功能的分类

班级组织这个团体，是由不同的个体集结而成，是具有组织特性的团队。对于班集体成员而言它有不同的功能，国内外学者的认识基本上是一致的。在此我们介绍日本学者根本橘夫的班级团体功能分类。

参考斯特朗（R. Strang）等人的研究，根本橘夫将班级团体所发挥的功能分为以下四项。

1. 满足需求功能 ——班及团体提供了满足归属需求和依存需求等基本需求，以及自我实现需求与社会有用性需求等高级需求的机会。

2. 促进发展功能——班级团体提供儿童发展的机会。这些发展涉及多种领域：（1）知识及认知的发展，（2）情感的发展，（3）兴趣态度的发展,(4)社会技能的发展。

3.诊断功能——在团体中,缺乏社会技能和缺乏自我控制力等发展上的问题会暴露出来。特别是在班级团体要求时,儿童违反这种要求的倾向将会显现无遗。

4.矫正功能——例如,自我中心的儿童会因受到伙伴的批评而改变行为等。班级团体具有矫正行为的功能。

团体的这些功能一般称为团体教育力。团体教育力并不是自动发挥作用的,必须形成积极的团体规范,它才能发挥作用,否则,团体便不可能发挥所期待的功能。例如,在排斥性气氛中,有安全需求的儿童的基本需求一旦满足不了,儿童就会形成我们所不期望的防卫性行为方式。在竞争激烈的气氛中,在禁止评价个人学业的班级团体中,利已主义之类的问题即使存在也会被忽略,否则,反而会加深利已主义倾向——包括这些“逆发展”的可能性在内。

四、班级组织的功能

班级组织是学校根据一定的编班原则组建的师生群体,是社会向青少年提供的一种在校期间群体生活的基本环境。在现代学校教育中,人们更多地关注的是作为一种社会组织的班级对其成员的社会性发展的影响。因此,在现代教育中,班级组织的生存目标具有“内指向性”,班级组织所产生的首先是与其成员的自身发展密切相关的功能。包括:

(一)班级组织的社会化功能

班级组织是促进学生实现个体社会化的最重要的社会单位。班级履行社会化职能,就是教育者按照一定的社会要求,在班级教育、教学过程和人际交往关系中,以班级的组织目标为导向,借助课程、集体规范、班级文化等载体,使学生从一个自然有机体转化为社会成员。班级的社会化功能主要内容是:

1. 传递社会价值观,指导生活目标。班级按照社会需要和教育目标,在组织学习和开展学习、活动和交往中,向学生进行世界观、人生观、审美观、理想、道德等方面的教育,引导学生树立科学的世界观、人生观和价值观,确立符合社会期望的理想,教育年轻一代成为顺应历史潮流,推动社会变革的社会成员。

2. 传授系统的科学文化知识,使学生获得社会生活的基本技能。班级教学目标的规范性,课程结构的系统性以及教学过程的简约性和可控性,是学生学习社会经验、获取社会活动知识、技能的独特条件。随着班级教学改革的深入,班级教学过程的社会化、潜在课程的开展,为学生智力的开展、学习能力、交往能力、社会实践能力等的培养创造了更多的条件。

3. 教导社会规范、训练社会行为。班级的教学、教育活动是在师生交往中展开的,而群体中的人际交往和关系必然形成相应的组织、制度和规范,班级的规章、制度,如学生守则、班级公约、学习纪律、学风、班级气氛,加之班级的舆论等,都传递社会规范。对学生具有一种同化力和约束力,使生活在其中的学生潜移默化地受到影响和熏陶,这对于培养学生的社会态度和社会行为,具有重要作用。

4. 培养社会角色。班级为学生的角色学习提供着多方面的条件。班级的组织目标规范、班级舆论对每个学生提出了明确的角色期望,学生在课程学习中的态度、成绩以及教师和伙伴的相应评价决定了他们 在人际关系中的角色地位。伴随着班级教学过程的师生交往和小组学习活动,以及班级其他集体生活,也为学生提供了多样的教育情境,为学生积累交往经验、学习变换角色、提高担当角色的能力,提供了锻炼和体验的机会。

(二)班级组织的个性化功能

如果说班级组织对学生的社会化功能主要表现在按照社会要求对个体的社会同一性的教化、定向和控制,其功能的作用方式是对学生个性施以环境和教育的外部影响的话,那么,班级组织对学生的个性化功能则表现为按照学生身心发展的特征,水平及其形成和发展的规律,以环境和教育的社会化影响为媒体,通过学生主体性的“内化”机制,形成和发展学生的个性。班级的个性化功能的实现过程,从本质上说也是班级中社会化过程的一种结果和反馈。从这个意义上说,班级的个性化功能就是使学生从社会化的对象——客体的我转变为个性的主体——主体的我。

班级社会系统理论认为,个性化的要素包括自我概念的发展;自尊心和成就动机的发展;行动、认识、智能、兴趣、思想、情绪等所有个人特质的综合发展。班级的个性化功能在于发现每个学生个性的潜在差异及其形成原因,以根据差异确定可能塑造的方向。

班级的个性化功能很重要,马克思曾说:“只有在集体中,个人才能获得全面发展其才能的手段,也就是说,只有在集体中才可能有个人自由。”克鲁普斯卡娅也曾说过:只有在集体中,儿童个性才能得到最充分、最全面的发展。一个人脱离社会,与周围的人没有任何接触,就会丧失自己的个性。优秀的集体可以使个人的潜能与聪明才智得以充分的发展,给予个人丰富的精神财富,一个团结向上的集体,其严格的管理制度、和谐的人际关系、共同的责任与荣誉可以使每个成员的个性得到健康地发展。

班级集体在形成和发展学生个性方面的内容和方法是:第一,对学生进行有目的的、系统的、全面的研究,是形成和发展学生个性的前提条件;第二,在班级的组织目标建设中,要为每个学生精心设计和拟定个性图景和性格发展途径;第三,在班级社会化学习、交往、公益劳动、游戏、社会生活、集体自治等多种活动中形成和发展学生的个性;第四,指导学生自主学习、自我教育、自我发展、促进学生个性的发展和完善。

(三)班级的满足化功能

满足学生成长过程中各方面的需要,是班级承担的重要任务。学生在成长过程中存在着多方面的需要,如交往、归属、自爱、自尊等心理需要以及在外部社会要求影响下产生的学习需要。这些不同的需要,在学生个体间存在着水平、时限、强度等方面的差异,班级要通过功能性活动让学生个体的这些不同需要得到各自不同的满足。

从上面的班级的功能可以看出,班级是一个多功能的载体。它承担着把学生培养成符合社会需要的人才,发展学生个性和满足学生多方面需要的重任，而教学功能仅是班级功能的一个方面。也就是说，在班级管理中，不仅要发展学生的智力，重视智育，还要发展学生全面的素质，培养学生多方面的能力，发现学生独特的个性。如果班主任对班级的功能没有全面的认识，就会把班级仅仅视为教学组织，忽视学生的全面发展、个性的发展、能力的培养。这种做法，忽略了班级教育是一个完整的功能性系统，囿于一种功能而不顾及其他，难以造就素质全面的人，会贻误青少年的健康成长。

第三节　班级管理

班级是学校教育教学的基层组织，是教师和学生开展各项活动的最基本的组织形式，班级管理在学校教育教学中有着举足轻重的地位。它包括学校领导通过对教师的管理实行对班级的管理、班主任和任课老师对班级的管理，还包括学生、家长及社会等参与管理。其中，教师与学生是班级管理的主体。

一、班级管理的概念

（一）班级管理概念的界定

所谓班级管理就是“根据教育目标配备学校的基本组织单位——班级的各种条件，并加以管理，以便学习者在学校的学习与生活的活动中得充分的成果。”即运用一定的方法手段，对班级工作进行计划、组织、指挥、协调、控制，最终实现班级目标的活动过程。南京师范大学的鲁洁教授认为班级管理可以从两个层面上理解：“学校领导对班级的管理（班级外部管理）和班主任对班级的管理（班级内部管理）。”前者包括班级编制、委任班主任及开展各种以班级为单位的活动等。后者则是，“班主任按照学校计划和教育目标的要求，充分利用和调动学生班级内外的力量，进行班级教育任务的组织、指导、协调、控制等活动①。

班级管理既包括班主任对班级的管理,又包括学校领导通过对教师的管理为中介所实施的班级管理。在此基础上我们认为班级管理还包括学生间的互相管理和家长及社会参与的班级管理。

(二)班级管理的特点

班级管理与一般管理活动相比,有共同之处。然而,由于班级管理特定的管理对象,因此也就具有与其它管理活动所不同的个性特点,主要表现于三个方面:

管理内容的全面性。班级管理涉及诸多方面,大致可以分为四个层次:从管理分类上分为德育管理、教学管理、体育卫生管理、生活管理等;从工作列项上主要有思想政治教育、道德教育、法纪教育、课堂教学组织、学科活动指导、教学考核评估、体育活动开展、卫生工作指导、作息制度执行、文娱活动安排、学习生活卫生、偶发事件处理等;从管理法规上有德育大纲、课程计划和标准、工作条例、日常行为规范等;从途径方式上有课程、班团队活动、班委会和学生社团组织指导、家长委员会等。同一层次的工作,相关性大,要综合考虑,使各项工作各有其位,各得其所,相得益彰。

管理阶段的全程性。班级管理是一种动态管理,它随学生的成长、班级的迁升,在时空上表现为一个完整的过程。为此,班级管理不但要考虑处于不同学段班级的特点,还要注意各学段的过渡与衔接,促使其在动态中获得均衡的、连续的发展。当我们着眼于班级连续发展时,其纵向管理的一般阶段是:目标管理,使班级管理目标服从并服务于学校工作目标;过程管理,使班级的形成、巩固和发展有序进行,从松散型过渡到成熟期直至发展到完善期;实际管理,使之反映出班级学生个体发展水平和班级管理水平。

管理层次上的全员性。无论是班级的横向管理还是纵向管理,都离不开处于各种管理层面的人,既有学校内部的人,又有学校外部

---

① 鲁洁:《教育学》,南京:河海大学出版社,1990,276~277。

的人;离不开班级管理中人力资源的开发。从学校内部看,有学校领导者,他们处于班级的决策层;班主任,他们是班级工作的领导者和组织者,是班级管理的核心力量;任课教师,他们是班级管理的重要力量,是寓教学于班级管理的有效实施者;行政管理人员,他们是班级管理的有生力量,因为班级管理无时不有,无处不在;班级学生,他们是班级管理的主要参与者,班干部是班级管理的骨干,每个学生的自我管理是班级管理的出发点和归宿。从学校外部看,有学生家长,通过家长委员会和家长个体的参与班级管理,大大增强班级管理的实效;有社会教育机构,通过发挥社会教育职能,形成一种开放式的学生教育管理格局。

(三)班级管理的过程

管理是一种实践活动,它在一定的活动过程中实现。任何一种实践过程,都有一定的构成要素和实施环节,班级管理也是如此。

1. 班级管理的构成要素

任何一种管理活动的开展,都要具备三个基本条件:管理者,管理对象和管理手段。班级管理活动的开展,也需要这三个基本条件。班主任是班级的管理者,但却不是唯一的管理者,班级管理者还包括班级任课教师和学生。管理对象是班级生活的全部构成方面。班级管理手段是班主任实施班级管理的各种措施。

2. 班级管理的实施环节

管理学学者认为,管理无非是三个基本环节:设计、实施、评价。班级管理过程中首先要设计一个目标明确、有一定时间限度,分阶段实施的方案。其次,就是在这个方案的基础之上,将它付诸于实践,第三阶段则是对于实施结果的评价。这个评价不仅是对实践结果的评价,也是对班级管理经验的总结。班级管理过程就是这样一个"设计、实施、评价"的过程。

二、班级管理的内容

(一)班级组织建设

班级是实施学校教育的主要场所,是学校教学的基本组织单位。

学生在校的大部时间是在班级度过的。学校对学生的管理也主要是通过班级组织来实施的。班级及班级管理对学生的成长具有至关重要的作用。因此,建设和培养良好的班集体是班级管理的核心工作,也是实现班级管理目标最重要的任务。班级组织对于教师而言是头等重要的实践场所。对学生而言则是他们全身心投入,以达到“自我实现”的学习与生活场所。

没有良好的班级组织,学生也就失去了健康成长的微社会环境,班主任工作也不能收到预期的效果,许多集体活动就不能够开展,对学生的教育也难以实现。所以班级管理的头等大事就是建设一个良好的班集体。

班级是为了特定的目标,依据一定的规范而组织起来的一个教育单位。从静态来讲,班级组织建立起班级组织的架构;从动态来讲,要不断把班级组织从一个水平提高到另一个水平。因此,班级组织建设的内容可从静态和动态两个方面分析。

从班级组织的静态分析,建立班级组织就是要形成一个组织架构,任何一个组织的存在都是以其结构的存在为前提的,没有一个稳定的组织结构,就不可能成为组织。

形成组织架构的工作是建立班级组织机构。班主任由学校委派担任班级的领导工作,但班主任并不能独自完成班级全面管理工作。学校的班级虽然不大,只有几十位学生,但是班级生活却是复杂的。班级不仅是“行政”意义上的班级,同时还是“教学”意义上的班级。在班主任直接承担的教学工作中,班主任既可从行政角度进行管理,也可从教学角度进行管理。但是,当其他任课教师进行教学活动时,班级管理的任务就转移到任课教师那里。不仅如此,班级生活仅仅靠教师的组织是不够的,同时必须得到学生的支持。良好的班级组织不仅在于教师的良好领导,而且在于学生有效地自治。学生的自治,不仅是班主任进行班级管理的需要,也是学生学习自治的需要。班主任要实现有效的管理,实现学生的自治,就必须建立起学生自我管理的机构。

班级组织并不是一个静态的存在,而是过程中的存在。班级在其发展过程中,会经历三个阶段:形成组织的阶段、形成稳定组织的阶段和组织发展的高级阶段——集体阶段。

组织的建设并不是止于组织机构的形成,组织建设不是以组织形式的存在为目的的,班级组织作为教育组织是以促进学生的发展为目的的。在学校班级管理实践中有一种情况:班主任的管理工作似乎就是为了使班级像一个组织,而不是这个组织能够最好地促进学生的发展。

(二)班级制度建设

班级是一个特殊的群体。这一群体的特殊性在于:群体中的每一个个体都是我们要教育和培养的目标、对象,都是国家未来的栋梁、建设者。在班级这一特殊群体中,班级制度起着举足轻重的作用。班级制度是指班级成员自发形成的、不具有正式形式,不同于组织明文规定的规章制度,国家法规。班级制度主要是发挥心理约束力的作用,潜移默化地影响群体成员的行为。我们通常所说的《班级公约》便属于一种班级制度。班级中约定俗成的班级制度比组织中有名无实的规章制度有更大的作用,这些作用主要表现为(1)维系群体的作用;(2)统一群体成员认识的作用;(3)引导行为的作用。班级组织是一个特殊的群体。建立与形成优良的群体规范对于学生成长意义重大。

(三)班级教学管理

1. 循序渐进原则。意思是依照次序一步一步地向前进。循序渐进的“序”,内容很丰富,有科学知识本身的序,有学生认识发展的序,有学生年龄特征的序。学习文化科学知识,由于人们的主观努力和客观条件不同,所需的时间有长有短,所花的精力有多有少,但次序不能颠倒,阶段不能跨越。循序渐进原则,实际上包括了所谓“科学性原则”、“系统性原则”、“巩固性原则”、“可接受性原则”。因为在教学中贯彻循序渐进原则,就是要求教师按照知识本身的科学体系和学生认识发展的顺序(也就是所谓科学性、系统性)来进行教学。

系统性和科学性是无法分开的。知识的系统性,也就是知识的“序”。这样教的知识,必然是“可接受的”;这样学的知识,也必然是“巩固”的,这条教学原则把几个本来不应该分割开的原则有机地结合起来了。循序渐进是古今中外许多著名的教育家、科学家十分重视的一条教学原则,是一条最基本的教学原则,它既是教师教的原则,也是学生学的原则。

2. 因材施教原则。它的涵义是从学生的实际出发。根据不同的教育对象,采取不同的方法进行教育。学生个别差异是客观存在的,无论是传授知识还是进行思想政治教育,无论是课堂教学还是课外活动,都应该贯彻这条原则。要做到因材施教,首先必须了解学生,熟悉学生的兴趣、爱好、性格特点和知识基础,然后才能有的放矢地进行教育教学工作。

3. 教学相长原则。教学相长,一般指师生之间互相学习,互相促进。教师在专业知识方面当然比学生懂得多,但在某些方面,学生也许比教师更高明。韩愈说的“弟子不必不如师,师不必贤于弟子”,是很有见解的。教师要教好功课,不仅自己要努力进修,还要向学生学习,从学生中得到启发。许多经验丰富的教师,就是在与学生的教学双向互动过程中,不断向前发展。

4. 启发诱导原则。学生要学好文化知识,必须要有自觉性和积极性。学生的自觉性和积极性从哪里来?要靠教师调动,要靠教师的启发诱导。我国历代教育家都很重视这条教学原则,没有哪一个教育家主张照本宣科,把学生当成容器的。无论是在幼儿园还是在高等学府,无论是传授知识还是培养能力,都必须贯彻启发诱导原则。只有贯彻这条原则,学生才能生动活泼,才能学得扎实巩固。我国现代著名教育家叶圣陶有一句名言:教师教任何功课,“教”都是为了达到用不着“教”。怎样才能达到这一点呢?他说:知识是教不尽的,要使学生能够举一反三,务必启发学生的能动性,引导他们尽可能自己去探索。要考虑如何启发学生。他在这里强调的就是启发诱导。

(四)班级活动管理

班级活动是班主任实施班级组织建设的重要途径。课堂教学活动由于是通过课程进行的,管理者就是课程的任课教师,作为班级管理者的班主任对它管理是间接的,其管理作用表现为协调;而班级教育活动是由班主任直接组织实施的,班主任对它的管理就是直接的。由此可见,学校班级活动管理是在班级管理中,是班主任对班级管理的直接体现,也是班主任实施班级管理的主要内容。

班级是一种教育组织,班级活动是对学生进行全面教育的载体,是对全体学生进行德育、智育、体育、美育和劳动教育的有效形式。如:为了培养少年儿童的共产主义理想和道德素质而开展的各种形式的理想道德教育活动;为了促进学生学科知识学习而举行的学科知识的竞赛、讲座活动;为了增强学生体质,磨练他们意志而举行的体育活动;为了提高学生审美能力而组织的参观、文艺表演、艺术才能展示等活动;为了培养学生的劳动观念和动手能力而开展的义务劳动、小制作比赛等等,都显示出班级活动的教育功能。通过开展各种内容和形式的班级活动,提高学生思想道德素养,丰富学生科学文化知识素养,促进学生个性健康发展,培养学生的自我教育能力,已成为班级管理者们通过班级活动管理实践取得的共识。

班级活动管理就是班主任组织和开展各种班级活动。班级活动承载着对学生全面教育的重任,但班级活动的教育功能并不是自然而然地产生的,而是管理者赋予它,并且要靠学生内化才能实现的。班级活动是否具有教育功能,这些均取决于班级活动管理水平的高低。所以,只有当班级活动管理者能够依据教育目标和学生的实际,有针对性地选择活动内容,精心设计活动形式,组织学生充分准备,并认真积极实施,就能最大程度地发挥班级活动的教育功能。

三、班级管理中常见问题的分析

(一)班级管理随意化

在目前的班级管理中,许多班主任缺乏明确的班级管理目标,仅凭经验,凭自己的主观意愿来管理班级。不少班主任将班级管理定位于学生的应试成绩,围绕取得良好的应试成绩而开展班级管理。重视智育,忽视学生的全面发展,忽视对学生进行思想品德教育和心理健康教育。对学生的要求统一化,模式化,即成绩好的学生就是好学生,忽视学生的个别差异和内在潜能,限制了学生个性的发展。而且仅仅注重学生在校、在班这一段时间的管理,没有对学生终身发展负责。班级管理的随意化,导致了学生思想素质下降,心理素质差,法制观念淡薄,也人为地造成了学生的两极分化。

(二)班主任权威绝对化

现代教育理论认为,在班集体中,班主任是学生集体的引导者、管理者,应该具有相应的权威作用,但同时也应该成为学生的朋友、合作者,充分地尊重和信任学生,将自己摆在与学生平等地位。然而事实是大部分班主任处于班级管理的绝对权威地位,从班规的制定,班委的确立,管理的实施,监督的进行,到学生的评价,都由班主任说了算,班主任充当着“管家”、“裁判”的角色。学生被当作管制的对象,没有参加班级管理的机会,主体地位根本无法保障。班主任权威的控制主义管理忽略了学生的自主性,积极性和创造性,遏制了学生的个性、情感、意志品格的发展,造成多数学生只会服从和循规蹈矩,依赖性强,创造性、独立性差,缺乏自我教育与自我管理能力,同时,班主任自己也容易陷入杂务之中,疲惫不堪,不利于其自身的完善和发展。

(三)管理内容片面化

1. 注重学习成绩,忽视学习指导。文化课学习是学生的主要活动,也是学生成长过程中的重要积累,班主任搞好学习管理是学生完成学习任务的必要条件。影响学生学习的因素很多,主要有:学习动机、学习习惯、学习方法等。学习动机是推动学生学习的内部动力,学生明确为什么要学习,懂得学习的意义,就会刻苦学习,把学习视为自身的需要。学习兴趣是学生学习的直接动力,学生对学习的兴趣推动他积极思考,乐于钻研。学习方法是影响学习的重要因素,好的学习方法能收到事半功倍的效果,而不好的学习方法意味着事倍功半,劳而无功。学习习惯的养成需要较长时间,养成后又有相对稳定性。好的学习习惯可使学生自觉学习并因此得到好的效果;不良的习惯使学生在学习上走弯路,并影响学习效果。班主任调动学生学习的积极性,教给学生科学的学习方法,培养学生良好的学习习惯,并创设良好的学习环境,对学生学习成绩的提高有重要意义。但在学习管理中,一些班主任常以学习要求代替学习指导,以管理学习秩序代替学习管理。如:多数班主任要求学生好好学习,取得好的成绩,但没有向学生讲明学习的意义,学习的重要性,不注重培养学生的学习兴趣和学习习惯,缺乏对学生学习方法的指导,更没有帮助学生形成适合自己特点的学习方法。没有良好的学习习惯,科学的学习方法,缺乏学习动机、兴趣、导致学生学习动力不足,不善于遵循学习规律,主动高效地学习,学习负担重,效率低下,有的学生甚至视学习为“猛虎”。这种状况显然与缺乏科学的学习指导有关。

2. 注重常规管理,忽视能力培养。当今社会对其成员应具备的素质提出相应的要求。即要求学生具有很强的学习能力、适应能力、心理承受能力、交往能力、生存能力等,而当代中学生这几方面的能力都比较欠缺。当代中学生面临着激烈的升学竞争,他们身陷题海,运动娱乐时间几乎被剥夺,长时间紧张,单调的生活使他们身心超负荷运转, 心理承受能力很差。现在的中学生多是独生子女,他们在家庭中娇生惯养,犹如“小太阳”,这使他们意志薄弱,承受挫折的能力差。另外,学生是家庭中的“单根独苗”,无兄弟姊妹间的人际交往关系,加之一些家长从不注意同孩子之间的感情交流,孩子生活在狭小、封闭的生活圈里,逐渐形成孤僻,冷漠的心态,不善于与他人交往,不善于处理人际关系。因此,通过教育,培养中学生心理承受能力、合作交往能力显得尤为重要。但在目前的班级管理中,班主任往往忽视学生能力的培养。他们仅仅重视维持班级运转、维护班级秩序的常规管理,如考勤、清洁、纪律、学习、行为规范的管理。

(四)工作方法简单化

班主任用什么方法进行什么内容的教育,会使学生产生不同的反应,这种反应在很大程度上决定着教育的质量和成果。有的班主任做了很多工作,但效果并不好,出现事倍功半的状况。这是因为:第一,忽视学生的自我教育。所谓的自我教育,是指“在一定的自我意识基础上产生的强烈的个人进取心,是学生为了形成良好的思想品质而进行的自我思想转化和行为控制的活动。”学生既是教育的客体,又是教育的主体。教育要发挥作用,既要发挥教师等外因的引导、激励作用,也要发挥学生的内在积极因素,让学生学会自己教育自己。但在学校教育活动中,一些班主任却没有注意到这一点。第二,教育方法以批评教育惩罚为主,据《中小学班级管理现状的调查研究》一文提供的资料,在班级管理的方法中,以批评教育为主的占59%,以情感沟通为主的占19%,以实践锻炼方法为主的占14.5%,以心理疏导法为主的占7.6%。可见在教育方法上,使用最多的仍是批评教育,而在现代社会中日益受到重视的心理疏导法却较少使用。多数教师爱用批评、讽刺乃至惩罚这种显性效果最明显的教育方法,因为它费时少,见效快,但这种方法的负面影响也是明显的。一是一味批评惩罚,容易挫伤学生的自尊心,导致学生自暴自弃,破罐子破摔,甚至对班主任产生敌对情绪和逆反心理。有的恶语批评、讽刺还会酿成严重后果。有一首“挨打歌”是这么说的:“首次战战兢兢,两次挨打哭不停,十次挨打眉头紧,百次挨打骨头硬,千次挨打功夫到,不疼不痒不吭声。”反映了学生对教师的抗拒心理。二是把一些本属于心理上的问题升格为思想品德问题。如对早恋这种青春期学生普遍存在的心理问题,不是从心理上对学生进行咨询和辅导,而是用防范、抓证据、制裁的方法,加重了学生心理压力,结果收效甚微,甚至把问题弄糟。

(五)管理形式封闭化

在目前的班级管理过程中,由于受传统管理观念的影响,部分管理者把班级作为一个封闭的系统来看待,认为班级管理就是对班内成员的管理,与别的班级、社会、家庭关系不大,使得班级很少与外界接触,导致班级借鉴、吸收有益经验和寻求外界支持的机会减少。

1. 班级教育与家庭教育沟通不够。多数班主任没有主动与学生家长联系,有关调查显示 92% 的班主任很少或从不家访,班主任往往是在有了问题,才想起家长。如学生严重违反班纪校规时,才请家长到校反馈学生在校的表现,并要求家长配合对学生进行教育。即使有与家长的沟通,也是以教师单声灌输为主,而双向交流少。教师们采用较多的家校合作形式——家长会,几乎成了"报告会",已经形成固定模式,就是班主任老师讲话,主要介绍全班学生的基本学习状况,并指点家长如何辅导孩子的学习。而家长对孩子以及班集体的其他状况,包括道德品质、性格发展等所知甚少,在整个家长会上,家长只是被动的"接收器",没有发言的机会。这种家校联系,由于缺乏教师与家长的双向交流,收到的效果是有限的。

2. 班级教育与社会教育协调不够。当今社会,一方面市场经济活跃,科技进步,物质生活极大丰富。另一方面社会竞争加剧,生活节奏加快,新事物层出不穷。信息时代给校园带来巨大冲击:教师不再是信息来源的唯一传递者,学生们通过各种传媒渠道所了解的新鲜事物甚至比老师多得多。面对社会变化,很多班主任的工作方式并没有改变,他们很少联系社会实际、学生生活实际进行教育,也很少通过对一些重大事件的剖析,帮助学生明辨是非。如,面对来势正猛的"上网热",班主任的应对方式多为以下两种类型:一是放任型。有的班主任对中学生"上网热"的负面影响认识不足,对已经形成的"上网热"又无法控制,于是干脆放弃管理。二是堵截型。有的班主任担心学生上网分散精力,影响班级升学率,对学生上网保持着高度警惕。他们不许学生谈网、触网、对进网吧的学生围追堵截。这两种方式都没有正确引导学生的上网行为,既没有发挥网络的积极作用,又没有帮助学生克服网络的消极影响。缺乏针对性、封闭性的班级管理,导致学生识别能力差,抵御能力差。

(六)评价学生主观化

学生评价是就学生现实的或潜在的价值做出价值判断的活动,它对学生的发展具有导向、激励、矫正,甄别等作用。目前对学生的评价存在着评价内容狭窄化、方式主观化、观点固定化等问题。一方面班主任常常以成绩好不好、是否听话、是否遵守纪律作为评价学生的依据。把那些学习成绩好的、听话的学生视为好学生,而把那些学习成绩差的、调皮捣蛋的学生当成另类,进而把学生区分为优、劣两种。认为优等生就是:“理想的、有希望”的学生,而对“差生”则给予冷落、讥讽、与歧视,如“×××是班上最笨的学生。”“你的成绩这么差,将来只能倒垃圾,捡破烂。”甚至有个别班主任还明示学习好的学生不要和成绩差的学生搅在一起,要与他们划清界线,使分数低的学生抬不起头来。这种评价只关注学生的智育,没有全面考察学生的德、智、体、美、劳以及各种非智力因素。用单一的标准去塑造学生,用固定的框架去剪裁学生,抑制了学生的个性发展,使学生成为“单向度”片面发展的人。另一方面,班主任仅以学生现有的表现评判学生。认为好的学生总是好学生,差学生不会变好,尤其是在学习困难的学生解出优秀学生才能答出的难题或考试取得高分时,或后进生一旦做了好事时,班主任竟然无端猜疑:“这是你自已独立做出来的吗?”“你考试没有作弊吧?”“他也会做出这样的好事?”而后进生一旦有过失,就往往翻老账。以至于有的学生偶然犯错,虽已改正,但在评价上却总是留有尾巴。而对于表现好的学生,却看不到他们的不良倾向的发展苗头,评价仍是多加肯定,以致埋下了犯错误的种子。用这种“固定的”眼光看待学生,学生的长处和特点,他们的内在积极性和创造力都可能被泯灭。这种只重视学生的历史和现实表现,不注意对学生的潜力和发展过程进行科学分析的静态评价,不利于学生的健康成长和全面发展。许多学生没能得到很好的发展往往源于班主任不善于“发现”学生的个性、特长,没有挖掘他们的潜力,没有创造使学生充分发展的条件,没有给予学生激励他们发展的评价!

四、实施科学的班级管理

(一)以学生全面发展为目标

要有效地开展班级管理,必须有明确的目标。班集体目标是指班集体成员共同具有的期望和追求,是班级在各项活动中所要达到的预期目的。班集体目标是国家教育方针和培养目标的具体化,是社会期望的综合反映,是班集体工作的出发点、评价标尺和班集体的动力。如何去何制定集体目标呢?

首先,目标要有不同层次,不同系列。第一,要有近期目标,中期目标,远期目标。第二,要有集体目标和个人目标。集体目标反映了国家和社会对年轻一代的要求,个体目标反映了每个学生不同的需要兴趣和成才目标,班主任要把集体和个体目标协调起来,以培养德智体美劳全面发展的人才为集体目标,同时要善于在集体目标中包容合理的个体目标,创造达到个人目标的机会和条件,还要善于引导学生调节和修正个人目标,发扬个体的创造意识和创新精神,使班级中每个成员的个性得到充分发展,这样才能培养和造就"素质全面,个性健康发展"的社会主义事业建设者。

其次,目标要有激励性。即对每个集体成员都起促进作用。要做到这一点,关键是充分发动学生参与目标管理的全过程。让学生参与目标 的制订或修正,参加目标的实施完成,参与目标结果的评价。这样做既可以集思广益,又可以增强全班学生认同感,参与感与尊重感,从而激励全班学生更自觉地为班级目标服务,调动全班同学参加活动的积极性。赞可夫说得好:"如何把目标转化为孩子的激励力量,这就需要设置一个在孩子看来是最有兴趣的并可以实现的目标"。

最后,目标要具体、明确并易于评价。要做到这一点,每一项目标都必须要包含以下几方面的内容,第一,计划做些什么事,要达到什么要求;第二,要规划好完成的时间;第三, 要有步聚,各种目标要协调发展;第四,要明确责任,集体的目标要分工负责,落实到小组和个人;第五,要制定完成的指标,根据指标及时检查督促与总结评比。

(二)以学生的自主管理为重点

学生是班级主人,班级是每一个学生的班级,因此,要让每一个学生参与班级管理。首先,要建立平等、和谐、民主的师生关系。要相信学生,平等对待每一个学生。相信学生具备交往、合作能力,具备自主管理能力。其次,建立学生自主管理的制度,通过制度保障学生参与管理的权利。主要包括增设班级管理岗位,实现人人岗位制。废除学生干部终身制,实行班级干部轮换制。改变班长任用制,实行值日班长制。增设班级岗位,岗位多了,学生的参与机会多了,参与以后,对班级认同感增强。岗位轮换后,学生角色适应能力加强,心态调适能力提高,对管理的认识加深。值日班长制既是一种锻炼的机会,又是一种为大家服务的机会。班级管理制度的改革,不仅促进学生对班级管理观念的变化,更重要的是培养每一个学生的主体意识和管理能力。再次,形成学生自主管理的机制。班级管理制度改变后,班主任的管理思路随即发生变化,班主任对班集体的管理主要实施宏观管理。自主管理机制形成的基本思路:让全体学生进入到班级工作的决策和管理过程中,无论是制订计划,执行决议,还是检查监督,总结评比,都让学生参与,及时采纳学生的正确意见,接受学生监督,不搞一言堂,切忌家长作风。当学生在自主管理中遇到困难,教师要帮助,但不要代替,让学生在克服困难中锻炼自己独立工作能力。只有这样,才能增强学生的自主意识,使学生学会做班级主人。

(三)运用心理技巧管理班级

人的行为是在心理支配下完成的,相应的心理会产生相应的行为。把握中学生的心理特点是班主任做好班级工作的前提,那么中学生有哪些心理特点呢?中学生生理和心理上都处于发展时期,这时身心的变化,集中表现出这个阶段的四个特点。第一,过渡性。学生在中学以前处于真正的幼稚期,要更多地依靠成人的照顾、保护,他们的独立性、自觉性都比较差。进入中学阶段后则处于少年时期。中学生心理发展的过渡性,反映出中学初期(少年期)和中学后期(青年初期)过渡状态的两种不同特点。前一时期,即少年期是一个半幼稚、半成熟的时期,是独立性和依赖性、自觉性和幼稚性错综复杂充满矛盾的时期;后一时期,即青年初期是一个逐步趋于成熟的时期,是独立地走向社会生活的准备时期。前一时期,还保留着一定的幼稚性，后一时期，却包含着成熟后的独立性和自觉性。即使如此，他们也只是刚刚达到成熟时期，他们的认识能力、水平还是不高的，他们的个性倾向还不稳定，还需要教师、家长对其关怀和指导，以便加强他们的自我修养，使其真正趋向成熟。第二，闭锁性。进入中学阶段，学生的心理逐渐出现闭锁状态，即他们不轻易表露他们的内心世界。由于闭锁性的特点，中学生心里的话有时不愿对长辈说。而且年龄越大，这个特点越明显。但中学生容易对同龄、同性别的人，特别是知己暴露真正的思想，这是了解中学生心理活动的一个重要方面。第三，自尊性。中学生的一个心理特点是自尊心强，他们非常注重自己是否受人尊重，特别在意别人对自己的看法，而且学生的自尊心更多地表现在要求别人把他当成一个平等的个体来看待。第四，动荡性。中学生希望受人重视，希望成人把他们当成大人，当成社会的一员，他们思想单纯，很少有保守思想，敢想、敢说、敢做和敢为。他们的自尊心和自信心在增强，对于别人的评价十分敏感，但思维的片面性却很大，容易偏激、容易摇摆。他们很热情，也重感情，但有极大的波动性，常常受情绪左右。他们的意志特征正处在发展中，但克服困难的毅力还不够，往往把坚定与执拗，勇敢与蛮干混同起来，他们的精力充沛，能力也在发展，但性格还没有最后定型。总之，这个年龄阶段的心理状态很不稳定，可塑性强。

针对中学生心理品质没有最终形成，可塑性强、自尊心强等心理特点，班主任可以从以下几方面着手，充分发挥各种心理效应的积极作用，克服其消极影响，调动学生的积极性，提高班级管理的实效。

首先，对学生抱以期待。从上述中学生的心理特点可以看出，他们处于半独立、半依赖、半幼稚、半自觉、半盲目的状态。他们的自我意识虽不断增强，但他们在发现自我的同时，对自己的认识和评价在很大程度上仍受到师长们的影响，因此，教师对学生的态度和评价对学生成长起很大作用。对全班同学持积极肯定的期望，面向全体学生，相信他们都能成为有用之才，而不仅仅是对少数成绩好的学生报以期望。班主任要在教育工作中切实关心每一个学生，欣赏每个学生的长处和优点;平等、公正地对待每一个学生;为每一个学生制定符合其实际,经过他努力可以达到的目标;并对学生的每一点进步和成功给予表扬和鼓励。这样学生会改变自己的行为,朝班主任所期望的方向去努力,从而取得进步。当学生进步时,班主任要适时提出新的目标,利用学生对新目标的高期望值不断调动学生发展的积极性。总之,班主任对学生的真诚期待,合理要求,是学生不断发展进步的动力。

其次,多鼓励、少批评。中学生希望得到别人的尊重、鼓励和认同,如果学生成绩不好就批评和指责,他们可能会失去信心,教师多用鼓励的话语支持他们,他们就能产生信心。“假如一个人的学习从来不受到老师的肯定、关注、表扬,尤其对未成年人来说,失去学习的动力就不奇怪了。”因此,在班级管理中,班主任要以鼓励、表扬为主,批评为辅,努力发现学生身上的闪光点,并通过及时、适度的表扬,使之变成走向成功的起点。在批评教育学生时,尤其应注意方式方法。批评、惩罚学生理由要充分,并且要对事不对人,即把批评、惩罚限制在学生的不良行为上,不允许出现侮辱学生人格的惩罚行为。批评、惩罚要与教育相结合,除要指出学生缺点和错误的危害外,还要鼓励学生想办法改正缺点和错误。总之,要让犯了错误的学生体验到教师的关心和爱护,这样更能激发出学生上进的欲望与动力。

再次,运用成功激励。即以学生工作、学习中的成绩来激发其进取意识。心理学研究表明,获取成功和产生成就感,是人的普遍需要。班主任可以运用这种心理,在班级中建立激励机制,激活学生内心对成功的欲望,并创造条件让学生在活动中取得成功,体验成功,以激发其自信心、上进心,以更大的热情投入工作和学习。班主任要注意研究学生的“最近发展区”,制订有适宜难度和具有挑战性的目标,鼓励学生“跳一跳,摘桃子”,充分享受奋斗——成功的欢乐。

最后,运用同龄共振效应。有时,教师、家长对学生苦口婆心地教育,抵不上学生的同学或朋友的一句话有效。这就是人们所说的“同龄共振效应”。中学生有闭锁性的特点,他们的心理话以及心理障碍不爱与班主任倾诉，但常常向自己的同学或朋友敞开心扉，诉说烦恼和痛苦，以求同学帮助解脱。因此，班主任可以借助这一心理效应，让心理健康的学生对有心理障碍的学生进行疏导和引导，帮助他们消除烦恼，走出困惑。

（四）加强与家庭、社会的沟通

苏霍姆林斯基说："生活向学校提出的任务是如此复杂，以致如果没有整个社会首先是家庭的高度的教育学素养，那么不管教师付出多大的努力，都收不到完美的效果。"① 因此，班级教育要实现促进学生"和谐的全面的发展"，就要与家庭教育、社会教育密切配合，通力合作。班主任作为班级教育的主要教师，应当发挥桥梁和纽带作用，主动协调好班级教育与家庭教育、社会教育的关系，形成班级教育的合力。

要加强与家庭的沟通。良好的家庭教育对孩子的发展具有奠基作用。"人的全面发展取决于母亲和父亲在儿童面前是怎样的人，取决于儿童从父母的榜样中怎样认识人与人的关系"。班主任只有与家长密切合作，才能更有效促进学生的发展。班主任可采取家访、开家长会等方法，告诉家长学生在校的表现及成长情况，提请家长应注意的事项，了解学生在校外的表现。

要加强与社会的协作。班主任要善于利用社会环境因素，加强对学生的教育。第一，优化社会环境。把正面积极的影响因素或是能促进学生健康发展的社会环境因素，"引进"到学校教育中来。请英模人物到校，现身说法，或播放录音录像等；组织学生走出校门，开展调查访问活动，接受革命传统教育，参观展览等；与先进单位结成精神文明共建关系。通过各种丰富多彩的课外活动，接触社会，寓教于乐。对环境中的消极因素，及时分析、批判，帮助学生提高分辨能力和免疫力。第二，了解社会信息，争取教育主动。班主任要了解学

① 苏霍姆林斯基：《给教师的建议》，杜殿坤编译，北京：教育科学出版社，1984，397。

生的信息源,了解社会信息对学生的影响。最重要的是把健康的有教育意义的信息尽快传递给学生,提高学生的思想素质。对不健康、有害的信息,班主任要培养学生的识别能力。对已受不良信息影响的学生,要分析并采取适当的教育对策,矫正学生思想中的不良观念,培养学生形成良好的品德素质。比如,对学生的"上网热"可以采取疏导方式。允许学生将周记写成网络笔记,笔记中可以畅谈上网聊天的感受,评议网络的趣闻趣事,也可摘抄网上妙语佳句。这样班主任可以了解学生是否登录过不良网站,把握学生的思想动态,教育才会更有针对性。班主任还可以精选一些与网络有关的活动,如文字录入比赛、计算机写作大赛、网页制作大赛等,使学生的上网行为趋于理性,让网络成为学生获取知识、增长才干的舞台。同时,通过这些活动也让学生明白上网除了聊天、玩游戏之外,还可以干更多有意义的事。这种疏导方式既可以发挥网络的积极作用,也可以帮助学生抵御网络的不良影响,其效果优于禁止学生谈网、触网。

【主要结论】

1. 班主任是班集体的组织者、教育者和指导者,是学校领导者实施教育教学工作计划的得力助手。班主任在班级组织建设中行使着多种职能,扮演着多种角色。班主任在学生全面健康成长的过程中,扮演着导师的角色,具有协调本班各科教学工作和沟通学校与家庭,社会与教育机构之间联系的作用。班主任工作是一种受教育理论,教育思想观念影响,指向学生教育管理的教育活动,不是个人的活动,而是一种社会性的实践活动。同时班主任工作是现实中人的工作。

2. 班级组织是一个有一定人数规模的学生集体,是学校行政根据一定的任务,按照一定的规章制度组织起来的有目标、有计划地执行管理和教育职能的正式小群体。它既是开展教学活动的基层组织单位,又是学生生活及开展活动的集体单位,也是学校教育管理工作的基本单位。班级组织并不是一个静态的存在,而是过程中的存在。班级在其发展过程中,会经历三个阶段:形成组织的阶段、形成稳定组织的阶段和组织发展的高级阶段——集体阶段。组织的建设并不是止于组织机构的形成,组织建设不是以组织形式的存在为目的的,班级组织作为教育组织是以促进学生的发展为目的的。这就是说,组织的成员不仅为组织而存在,而且为组织成员的发展而存在。在学校班级管理实践中有一种情况:班主任的管理工作似乎就是为了使班级像一个组织,而不是这个组织能够最好地促进学生的发展。良好的班级组织应当是:既有整体的和谐,又有个体发展需要的充分满足。

3. 班主任在班级建设中担当着多种角色。班主任是班级建设中的设计者、指导者、是人际关系的艺术家。班主任工作的主要目的是让每一个学生参与班级的各种活动以便获得更多的发展,激发他们的成就动机。班主任要想做好班主任工作就必须加强自身素质,在各方面成为学生的楷模。

【学习评价】

1. 什么是班级组织？班级组织是如何产生和发展的？

2. 班级组织的作用是什么？

3. 班主任的职能与作用是什么？

4. 根据自己的体会对班主任工作的方法与技巧作一思考,并进行总结。

5. 班级管理的概念、特点以及班级管理的过程？

6. 班主任工作和班级管理的方法如何在实际中操作？

【参考文献】

[1]钟启泉:《班级管理论》,上海,上海教育出版社,2001。

[2]李建民:《班主任工作心理学》,北京,学苑出版社,1989。

[3][美] VernonF. Jones and louise S. Jones:《全面课堂管理:创建一个共同的班集体》,方彤等译,北京,中国轻工业出版社,2002。

[4]李学农:《班级管理》,北京,高等教育出版社,2004。

[5]于漪:《现代教师概论》,上海,上海教育出版社,2000。

[6]胡德海:《教育学原理》,兰州,甘肃教育出版社,1998。

[7]胡德海:《人生与教师修养》,上海,上海教育出版社,1996。

[8]全国十二所重点师范大学:《教育学基础》,北京教育科学出版社,2002。

第七章 教师的教育研究

【内容简介】

在现代社会发展和教育改革发展的背景下,教师应当而且必须成为研究者,这不仅有利于教育教学质量的提高,而且更有利于教师的专业成长。教师的教育研究从本质上说属于应用研究,即中小学教师从事教育研究主要以解决教育实践中存在的客观问题为宗旨。本章在提出教师教育研究观念的基础上,分析了教师教育研究的必要性、意义和可能性。详细阐述了教师研究的基本方法(问卷调查法、访谈法、观察法和个案研究法)和基本过程(研究问题的选择、研究计划的拟订、研究文献资料的收集、研究成果的表述)。

【学习目标】

1. 理解教师从事教育研究的重要性、意义及可能性。

2. 掌握教师教育研究的基本方法,并且能够在实践中尝试运用这些基本的方法。

3. 掌握教师教育研究的基本过程,学会研究问题的选择、研究计划的拟订、研究文献资料的收集以及研究成果表述的基本方法。

4. 能够结合教育教学实际以及自己面临的问题等,进行简单的教育研究活动。

随着教育教学改革的深入发展,新的教育教学观念不断地涌现出来。目前,教师成为研究者、校本教研、科研兴校等观念正在逐步深入人心,引起越来越多的人的关注。也就是说,作为一位教师,在目前的教育教学背景下,不但要做好教书育人的工作,而且还要尝试从事教育研究工作,用自己的实际研究解决自己教育教学过程中面临的一系列困难、困惑和问题,力争成为一名研究型的教师。

第一节 教师与教育研究

教育研究是人们认识教育现象和教育问题,揭示教育客观规律的一种实践活动和过程,它对于一个国家教育理论及教育实践的发展具有重要的现实意义,在教育日益受到重视和高度发展的今天,教育研究显得越来越重要。教育研究从类型上来说可以划分为两类,即基础性研究和应用性研究,两类研究在教育研究中具有同等重要的地位。基础性研究旨在获得新的知识,扩充、修改原有的科学知识体系,研究者并不特别关注新知识能否解决实际中的问题;应用性研究以解决即时的、实际问题为目标,在解决问题的过程中提出的新知识也可能拓展原有的知识体系。就中小学教师所从事的教育研究而言,应该是一种应用性的研究,即中小学教师从事教育研究主要以解决教育实践中存在的客观问题为旨趣。

一、教师从事教育研究的必要性

当人类社会出现了以教育和教学为职业的人——教师,人们对教师的角色认识就未停止过,并形成了各式各样的观念,但把教师作为研究者的观念却经历了一个艰辛的过程。学校教育的产生,标志着教育作为一个独立的社会存在体系出现,随之而来,教育教学规律成为研究对象,也就出现了专门的教育研究机构以及以研究教育为专门职业的专业工作者,"教育"也分化成了各种类型的学校和教育机构与各种类型和层次的教育研究机构两大类。在这一过程中,教育研究越来越受"制度化教育"的驱动,越来越被赋予"科学化"、"规范化"、"程序化"的特征,使教育研究被看作是某些专业人士的"专业",成了置身于直接的教育教学过程以外的"研究者"的专职。这一过程中,课程系统化和教师职业使教育中技术化观念开始出现,并很快成为"正统观念"。在技术观点下,教育教学被看成是一个知识的传授系统,教师能够关心且努力的是,把别人给定的内容完好无缺地传授给学生；教师的视野也被规定在方法模式以及内容所限制的范围内，他既不愿也不能完全透彻的理解这些内容、模式和方法背后的目的与理念，总是认为要把知识教给学生，而不需要考虑学会教学，更不能了解他的教学活动在学生身上产生的实际效果。活生生的教育教学实践则被视为学科知识以一定的技法合理地传授，教师凭借所掌握的知识和技能就可以保障其职业。基于此，教师角色一向被认为是消极的。教师对于教育教学，可以不必思考和改进，只能照本宣科；不必实验新教法，只能墨守成规；不必有个人的创造，只能接受别人产生的知识，这种消极、被动的角色形象，也造成了教师地位不高，教师越来越像“技术操作工”，越来越像“教书匠”。由于研究与实践的分化与对立，专门的教育研究者把自己的思想推荐给教师，迫使教师要照着他们的意图去行动，以至于不少理论写在纸上，许多建议不能落实，实际状况依然如故。这时，教师又在他们被研究的研究者眼里，“恨铁不成钢”，常常被指责、被贬低，进而形成了“自卑情结”。专门的教育研究者，却常常高高在上，坐而论道，甚至足不出户，连轰轰烈烈的学校实际都没有见过，学生的成长，教师的辛苦从未感动过自己，但研究成果一个接一个，高高在上地发号着各种指示。教师这样被要求那样被指令，以致“教育研究成果越丰富、越复杂，教师的思想就越简单”。正因为这种事实，教师们普遍认为自己本职工作就是教好书、上好课，搞研究是专家学者的事，与己无关。这种观念阻碍了教师真正成为教育教学的主人。当教师不能从研究者那里得到自己所需的东西时，也反过来埋怨专家的研究。因此出现了这样的情况：理论是理论，实践是实践，二者各不相干。于是，教师天天进课堂，却没有对教学的理解和探索；天天要面对学生，却不能成为学生心灵的导师；天天面对教材，却不能创造性的设计；天天面对困惑，却习以为常，甚至麻木不仁，不能思考和解决。正因为这样，教师的教学变成了年复一年、日复一日的机械劳动，成了苦差事，成了不能使自己体验到乐趣的工作。

面对着教育理论与教育实际严重地分隔和分离，面对教师的被动无为,尤其是自20世纪50年代以来,人类进入教育改革时代,人们开始反思专门教育研究者的研究与教师的消极无为不协调的现象,指出理论观念的倡导者应当和教师建立共生共荣的关系,教师也应当成为教育科学团体中的一员,教师有责任审慎地对待他的教育实践,有责任对他的行为进行反思。只有这样,才能积极应对教育新思想、新课程、新方法。也就是说,教师的教育教学生活,不仅要被研究,而且要由教师自己研究;教师不仅是被研究者,而且自己也是研究者;教师不再被视为外在的研究对象,遇到问题不是交给外在的研究者,而是自己研究,寻求答案,要敏锐地观察、判断自己的教学,探索自己的教学,参与自己的革新行动。这就是所谓的"教师即研究者"。

1966年,联合国教科文组织发表了《关于教师地位的建议》,明确指出教师职业是一种"专业"。自此,世界各国都以教师专业化的理念来培育教师,加强师资队伍建设。教师专业化的要义有二:一是教师工作具有不可替代性,不是人皆可师,人易成师;二是这种专业必须经过不断的成长与发展。要使教师不可替代,真正成为教育教学的行家里手,要使教师不断发展,必须通过研究,因为研究必有学习,必有思考,必有创新和探索。

20世纪80年代以来,伴随着社会发展对教育教学要求的提高,对教师专业化的探讨达到了空前高度,"教师即研究者"也成为教育界乃至全社会普遍认同的理念和努力追求的目标。教师作为有自己特定思想和认识能力、思考能力的人,应该结束长期被动的"教书匠"形象,代之以积极的主动的"教育家"的形象。在此趋势下,我国近年来也开始注意探求教师专业化发展之路,并出现了可喜的局面。向科研要质量,做一个研究型教师、专家型教师的倡导,已成为我国教育教学改革的重要特征。教师的教育研究已逐渐成为社会要求,也成为群体自觉。我国把教师在工作岗位上搞教育研究,作为对教师的权利与义务加以保障和要求,作为对教师在职称评定和对教师奖励的重要条件提了出来。这是面对新时代教育的可喜进步。

二、教师从事教育研究的意义

教师作为一个研究者，能够进入到研究状态，以研究的态度行为对待教育教学工作，其意义重大。这种意义主要从以下几个方面表现出来：

第一，教师从事教育研究有利于解决教育教学实际问题，提高教育教学质量。教育教学的质量是教育事业的生命线。教育教学质量最根本地表现在学生身心全面发展上。教育教学工作是培养人的工作，其间充满着各种各样的问题。我们常说：教育是事业，事业的意义在于奉献；教育是科学，科学的价值在于求真；教育是艺术，艺术的生命在于创新。教育本身的复杂性和创造性，使得教师必须基于他对教学实践的判断和深思做出决定，对自己的行为进行审慎的、理智的安排，通过研究增进教师对有效教学的认识，扩展对新思想、新方法的运用，引发对教育教学信念的追求，更能增进教师对学生学习需求的关注和了解，更有效地促进和指导学生的学习与成长。尤其是面对日益频繁而且日渐深刻的教育教学改革，新的观念、思想、方法不断涌现，而改革没有现成模式，只有靠教师直面新情况，分析新问题，解决新矛盾，以主动研究者进行主体参与，以不断研究这一"不变"，才能应对社会和教育发展这一"万变"，使自己的工作与时俱进。

第二，教师从事教育研究可以使课程、教学与教师真正融为一体。新的课程与教学观念认为，课程不是一项事先规范教师执行的规定或计划，也不是一套教材或教材包含的纲要和内容，而是一种特定形式的教学实际说明；教学也不是转化课程内容以达到学生学习的过程，而是师生共同建构知识的过程。课程中的教育观念只有通过教师的注释才能化为实际，教师只有通过基于研究的教学，才能真正实施课程。因而，"没有教师自主的专业研究，就没有过程模式的课程，也就没有自上而下的课程改革。"① 从我国实施的新一轮基础教育课程改革来看，教师必须将新课程所蕴涵的教育理念与知识本

① 欧用生：《教师专业发展》，台北：师大书苑，1997，124。

质付诸实际行动,才能使课程变为实际。因为,新的课程改革需要调整课程功能,优化课程结构,更新课程内容,改变教学方式,它不仅改变学生学习生活,也将改变教师教学生活。新课程实施中,教师要对新课程充分理解、接受、认同,不断检验和完善新课程。尤其是学校课程开发,更要求教师通过研究积极创造新课程,才能使课程改革落到实处。因此,新课程改革为教师提供了充分的创造空间和余地,新课程与教师生活世界结合,与实践链接,注重实践,关注人生,着眼于知识、情感、态度和价值观的形成。这样,课程实施与教师的研究相互影响,才能真正达到预期目标。

第三,教师的教育研究也是教育科学繁荣的需要。专家研究与教师研究各有特点,不可能以前者代替后者,而且,教师研究所表现出的实践生命力是专家研究无法比拟的。更何况传统的教育研究由于缺乏教师的参与,对教育教学实践越来越显得"不可靠"、"不真实"和"不民主"。从这个意义上说,教师的教育研究是教育科学发展不可或缺的重要力量。教师不仅是教育实践的主体,也应当是教育研究的主体。同时,教师教育研究必然要求教师要关注新动向,了解新趋势,掌握新思想,探索新方法,保持一种开放的心态,学习和内化新的教育教学理论,这些理论又通过教师的实践探索,落实到特定的教育教学情境中,裨益于解决实际问题,这对于教育科学的发展又具有非常重要的现实意义。

第四,教师从事教育研究可以促进教师专业成长与发展,不断提升教师的自我更新能力和可持续性发展能力,增强教师职业的乐趣和价值感、尊严感。长期以来,我们的教育教学是在这样的"假定"中展开的,即教师永远是合格的,学生永远需要教师的教育。教学的发展性也就被限定在学生的发展和变化上,而忽视了教师的发展。实际上,在教育教学过程中,教师应当与学生共同成长,共同发展。没有教师的发展,也就没有学生更好的发展。教师参与教育研究,才能使教师真正体现为有思想、有能力、有智慧、有悟性的教育实践主体。

通过教育教学研究,教师才能不断找到专业发展的新的基点。

有研究表明：教师发展有两种形式，即“磨道式”循环和“螺旋式”上升。“磨道式”循环是一条形式上动态实际上停滞的发展道路，它主要是教师凭借自己原有知识经验就书本讲书本，知识不更新，方法不改变，又不善于思考和总结，年复一年，日复一日，总在一种机械重复的圈子里循环，沿着这条路，许多教师从黑发到白发，但经验无几，成绩平平，汗水与成果不成比例，最后只能是画地为牢，按部就班，亦步亦趋，陈陈相因，累了学生，也苦了自己。而“螺旋式”上升是一条教师内在充分发展之路，沿着这条路，教师对外虚心学习，广泛吸收先进的教改信息和经验，对内则兼收并蓄，进行创新和研究，不断追求新的教学境界，教学能力一步一个台阶，年年岁岁教此书，岁岁年年法不同，真正成为教育教学专家。有关“教师关注”的研究也表明，教师对自我成长的关注经历了“非关注”阶段、“虚拟关注”阶段、“生存关注”阶段、“任务关注”阶段和“自我更新关注”阶段。由此可以看出，教师专业化是一个不断发展和变化的过程，也是教师不断追求专业化成熟和发展的过程。“自我更新关注”是教师专业成熟的标志，表现为教师有意识地自我规划，以谋求最大程度的自我发展，关注课堂内部活动及其实效，关注学生是否真正在学习。在这一过程中，教师超越现实，追求理想。不断达到教育教学的“自为”和“自由”境界。正因为这样，教师才能真正体验到职业的乐趣，感受到职业的内在尊严、价值与自信。才能焕发出自身生命的活力。这也正如著名教育家苏霍姆林斯基所说：“如果你想让教师劳动能给教师一些乐趣，使天天上课不致变成一种单调乏味的义务，那么你就引导每一位教师走上从事一些研究这条幸福的道路上来。”①

第五，教师从事教育研究有利于教师不断积累实践知识。教师在教育教学过程中，所形成的个人实践知识，直接影响到对教育教学、师生关系、课程实施的理解，影响到对教育教学活动意义与方式

---

① 苏霍姆林斯基：《给教师的建议》，杜殿坤编译，北京：教育科学出版社，1984，494。

的重新建构。教师专业的成长与发展,以及专业化程度,要凭借教师的实践知识加以保障。教师个人的实践知识是指"教师关于课堂情况和课堂上如何处理所遇到的困境的知识,它集中反映了课堂教学的复杂性和互动性特征,是一种体现教师个人特征和教学智慧的知识。"① 它具有这样五个特点:(1)它是依存于有限的情境的经验性知识,比起理论知识来说缺乏严密性和普遍性,是一种真实的知识、功能灵活的知识;(2)它是作为一种"案例知识"而积累并记录的;(3)它是以实践性为中心的综合多学科的知识;(4)它是作为一种隐性知识发挥作用的;(5)它是一种拥有个人性格的"个体性知识"。由此可见,教师的教育研究是教师个人通过不断反思积累实践知识的重要途径。

三、教师从事教育研究的可能性

由于受传统的"教育研究"观念的影响,许多教师缺乏研究教育教学的意识,也缺乏自信,在许多教师的认识中,总认为消极因素很多:整天忙于备课、上课、批改作业、辅导学生,从早到晚,疲于奔命,哪有时间搞科研;也有些教师认为教师理论素养不高,缺乏资料,没有必要的条件开展研究;还有教师认为进行教育研究要花费大量的时间,而这又和学校追求学生的考试成绩和教学质量是相矛盾的等等。这些都是教师认识上的误区,对于时间应辩证地去看,需认真考虑两个问题,一是为什么没有时间?是否是因为蛮干、硬拼浪费了时间?二是既然时间紧,就更应该科学利用。如在日常的教学实践活动中我们经常可以看到这样一种现象,老师见学生写错了字,动不动就罚写10遍甚至几十遍,见学生做错一道题,罚他重新抄写。在这种情境下,作为教师为什么不探索一下学生抄写规律,分析一下学生出错的原因,思考一下学生防错的方法,这样不就节省时间了?对于缺乏资料的认识,也应当改变。许多教师总认为资料是别人的成果,

① 钟启泉:《为了中华民族的振兴,为了每位学生的发展——基本教育课程改革纲要(试行)解读》,上海:华东师范大学出版社,2001,425。

做研究就是复印资料，从别人的成果中找自己的成果，而忽视了自己。每天眼前就有的鲜活、真实、感人、生动、惟我独具又具有很强说服力的资料。关于进行教育研究会降低教学质量，影响学生的学习成绩，教师也应该改变看法。真正的教育研究，不但不会降低教学质量和学生的成绩，反而教师教育研究成果还会反过来大幅度地提高学生的学习成绩和学校的教学质量。因此，教师成为研究者，首先要克服观念中的误区。其次，教师应以积极的方式认识到自己研究的优势。这些优势主要有：

1. 教师工作于真实的教育教学情境之中，对教育教学实践活动最有发言权，也最了解教学的困难、问题与需求，能及时清晰地知觉到问题的存在。

2. 教师与学生的共同交往构成了教师的教育教学生活，教师能准确地从学生的学习中了解到自己教学的成效，了解到师生互动需要改进的方面，尤其是能从教育教学现场中，从学生的文件(如考卷、作业、作文、周记等)中获得第一手资料，这为研究提供了良好的外部保障条件。

3. 实践性是教育教学研究的重要品性，教师是教育教学实践的主体，针对具体的、真实的问题所采取的变革尝试，能够在实践中得到检验，进而产生自己的知识，建构适合情境的教学理论。这些优势是专业的专家学者所不具备的，教师应当增强信念，利用自身从事教育研究的优势条件，力争走上教育研究的道路。在当代，如果一个教师不从事教育研究，他就不可能真正体验到当教师的乐趣，并成为真正出色的教师。

第二节 教师教育研究的基本方法

现代科学已发展成为一个庞大的体系，相应地现代科学方法也极为复杂多样。依据研究方法在现代科学中应用的范围，可以把研究方法大体上区分为三个不同的层次。第一层次是世界观意义上的最一般方法,主要表现为哲学方法。第二层次是应用于各门学科或者说各个领域的一般方法,如分析、综合、归纳、演绎等,主要表现为逻辑学和系统科学等。第三层次是应用于某个领域(或是自然领域、或是社会领域)的特殊方法。教育研究的方法当然也可以划分为以上三个不同的层次,我们在这里主要探讨第三层次的方法,即教师教育研究过程中所使用的最基本、最具体、最一般的研究方法。从教师教育研究的实际来看,其使用的基本研究方法有问卷调查法、访谈法、观察法和个案研究法等。

一、问卷调查法

(一)问卷调查法的含义及特点

问卷调查是以书面提出问题的方式搜集资料的一种研究方法。研究者将所要研究的问题编制成问题表格,以邮寄方式或当面作答的方式来了解被调查对象对某一现象或问题的看法和意见。

问卷调查的特点主要有:第一,问卷调查提问、回答的形式与内容是统一的,对于所有的被调查对象都以同一种问卷进行询问,同时也以同一种方式发放与填写问卷。因此,既可以反映同一地区、同一阶层等具有某种社会同质性的调查对象的平均趋势与一般情况,又可以对不同地区、不同阶层等具有某种社会异质性的被调查对象的情况,进行比较分析,还可以对同样一些被调查对象进行跟踪调查。第二,使用问卷调查法,一般不要求被调查对象在问卷上署名。这样,被调查对象在问卷调查中就具有匿名的特点。由于匿名,被调查对象就减少了顾虑,因而有利于提出某些敏感性与威胁性的问题,并得到被调查对象真实的回答。第三,使用问卷调查法,在某些情况下调查者与被调查对象不直接见面,而由被调查对象自己填写问卷,这样不但可以节省调查用工与经费,而且可以避免双方直接见面可能带来的不良印象与偏见。

正由于调查问卷法具有以上的特点,使得它有自己的优点和缺点。其优点表现为:第一,问卷不受人数限制,调查的人数可以较多。

调查涉及的范围较大,推理的应用性也会较广。第二,问卷调查可以当面填写,也可以邮寄,方式比较灵活。第三,问卷调查资料可以用电子计算机处理,节省分析时间,并且容易量化。但是,问卷调查也有自身的缺点:第一,问卷中提问与封闭性答案是固定的,因此只能在一定的范围内取得资料,不能深入了解被调查对象内心世界的真实情况。第二,问卷设计要求比较高,如果在设计上出了问题,问卷将无法补救。第三,如果采用邮寄的方式,因不能当面解释调查的目的、意义等,不能调动被调查对象的兴趣和热情,有可能造成问卷的回收率低。

问卷调查法的关键在于设计调查问卷,只有设计出科学合理的调查问卷,才有可能收集到真实有效的信息和资料,后续的研究工作才能得以继续进行。

(二)调查问卷的类型

1. 结构型问卷

结构型问卷也称封闭式问卷,是把问题的答案事先加以限制,只允许在问卷所限制的范围内进行挑选。结构型问卷包括的问题形式主要有以下几种。

第一,是否式,即把问题可能的答案列出两种极端情况,从中选择其一,“是”与“否”,“同意”与“不同意”。

示例:关于学生自主性情况的调查

我自己决定的事,别人很难让我改变主意

①是　②否

当我做事情不顺利时,我从不轻易放下

①同意　②不同意

第二,选择式,即从多种答案中选择最适宜的一个或几个答案,然后作上标记。

示例1:关于儿童性格特点的调查

对一些物体总爱观察、摆弄、拆开来玩

①不这样　②偶尔这样　③有时这样　④经常这样　⑤

总爱这样

能否按要求认真完成作业

①不能 ②不大能 ③有时能 ④比较能 ⑤能

示例2:高中必修课教材修订要解决的主要问题是(最多选三项)

①加强理论性 ②减轻负担,少而精 ③加强教材的综合性 ④便于自学 ⑤提高兴趣,注意可读性、可接受性 ⑥联系实际 ⑦注意培养各种能力 ⑧增加弹性和灵活性 ⑨请写明其他看法

文科教材__________ 理科教材__________

其他看法__________

第三,评判式,即每个问题后列有许多答案,要求被调查者依其重要性评定等次。

示例1:请将以下所列的电视节目,依你喜欢的程度,由1到8排列

( )动物世界 ( )文化生活 ( )新闻类节目

( )儿童故事片 ( )美术动画片 ( )科技生活,科教片

( )电视连续剧 ( )世界各地,祖国各地

示例2:你认为目前中小学的艺术教育存在的主要问题是

①领导不重视 ②教学方法不恰当 ③教师水平不高 ④没有教室 ⑤没有系统科学的教学内容 ⑥说不清楚

(请按您认为的顺序选择两项)

1.__________;2.__________

第四,划记式,即按同意或不同意,在答案上分别作记号"√"或"×"。

示例:关于考试,请在你认为符合你的看法前划"√",在不符合你的看法前划"×"

( )1.考试前我非常紧张,我常担心我的成绩会落后于他人。

(　)2.考试可以使我发现自己在学习上的不足之处,我并不害怕考试。

(　)3.我较关心名次,名次先后是促使我发奋学习的一大动力。

2.非结构型问卷

非结构型问卷也称开放式问卷,该类问卷由自由作答的问题组成,是非固定应答题。这类问卷,提出问题不列可能答案,由被调查者自由陈述,就题型而言,可以是填空式的,也可以是问答式的。

示例:一项对中学生目前兴趣倾向情况的调查

请你用简洁的语言,回答你在日常生活学习中

①最希望的问题是什么?________

②最关心的问题是什么?________

③最担心的问题是什么?________

④最不满意的问题是什么?________

3.综合型问卷

综合型问卷,即由封闭型问题和开放型问题共同构成的问卷,一般以封闭型问题为主,根据需要加上若干开放型问题。也就是说,将研究者比较清楚,有把握的问题作为封闭型问题,而对那些调查者并不十分清楚明了的问题作为开放型的问题,但数量不能过多。综合型问卷是大多数调查问卷所采用的形式,封闭型的问题可以帮助我们获得比较确定的信息,而开放型的问题可以获得更多的被调查对象的内心一些真实的想法。

(三)调查问卷的设计程序

问卷的设计过程,是研究者根据调查的目的和需要,编写问题和形成问卷的过程,一般要经过以下几个基本的程序:第一,明确调查目的,根据研究目的收集所需资料,并确定调查对象。第二,列出问卷调查所需研究问题的纲要,确定所要搜集的信息和问卷类型。第三,围绕主题草拟问题,列出标题和各部分具体项目。第四,征求有关人员、专家的意见,修订项目。第五,试测,以检查问卷表述的方

式、项目、内容能否被调查对象所理解。第六,再修订,依据试测结果,对项目内容、排列方式加以改进。经过以上程序以后,问卷的设计工作基本完成,可以按计划发放问卷,进行正式调查。

相关知识链接

“关于大学生学习动机”的调查问卷设计过程①

该调查研究的目的:了解当前大学生学习动机的现状及其影响因素,研究其发展变化的心理规律,以培养和激发大学生学习动机,调动学习积极性,提高学习的心理效益和社会效益。

取样:为保证样本的代表性,该调查从全国各地的综合大学、工、农、医、师、民族、部队各类院校中抽取11所大学,1679名来自不同专业、不同年级、不同性别的大学生。

该调查研究的问题:(1)大学生学习动机特点,包括总体层次特点,具体内容特点,系科特点,年级特点和性别特点等;(2)大学生学习动机的影响因素,广泛涉及内外因素及动机本身因素;(3)大学生学习动机的培养和激发。

调查形式:结构型问卷调查

按照研究目的、问题以及所掌握的初步材料,根据小范围座谈会搜集的有关材料,整理出大学生学习动机的几个层次,具体包括:(1)奉献;(2)作为;(3)完善;(4)充实;(5)丰富;(6)社会提高;(7)社会相符;(8)性爱与生活;(9)社会安全。每个层次又具体分为若干个项目,每个项目的内容尽可能选用访谈搜集的原始材料。如奉献层次,还可以具体细分为“努力学习是无愧于时代的要求”,“以知识为人类造福,才能实现大学生的价值”,“学习是为了对人类进步有所贡献”等。

在以上工作基础上着手设计问卷,然后在小范围内试查。将试

① 裴娣娜:《教育研究方法导论》,合肥:安徽教育出版社,1995,173。

查结果进行分析整理，找出主要项目，合并相近项目，对问卷项目进行修订。最后形成35个题目的问卷以测查大学生的学习动机。

（四）设计问卷问题的基本要求

问卷问题的设计关系到问卷的科学水平，是问卷设计中关键的环节。因此在设计问卷的问题时必须考虑以下几点：

第一，问题的范围是否全面。即考虑问题是用于小范围的典型调查还是大范围的统计调查；是了解人们思想态度方面的意向性问题，还是主要了解过程方面的事实材料。

第二，问题的内容是否恰当。即考虑问题是完全符合、基本符合还是基本不符合该课题研究的目的。所列项目对研究目的是否具有较好的覆盖面，答案要能较全面反映所研究问题的主要方面，且不交叉、重叠。

第三，问题的数量是否适中。一份问卷作答时间一般以30～40分钟为宜。问题太多，作答者容易产生厌倦情绪，导致敷衍塞责或不予回答；问题若太少，又不能得到有关研究的基本事实材料以致影响研究结论。因此，可问可不问的问题最好删除，一些比较复杂的问题要尽量避免。

第四，问题的文字表述是否准确。从结构上说，一个问题只含有一个疑问，不应该包含两种以上内容的提问，类似这样的问题："你经常参加社交与科研活动吗？"（两种内容并列）"你每天坚持体育锻炼和打乒乓球吗？"（一种内容从属于另一种内容）。问题的语言，一般不用假设或推测用语，切忌繁杂和意义含混而引起误解或无从回答。还要避免专业性太强的术语，对于理解可能有出入的词语，使用时应加以注释说明。

第五，问题的排列顺序是否合理。调查问卷首先要说明为什么要进行调查，以解除被调查对象的顾虑。关于被调查者的基本资料，如性别、年龄、学历、经历及家庭基本情况等应放在问卷的前面部分；能引起兴趣的问题、简单的问题放前，而容易引起紧张的、涉及个人问题的、或复杂的问题可放后，同时要按内容和性质，把同类方式回答的问题编排在一起,使同一内容或内容相近的一组问题相对集中且有内在逻辑联系。问题的长短要适度,并尽可能在选择答案中分出等级,以便对问题有更深入的了解。在问卷最后,还要有致谢之类的话作为结束语。

二、访谈法

(一)访谈法的涵义

1. 访谈法的定义

访谈法又称访问法或谈话法,是一种研究性交谈,指通过与被访者的口头交流来收集客观的、不带偏见的事实材料的研究方法。访谈通常是两人(或者多个人)之间有目的的谈话,其中一人(研究者或访谈人员)主持、引导谈话,去收集对方(被访者)的语言资料。从本质上说,访谈和问卷都属于调查的方法,是一种沟通的过程,其目的在于获取研究所需的第一手资料,不同的是访谈是以口头语言的问答来搜集信息,被访者是先听后说,问卷则以书面语言的问答来搜集信息,被调查者是先读后写;访谈通常是面对面的直接言语接触,问卷则是纸与笔的间接言语接触。

2. 访谈与日常谈话的区别

访谈与日常谈话有明显的区别,前者是一种有特定目的和一定规则的研究性交谈,而后者则是一种目的性比较弱、形式比较松散的谈话方式。它们两者的区别主要表现在以下几个方面:①

第一,日常谈话通常没有明显的目的性,或者说目的性不像访谈那么强。而访谈却有十分明确的目的性,交谈双方对这个目的都十分清楚,而且在访谈开始之前和之中对此都开诚布公、直言不讳。

第二,日常谈话通常以友好的招呼开始,经常还伴有身体上的接触,如握手、拍肩、拥抱等。访谈一般也以友好的招呼开始,双方也会握手,但不会有超过握手的身体接触,招呼过后,双方便会就预定的

---

① 陈向明:《质的研究方法与社会科学研究》,北京:教育科学出版社,2000,165~167。

计划开始访谈。

第三,在日常谈话中,双方通常有意避免重复,以免使对方感到自己没有听清楚对方所说的话,或者使对方感到自己意思表达得不够清楚。而在访谈中访谈者却经常要求对方做这样的重复,以便了解事情的来龙去脉。

第四,日常谈话通常交谈双方可以互相问对方问题,而访谈中通常是访谈者向对方发问,双方达成的默契是:为满足访谈者的要求,被访者须向访谈者提供有关信息。

第五,日常谈话中,交谈双方往往会频繁向对方表示自己希望继续交谈下去的兴趣,而访谈则只要求访谈者向对方表示兴趣和热情,被访者不需要这样做。

第六,日常谈话中,交谈双方会使用一些表示自己无知的话语,以衬托出对方话语的重要性,而访谈中表示无知的话使用更频繁,主要是访谈者这么做,目的是鼓励对方说话,被访者一般不会这么做。

第七,日常谈话中,交谈双方的言语轮换是平等的,双方可以互相提问,而在访谈中轮换规则是不平等的,通常是由访谈者提问题,由被访者挑起新的话题。

第八,日常谈话中,交谈双方会使用大量的略语和参照物,不必详细介绍细节,而访谈时访谈者通常要求对方详细说明细节,举例说明自己的观点,越具体、越明确越好。

第九,日常谈话通常交谈双方可以允许较长时间的沉默,而在访谈中虽然要求访谈者容忍沉默,但通常不会太长时间地保持沉默。访谈者总是想方设法让对方说话。

第十,在日常谈话中,双方在谈话结束时一定要用结束语,或找个理由结束谈话,不必道谢,而访谈中访谈者要向对方表示感谢,需要的话还要商定下一次访谈的时间和地点。

3. 访谈法的优点与缺点

访谈法是访谈人员与被访者的言语互动过程,它具有以下优点:第一,访谈具有灵活性。访谈是双方直接交流,双向沟通的过程。访谈具有较大的弹性,有对意义进一步解释的空间。第二,访谈成功率较高。由于访谈是面对面的交谈,尤其是在教育系统中,谈话是常用的教育教学手段,因此拒绝回答者较少,回答率较高。即使被访者拒绝回答某些问题,也可大致了解他对这个问题的态度。第三,访谈可观察非言语行为。面谈过程中,访谈者不但可以收集被访者的回答信息,还可以观察被访者的动作、表情等非言语行为,以此鉴别回答内容的真伪。第四,访谈容易控制。由于访谈在现场进行,访谈者可以适当地控制访谈环境,避免其他因素的干扰,灵活安排访谈时间和内容,控制提问的次序和谈话节奏,把握访谈过程的主动权。第五,访谈适用面较广。访谈的方式比较简便,即使被访者阅读困难或不善于文字表达,也可以回答。访谈适用于一切有思维能力和口头表达能力的被访者,尤其适合文化程度较低的对象。第六,访谈可得到自发性回答。访谈流程速度较快,被访者在回答问题时无法进行长时间的思考,因此所获得的回答往往是被访者的自发性的反映,因而比较真实、可靠。第七,访谈可获得深层次的信息。由于访谈具有适当解说、引导和追问的机会,因此可探讨较为复杂的问题,可获取新的、深层次的信息。

尽管访谈法具有比较明显的优点,但是它也有一定的局限性和缺点,主要表现在:第一,时间长。访谈常采用面对面的个别访问,寻找被访者和路上来回奔波的时间往往超过访谈的时间,因此耗费时间和精力较多。第二,缺乏隐秘性。由于当面回答问题,匿名性较差,会使被访者感觉到缺乏隐秘性,顾虑重重,尤其对一些敏感性问题,往往回避或不作真实回答。第三,访谈范围较小。由于访谈费用大、耗时多,因此难以进行大规模的访谈,一般访谈样本较小。第四,访谈记录困难。访谈花费的时间、精力较多,流程又快,要将谈话内容完整地记录下来相当困难,尤其在没有现场录音的情况下,用纸笔记录较难进行,在记录过程中也可能丢失许多信息。

正由于访谈法具有以上的局限性,因此在使用访谈法时应该和其他的方法有机地结合起来使用,从而尽量地发挥访谈法的优点,而且能很好地克服其自身所存在的缺点。

(二)访谈法的类别

1.结构式访谈、无结构访谈和半结构访谈

结构式访谈也称标准化访谈,是事先将访谈的题目设计成一份调查表或访谈问卷,然后严格按拟订的调查表或访谈问卷的内容进行的访谈。在访谈过程中,访谈人员的自由度比较小,必须按调查表或访谈问卷的题目顺序发问,不得随意改变或转述题目及答案的用语。结构式访谈采用共同的标准程序,信息指向明确,谈话误差较小,能以样本推断总体,便于对不同对象的回答进行比较、分析,因此常常用于正式的、较大范围的社会调查。

无结构访谈也称自由式访谈、非标准化访谈,是一种随意的、自由的、开放式的谈话方式。

在访谈前无须制定统一的调查表或访谈问卷,而是按一个粗线条的访谈提纲或某一个主题和问题方向,与被访者交谈。无结构访谈是访谈双方在比较轻松、自由、随意的气氛中进行的访谈,具有一定的弹性,能灵活地转换话题、变化提问的方式和顺序,也可以追问重要的线索,因此可以获得深层次的比较真实的可靠信息。

半结构访谈介于结构式访谈和无结构访谈之间,这种访谈有结构式访谈的严谨和标准化的调查表或访谈问卷,也给被访者留有较大的表达自己想法和意见的余地,并且访谈者具有调控访谈程序和用语的自由度。这种访谈既可以克服结构式访谈机械、呆板,缺乏灵活性的不足,也可以克服无结构访谈费时、费力、易偏题的局限,在教育研究中使用比较频繁。

2.个别访谈与团体访谈

个别访谈是指访谈者与被访者一对一的面谈,整个访谈过程不受第三方的直接影响。在个别访谈中,访谈者与被访者有更多的交流机会,被访者更易受到重视,安全感更强,访谈内容也更易深入。个别访谈是访谈法中最常使用的形式,只要访谈者控制好访谈的情境,就能较好地打开被访者的言路,获得更多更深入更有价值的信息。

团体访谈指研究者邀请若干个被调查者,通过集体座谈的方式收集有关资料的方式,即我们通常所说的开调查会、开座谈会。团体访谈,可以扩大调查对象,既可以减轻被调查者的心理压力,又可以提高收集资料的效率。另外,通过座谈的方式,可以使被调查者集思广益、互相启发、彼此对证,能在较短的时间里搜集到较全面的信息和资料。

3. 直接访谈与间接访谈

直接访谈是指访谈双方通过面对面的直接沟通来获取信息资料的访谈方式。直接访谈是使用比较频繁的访谈方式,在直接访谈过程中,访谈者可以感知被访者的表情、神态、动作,可以对对方的言语行为和非言语行为的关系有比较完整、准确的把握。

间接访谈与直接访谈相反,它不是访谈双方面对面地进行直接交流,而是访谈者借助某种工具或媒介向被访者收集有关资料的访谈方式。电话访谈就是一种有代表性的间接访谈。间接访谈与直接访谈相比,可以节约费用,提高访谈的效率,保密性也较强。但是间接访谈也有一定的局限,例如不能观察被访者的非言语行为、不易获得更多更详尽的细节等。

(三)访谈的技巧

1. 访谈对象的选择与访谈提纲的编制

在选择访谈对象时,首先要根据研究目的确定访谈的总体范围,然后以随机抽样的方法,从总体中选取有代表性的样本。研究的性质、主客观条件不同,选择的被访者的数量也会不同。一般地,探索性研究可以采用较小的样本进行,而验证性的研究则需要较多的访问对象;结构性访谈样本可以大一些,而无结构访谈样本相对小一些。选择访谈对象要尽可能了解被访者的基本情况,如性别、年龄、职业、文化程度、性格、兴趣、习惯等。对访谈对象的基本情况了解越深入,选择访谈对象也就越有针对性,对于编制访谈问题,选择适当的谈话方式,灵活地运用访谈技巧也有一定的益处。

在访谈进行之前还需要编制访谈提纲。访谈提纲的形式大体上与一般的书面问卷相似，可以有开放性的问题，也可以有封闭性的问题，只是其设计更注重表述的口语化。访谈提纲中除了按顺序排列的访谈问题外，也应包括访谈的相关资料，如访谈日期、地点、被访者的基本资料等。访谈提纲的问题要按研究目的来编写，编制完成以后，最好请有经验的研究者或同行一起商量，并请他们提出修改意见。有条件的话应该进行小范围的"预访"，从而发现访谈问题的缺点以及访谈中可能遇到的问题，提高访谈提纲的可信度。

2. 访谈中的提问与记录

在访谈过程中，提问水平的高低是访谈能否成功和顺利进行的先决条件。访谈者提出的问题可以分为实质性问题和辅助性问题两大类。实质性问题是研究者为获得希望得到的信息资料而直接提出的问题，而辅助性问题则是研究者为保证实质性问题的回答质量而提出的问题。

在访谈提问中，应该注意以下几方面的问题：第一，提问要清楚明确。在访谈过程中，所提问题要尽量口语化，语气要委婉，让对方一听就明白意思。若采用结构式访谈，必须使用统一的访谈提纲，按事先准备好的访谈问题依次提问，不得任意增删文字或更换题目顺序。若采用无结构访谈，则要求所提实质性问题短小、具体，尽量避免使用抽象难懂的专业术语。第二，发问要自然顺畅。访谈人员事先要熟悉访谈提纲的内容，熟悉每一个问题。发问的语气和态度不要咄咄逼人，更不能像老师问学生，法官审犯人那样。第三，要耐心听取回答。访谈人员发问后，要有礼貌地、耐心地倾听被访者的陈述，边听边记录。此外，在被访者回答过程中访谈人员可适当的给予积极的反馈，让被访者明白自己的角色。第四，注意非语言交流。访谈主要是通过语言交流传递信息的，但是除了语言，服饰、语气、目光、动作、姿态等也能表达某种意义。有时非言语信息能体现出更有价值的信息。因此，访谈人员要善于察言观色，分析和利用有关的非语言信息。第五，维持被访者的访谈动机。被访者的合作是访谈得以成功进行的必要条件。当访谈双方的关系趋向紧张,被访者回答情绪低落,开始厌倦于回答问题时,访谈人员必须设法缓和紧张气氛,可以转换一个被访者感兴趣的话题,也可暂停交谈休息放松一下,借此维持被访者的访谈动机。

访谈的直接目的是通过收集资料来解释问题,而资料则是依靠访谈人员的现场记录,现场记录的好坏直接影响研究的最终结果。访谈记录的方法主要有两种:一种是用纸笔记录的方法,纸笔记录的方法有四种形式,一是速记,即用缩略语和特定的符号来全面记录被访者的回答。二是详记,即用文字当场作全面详尽的记录。三是简记,即只记录那些访谈人员感兴趣的内容和要点。四是补记,即访谈现场不作记录,事后根据回忆记录访谈内容。另一种是录音录像记录的方法。由于纸笔记录速度慢,因而获得的资料有可能不全面,因而需要录音录像的方法来进行辅助记录。当然,录音录像必须征得被访者的同意后方可使用。访谈时采用录音录像可以保留完整的谈话资料,避免纸笔记录的误差,整个访谈可以重复、再现,便于资料的分析和整理,访谈人员也不必为记录而分心。但它的运用取决于被访者,如果被访者不喜欢谈话被录音录像,访谈人员则不能强求。

在访谈记录的过程中,应该注意以下问题:(1)要忠实地记录,实事求是,不要以自己的话来转述被访者的回答;(2)访谈过程中要随问、随听、随记,以免遗忘有关信息;(3)尽量逐字逐句记录,并且记录被访者的原话,不要润色,不要添油加醋;(4)少作概括性记录,不要对被访者的回答内容作摘要,以免掺入主观成分;(5)访谈记录表上要写明访谈人员的姓名、访谈日期、时间、地点等资料,以便于分析参考;(6)访谈记录中除了被访者的回答外,追问、评注、解释,访谈情境和特殊事件的描述等都需要加括号,以示区别。

3. 访谈中的回应①

回应指的是访谈者对被访者在访谈过程中的言行所作出的反

---

① 陈向明:《教育研究中访谈的回应技术》,载《教育科学》,1998(2)。

应,包括言语反应和非言语反应。回应的目的是使自己与对方建立一种对话关系,及时地将自己的态度、意向和感觉传递给对方。回应会影响到被访者的谈话内容和积极性。常用的回应类型有以下几种:(1)认可,指的是访谈者对被访者所说的话表示已经听见,希望对方继续说下去。其方式包括语言行为,如"嗯"、"是的"、"对"、"是吗"、"很好"等;非言语行为,点头、微笑、鼓励的目光。这些方式可以使对方感到自己被对方接受、被欣赏,从而起到鼓励对方多说话的作用。(2)重复、重组和总结。重复指的是访谈者将被访者所说的事情重复说一下;重组指的是访谈者将对方所说的话换一个方式说出来;总结指的是访谈者将对方所说的内容用一、两句话概括出来。这三者虽然形式不同,但都有类似的功能。为对方理清所谈的内容;检验自己对对方所谈内容的理解是否准确;表明访谈者在注意倾听并满怀兴趣,从而鼓励和促使对方继续往下说。(3)追问,即访谈者就被访者所说的某一个观点、概念、事件或行为进一步探询。其目的是更多了解事情的细节或对方的看法。追问要适时,不要打断对方的思路;还要适合,不要追问对方表现出为难的问题。(4)自我暴露。成功的访谈者在访谈中并不总是听和点头微笑,在适当的时候也应该以适当的方式暴露自己。自我暴露指的是访谈者就对方所谈的内容通过述说自己的经历或经验作出回应。这可以使被访者了解到访谈者曾有过与自己一样的经历和感受,从而拉近了双方的心理距离,使访谈关系变得比较轻松和平等。但是这种暴露要适当,避免喧宾夺主。

在回应的过程中,要避免不管在什么情况下都不要作论说型和评价型的回应。论说型是理论性的分析,这容易显示出访谈者的优越感,给对方一种居高临下的感觉,使被访者感到自己在被分析,而不是被理解。这会造成被访者心理上产生排斥感,不愿意很好合作。评价型是访谈者对对方的谈话内容进行价值上的判断。它会妨碍被访者自由地表达思想,因为他害怕访谈者对自己的想法评头论足,所以可能有意隐瞒自己的真实想法。

三、观察法

(一)观察法的含义和特点

观察法是指人们有目的、有计划地通过感官和辅助仪器,对处于自然状态下的客观事物进行系统考察,从而获取经验事实的一种研究方法。观察法是人们最早采用也是最基本的一种研究方法。随着现代科学技术的发展,观察技术手段不断提高,观察法的应用范围也更加广泛。观察法从根本上可以分为两大类型,一类是日常生活中的观察,日常生活中的观察是人的一种基本的生存方式,没有明确的目的性和计划性,只要人生活在世界上就需要不断地对周围的事物进行观察。另一类是作为科学研究的观察,是研究者有目的、有计划的一种活动,教育研究中的观察法属于科学观察。观察法方便易行,不必使用特殊设计的复杂仪器设备,不需要特殊条件,因而在教育研究中经常使用。

作为一种基本的研究方法,观察法具有以下基本的特点:第一,观察的目的性。观察是根据研究的需要,为解决某一问题而进行的,因此观察前有明确的观察目的,并且有确定的观察范围、形式和方法。第二,观察的客观性。观察是在自然状态下,不改变观察对象的自然条件和发展过程,直接观察某种教育现象发生发展过程,综合运用各种途径和方式,对观察结果作明确、详细、周密的记录。由于研究人员不干预研究对象的活动,从而能较客观真实地收集第一手资料。第三,观察的能动性。观察是按事先制定的提纲和程序进行,同时规定了观察的时间和内容,是从大量的教育现象中选择典型对象典型条件,力求全面地把握研究对象的各种属性并以科学理论去分析、判断和理解观察结果,因此具有一定的能动性。

观察法贯穿在教师教育研究的全过程,在研究中具有比较明显的优点。第一,观察法可以获得教育现象发展变化的条件和过程。通过有目的、有计划地观察某一现象及变化过程,可以获得认识该事物比较充实、客观的事实材料。在此基础上可以确定某个教育现象得以发展的条件,科学地分析和说明所研究的教育现象及过程。第二,观察法可以有效地检验教育科学理论观点是否正确。教育研究假设所推导出来的关于未知事实的结论,可以通过观察得到的科学事实加以判断,推断其正确与否。第三,观察法有助于研究课题的选择和形成。通过观察可直接导致形成某些新课题,发现某些新观点、新理论,为教育研究开拓新的方向和领域。

由于观察是在自然条件下进行的,必然会受到错综复杂的各种各样的偶然因素的干扰,再加之研究者在观察时原则上不能支配和控制研究对象及其发展过程,从而使观察法具有以下几方面的缺陷。(1)观察法不能判断"为什么",只能说明"有什么"或"是什么"的问题。正如恩格斯所说的"单凭观察所得的经验,是决不能充分证明必然性的","必然性的证明是在人类活动中,在实验中,在劳动中"。①(2)由于观察受到时间和情境的限制,在研究对象人数多且分散的情况下应用比较困难。(3)由于教育现象具有复杂性,且处于不断发展变化之中,观察项目归类推论性太多,往往会影响研究的可信度。(4)观察研究往往取样小,观察的资料琐碎,不易系统化。正由于观察法具有这样的局限性,在教育研究中应该将观察法和其它研究方法结合起来使用。

(二)观察的类别

依据不同的分类标准可以将观察法分为不同的类别,以下是比较常见的对观察法的分类。

1. 参与型观察与非参与型观察

按观察时研究者是否参与研究对象的活动,或者说研究者在研究中扮演的角色来划分,可以将观察分为参与型观察与非参与型观察。在参与型观察中,观察者和被观察者一起生活、工作,在密切的相互接触和直接体验中倾听和观察他们的言行。这种观察的情境比较自然,观察者不仅能够对当地的社会文化现象得到比较具体的感性认识,而且可以深入到被观察者文化的内部,了解他们对自己行为

① 恩格斯:《自然辩证法》,第 207 页。

意义的解释。这种观察具有开放、灵活的特点,允许研究者根据问题和情境的需要不断调整观察的目标、内容和范围。但是这种观察也容易使观察者与被观察者之间相互影响,其观察的结论易带主观感情色彩。

非参与型观察不要求研究者直接进入被研究者的日常活动,观察者通常置身于被观察的世界之外,作为旁观者了解事情的发展动态。这种观察可以使研究者有一定的距离对研究对象进行比较客观的观察,操作起来比较容易,观察结果也比较客观、公允。这种方法的局限性主要是:对现象的观察易带有表面性和偶然性,观察结果可能受到一些具体条件的限制,如因观察距离较远,研究者看不到或听不清正在发生的事情。非参与型观察一般适用于观察时间较短、内容较简单的情况。

2. 结构观察、准结构观察和非结构观察

按观察过程中对时间和事件行为等分解的细致程度可以将观察分为结构观察、准结构观察和非结构观察三类。结构观察是研究者根据研究目的,事先拟订好观察计划,确定使用的观察工具,并严格按照规定的观察内容和程序实施的观察。在结构观察中,一般有一定的分类体系或结构性的较为详细的观察纲要,在特定的时间和地点内,对预先设置的分类下的行为进行记录,往往有较为严格的规则,对观察者和被观察者都有一定程度的限制。

非结构观察,没有预先设置的分类,对事件和行为尽量广泛地做记录,对背景因素很少予以控制,事先不作严格的观察计划,不必指定结构性的观察表格或提纲,即使使用观察提纲,也是结构松散的形式,而且往往只是一些宽泛的指导方针,它的最大特点就是灵活机动,观察者可以基于自己的理论素养在观察中充分发挥主动性、创造性。

准结构观察是介于结构观察与非结构观察之间的一种过渡类型。这种观察可以有预先设置的分类,即有一定的结构,但其记录不是以数据的形式体现,而是文字或其他。如我们在评价一位教师的教学时,往往先划出一些需要观察的条目:口头表达、讲解、板书、教学结构等,通过一段时间的观察,观察者对这些用文字加以较为详尽的描述,有的往往带有一定的价值判断。

3. 长期观察、短期观察和定期观察

按观察的时间安排可以将观察分为长期观察、短期观察和定期观察三类。长期观察是一种连续不断地、在较长时间内对观察对象进行观察的活动。长期观察可以比较全面、细致地了解被研究的对象,但比较费时、费精力,对被观察者的干扰也较大。短期观察相对来说精力和时间比较集中,可以在较短时间内对研究对象获得一个即时的了解,但是短期观察只能对研究对象获得一个片刻的印象,很难获得比较全面、整体、深入的了解。定期观察是在某个指定的时段内对观察对象进行反复的观察,观察内容一般比较集中,而且可以通过重复观察对初步的研究结果进行验证,但是这种观察往往只能了解到某个特定时段的情况,缺乏连续性。

4. 直接观察与间接观察

按观察时研究者是否借助于仪器可将观察分为直接观察和间接观察。直接观察就是凭借观察者自身的眼睛、耳朵等感觉器官直接感知外界事物的方法。间接观察则是指观察者借助录音机、摄像机等工具进行观察活动的方法。与直接观察相比,间接观察对被观察者的正常生活不会产生什么干扰,研究者有足够的时间和空间对观察的现象进行考察。

(三)观察研究的记录

在进行观察时,研究者除了可以使用自己的眼睛、耳朵、鼻子等知觉器官以及其他仪器设备(如录像机、录音机)以外,还可以使用笔对观察的内容进行记录。记录在观察中占有十分重要的位置,是观察中一个必不可少的环节。它可以使我们对所观察到的现象和过程更加熟悉,为研究者事后分析和研究问题提供一个基本的文本。观察研究中的记录有三种方式:

1. 描述记录

描述记录属于开放性的记录方式,它没有预先设置的分类,事先抽取一个较大的事件的片段,观察的同时对相关事件和行为做详细真实的文字记录,同时还可以加入观察者的一些主观评价。在对记录的资料进行分析的过程中,在分析的理论框架的指导下,行为的分类以及观察研究更进一步的主题会得到确认。描述记录有四种具体的记录方式。

第一,日记描述法。这种记录方式常常用于长期对某学生个性的各方面或某些方面进行记录,以观察了解学生行为态度的变化过程及原因;或者由教师或参与观察者对自己整个工作过程或经验体会做记录。瑞士教育家裴斯泰洛齐(Johann Heinrich pesstalozzi)曾于1890~1920年间最早采用这种记录方式研究儿童成长和发展变化的规律。

第二,轶事记录。这种记录方式主要是对与研究密切相关的事件的整个进程进行详细的描述,可以是有主题的,也可以是没有主题的,随时记录感兴趣的问题,不受任何时间条件限制。如记录课堂中学生就某一问题热烈讨论的过程及其内容,或检查某项学校规定在课堂中的执行情况,或对学校课程改革在课堂中的执行情况进行记录等。

第三,样本描述。样本描述是用于在一段特定的有代表性的时间内对发生的行为按顺序进行详尽的记录。比如某班每天上午9点到10点的情况,或者典型的学校一日生活,或者班主任的一天工作。这种持续一天或一周的记录有助于形成个案研究的材料,随着时间的推移、资料的积累,就可以显现出行为的模式和意义。

第四,实地笔记。实地笔记主要是用书面语言的形式记录调查者在针对某个较大主题的参与观察的过程中所看到、听到、感受到和想到的信息。这种记录的形式可以为研究提供大量的文字资料,它不断要求研究者记录在现场所观察到的人、行为、事件和谈话,还要求记录研究者个人较为主观的想法、推测、情感、预感和印象等,要求对行为背后的意义作出诠释。

2. 取样记录

取样记录是一种以行为为样本的记录方法,较之描述记录具有更好的客观性、可控性和有效性。这种记录方法既可获得可靠的观察资料,又节省了人力、物力,减少记录所需的时间。取样记录可分为时间记录、频次记录和等级评价记录。①

第一,时间记录。即记录行为经历的时间长度,通过对各种不同教学活动(或其他活动)安排时间长度的对比,通过找出教学活动的时间长度与教学效果的关系,也可以了解到一些有意义的情况。为了记录各种活动经历的时间,要预先划分好记录时段,比如以 5 分钟为一时段,而且每段要记录下该时段的活动是什么。观察结束后,总计各种活动所用的时间是多少,便可知各种活动所用的时间了。比如,有一项对小学低年级学生上课时注意力集中时间和程度的观察研究就采用时间记录法:

表 7-1　记一次 20 分钟的语文字词抄写作业

时 间	描 述(记 录)	百分比(%)
开始~5 分钟	全班学生踏实认真书写,没有任何声音动作	100
5 分钟后	3 人开始看别人的作业,并指出别人书写的毛病	7.8
6 分钟后	7 人开始有动作或开始发愣,有的玩铅笔、橡皮等	18.4
10 分钟后	20 人开始有动作、发愣,有的开始出声音	52.65
13 分钟后	6 人完成作业	15.79
20 分钟后	14 人完成作业(24 人未完成作业)	38.34
延续 5 分钟	又有 20 人完成作业(4 人未完成)	52.65

第二,频次记录。即记录目标行为出现的频次,通过各种教学行为出现的次数或找出某种教学行为的出现频次与教学效果的关系便

① 全国十二所重点师范大学:《教育学基础》,北京:教育科学出版社,2002,308~310。

可得出有规律性的认识。例如,下表就是频次记录的工具。

表 7-2 学生课堂行为观察表

班级: 学生人数: 观察时间:

项目		次数
对教师提问的反应	主动回答	
	被动回答	
	思考后回答	
	不加思考回答	
……	……	

第三,等级评价记录。即对目标行为的表现程度做出等级评定。有一些事件不一定能够以频次或时间长度为测度来说明所研究的问题。例如,教师在讲授中运用具体例子解释理论问题有助于帮助学生理解知识,但是举例的次数并不能反映其讲授的良好程度,因为不同的内容有不同的处理方法,并且例子本身也有个恰当与否、生动与否的问题。因此,这种情况下更适宜采用等级评价记录。等级评价把目标行为按其表现程度分为若干等级,对各等级都定出相应的要求。观察者便据此对目标行为做出主观评定。例如下表就是等级评价记录工具。

表 7-3 学生课堂行为观察表

班级: 学生人数: 观察时间:

项 目	非常好————————非常不好				
	5	4	3	2	1
回答问题					
相互合作					
课堂气氛					
……					

3. 工艺学记录

工艺学记录是使用录音带、录像带、照片等电子形式对所需研究的行为实践做现场的永久性记录,这种方法为当事者对自己的行为进行观察提供了条件,这是其他任何一种记录方法都无法做到的。录音和录像是这种记录方法最常用的两种形式。使用录音记录,可以使抽样更为广泛,能在大致相同的时间段内对较大范围的对象进行现场记录,记录的信息还可以反复检查使用,对提高记录者之间的一致性比较有用,并可做永久性保存。不过这种以录音机完全代替观察者进入现场,对记录言语性的资料比较有用,而对其他信息,尤其对更为复杂的非言语行为和现象以及研究者在现场的主观感受等方面都无法进行记录和研究。录像记录的方式也具有高度的选择性。

总之,工艺学记录的方法为观察研究提供了永久性的记录,便于反复、细致地研究现场,能对一些微观的问题做更深层次的研究,同时也为其他记录方法提供了检查可靠性的依据。但是,由于这种方法比较显眼、新奇,对被观察者的干扰较大,从而影响了行为的一致性。因此,记录者应掌握一些进入现场并取得信任的技巧,最大限度地降低对被观察者的干扰,以保证记录的可靠性。

四、个案研究法

个案研究是教育研究中一种常用的研究方法。它不仅仅是一种研究方法,也是一门复杂的认知课程,对于帮助人们解决现实问题具有重要的意义。

(一)个案研究的含义

个案研究是针对某一个体在某种情境下的特殊事件,广泛系统地收集有关资料,从而进行系统的分析、解释、推理的过程。个案研究可分为广义的个案研究和狭义的个案研究。广义的个案研究是指采用各种方法,收集与研究问题相关的资料,对单一个体或一个单位团体作深入细致研究的过程。狭义的个案研究则是指,对单一特定的人、事、物所做的描述、分析及报告。个案研究在学校教育教学、心理咨询、行为矫正等工作中具有重要的意义。利用个案研究可以针对教育教学过程中一些适应欠佳或学习困难的学生所发生的行为和事件,利用客观、科学的方式收集有效的个人资料,并以此为依据向其提供正确的辅导策略,帮助其解决问题,以达到比较好的教育效果。

个案研究的意义主要表现为:第一,个案研究能比较好地关注到个体的发展和个别差异,通过详细地描述个案特征,有助于因材施教,促进学生的全面发展。第二,个案研究以个案的具体实例来解释或说明某种抽象的理论和观点,为进一步证实理论或假设提供依据。第三,通过个案研究,可以验证某一种治疗方案或辅导策略的可行性和有效性,为解决同类问题提供操作性的策略和步骤。第四,个案研究的信息的积累有助于对事物总体的归纳,可以为以后的研究分析、理论概括做好准备。

在教育研究中,个案研究往往适用于对不良问题的研究或对某些难以重复、难以预测和控制的事例进行研究,如学生辍学、学业失败、家庭破裂、道德不良、青少年犯罪等,也适用于对学生的心理问题和人格偏差的诊断和矫正研究。在学校教育中,个案研究由于研究对象少,研究规模较小,在自然状态中进行,需要较长时间的跟踪,因此是一种特别适合于教师使用的研究方法。在一所学校或一个班级中,总会有一些学生采用常规的教育教学方式难以奏效,如学习困难的学生或行为偏差的学生等,通过收集这类学生的个人资料,可以了解他们的实际情况和问题的症结所在,诊断形成问题的原因,然后有针对性地提出解决问题的方法和策略,帮助他们解决面临的实际问题,促使其更好地成长和发展。如我们要对某一辍学学生进行个案研究,其目的在于了解该生为什么要辍学,要分析该生辍学的内在因素与外在因素,提出如何解决辍学问题的措施和方法等。

(二)个案研究的特点

第一,研究对象的单一性。个案研究的研究对象通常是单一的个体或单一的群体,即使研究中有多个被试,通常也是把他们作为一个单位或某个问题看待。个案研究的对象往往是那些具有特殊行为表现的个体或具有反常行为的个体,如天才儿童、弱智儿童、辍学儿童、厌学儿童、问题儿童等。

第二,研究方法的综合性。个案研究收集个案资料的方法是多种多样的,常常要用到综合测验、访谈、调查、观察、实验、文献分析等多种具体的方法。只有综合使用多种方法,才能比较全面、系统地考察研究对象的特点,探究其发展变化的过程和规律,从而得出比较科学的结论。

第三,研究内容的深入性。个案研究的研究周期一般比较长,需要对个案进行连续的跟踪研究。不但要研究个案的现状,也要研究个案的过去,还要跟踪研究个案的发展。由于个案研究的对象单一,可以使研究者有效地对个案进行深入细致、全面系统的分析和研究。

(三)个案研究的步骤

从实际操作程序上说,个案研究的过程有以下几个环节:

第一,确定问题性质。问题是什么,其性质如何?这是个案研究的前提,必须对此加以确认和界定。有时问题性质并不如问题表面上所显示的那么明显易察看,所以在确认问题时我们要防止"以偏概全",以个人的主观判断为标准来分析问题及其性质,而应该实事求是、客观真实地分析问题及其性质。

第二,把握问题关键。问题的关键是什么?这是问题确定以后必须考虑的第一个问题。必须透过资料的收集,从问题的性质中找出相关资料,再加以核对、评估及分析,进而确定问题要解决的答案。

第三,了解问题背景。个案问题的发生有其独特的背景和原因,实际问题的状况与理论上或理想上的普遍情况也会有一定的差异性。因此研究者必须通过各种渠道了解问题发生的过程、原因、背景,了解个案的内在动机和社会环境等外在因素,力争能够比较全面地把握问题发生的客观原因和背景。

第四,提出解决问题的方案。在了解了问题的性质、关键及发生背景的基础上,研究者可以根据过去处理类似问题的经验及方法,结合具体个案的实际情况,提出解决问题的方案。

第五,付诸行动检验结果。解决问题的方法会有许多,哪些方法是比较实用的,或哪种方法的效果会更好,需要在行动的过程中加以检验。当解决问题的方法无效或出现新问题时,可以回到前一步骤,重新探究解决问题的方法,直到问题得到真正的解决。

如果个案研究的对象是具体的学生个体,还可以参照以下基本步骤来进行。

第一,确定研究对象。研究者应根据个案研究的目的和内容,以及对个案问题行为的界定,选择典型的人或事为研究对象。如研究的目的是为了了解学习困难儿童的特点,探索改进学习困难儿童的策略,那么就应该选择那些有具体学习困难的儿童作为研究对象。一般来说,教育个案研究的对象通常是生理心理障碍者、学习困难者、行为偏差者、情绪异常者等等。

第二,收集个案资料。全面系统地收集个案资料是个案研究有效性的前提条件。全面系统的个案资料有助于研究者对个案的完整认识。收集个案资料的方式是多种多样的,可以采用书面调查、口头访问等方式,也可采用观察、测验等方式,还可以通过查阅个案的个人资料的方式获取信息。个案资料包括了个案的个人资料、个案的学校资料以及个案的家庭和社会资料等。个人资料既包括了个案的姓名、性别等基本资料,也包括其历年来的学习手册、考试成绩、作业、日记、周记等相关资料。学校资料包括个案的各种情况登记表,成绩记录,能力、兴趣、人格等测验结果,操行评语,奖惩情况,教师和学生的评价等。家庭和社会背景资料包括父母的教育程度、职业、社会经济地位,父母的管教方式,家人与个案的关系,个案在家庭中的地位,所在社区的文化状况、环境状况,个案交往的人际范围等。

第三,诊断与假设。在广泛收集个案资料的基础上,常常还需要对相关问题作进一步的测试,以诊断问题的症结所在,推论原因——主因、次因、远因、近因等,形成初步的假设。

第四,个案分析与指导。个案研究收集到的资料往往比较粗糙、琐碎,难以直接解释问题,因此需要对所收集到的相关资料、信息等进行一定的加工处理。个案研究不仅仅要提出研究的问题，还需要提出解决问题的策略和指导性意见，因此在对个案问题做出明确的诊断和假设后，还需要有针对性地提出解决问题的策略和解决问题的方法。

第五，实施个案指导。通过跟踪、观察、记录等方式验证先前的诊断和假设。在个案研究的诊断与假设、分析与指导过程中难免会有错误的判断和推论，因此需要在实际的个案实施过程中，通过多方面的信息和资料来检验先前主观推断的合理性。

第六，形成结论。对个案的表现进行讨论和评估，提出建议，得出结论，撰写个案研究报告。

与研究个案进行沟通在个案研究中也占有重要的地位，通过沟通可以弥补收集资料的不全面性，达到辅导、咨询和解决问题的目的。沟通的方式可以是一对一的，也可以是多对一的。沟通可以在正式场合进行，也可以在非正式场合进行。在沟通过程中，研究者不但要注意个案的语言信息，更应该注意个案的非语言信息，以了解个案反映的真实性。

此外，个案研究从本质上说属于定性研究，无论是个案的资料的收集，被试个人的陈述，还是他人的判断，以至研究者的决策等，都不能避免主观因素的影响。如果判断错误或处理不当，将使被研究者蒙受莫大的损失，这也是我们在从事个案研究的过程中应该尽量避免的。

第三节 教师教育研究的基本过程

教师的教育研究是一项复杂的系统工程，需要遵循基本的研究过程，做出恰当的安排和计划。只有这样，才能使教师的教育研究更具科学性、针对性和实效性。

一、研究问题的选择

任何研究都是从研究问题开始的,教育研究其实就是一个不断地提出问题和解决问题的过程。在这个过程中,提出问题往往是研究的出发点,解决问题则是研究的重点。

(一)研究问题的来源

教育科学研究中的问题,通常有两个方面的来源,一是来自教育理论,即通常从有关理论出发,从相关理论中推演出某种假设、原则,然后再作为问题进行研究。二是来自于教育实践,即从教育实践活动出发,通过观察分析教育现象,提出要解决的问题。就教师的教育研究来说,研究的问题更多地来自于教育实践。

在日常的教育教学工作中,教师们必然会遇到各种各样的困惑与问题,如作为班主任,作为任课教师,不同的教师会遇到相同的问题,也会遇到不同的问题,在多个学科教学中又会遇到各种具体问题。往往在面对这些问题时,许多教师采取一种习以为常、视而不见的态度,似乎教育教学活动本来就是如此,就是一种简单的备课、上课、批改作业等周而复始的过程。其实作为教师来说,不但应该意识到各种教育问题的存在,而且应该善于从自己的教育教学工作实践中选择出迫切需要解决的问题作为研究的课题,开展教育研究工作。

相关知识链接

案例1:来源于教育座谈会的课题

在一个座谈会上,一位教师对演讲者所述如下内容产生了怀疑:在小学各年级中,男生阅读教学起步应该比女生晚些,而且速度也应慢些。因为小学女生比男生发展快,女生阅读测验成绩高于男生,要求阅读补课的男生比女生多。

该教师怀疑演讲者所述内容的合理性尤其是准确性。因此,他打算分析小学男女生的阅读能力,着重分析不同男学生的阅读差异,得出切合实际的结论,使男生阅读教学不是放慢,而是保持较佳速度。

案例2:来源于实际工作的课题

一名中学教师参加了为期3个月的心理咨询技巧培训后,把几种技巧结合起来使用,形成了与自己所带班级的文化相协调的诊断和处理学习困难学生的方法。为了检验这一方法的有效性。他制订了一项长期研究计划。

(二)研究问题应具有的特点

尽管教师在日常的教育教学活动中面临各种各样错综复杂的问题,但是并不是每一个问题都具有研究的价值。那么什么样的问题具有研究的价值、可以作为教师研究的课题呢?我们需要了解作为教育研究课题应该具备的基本特点。①

第一,问题应具有研究价值。作为课题的问题首先应具有研究价值。所谓研究价值,对于中小学教师来说,主要指研究这个问题,是否有利于提高教学质量,能否促进学生的身心健康,可否促进青少年的全面发展,也就是说,选定的课题要具有应用价值,能够为教育教学实践活动服务。

第二,问题应具有科学性。作为课题的问题必须具有科学性,科学性体现在研究问题的指导思想和研究目的的明确,立论科学合理,事实真实充分。具有科学性的课题既要有实践基础,又要有理论基础。对于中小学教师来说,具有实践性基础相对容易一些,课题是从实践中产生的,有一定的针对性,有大量的教育教学实践作事实依据,容易使选题具有实践基础。如如何激发学生学习某学科的兴趣,如何减轻学生的课业负担,怎样帮助学生顺利地完成从小学到初中的过渡等问题,都是具有普遍性的问题,也是具有很强的针对性的问题。

第三,问题应具有可行性。可行性是指所选课题能够被研究,研究者能够正常开展研究工作,课题有取得预期成果的希望。要使课

① 李瑾瑜:《教育教学研究方法》,西安:陕西人民教育出版社,2002,44~47。

题具备可行性,需要注意两个问题:(1)选题是否具备进行研究的主观与客观条件。主观条件是指研究者本人所具有的理论水平,知识、能力、基础、专长和经验,对所选课题理解的深度及对此课题的兴趣,对有关课题的资料掌握的广泛程度和深入程度等。客观条件是指研究所选课题必需的资料、设备、人员、时间、经费以及必要的行政领导的支持和研究时机等。(2)结合教育教学实际。中小学教师要从实际出发,充分考虑研究所具备的主观和客观条件,结合教育教学实际,选择自己力所能及的课题。例如素质教育是当前教育界讨论的热门话题,中小学教师选择从理论上研究素质教育的题目就会感到吃力,“论素质教育”这样的题目就不适宜。一般情况下,一位教师在有限的教学生涯中对这样的问题是难于“论”得清的。无论是教师自己的理论水平还是实践范围,都难于将这样的题目论出名堂来,这样的问题对中小学教师来说缺乏可行性。

第四,问题应具有创新性。教育研究从根本上说是探索未知的过程,是创新的过程,因此选择的研究问题应具有创新性,是前人未曾解决或尚未完全解决的问题。对于中小学教师来说,要想使自己选择到有创新性的问题,必须广泛收集相关信息。通过广泛、深入地翻阅文献资料和调查,分析与自己要研究的问题相关的信息,了解该问题的研究现状:过去是否有人研究过这个问题?国内外对此问题的研究已经达到什么水平?已经解决了哪些问题?已经取得了哪些成绩?目前是否有人做这项研究?如果有人与自己做相同的课题,就要重新审视自己做的工作,从理论基础和实践基础上进行批判性的分析,调整自己的视角,避免选题重复,才能在原有基础上有所突破和创新。如研究学生学习的基本方法,并有针对性地指导学生学习是个并不新颖的问题。然而,学生学习不同的学科、不同的学习内容采用什么方法更为适宜则是个新颖的问题。如科学课程,指物理、化学、生物、地理等课程,适宜指导学生应用感知探索法进行学习。那么如何引导学生运用多种感官来感知科学事实、观察现象,进行探索学习,有研究不尽的问题。依据学生的不同情况,各学科的教师都可以设计不同的学习途径,以在指导学生的学法方面有所创新。

二、研究计划的拟订

研究问题确定以后,接下来就要全面规划整个研究过程,合理安排研究中的各项工作,制订切实可行的研究计划。制定研究计划的目的是为了明确规定研究的范围和目标,具体规划研究的程序和进度,为顺利完成研究任务提供保证。

(一)研究计划的作用

研究计划在整个研究过程中具有重要的作用,具体表现在以下几个方面。

第一,研究内容的细划。在具体的研究过程中涉及的因素比较多,研究不仅要把握重点,也要顾及细节。通过制定研究计划,可以使研究者对研究的目标、内容、范围、方法、程序等更加明晰,也可以使研究的内容更加具体化、操作化。

第二,研究行动的指南。在研究实施过程中,研究计划是实施的指南。研究计划中制定有详细的研究程序和步骤,根据研究计划的安排,可以使研究者合理安排研究的资源,设法克服遇到的各种困难和问题。因此,有了研究计划,研究行动就有了方向。

第三,评价检查的依据。在研究的进行过程中以及研究结束后,可以依据研究计划对照分析研究的进展情况或完成情况,并能够对研究结果作出一定的评价分析。

有时,一个很有创意的研究构想或研究问题,在拟订研究计划的过程中才会发现某些先天的不足和预想不到的困难,才会促使研究者努力设法去解决。有了书面的研究计划,还可以作为与同行间沟通的依据,把自己的设想告诉别人,征求建议和指导,使研究课题更趋完善。

(二)研究计划的基本内容

拟订研究计划,必须了解研究计划的基本内容。研究计划的基本内容可以概括为以下四个问题。[①]

第一,研究什么。当人们阅读一份研究计划时的第一个反应可能是:这个课题要研究什么?因此,研究者必须明确地回答这个问题,让别人了解要研究的是什么。要回答这个问题,首先,要有合适的标题,标题最好能涉及研究的范围、对象、内容、方法;其次,要明确提出研究问题,让别人了解研究问题的性质;接着,要列举研究的待答问题或研究假设,让别人了解研究的重点;最后,要界定研究的关键名词,让别人了解研究的范围。

第二,为什么研究。在解决了研究什么的问题之后,人们很自然会继续发问:为什么要从事这项研究?因此研究者必须在研究计划中解释从事这项研究的理由。要回答这个问题,首先,要说明研究动机;其次,要揭示研究的重要性和必要性,揭示研究的意义和价值;最后,要列举研究的具体目标。

第三,如何研究。当了解了研究的理由之后,人们顺理成章地想知道研究将如何进行。因此第三个问题就是:如何进行研究?要回答这个问题,首先,要说明研究的方法及实施程序,其中包括研究对象及取样、研究的方法与步骤、研究工具的选择与编制、收集资料的程序、资料分析的方法等;其次,对研究的合理配置,包括研究人员的组织、研究进度的安排、研究经费的预算等。

第四,有何成效。研究的价值体现在研究结果对现实世界和精神世界的贡献上。因此,人们最后总会问:研究最终会获得什么样的研究成果?要回答这个问题,首先,研究者必须在研究计划中具体说明研究的预期成效;其次,要有成果达到的水平和表现形式。

无论采用什么格式撰写研究计划,以上四个问题是必须要明确回答的。掌握了这四个基本的内容,研究计划中才不会遗漏必要的信息和内容,才能得到更多的外部支持。当研究计划完成后,我们也

---

① 吴明清:《教育研究——基本观念与方法分析》,台北:五南图书出版公司,1991,564~565。

可以按是否清楚地回答了这四个问题来评价研究计划的质量高低。

三、文献资料的收集

收集文献资料是教育研究过程中必不可少的步骤,它不仅在确定课题和研究设计时被运用,而且贯穿于研究的全过程。任何研究都是在前人研究的基础上进行的。无论什么研究,它的具体实施和研究成果总是同占有什么样的文献资料联系在一起的,研究成果的价值往往与研究人员占有文献资料的数量和质量相关。

(一)文献资料的类型

按照不同的分类标准,文献资料可以分为不同的类型。按文献资料载体形式可以将其分为文字型、音像型和机读型三类。文字型文献是指以纸为媒介,用文字(包括各种专用的符号和代码)表达内容,通过铅印、油印、胶印等方式记录、保存信息的文献,这类文献数量巨大,是信息的主要载体。音像型文献是指以声频、视频等为媒介,来记录、保存、传递信息的文献,主要有图片、胶片、唱片、电影、电视、幻灯、录音、录像等,这类文献形象直观,易于传播。机读型文献是指以磁盘、光盘为媒介,来记录、保存、传递信息的文献,由于阅读这类文献需要通过计算机,所以称为机读文献,这类文献存储密度高,易于复制,并且检索速度快。

按文献资料加工程度和可靠性程度,可以将文献资料分为三个等级,即一次文献、二次文献和三次文献。一次文献是指未经加工的原始文献,是直接反映事件经过、研究成果,产生新知识、新技术的文献。它是研究者在教育教学实践中直接产生的原始文献,是最接近事实的文献,具有很高的直接参考和借鉴使用价值。一次文献的形式主要包括:调查报告、实验报告、科学论文、专著、会议文献、专利等。二次文献是指对一次文献加工、提炼、压缩后得到的文献,它是一种派生的文献,本身不直接产生新知识、新技术,其目的在于使原始文献系统化、条理化,为查找一次文献提供线索。二次文献的主要形式有:书目、索引、文摘等。三次文献是指在对一次文献、二次文献的加工、整理、分析、概括后撰写的参考性文献,是文献研究的结果,它也是一种派生的文献,其覆盖面广,浓缩度高,信息量大,便于研究人员在较短的时间里了解某一研究领域最重要的原始文献和研究概况。三次文献的主要形式有:研究动态、研究综述、专题评述、进展报告、数据手册等。

(二)文献资料的来源

由于创造、记录与传播的方式不同,教育文献资料的分布极为广泛且形式多样,具体来说有以下几种表现形式:

1. 书籍

书籍包括名著要籍、教育专著、教科书、资料性工具书(如教育辞书和百科全书)及科普通俗读物。它是教育科学文献资料中品种最多、数量最大、历史最长的一种情报源。名著要籍是一个时代、一个学科、一个流派最有影响的权威著作,如古今中外著名教育家、哲学家的教育名著等,它们是人类文化的精华,也是教育研究的基础。专著(包括论文集)是就教育领域某一学科、某一专门问题进行系统全面深入的论述,内容专深,大多是作者多年研究成果的结晶。论文集往往是汇集了许多学者的学术论文,问题集中,论点新颖,资料容量大,学术价值高。教科书是专业性书籍,具有严格的科学性、系统性和逻辑性。内容一般包括教育科学的基本理论、基础知识,学科领域内的科研成果以及讨论的问题。教育辞书和百科全书都属于资料性工具书,教育辞书主要是提供教育科学名词术语的资料,其规范、精确、准确,以条目形式出现。百科全书则是对人类一切门类或某一门类知识的完备概述,不仅提供定义,而且有原理、方法、历史和现状、统计和书目等多方面的资料,着重反映当代学术的最新成果。科普通俗读物则是面向广大群众的以普及教育科学知识为宗旨的通俗读物,文字浅显,但最新信息含量较低。

2. 报刊

报纸和期刊都是连续出版物,报纸是以刊登新闻和评论为主的定期连续出版物,如《教师报》、《中国教育报》及《光明日报》、《文汇报》等大报的教育科学版。报纸发行广泛,传递信息迅速,但材料分散不系统,且不易保存。期刊是定期或不定期的连续出版物,有周刊、月刊、双月刊、季刊等,其可分为学术理论性期刊,情报性期刊,技术、事业性期刊和普及性期刊等类型。教育科学范围内的期刊主要有三类:一类是杂志,即刊载有关科学论文、学术报告、文摘、综述、评述与动态;一类是汇报、集刊、丛刊及高校的学报;还有一类是文摘及复印资料,这是一种资料性及情报索引刊物。期刊拥有庞大的写作队伍和读者群,出版周期短,内容新颖,论述深入,发行量大,常反映有关学科领域研究的最新动态和最高水平,是教育研究者查阅文献资料最有效最简便的来源。

3. 教育档案

档案资料是人们在各种社会实践活动中直接形成的,并且具有保存价值的原始文献资料。教育档案包括教育年鉴、教育法令汇编、学术会议文件、学位论文等。教育年鉴是系统汇集一年内重要事件、学科进展与各项统计资料的工具书,它以记事为主,内容通常包括专论或综述、统计资料和附录,其内容完备,项目齐全,记载翔实,查找方便,是了解新情况,研究新问题,积累资料的信息密集型工具书。教育法令汇编是官方的有关教育政策法规的指令性文件汇集,通过立案归档,成为资料的一部分。它集中反映了国家的教育方针政策、法令、规章制度、统计数据等情况,是全面了解我国教育状况和制度沿革及发展演变的有用资料。学术会议文献包括报告、纪要、提交会议的论文,往往反映一个学科领域的研究动向和研究成果,代表了国内外教育发展水平,是进行研究的一个重要资料来源。学位论文是研究生进行专题研究后为取得学位而撰写并提交的科学论文,是带有一定独创性的一次文献,一般选题论证充分,文献综述比较全面,探讨问题往往比较专深,具有比较重要的学术价值。

4. 电子资源

随着计算机和互联网技术的发展,从因特网(Internet)上获取资料变得比较容易,信息的交流也可以超越时空的限制。网络中的资料丰富多彩,它是一本永远没有最后一页的杂志,从网上通信、查阅资料、传递文件,以获取最新的信息,显得越来越重要。电子资源有以下几个方面:一是网上浏览。因特网上有成千上万个网站,内容包罗万象,通过计算机人们可以随时进入著名大学、研究机构、图书馆的信息系统获取资料,并且所得的资料几乎都是最新的。二是电子邮件。电子邮件的特点是提供信息交换的通讯方式,加速信息的交流和数据的传递。不仅用于信件的发送,而且可以用来传递文件、图像、声像等信息,便于研究者之间的交流。三是电子公告板。电子公告板是计算机网络上建立的电子论坛,人们可以在公告板上张贴寻求帮助或提供帮助的便条,可以自由地发表自己的见解,也可以和各地的研究者进行交流和沟通。

(三)文献资料的检索

1. 常用文献资料检索工具

常用的文献检索工具主要有目录、文摘、索引等。目录是检索工具中历史悠久、使用最广泛的检索工具,其有多种表现形式,按出版物的类型划分,有图书目录、期刊目录和文献资料目录;按出版物的语种划分,有中文目录、西文目录、俄文目录、日文目录;按检索途径划分,有书名目录、著者目录、分类目录和主题目录等。索引是将图书、报刊资料中具有检索意义的信息(如词语、人名、书名、刊名、篇名、主题等)分别摘录或加以注释、记明出处页码,按字顺或分类排列,附在书后或单独编辑成册,是检索文献内容或文献资料的一种工具。索引按文献类型可分为期刊索引、报纸索引、书籍索引、论文索引等;按取材范围和编制方法可分为书刊篇目索引、专著主题索引、人名索引、字句索引等;按文献排检方式可分为字顺索引、分类索引、主题索引等。文摘是以简洁的形式对文献内容作扼要的介绍、摘录或描述。文摘比书目、索引提供更多的信息,在有限的时间内读者可以获得更多的文献信息。根据编写的目的和用途,文摘可分为指示性文摘和报道性文摘,前者仅把原文主题内容简略地介绍给读者,主要是提供线索,后者则要概述原文的主要内容,包括原文的主题范围,阐述观点、思想、方法、各种重要数据、推理过程、论证结果等。

2. 文献资料检索的方法和途径

文献检索的方法可分为两大类,即手工检索和计算机网络检索。手工检索主要是利用目录、索引、文摘等检索工具来查找和获取所需文献资料的方法。手工检索是文献资料检索的基础,检索工具则是其必备条件。手工检索可以通过以下几种途径:一是作者途径,即在已知作者姓名的情况下,按作者姓名排检,从检索工具中去查找文献。二是书名途径,即在已知文献名称的情况下,按文献名称检索,主要是通过书名目录、篇名索引或论文索引来检索。三是代码途径,即在了解文献特有的编号情况下,根据文献代码的序号进行排检。四是分类途径,即根据文献内容所属的学科性质进行分类编排所形成的检索途径。五是主题途径,即按表示文献主题内容的主题词的音序或字顺排检。每一种检索途径都有自己的适用范围,在实际运用过程中各种检索途径常常可结合起来使用。就手工检索的方法来说,主要有常规检索法和跟踪检索法。常规检索法指利用目录、索引、文摘等检索工具查找所需文献的方法,它可以采用按时间顺序由远及近地进行检索,也可以逆着时间顺序由近及远地进行检索。跟踪检索法是以著作和论文后参考文献或参考书目为线索,跟踪查找有关主题文献的方法,这种方法不需要检索工具,针对性较强,能不断地扩大检索范围,获取文献方便简捷。

随着科学技术和互联网技术的发展,计算机网络检索已成为一种新的最简便的文献检索方式。研究者可以坐在家里或办公室里直接打开计算机共享各处的文献资源。互联网将整个世界联系在一起,网上的信息无穷无尽,但如何从浩如烟海的网络信息中迅速准确地找到自己所需的信息则不是一件容易的事,需要我们借助网络搜索引擎,需要了解常用的教育类网址。

3. 文献资料检索的过程

在具体的文献资料检索过程中,研究者需要考虑以下几个方面的问题:第一,明确检索方向和要求,即需要检索什么样的信息。研究者要明确研究的方向和要求,确定所需文献资料的主题范围、时间跨度、地域界限、载体类型等。研究方向越明确,要求越具体,检索的针对性也越强,效率也越高。第二,确定检索工具和信息源,即确定到哪里去检索信息。研究者应根据现有条件,在自己所熟悉的检索工具(目录、索引、文摘等)和自己能把握的信息源(图书杂志、磁盘、光盘、计算机网络等)中查找资料。第三,确定检索途径和方法,即用什么途径和方法去检索信息。研究者可根据既定的文献标识,如著者名、文献名、文献代码、图书分类体系、主题词等进行检索。第四,对检索到的文献资料加工处理。检索到所需的文献资料后,还应对其进行分类整理,筛选鉴定,剔除重复和价值不大的文献资料,核对重要文献资料的出处来源。

四、研究成果的表述

表述研究成果是教师教育研究的最后一个环节,也是最重要的一个环节。任何一项研究最终都需要面向社会,接受社会的检验,否则研究将无法得到承认,无法取得应有的效益。教师教育研究的成果通常是以研究论文的形式来表述的。所谓研究论文是指研究者综合运用所学的基本理论和专业知识,对某一问题进行探讨、研究后写出的具有自己独到见解的研究文章,是研究成果的书面表达形式。

(一)研究论文的类别

研究论文是个很宽泛的概念,它可以指研究者所写的任何与专业有关的文章,从教育研究的实际出发,我们可以把研究论文分为两大类,即实证性的研究报告和理论性的学术论文。

研究报告是对研究过程和研究结果的概括和总结,是以具体的事实、数据来说明和解释问题的论文。这类论文有比较固定的写作结构,要求清楚、具体地描述研究方法和材料,客观地呈现研究过程,以数量化的形式解释研究结果。研究报告通常与实证性论文相联系,其主要形式有:实验报告、调查报告、观察报告等。

学术论文是以议论文的形式,通过理性的分析,用概念、判断、推理等逻辑方法来证明和解释问题的研究论文。学术论文侧重于理论论述,将感性的认识上升到理性的认识,从而探索规律性的东西。这类论文不像研究报告那样具有典型的写作结构,在写作表现方式上比较灵活、自由,它要求所写论文内容上有所突破、有所发明、有所创造、有所前进,逻辑上论点明确、论据确凿、论证严密,能清楚地展现理论、观点形成的过程。学术论文的主要形式有:经验总结、综述、述评、理论性的论文等。

(二)研究论文的基本结构

1. 研究报告的基本结构

标准研究报告的结构由三部分组成,一是题目部分,指正文之前有关资料;二是正文部分,指研究报告的主体;三是附录部分,指正文后所附的资料。

报告的题目部分包括以下一些基本内容:(1)标题,即研究报告的题目,要求做到简练、概括、明确,不宜超过 20 个字,如题目语意未尽,可用副标题补充说明。(2)署名,即署真名和单位,如果属于集体成果,可以署集体名或课题组名称。(3)摘要,即论文的浓缩、梗概,一般涉及问题、方法、结果、结论,可独立使用,200 字左右。(4)关键词,即选取能表达全文主题内容的重要词语,一般 3~5 个词,(5)序或前言,一般是作者对研究主旨、动机、经过等内容的简介。

报告的正文部分包括以下内容:(1)绪论(导言、问题的提出、研究的目的意义),由问题的陈述(背景)、文献综述(如果是学位论文,可单独作为正文的一部分)、研究假设、名词或变量的定义、研究的目的意义等内容构成。(2)研究方法,包括被试、取样方法、材料与工具、主要方法与设计、研究程序、数据处理方法等内容。(3)研究结果,包括概括性描述、列出的图表、假设检验的结果等。(4)讨论与分析,讨论应该与研究结果联系、与绪论中的内容联系,在讨论中还要指出研究的局限性、尚待解决的问题、应用的价值和推广的可能性等。(5)结论和建议,结论要简洁中肯,具有一定的概括性和普遍性,建议可涉及结论给予的启示或研究的局限性,提出改进或应用的意见。

结尾部分包括以下内容:(1)注释或参考文献,即补充说明文章内容、注明资料来源和引文出处,为读者提供查阅的线索。(2)参考书目,即进行一项研究工作所参考的各种资料的总目录。(3)附录,即报告最后所附的资料,研究者认为有参阅价值或必要,但不便于正文中描述者皆可作为附录,通常包括研究工具(问卷、量表、测验)、重要的统计数据、旁证性资料等。

2. 学术论文的基本结构

标准的学术论文的基本结构分为 4 个部分,即前置部分、主体部分、附录部分和结尾部分,但是由于学术论文的载体形式多样,写作比较自由、灵活,因此不像研究报告那样严谨、规范,没有相对固定的结构。与研究报告相比,学术论文的题目部分和结尾部分与研究报告的写作要求基本一致,不同的是正文部分。学术论文的正文部分通常按绪论、本论、结论三大块来安排。

绪论是学术论文的引子,目的是要引起读者的兴趣,把读者引入研究问题领域。绪论设计的内容主要包括:提出要研究解决的问题、明确论文的中心论点、概述研究的目的和意义、界定主要概念和术语、评述前人的研究成果等。当然在实际写作中,并不是要面面俱到,可选择其中几项。一般来说,学术论文的绪论部分篇幅不宜过长,否则会给人一种头重脚轻的感觉。

本论是学术论文的主体、核心,是作者证明论点,分析现象,表达研究成果的部分。学术论文质量的优劣,水平的高低,价值的大小,很大程度上取决于本论部分的写作。本论写作的要素是论点、论据和论证。论点是作者以判断的形式对所论述的问题提出自己的主张、看法和态度;论据是用来证明论点的依据,是说明论点的理由和材料;论证是用论据来证明论点的过程和方法,论证在于揭示论点和论据之间的必然联系,证实由论据得出论点的必然性。本论的写作关键在于论证,即作者要证明自己提出的论题,要做到论点明确具体,论据丰富充足,论证符合逻辑规则。本论部分一般占全文字数的 2/3 以上。

结论是学术论文最终解决问题的部分,是作者在对全部研究内容进行分析、综合、抽象、概括后的全面总结,是论题被充分证明后得出的结果,是针对研究问题作出的答案,是整个研究的结晶。其内容包括对研究总体性的判断,总结性的见解;提出切实可行的解决问题的策略和措施;指出尚未解决的问题和研究的局限性等。结论部分的写作应该内容简洁、措辞严谨、逻辑严密。

(三)研究论文写作规范①

1. 题目

题目应该置于全文最前面且居中排,必须能概括研究论文的要旨,字数一般在20字以内,必要时可加副标题。

2. 作者署名

作者署名接题目下居中排,姓名前不写"姓名"字样。如系多作者,各姓名之间用","隔开,如多作者不属同一单位,须在姓名右上角加注不同的阿拉伯数字序号,多作者属同一单位的不用加标志。

3. 作者单位

作者单位接作者署名下居中排,基本要素项依次为:单位全称,所在省市名,邮政编码。勿写"作者单位"字样。二级单位之间空半格,省市名之间空半格,省市名与邮政编码之间空一格,单位与省市名之间用","隔开,省市名与邮政编码之间无标点。基本要素项用圆括号括起来。如:(西北师范大学 教育学院,甘肃 兰州 730070)。多作者全属同一单位的只写一个单位名,若不属同一单位,须按"作者署名"项标出的作者单位顺序,依次将各单位写出,各单位前标出1.2.3.……,序号后用下圆点,单位之间用分号隔开。如:(1. 西北师范大学 教育学院,甘肃 兰州 730070;2. 兰州师范高等专科学校教育系,甘肃 兰州 730070)

4. 摘要

摘要接置"作者单位"下,前用"摘要"二字加冒号标出,限200字

---

① 李瑾瑜:《教育教学研究方法》,西安:陕西人民教育出版社,2002,146~150。

以内,应含全文的主要信息。摘要既是全文的缩写,也是主要观点的摘写,应用高度概括的语言写出。内容包括研究目的、方法、结果、结论。摘要应以第三人称来写,且其中不要出现"本文介绍了"、"作者认为"、"我们"等用语。文前务必用"摘要"二字,不要用"内容摘要"等其他用语。

5. 关键词

关键词接置"摘要"项下,前用"关键词"三字加冒号标出。限量为3~8个,且为反映文章主要内容的词或词组,词与词之间用";"隔开,最后一个词后不加标点。

6. 正文

正文用字应符合现代汉语规范,使用的简体字以正式公布的汉字为准,勿自造及使用不规范的简体字。缩略语和首字母缩写应少用(题目中一般不用缩略语),摘要及正文中首次出现缩略语时应在括号内给出全称,5个字以下的汉语词不使用缩略语。图和表应分别按文中出现顺序编号,且与正文一致。图表不宜过多,能用文字叙述时则不用图表,标题要求置于表上图下,并说明资料来源,且于文中加以说明,照片要注意肖像权和著作权。正文中外文字母、符号必须分清大、小写,正、斜体,上、下角的字母、数码,其位置高低应区别明显。公历世纪、年代、年、月、日、时刻、正负数、分数、小数、百分比、约数等均采用阿拉伯数字。年份不能简写,如96年、05年等,星期几一律用汉字。正文内小标题层次一般不要超过5级,第一级标题用一、二、三、……第二级标题用(一)(二)(三)……第三级标题用1.2.3.……第四级标题用(1)(2)(3)……。第一级标题后用顿号,第三级标题后用圆点,第二级和第四级标题后不加任何标点符号。大段落的标题居中排列可不加序号。

7. 注释

注释是对正文中某一特定内容的进一步解释或补充说明,一般排在论文当页地脚,用数字序号加圆圈标注(如①②……)。文内用夹注,将注释语放在所注释的词语后,用圆括号括起来,注释语与正文字体应有区别,注释不是正文中引文的出处,引文的出处应放在参考文献中。

8. 参考文献

参考文献排在文末,以“参考文献:”为标识,左顶格,每条文献的序号亦左顶格。凡对引文出处的说明一律归在参考文献中。参考文献采用“顺序编码制”,即按照在文中出现的先后顺序排列编号,并用方括号标注在文中引用处的右上角(标点符号内),如[1] [2]……以与正文的指示序号格式一致。一种文献在同一文中被反复引用的,用同一序号标示,或者将在正文的不同地方引用同一书刊文字的注释序号集中在一处,采用尾注的方式标出。参考文献只择最重要的列入,不超过 20 条,并用单字母方式标识参考文献中所引用论文的类型(专著 M,论文集 C,报纸文章 N,期刊文章 J,学位论文 D,研究报告 R,标准 S,专利 P,其他未说明的文献类型 Z),未公开发表的资料请勿引用。以下是各类参考文献条目的编排格式及示例。

第一,专著、论文集、学位论文、报告。编排格式为:[序号]主要责任者 . 文献题名[文献类型标识]. 出版地:出版者,出版年 . 起止页码 . 如:[1]刘国钧,陈绍业 . 图书馆目录[M]. 北京:高等教育出版社,1957.15~18.

第二,期刊文章。编排格式为:[序号]主要责任者 . 文献题名[J]. 刊名,年,卷(期):起止页码 . 如:[2]丁邦平,顾明远 . 学科课程与活动课程:是分离还是融合[J]. 教育研究 .2002,(10):33~36.

第三,论文集中的析出文献。编排方式为:[序号]析出文献主要责任者 . 析出文献题名[A]. 原文献主要责任者(任选). 原文献题名[C]. 出版地:出版者,出版年 . 析出文献起止页 . 如:[3]钟文发 . 非线形规划在可燃毒物配置中的应用[A]. 赵玮 . 运筹学的理论与应用——中国运筹学第五届大会论文集[C]. 西安:西安电子科技大学出版社,1996.468~471.

第四,报纸文章。编排方式为:[序号]主要责任者 . 文献题名[N]. 报纸名,出版日期(版次). 如[4]谢希德 . 创造学习的新思路

[N].人民日报,1998－12－25(10).

9.作者简介

以"作者简介"四字加冒号为标识,冒号后依次写姓名、介绍主要作者,一般只介绍第一作者。基本要素包括姓名(真实姓名),出生年月,性别,民族,籍贯,单位,职务,职称,研究方向,联系电话和 E－mail 地址。

【主要结论】

1."教师成为研究者"已成为教育改革与发展以及"教师专业化"要求的核心内容之一。做一个研究型的教师,从事教育研究工作有利于解决教育教学过程中的实际问题,提高教育教学质量;有利于使课程、教学与教师真正融为一体;有利于教师专业的成长与发展,也有利于教师不断地积累实践知识。

2.教师教育研究的基本方法有问卷调查法,即研究者将所要研究的问题编制成问题表格,以邮寄方式或当面作答的方式来了解被调查对象对某一现象或问题的看法和意见;访谈法,即通过与被访者的口头交流来收集客观的、不带偏见的事实材料;观察法,即人们有目的、有计划地通过感官和辅助仪器,对处于自然状态下的客观事物进行系统考察,从而获取经验事实;个案研究法,即针对某一个体在某种情境下的特殊事件,广泛系统地收集有关资料,从而进行系统的分析、解释、推理的过程。

3.教师教育研究要经过四个基本的过程,即研究问题的选择、研究计划的拟订、研究文献资料的收集、研究成果的表述。每个环节都有基本的要求,在研究的过程中我们必须遵循基本的研究过程,以保证研究结果的客观性、科学性。

【理论应用与实践】

个案研究案例:

和学生一道面对家庭变故①

(一)问题的发生:A赖学

A今天没来上课,不知是生病了,还是碰到什么意外?担心着上完两节课,马上与A的父亲电话联系,得知A既没有生病,也没有碰到“意外”,好端端呆在家里,“又哭又闹,死命不肯上学”。问题看来很严重,A是不是和同学发生了矛盾?是不是他家里出了什么事?这个学期开学以来,他情绪低落,上课常开小差,作业马虎,屡受任课老师的批评,昨天语文课上我还责备他不专心。A会不会因为受到了老师的批评赖学在家呢?

(二)问题的症结:A担心什么

中午,A的父亲赶到学校,向我道明了原委。原来,最近一段时间,他们夫妻不和,吵过几回架,影响了孩子。昨天,他们吵得特别凶,把孩子吓哭了。今天早上,他怎么也不肯上学,谁劝都不听。说到这里,A父叹了一口气:“我的话,他是更加不听了。所有的人都只好顺着他。”

听完这席话,我大致弄清了A不上学以及近来情绪低落、上课不专心、成绩退步的原因:第一,父母失和,使他担心失去父母的爱,思想负担重;第二,A是一个比较特殊的孩子,自小备受娇宠,学习自觉性较低,三四年级时虽有好转,也需在学校和家庭多方面的关注下才能按时完成作业。现在,A父母因为自身问题,更加迁就孩子了;第三,我们教师工作不够细心,没能及早发现A在校表现失常的真实原因,简单的批评反而加重了A的思想负担。

(三)解决问题的尝试:解开A的心结

① 陈桂生:《到中小学去研究教育》,上海:华东师范大学出版社,2003,80~85。

1. 对策与方案

A所面临的虽然不是学校和教师能够完全解决的问题,但我们依然可以做一些工作。例如:第一,帮助他尽快稳定情绪;第二,激发他的学习兴趣,设法把他的注意力转移到学校生活和学习上来;第三,以真情引导他感受来自父母、老师、同学等各方面的关爱,消除他内心害怕被抛弃的担忧。第一条和第二条是治标之策,第三条是治本之策。因此,工作的重点应该放在组织教师、A的家庭和同学三方面帮助A走出困境。

处于家庭危机中的孩子,往往对老师和同伴的关爱有一种特别的渴望。师爱和友爱虽不能代替父爱和母爱,但至少可以使学生感受到学校生活的温情和暖意。这不只是一种爱的补偿,更是一种爱的启迪。一个感到人世间充满着爱的孩子,一定会走出心中的阴影,鼓起生活的勇气,乐观地面对现实。如果我和其他教师与全体学生一道,伸出援助之手,帮助他、鼓励他、关心他,他一定会从学校和班集体中源源不断地吸取信心和力量。如果A更多地寄情于学校生活,他也许会淡化父母争吵的情绪反应,从学习进步及同学友好的交往中得到快乐和安慰。

遭遇不幸的孩子,渴望真心实意的关心和帮助,同时又对自己的不幸特别敏感,不能忍受别人的怜悯,更不能容忍别人歧视或取笑他的不幸,所以不愿意让自己不信赖的人知道自己的不幸。我吃不准A是不是信任我,愿不愿意让我知道他家中发生的事情,所以在A面前不能轻率从事。于是,我事先给A写好了一封信,陈述老师和同学这段时间里对他的牵挂和想念,希望他回到学校和班级。同时表示:“老师永远不会舍弃自己的学生,同学永远不会孤立自己的同伴,父母也永远不会遗弃自己的孩子。”我准备在适当的时候交给A。

我担心的是,学生们年纪尚小,阅历不足,对类似于A那样的处境和心情体会不深,在关心和帮助A时大大咧咧,轻率地提及A的家庭争端以及由此而发生的赖学事件,触痛A心灵的创伤,结果好心办坏事。为了防止发生这种事,不能轻易把A遇到的实际困难透露给全班学生。可以先组织班级开一个小型欢迎会,表达全体师生对A重返学校和班级的喜悦之情。根据学生的表现和A的反映,再做定夺。

可是,终究得让学生们了解和感受到像A那样的处境和困难,否则,就不可能引导学生真正关心A。唯有对同伴及人类的幸福与不幸富于细腻的敏感性,才可能真正懂得怎样关心人、帮助人。我希望每个学生通过关心和帮助A,自己也受到教育,学会关心人;我还希望借助班级内发生的一些小事,或者结合课堂教育的某些内容,使学生逐渐懂得:乐于助人是不够的,还应当学会善于助人。

2. 方案实施及结果

(1)小型欢迎会　A同学回来了,按事先的布置,全班组织了一个小小的欢迎会。会上,我隐瞒实情,和同学们一道热烈欢迎他归来。整个班级的气氛一直很活跃,许多学生表达出对A的关切之情以及他回到集体的喜悦。显然,这个小型欢迎会给了A意外的惊喜。上午的几堂课,他始终听得极认真,这是近年少见的。我觉得与A交谈的时机已基本成熟。

(2)致A的信及与A谈心　中午,我把事先准备的那封信交给了A,然后等待他的反应。下午上课前,A来到办公室,悄悄走近我的身边,叫了一声"陈老师",接着就哽咽了。但他那双泪光闪烁的眼睛告诉我,他好像有许多话要说,何不趁此机会好好和他谈谈,帮他驱逐心头的阴影,重新树立信心? 于是,我用温和的口气和他交谈起来。谈到了他今天的感受,谈到了大伙对他的关心,谈到了他父母对他的爱护,还谈了身边的一些亲人。最后,A似乎明白了什么,对我说:"陈老师,我知道了,大家都很关心我,希望我好。我会振作起来的! 可是,我的爸爸妈妈……"说着说着又哽咽起来,大颗大颗的眼泪滚落下来。

欢迎会、信、私下的谈心,对A确实有所触动。但是,光凭学校给予的一份真情,弥补不了孩子心灵上的创伤。我该再和他父母谈谈。

(3)给A父母的建议　　几天后,A的母亲应邀来学校。从她那里了解到:A与母亲感情很深,甚至达到了一种依恋的程度。但是,A的母亲工作很忙,几乎抽不开身陪陪儿子。我建议她多抽时间陪伴儿子,与儿子多交流,让他多得到母爱的温暖。这样的孩子是很怕被冷落被抛弃的,要让他知道自己始终在父母心中占有重要的地位。

当他父亲来时,我建议他摆正为父位置,不要像过去那样动辄呵斥和打骂,也不能像现在这样过于迁就孩子,而应动之以情,晓之以理,用情感感化他,用理智说服他。

我不清楚A的父母后来做了什么,对待孩子有什么改变。但令人欣喜的是,在此之后A在学校时的情绪稳定了许多,学习态度也变得认真了。这些难得的进步应该及时予以鼓励。

(4)思想品德课与A致全班同学的信　　在思想品德课上,讲到"事物是变化发展的"的时候,我启发学生们侃侃而谈身边的人和事的变化,就有一个学生提出"A同学也在变化发展",得到全班同学的赞同。于是,围绕这一点,我组织大家讨论:"怎样帮他变得更好?"不少同学发表了意见。有的还提出把座位调到他的身边,帮助他一起学习。还有的学生当即热情洋溢地鼓励了A一番。课后,A找到我,告诉我他心理上也有许多话想和同学们说,就是不好意思开口。我建议他先把心里话写下来,然后读给同学们听。

后来,A果然写了一封给全班同学的信。他写道:以前,我学习上懒懒散散。……同学们一直在帮我改。我决心不负众望,努力学习。

(四)问题的再思考

在家庭和学校、学生和教师的关心和帮助下,逐渐唤起了A心中被爱的意识。A在他本人的努力下,逐渐找回了学习和生活的信心,许多方面都取得了可喜的进步。但是,暴露出的和隐含着的问题还不少。

首先,A的父母现已离婚,A判给父亲。在父亲和祖父、祖母面前,A显得脾气暴躁。一家人本来就十分疼爱他,娇惯他。家庭破裂,更使一家人都觉得歉疚,就越加疼爱他,迁就他。但是,A本人并没有多少感动,他更多的想法是,大人们都欠了他,没有给他一个完整的家。我觉得,A的一家对待A的方式存在问题,使A在父母离异之后没有受到正确的引导,甚至受到了误导。由于这是个家庭问题,我们做教师的不便插手过问。不过,我还是可以从侧面做一些疏导工作的。A已是六年级的学生了,与他一起讨论父母离婚的合理性,不是没有可能,即使他还理解不了离婚对感情破裂的父母来说是一种正确的选择,这样的谈论至少可以给他一次设身处地替父母着想的机会。重要的是,帮助他勇敢地面对父母已经离婚的事实,同时,帮助他认识到父母离异并没有影响他们各自对他的爱。他失去了一个完整的家庭,却没有失去父母,也没有失去爱,相反得到了更多的爱。

其次,A的家庭遭遇,已经开始影响他对老师和同学的态度。同学有几次好心帮他,结果招来他的奚落。造成这种令人痛心的尴尬局面,既有来自A方面的原因,也有来自我们教师和学生方面的原因。A的处境和心情,容易使他误解别人的善意。如果不设身处地,格外防止触痛他内心的创伤,帮助他就很可能变成伤害他。今后我们还想帮助和关心他的话,比以前难度更大了。但我觉得,这正好给了我们教师学会关心学生的机会,也给了我们引导学生学会关心同学的机会。对一个家遭不幸、深受刺激的孩子,该怎样设身处地地关心他、帮助他,而不伤害他?这是摆在我和我的学生面前的一道难题。

【学习评价】

1. 教师从事教育研究的意义表现在哪些方面?

2. 教师从事教育研究的基本方法有哪些?每种方法有哪些基本的要求?

3. 教师从事教育研究的基本过程有哪些?每个环节有哪些基本的要求?

4. 试以下列案例为素材,设计一个研究计划。

一位初一班主任发现本班学生在消费方面出现了攀比的苗头,比如零花钱。许多学生将零用钱用于购买磁带,课间议论的是流行歌曲和歌星,至少有一半学生最崇拜的人是某歌星。除购买磁带外,校园内的人情消费见涨。同学、朋友过生日请客、送礼,各类节日互赠礼品等。有些孩子还开始关注名牌消费。在学校要求上学穿校服的情况下,有的学生比穿名牌旅游鞋。该教师进行了消费来源调查,孩子们的钱来自家长给的零用钱。有家长定期给孩子的,也有孩子从家长手里软磨硬泡要来的,有用压岁钱的,还有长辈、亲戚给的钱,孩子积攒起来用于自己的消费。针对学生的消费观,面对家长对独生子女的溺爱和娇惯,教师感到有必要进行研究"如何对学生进行教育,如何做家长的工作,使家长与教师共同配合进行教育"。

提示:①如果你是这位班主任,您选择的课题是什么?②你为什么选择这个课题?③你主要想解决什么问题?④ 列出一个研究的计划。

【参考文献】

[1]郑金洲、陶保平、孔企平:《学校教育研究方法》,北京,教育科学出版社,2003。

[2]叶澜:《教育研究及其方法》,北京,中国科学技术出版社,1990。

[3]陈向明:《质的研究方法与社会科学研究》,北京,教育科学出版社,2000。

[4]李瑾瑜:《教育教学研究方法》,西安,陕西人民教育出版社,2002。

[5]裴娣娜:《教育研究方法导论》,合肥,安徽教育出版社,1995。

[6]陈桂生:《到中小学去研究教育——"教育行动研究"的尝试》,上海,华东师范大学出版社,2003。

[7]潘慧玲:《教育研究的途径:概念与应用》,上海,华东师范大学出版社,2005。